Rolf G. Heinze

Wandel wider Willen

Rolf G. Heinze

Wandel wider Willen

Deutschland auf der Suche nach neuer Prosperität

VS VERLAG FÜR SOZIALWISSENSCHAFTEN

Bibliografische Information Der Deutschen Nationalbibliothek
Die Deutsche Nationalbibliothek verzeichnet diese Publikation in der Deutschen Nationalbibliografie; detaillierte bibliografische Daten sind im Internet über <http://dnb.d-nb.de> abrufbar.

1. Auflage November 2006

Lektorat: Frank Schindler / Nadine Kinne

Der VS Verlag für Sozialwissenschaften ist ein Unternehmen von Springer Science+Business Media.
www.vs-verlag.de

Umschlaggestaltung: KünkelLopka Medienentwicklung, Heidelberg
Druck und buchbinderische Verarbeitung: Krips b.v., Meppel
Gedruckt auf säurefreiem und chlorfrei gebleichtem Papier
Printed in the Netherlands

ISBN-10 3-531-15284-X
ISBN-13 978-3-531-15284-4

Inhalt

1 Sozioökonomische Verunsicherungen in der politischen „Entscheidungsgesellschaft"[1]

1.1 Umbruch und Beharrung

Nicht nur die im Jahr 2005 auf über fünf Millionen hochgeschnellten Arbeitslosenzahlen schreckten die deutsche Öffentlichkeit hinsichtlich des Wirtschafts- und Sozialstandorts Deutschland auf. Auch eine neue Phase der Globalisierung wurde eingeläutet. So drohten traditionelle und international erfolgreiche Großunternehmen mit Beschäftigungsabbau und viele realisierten ihn schon. Heute werden zudem Pläne publik, noch stärker Arbeitsplatzverlagerungen vorzunehmen, da die hier zu erzielenden Umsatzrenditen im Vergleich als zu gering erscheinen. Der Abbau von Arbeitsplätzen betrifft aber nicht nur Global Player, vielmehr werden durch die neuen Unternehmensstrategien auch eine Vielzahl von Arbeitsplätzen im Handwerkssektor, auf dem Bau und im Handel abgebaut und es bilden sich neue **Zonen prekärer Beschäftigung**. Es geht also nicht mehr ausschließlich um niedrig entlohnte Arbeitsplätze, die im Standort- und Kostenwettbewerb nicht gehalten werden (etwa in der Textil- und Bekleidungsindustrie), sondern insbesondere Großunternehmen kehren dem in den 70er und 80er Jahren des letzten Jahrhunderts hoch gelobten „rheinischen Kapitalismus" (dem „Modell Deutschland") den Rücken. 2006 setzten sich die Meldungen über das abermalige Überschreiten der Fünf-Millionen-Grenze bei den Arbeitslosen fort. Und auch die Bildung der großen Koalition im Herbst 2005 hat bislang keine

1 Das Buch basiert neben der Literaturauswertung auf verschiedenen Forschungsprojekten und Gutachten, die der Verfasser in der Zeit zwischen 2002 und 2006 an der Ruhr-Universität-Bochum (teilweise in Kooperation mit dem InWIS, dem IAT und dem Institut für Gerontologie) durchgeführt hat. In einzelnen Projekten wurde der Schritt von einem Forschungs- zu einem Beratungsprojekt bewusst überschritten; die dabei gewonnenen Erfahrungen können nicht immer in den einzelnen Argumentationsgängen gekennzeichnet werden, allerdings wäre ohne diese „praktischen" Befruchtungen eine solche Fokussierung der Arbeit kaum möglich gewesen. Ohne die wissenschaftliche Mitarbeit von Andrea Helmer-Denzel, Michael Neitzel, Katrin Schneiders, Frank Schulte, Elke Dahlbeck, Wolfgang Potratz, Vera Gerling, Peter Enste und die ausgiebigen Diskussionen mit Anja Hartmann, Josef Hilbert, Katja Fox und Gerd Naegele wäre das Buch nicht zustande gekommen. Ihnen allen möchte ich danken, für die vorliegende Fassung übernehme ich jedoch die alleinige Verantwortung. Katja Martini, Catherine Ley und Marc Babucke bin ich zudem dankbar für technische Hilfen bei der Erstellung der Buchfassung.

Impulse zur Belebung des Arbeitsmarktes ausgesandt, vielmehr wirkt die staatliche Politik erschöpft.

Versucht man die Unternehmensnachrichten auf ihren strategischen Kern hin zu prüfen, dann zeigt sich dahinter die Auflösung der traditionellen deutschen Unternehmensstrukturen (und auch des Modells des kooperativen Kapitalismus) und insgesamt ein **sozioökonomischer Pfadwechsel**, der allerdings nicht in einem neuen, global konvergierenden Ordnungsmodell zu münden scheint, sondern sich durch Heterogenität und die Rekombination verschiedener Entwicklungspfade auszeichnet. Für diese neue Etappe der Globalisierung ist das Ende nationaler Kapitalismen prägend und damit auch das Ende des „Modell Deutschland" eingeläutet, wenngleich die Wandlungsprozesse mit unterschiedlichem Tempo in den einzelnen Regionen und Branchen verlaufen. Umbrüche sind – gerade in einem „Zeitlupenland" wie Deutschland – zumeist etwas bedächtiger, da genügend Beharrungsvermögen vorhanden ist. Allerdings werden die neuesten Bewegungen in der Unternehmenslandschaft schon mit Sorge beobachtet. Vor allem die unmittelbare Verbindung von beträchtlichen Gewinnsteigerungen, die auch die Börse in letzter Zeit beflügelt hat und Entlassungen – eine im angelsächsischen Raum durchaus bekannte Spielart des Kapitalismus – wird hierzulande mit Angst registriert. „Die gewohnte Welt ist aus den Fugen. Auch wenn Vieles beim Alten geblieben ist, so scheint doch die deutsche Unternehmenslandschaft in einem grundlegenden Umbruch. Das Vertraute geht; das Neue, das in Sicht kommt, verstört, da es sich nicht nach Regeln zu richten scheint, auf die Einfluss auszuüben ist" (Plumpe 2005, 3; vgl. auch Hanke 2006 sowie die Beiträge in Beyer 2003, Miller 2005 und Windolf 2005).

Die sich nun herauskristallisierenden Unternehmensstrukturen schlagen sich nicht nur in einer internationalistischen Eigentümer- bzw. Akteursstruktur nieder, sondern diese Unternehmen beschäftigen auch mit wachsender Tendenz immer mehr Mitarbeiter im Ausland. Mit dem Verschwinden der traditionellen „Deutschland AG" (vgl. Streeck/Höpner 2003), der „Verflüssigung" der Unternehmen geht aber auch ein soziales **Ordnungsmodell** zu Ende, das die deutsche Gesellschaft und nicht nur die Unternehmen bis in die Poren hinein geprägt hat. „Diese neuen Unternehmensstrukturen kennen die ältere deutsche Unternehmenstradition, die den Kern des ‚rheinischen Kapitalismus' bestimmte, faktisch nicht mehr. Mitbestimmung im Betrieb spielt hier eine geringe Rolle, zumal die Belegschaften selbst in der Regel nicht gewerkschaftlich organisiert sind. Das ‚Betriebsklima' ist nicht mehr wie früher von der Dichte der Organisation bestimmt; lockere Umgangsformen, flexible Arbeitszeiten, Verwischung von Arbeit und Freizeit, flache, häufig formell nur schwer durchschaubare Hierarchien und ein Selbstbild, das eben das einer ‚kulturellen Institution' ist, prägen den Stil des Umgangs in diesen ‚jungen' Unternehmen, die überall in der westlichen

Welt gleich sind: Nationale Sonderwege und entsprechende Kapitalismusmodelle gibt es nicht mehr“ (Plumpe 2005, 22; vgl. auch Streeck 2005b, Altvater 2006 und Beck 2005). Gerade aus soziologischer Sicht ist aber eben nicht nur das Ende des deutschen Kapitalismus zu konstatieren, sondern im Zuge einer beschleunigten Modernisierung löst sich das umfassendere nationalstaatlich verfasste Wohlfahrtsstaatsmodell deutscher Prägung langsam auf und neue institutionelle Steuerungsformen gewinnen an Bedeutung.

Gerade das Jahr 2005 wird in die Wirtschaftsgeschichte Deutschlands als ein Jahr eingehen, in dem sich Meldungen über Beschäftigungsabbau kulminierten, was auch in der Öffentlichkeit als Signal verstanden wurde, dass das traditionelle deutsche Kapitalismusmodell an seine Grenzen gestoßen ist. Das neue an der Situation ist, dass Stellen abgebaut werden, auch wenn das Unternehmen floriert. So kündigte die Deutsche Bank trotz eines Milliardengewinns an, Arbeitsplätze in Deutschland zu streichen. Und auch andere Traditionsunternehmen wollen sich derzeit von Tausenden von Arbeitsplätzen trennen (allen voran die Deutsche Telekom, die mehr als 30.000 Beschäftigte „freisetzen“ will, aber auch die Großbanken sowie die Automobilindustrie). Nimmt man einmal eine für die Bundesrepublik nicht nur symbolisch bedeutsame Branche wie die Automobilindustrie heraus, von der zudem viele weitere Arbeitsplätze bei den Zulieferbetrieben abhängen, dann werden die massiven Beschäftigungsverluste sichtbar: Volkswagen, Mercedes und Opel wollen jeweils über 10 000 Arbeitsplätze einsparen. Aber nicht nur die klassischen industriellen „Pfeiler“ des Modells Deutschland **reduzieren** die Belegschaft, auch in den anderen Wirtschaftssektoren zeigen sich die Verluste (so verlor allein das Handwerk rund 140 000 Stellen). Gewachsen ist demgegenüber die Zahl der Teilzeitkräfte (um rund 13 Prozent) sowie der „geringfügig Beschäftigten“ (um rund 30 Prozent) in den letzten fünf Jahren, während die „Vollzeitbeschäftigten“ um rund 10 Prozent im gleichen Zeitraum zurückgingen. Für 2006 werden folgende Arbeitsplatzverluste erwartet (nach Angaben der Verbände): Handwerk (minus 80.000), Bau (minus 20.000) und Einzelhandel (minus 10.000). Der Export von Arbeitsplätzen geht weiter: so hat nach einer Anfang 2006 veröffentlichten Umfrage unter Managern fast 20 Prozent der Firmen Arbeitsplätze ins Ausland verlagert und dieser Trend wird sich nach eigener Einschätzung fortsetzen (vgl. Süddeutsche Zeitung v. 2.1. 2006).

Aufgrund dieser Entwicklung wird die Zahl der Vollzeitarbeitskräfte weiter schrumpfen, wachsen werden aber weiterhin „prekäre“ Arbeitsplätze (etwa im Handel) und einige wenige in Zukunftsbranchen wie etwa Teilen der Gesundheitswirtschaft, der Entsorgungs- und der Logistikwirtschaft. So lag bspw. der Umsatz der deutschen Logistikwirtschaft (mit dem Branchenriesen Deutsche Post) schon Ende 2005 bei 160 Milliarden Euro und nach der Beschäftigtenzahl rangiert diese Branche mit 2,5 Millionen Mitarbeitern auf Platz eins (gefolgt vom Fahrzeugbau, der Elektrotechnik und dem Maschinenbau). Trotz dieser einzelnen Erfolgsmeldungen, die nachdrücklich darauf verweisen, dass es auch in Deutschland „Globalisierungsgewinner" gibt, wird im Zuge der andauernden Beschäftigungskrise die **Integration in den Arbeitsmarkt** zur Schlüsselaufgabe sozialer Gerechtigkeit in Deutschland, denn damit steht und fällt die Verteilung des ökonomischen, sozialen und kulturellen Kapitals. Deshalb muss es die zentrale Aufgabe sowohl von der Politik als auch den Tarifpartnern sein, durch einen Umbau unserer arbeitspolitischen Institutionen das Beschäftigungssystem „sozialverträglich" zu öffnen und insbesondere das Beschäftigungspotential des Dienstleistungssektors für den ersten und legalen Arbeitsmarkt zu erschließen.

Wenn auch die Öffentlichkeit von der „Erschöpfung" und dem tendenziellen Ende des deutschen Kapitalismus verunsichert wird, was in Krisenzeiten in Deutschland nicht unüblich ist, so überrascht doch, dass auch die etablierten wissenschaftlichen Disziplinen zumeist mit **Ratlosigkeit** reagieren, denn dieser strukturelle sozioökonomische Wandel hat historische Wurzeln und ist auch nicht wie eine Welle plötzlich über uns gekommen. Verschiedene Autoren haben schon seit längerem von der Krise des kooperativen Kapitalismus oder der Erosion des deutschen Korporatismus gesprochen und auch auf den neuen Typus der Unternehmensentwicklung hingewiesen. Parallel zur Erosion der betrieblichen Ordnungen und der klassischen Sicherheiten haben sich auf Seite der Erwerbstätigen schrittweise neue Trennungslinien und Prekarisierungszonen herauskristallisiert, die auf eine Intensivierung der sozioökonomischen Zersplitterung hinweisen. „Nach dem Proletariat gibt es neuerdings das ‚Prekariat'. Gemeint ist die steigende Zahl der Arbeitenden, die ihr Geld nicht in festen Jobs verdienen: Leiharbeiter, Beschäftigte mit befristeten Stellen, Minijobber, Ich-AG's, Ein-Euro-Jobber sowie alle, die unfreiwillig Teilzeit arbeiten. Das Besondere an den neuen Verlierern ist ihre Unauffälligkeit" (Niejahr 2006). Die Ausdehnung prekärer Beschäftigung ist zum einen nun auch nicht mehr begrenzt auf Wirtschaftssektoren wie den Bau oder den Handel und zum anderen sind diese „verflüssigten" Beschäftigungsformen keine Übergangsphase mehr.

Hier stabilisieren sich neue **Unsicherheitszonen**, die auch statistisch abbildbar sind und die These von der Beschäftigungsstabilität (vgl. Erlinghagen/ Knuth 2002 sowie Erlinghagen 2005) relativieren, die für die 90er Jahre empirisch nachvollziehbar ist, heute aber in der Radikalität nicht mehr aufrechterhalten werden kann. So sind trotz einer Steigerung der Erwerbstätigenzahl zwischen 1991 und 2005 die „regulären Jobs" geschrumpft; die **sozialversicherungspflichtige Beschäftigung** ging um 13% (von 30 auf gut 26 Mio. Erwerbstätige) zurück – bei gleichzeitiger Ausdehnung der Niedriglohnbeschäftigten (inzwischen gut 20 Prozent der abhängig Beschäftigten) (vgl. Bach et al 2005 und

Rhein et al 2005). Angestiegen ist demgegenüber die Zahl der „geringfügig Beschäftigten“: zwischen 2000 und 2005 wuchs diese Beschäftigungsgruppe um über 25%. Ende 2004 arbeiteten fast 7 Mio. gewerblich Beschäftigte versicherungsfrei in einem „Minijob“ (auf 400-Euro-Basis). Ursprüngliches Ziel war es, dass die Minijobs ein Zwischenschritt auf dem Weg in die Dauerbeschäftigung sein sollten. Herausgekommen ist aber eher eine dauerhafte **geringfügige Beschäftigung** denn eine Beschäftigungsbrücke. Nach den bislang vorliegenden Untersuchungen gelingt es nur in ganz seltenen Fällen, über einen Minijob eine reale Brücke in den ersten Arbeitsmarkt zu finden. In einzelnen Branchen (etwa im Einzelhandel oder bei Gaststätten) werden durch Minijobs sogar teilweise ehemals reguläre Stellen verdrängt und immer mehr zum „Normalmodell“ (vgl. Kalina/Voss-Dahm 2005).

Zunächst also zu den aktuellen Ausprägungen des ökonomischen und sozialstrukturellen Wandels und zur Reichweite dieser Umbrüche (zur theoretischen Einordnung des institutionellen Wandels vgl. Streeck/Thelen 2005). So geht die Erosion des deutschen Kapitalismus nicht nur mit einer wachsenden **Finanzmarktorientierung** bei den Unternehmensstrategien, sondern auch mit einem Formwandel der Erwerbsarbeit und insbesondere einer Endstandardisierung und Prekarisierung von beruflichen Lebensläufen und insgesamt einer Entgrenzung von Arbeit einher. Damit ist nicht nur die Auflösung fordistischer Eingrenzungen und eine wachsende Vermarktlichung gemeint, wie sie sich auch bei den neuen Unternehmensstrukturen abbildet, sondern der permanente Zwang für die Individuen, verschiedenen Anforderungen und Logiken – allen voran aus der Ökonomie – gerecht zu werden. „Die Subjekte sind nunmehr weniger in den Grenzen partieller Welten eingezäunt, verlieren damit aber Erwartungssicherheit. Sie erfahren vielfältige Anforderungen und Anreize und drohen in Beliebigkeit und Selbstüberforderung ihren Halt zu verlieren. Die durch Entgrenzungsprozesse gesteigerte Komplexität müssen sie in ‚innerpersonaler Arbeitsteilung‘ bewältigen. Hierauf reagieren all die Ratgeber zu ‚Selbstmanagement‘, ‚Zeitmanagement‘, Selbstorganisation‘ und ‚Selbstführung‘, von denen die Regale der Buchhandlungen überquellen. Dies bringt auch der entgrenzte Managementdiskurs zum Ausdruck, dem alles zu einer Aufgabe des ‚Managements‘ wird. Hier lautet die Antwort auf die überkomplexen, oft paradoxen Anforderungen: Organisation! Organisation des Selbst, Organisation der Anforderungen durch das Subjekt. So ist es nun die Aufgabe der Subjekte, die Grenzen zu ‚managen‘. Auch dies wird mit dem Begriff der ‚Subjektivierung von Arbeit‘ angesprochen. Die Subjekte müssen die Logiken der Systeme selber abstimmen und ausbalancieren, sie müssen sich in den oben beschriebenen Paradoxien bewegen“ (Voswinkel/Kocyba 2005, 80f; vgl. auch Jurczyk 2005 sowie die Beiträge in Gottschalk/Voß 2003 und die unterschiedlichen Positionen in Köhler et at 2006).

Dieser kurze Blick auf den sozioökonomischen Strukturwandel macht bereits deutlich, dass es nicht ausreicht, auf einzelne spektakuläre Unternehmenspolitiken oder auch betriebliche Strategiefehler zu starren, um den langfristigen Wandel zu verstehen. Auch der oft in Deutschland zu hörende Hinweis auf neoliberale Verfehlungen oder die Gier der Manager verstellt oft den Blick für den sich langfristig faktisch vollziehenden massiven **Wandel** des Kapitalismus, der auch mit neuen politisch-institutionellen Governancestrategien einhergeht. Dass dieser Wandel gerade in Deutschland so viel Unruhe auslöst, liegt an den historisch sich herausgebildeten Organisationsstrukturen und dem Erfolg des „Modell Deutschland", das sich auch jahrelang gegen die neue Entwicklungsrichtung des Kapitalismus gestemmt hat. Parallel zum Bedeutungsgewinn der Kapitalmärkte, dem rasanten Aufstieg der Informations- und Kommunikationstechnologien sowie der Tendenz zur Auflösung traditioneller Organisationsstrukturen (zum Beispiel der in Deutschland üblichen Verflechtungen zwischen Industriebetrieben, Banken und Versicherungen – die „Deutschland AG") geriet aber auch das korporatistisch geprägte deutsche Kapitalismusmodell ins Wanken. „Unter den Bedingungen des gegenwärtigen Kapitalismus sind Unternehmen selbst eine Handelsware; und dies müssen ihre Manager berücksichtigen, wobei ihre individuellen Vorteile so oder so eintreten können – es ist für Manager nicht unbedingt rational, das eigene Unternehmen zu erhalten! Dies gilt im Übrigen nicht allein für die klassischen Konzerne des verarbeitenden Gewerbes. Hier war es nur wegen der langen Tradition ihrer Organisationsstrukturen und der großen Bedeutung einzelner Konzerne besonders auffällig. Banken und Beratungsunternehmen sind ebenso betroffen; auch sie können jederzeit ´verflüssigt´ werden. Die Betonung liegt dabei auf ´jederzeit`: Hieraus gibt es keinen Ausweg, da der selbstreflexiv gewordene Kapitalismus keine Stabilität außer der des ewigen Wechsels kennt" (Plumpe 2005, 16; vg. auch Dörre/Brinkmann 2005, Windolf 2005 und Sauer 2005).

Diese an sich unspektakulären Einsichten, die historisch informierte Wirtschafts- und Sozialwissenschaftler genau zur Kenntnis nehmen sollten, verwirren augenscheinlich die deutsche Öffentlichkeit. Nicht anders erklärt sich der Sachverhalt, dass das Wort „Entlassungsproduktivität" 2005 in Deutschland zum „Unwort des Jahres" gewählt wurde. Es verweist zwar auf einen euphemistischen Sprachgebrauch, ist aber eigentlich nur ein oberflächlicher Hinweis auf die Struktur **globalisierter** Kapital- und Finanzmärkte. Mit dem Begriff assoziiert man allerdings in Deutschland mehr: er wird als ein markanter Hinweis auf die sich ausbreitenden sozial-ökonomischen Verunsicherungen gedeutet, die das ehedem stabile „Modell Deutschland" nun schon seit einigen Jahren erschüttern. Nicht nur sind traditionelle Sicherheiten geschwunden und es breiten sich institutionelle „Erschöpfungen" aus, sondern auch der **Konsens über eine Konsens-**

strategie hat sich in den letzten Jahren verflüchtigt und dies wiegt schwer in einer – wie die Meinungsforscher sagen – harmoniesüchtigen Gesellschaft, in der auch die politischen Konflikte möglichst geräuschlos und eben im Konsens geregelt werden sollen. In der Endphase der rot-grünen Regierungsära war genau diese Konstellation nicht mehr vorhanden. Nicht nur die politischen Parteien hatten sich zu Blöcken formiert, auch die Verbandsvertreter und Lobbyisten polarisierten fast jedes politische Thema und als Resultat dessen breitete sich Verdruss und Unbehagen an den politischen Eliten aus. Mit Bildung der großen Koalition unter der Kanzlerschaft von Angela Merkel hat sich dieses Bild etwas gewandelt. Dies ist allerdings nicht nur dem veränderten Regierungsstil zuzuschreiben, vielmehr scheint die große Koalition (zunächst) auch einen Mentalitätswechsel in der Bevölkerung bewirkt zu haben. Glaubt man Meinungsumfragen, so hat sich Anfang 2006 trotz nahezu unveränderter Lage bspw. auf dem Arbeitsmarkt die Stimmung gedreht und die Regierung genießt nach den ersten Monaten eine gewachsene und im Vergleich relativ hohe Zustimmung (allen voran die Kanzlerin). Nicht umsonst titelte der Spiegel vom 25.2. 2006 hinsichtlich der Stimmungslage in Deutschland: „Das Land des Lächelns“. Ob diese Harmonie länger anhält, muss bezweifelt werden, da die grundlegenden Probleme bisher nicht angegangen wurden und sich schon im Frühsommer 2006 erste Enttäuschungen breitmachen.

Generell ergibt sich ein durchaus **widersprüchliches Bild** über den Wirtschafts- und Sozialstandort Deutschland, das sich erst bei genauerer Betrachtung zusammenfügt. Einerseits prägt seit Jahren Stagnation das Bild auf dem Arbeitsmarkt und vor allem zeigt sich eine massive Spaltung, die gering Qualifizierten so wenig Beschäftigungsoptionen und damit Lebenschancen wie kaum in einem anderen vergleichbaren westlichen Land gibt. Diese ungelösten Beschäftigungsprobleme liegen seit Jahrzehnten wie **Mehltau** über der Gesellschaft und verursachen sowohl Finanzierungsprobleme bei den sozialen Sicherungssystemen als auch einen dramatischen Anstieg der Staatsverschuldung. Trotz einiger Reformschritte bleiben die Arbeitslosenquoten hoch; Anfang 2006 sind wiederum wie auch schon zu Beginn des Jahres 2005 Rekordzahlen von über fünf Millionen offiziell registrierten Arbeitslosen zu verzeichnen. Rund 8000 sozialversicherungspflichtige Arbeitsplätze verschwinden auch noch Anfang 2006 monatlich, der Schrumpfungsprozess der Beschäftigung hat sich also nur verlangsamt, er ist bislang nicht gestoppt worden. Im letzten Jahrzehnt sind in Deutschland über zwei Millionen Industriearbeitsplätze **verloren** gegangen, ohne dass nur annähernd in diesem Maße – wie in anderen vergleichbaren Ländern - Beschäftigung im Dienstleistungssektor aufgebaut wurde.

Hinzu kommt, dass die Beschäftigungskrise nicht mehr wie in den 70er und 80er Jahren nur bestimmte Segmente des Arbeitsmarktes erreicht (selektive Betroffenheit), sondern **weite** Teile der erwerbstätigen Bevölkerung haben durch die Produktionsverlagerungen der Großunternehmen und die sich ausdehnenden Prekarisierungsprozesse inzwischen Angst um ihren Arbeitsplatz und fühlen sich in ihrer sozialen Identität bedroht. Viele haben in den letzten Jahren schon massive Einbußen bei Löhnen und anderen Leistungen hingenommen in der Hoffnung auf Sicherung der Beschäftigung in Deutschland und stehen nun verbittert vor der Frage, was sie überhaupt noch tun können, wenn trotz dieser finanziellen Opfer und der tatsächlichen Sanierung mancher Unternehmen Teile der Produktion doch ins Ausland verlagert werden. Symbolträchtig wurden diese Konflikte an verschiedenen Standorten und sie betreffen auch die „Leuchttürme" des Modell Deutschland. Gewerkschaftsvertreter sprechen in diesem Zusammenhang von einer „neuen unsozialen Marktwirtschaft" und auch Wissenschaftler warnen vor diesen neuen Unsicherheiten und Bedrohungen bzw. dem „neuen Geist des Kapitalismus" (Boltanski/Chiapello 2003). Die Verunsicherung auch auf subjektiver Ebene wird auch dadurch in Deutschland vorangetrieben, dass sich die Aufstiegschancen der Geringverdiener in den letzten Jahren massiv verschlechtert haben (vgl. u.a. Rhein et al 2005); hier deuten sich neue **Abschottungstendenzen** an, die den Trend zur Erweiterung prekärer Beschäftigungszonen unterstützen.

Die bedrückend hohe Arbeitslosigkeit, gekoppelt mit einem im internationalen Vergleich besonders ausgeprägten Teil von Langzeitarbeitslosen (über 12 Monate) und „Extrem-Langzeit-Arbeitslosen" (über 24 Monate) sowie der relativ geringe Anstieg der Beschäftigtenzahl in den letzten Jahren sind die Gründe dafür, warum Deutschland im neuesten Wirtschaftsstandorte-Ranking der Bertelsmann Stiftung nur den **letzten Platz** unter 21 Industrienationen belegt (führend sind Irland, USA, Norwegen, Australien, Neuseeland und Großbritannien, im Mittelfeld liegen die Niederlande, Schweden und Dänemark). Diese deprimierende Bilanzierung, die auch bereits die ersten strategischen Weichenstellungen der großen Koalition kritisch betrachtet und als inkonsequent bewertet, wird etwas dadurch erhellt, dass Deutschland im „Aktivitätsindex" zulegen konnte (immerhin Platz 16) (vgl. Bertelsmann Stiftung 2006). Wenn auch – wie bei allen Rankings – methodische Kritikpunkte angebracht sind, so ist dieses Standortranking durch den expliziten Blick auf die Beschäftigungskrise und das niedrige Pro-Kopf-Einkommen aus arbeitsmarktpolitischer Sicht durchaus ernst zu nehmen und kann auch nicht dadurch wesentlich abgeschwächt werden, dass andere Vergleichsstudien durch andere Gewichtungen (etwa hinsichtlich der Infrastruktur, der Qualität der Arbeitskräfte etc) den Wirtschaftstandort Deutschland besser bewerten. Wie bereits gesagt, zeichnet sich der Wirtschafts- und Sozialstandort Deutschland durch **widersprüchliche Signale** aus und je nach Gewichtung der Indikatoren erklärt sich die Platzierung, wobei mit Blick auf den

Arbeitsmarkt und auch die öffentliche Verschuldung sich kein Erfolgsmodell, sondern ein **Sanierungsfall** zeigt.

Diese deprimierende Standortbestimmung ist aber eben nur die eine Seite des Wirtschafts- und Sozialstandortes Deutschland: es gibt durchaus Erfolgsmeldungen, wenn die Einzelunternehmen ins Visier genommen werden. Zum gleichen Zeitpunkt wie die Nachrichten über die Beschäftigungskrise und massive subjektive Verunsicherungen kursieren, gibt es positive Meldungen aus den Unternehmen (primär von den börsengelisteten Großunternehmen). Diese feiern eine „Wiederauferstehung", einzelne weisen Gewinne wie schon seit Jahren nicht mehr aus. Sie sind insgesamt wettbewerbsfähiger geworden und können sich durchaus mit vergleichbaren anderen internationalen Unternehmen messen. Dies ist auch der Grund der Exporterfolge des Standortes Deutschland, die viele wiederum zu einseitig als Beweis dafür nehmen, dass es dem Standort insgesamt gut gehe und nur die Gewinne umverteilt werden müssen. Das Bild ist komplexer und sicherlich sind die Sanierungen und Restrukturierungen der erfolgreichen deutschen Unternehmen auch deshalb gelungen, weil sich die Arbeitnehmer auf betrieblicher Ebene flexibel und anpassungsbereit verhalten haben und damit die neue Unternehmensstärke mit aufgebaut haben.

Festzuhalten bleibt: Der Wirtschaftsstandort Deutschland zeichnet sich durch eine **Koexistenz** von erfolgreicher betrieblicher Umstrukturierung, die alle Ansprüche des neuen, flexiblen Kapitalismus erfüllt und faktischer Stagnation auf dem Arbeitsmarkt aus. Vom Aufschwung profitieren bei den Erwerbstätigen direkt – außer den Eigentümern und den Finanzmärkten - wenige, da sich in vielen Fällen die gute Rentabilität und Wettbewerbsstärke nicht in mehr Wachstum hierzulande niederschlägt („jobless growth" bzw. angesichts der zumeist erfolgreichen Restrukturierungen „jobless recovery"). Dies ist ja auch der Hintergrund für das Unwort des Jahres 2005: „Entlassungsproduktivität"; der geschmolzene Kern der Belegschaften hat zusammen mit einer ansteigenden Weltkonjunktur den betrieblichen Umschwung herbeigeführt. Dadurch ist aber die Beschäftigungsfähigkeit der Volkswirtschaft insgesamt und auch die individuelle Employability **nicht** automatisch mit gewachsen. So wichtig also die revitalisierte Wettbewerbsfähigkeit der deutschen Konzerne und Global Players ist und damit auch wirtschaftliche Kerne und Regionen absichert (vorwiegend im Süden Deutschlands), so reichen diese Erfolgsmeldungen, die sich auch in den Börsenkursen widerspiegeln, nicht aus, um insgesamt die Wirtschafts- und Beschäftigungsstagnation in Deutschland zu überwinden. Ein wesentlicher Grund hierfür liegt darin, dass sich ein Beschäftigungsaufbau – gerade auch im internationalen Maßstab – vorwiegend im Dienstleistungssektor manifestiert. Und hier hinkt Deutschland seit Jahren hinterher; trotz aller Erfolge im Warenexportsektor steht

„der deutsche Dienstleistungssektor dagegen im Regen" (Zimmermann 2006, 6; vgl. bereits Heinze/Streeck 2000).

Schon diese kurzen Ausführungen über die verschiedenen Facetten des Standortes Deutschland weisen auf die Notwendigkeit differenzierter Analysen hin, wenngleich einschränkend bemerkt werden sollte, dass es nicht primär an Krisendiagnosen und Mängellisten mangelt, sondern die **Umsetzung von Reformen** sehr schwierig zu sein scheint, was sicherlich auch damit zusammenhängt, dass ein erfolgreiches Modell, wie es sich in Deutschland in den letzten Jahrzehnten etabliert hat, viele Verteidiger des Status-quo kennt und deshalb die Zahl der **Vetospieler** nicht zu unterschätzen ist. Zudem sollten die unterschiedlichen Schwerpunktsetzungen bei der Betrachtung des Standortes wenigstens auf wissenschaftlicher Ebene integriert werden, um ein konsistentes Bild der Herausforderungen zu bekommen, weil nur hierüber neue Wegmarken für Reformprozesse gesetzt werden können. Das Nebeneinander von einzelbetrieblichen Erfolgsmeldungen, steigenden Börsenkursen und guten Wachstumserwartungen bei den Global Players einerseits und anhaltender Stagnation auf dem Arbeitsmarkt sowie nur zögerlichen Reformschritten und vielen politischen Blockaden und Erstarrungen andererseits (vgl. Heinze 1998, 2002) kann besser verstanden werden, wenn man an die Debatten um Wirtschaftsordnungen, deren Krisen und Neustrukturierungen sowie einem internationalen Vergleich wirtschaftlicher Regimes produktiv anknüpft (vgl. die Beiträge in Streeck/Thelen 2005). Ohne die Herausarbeitung der sozio-ökonomischen Umbrüche, aber auch der Beharrungstendenzen ist eine **soziologische Gegenwartsdiagnose** derzeit nicht möglich, wenngleich diese verknüpft sein muss mit lebensweltlichen und politischen Faktoren. „Allerdings verlangen einige der gegenwärtig beobachtbaren Entwicklungen eine stärkere Gewichtung des ökonomischen Faktors" (Hartmann 2005a, 37).

Auf sozialwissenschaftlicher Ebene wird in diesem Zusammenhang von den Varianten (varieties) des Kapitalismus gesprochen (vgl. als Überblick Crouch 2005 und Miller 2005a), wobei allerdings sowohl die Alltagsdeutungen als auch die wissenschaftlichen Analysen in einem Punkt übereinstimmen. Der traditionelle „rheinische Kapitalismus" wird als ordnungsstiftendes Wirtschafts- und Sozialmodell abgelöst von einem eher an angelsächsischen Vorbildern orientierten flexiblen Kapitalismus – und diese Neuorientierung erfasst nicht nur das Wirtschafts- und Beschäftigungssystem, sondern breitet sich auch in andern Lebenslagen (bpsw. dem Wohnen) aus, was wiederum in der wechselseitigen Verknüpfung zu einer Intensivierung der Verunsicherungen führt. Das inzwischen weit verbreitete Unbehagen über die Dominanz ökonomischer Motive (die Intensivierung der **Vermarktlichung**) wurde zwar schon länger registriert und auch im öffentlichen Diskurs ansatzweise thematisiert, allerdings blieb es zumeist unter der Oberfläche politischer Entscheidungsprozesse. Die Arenen der Regierungspolitik beschäftigten sich eher mit den Auswirkungen ökonomischer Stagnationsprozesse und vor allem in Deutschland mit der strukturellen Beschäftigungskrise und deren negativen Wirkungen auf die traditionellen sozialen Sicherungssysteme. Wie schmerzlich der Weg einer generellen Neugestaltung des traditionellen Wohlfahrtsstaates ist, dessen Fundamente brüchig geworden sind, ist allerdings allen politischen Akteuren in den letzten Jahren deutlich geworden. Gerade weil es sich um eine Strukturkrise des westeuropäischen Wohlfahrtsstaatsmodells und speziell des „Modell Deutschland" handelt, können die Lösungen nicht mehr innerhalb der traditionellen Strukturen gesucht werden. Der Weg zu grundlegenden Neuorientierungen ist aber ein steiniger Weg, was noch diskutiert werden wird.

Gerade in Zeiten tief greifender Transformationsprozesse, wie wir sie derzeit in Europa erleben, wird auch in der Öffentlichkeit nach Deutungen des Wandels gefragt und die soziologischen Gesellschaftsanalysen hinterfragt. Die **Soziologie** hat in den letzten Jahrzehnten auch eine Vielzahl von Charakteristika aufgezeigt, die die moderne Gesellschaft auszeichnen. Eine besondere Bedeutung hat in diesem Zusammenhang die Individualisierungsthese hinsichtlich der Selbstbeschreibung einer reflexiven Modernisierung bekommen: „Seit den achtziger Jahren steht die Auflösung traditionaler nationalgesellschaftlicher Sozialstrukturen im Zentrum, wofür der Begriff *Individualisierung* steht. Um es hier noch einmal zu wiederholen: Individualisierung meint nicht die ´Kultur der Wahl`, wie immer wieder behauptet wird. Das Individualisierungsargument betont vielmehr von Anfang an die Fortexistenz, ja Radikalisierung ökonomischer Ungleichheiten, die heute in Europa eine neue Qualität gewinnt. Die Aktualität der Individualisierungstheorie besteht gerade darin, dass sie – neben den ökonomischen Bedingungen – in diesem Sinne den Wohlfahrtsstaat als Produzenten sozialer Gleichheit *und* Ungleichheit ins Blickfeld rückt" (Beck 2005, 7; vgl. auch die Beiträge in Miller 2005 und Nollmann/Strasser 2004).

Diese Standortbestimmung ist insofern von Bedeutung, als es nicht nur um einen historischen Freisetzungsprozess des Individuums aus traditionsbestimmten Lebensformen und -entwürfen geht, der verschiedene Muster sozialer Bindungen wie die Familie, aber auch die Verwandtschaft oder berufliche Lebensmuster betrifft und die Menschen zunehmend veranlasst, „Bastelbiographien" zu entwickeln. Es geht auch um die **Verbindung** von individuellen Lebensentwürfen und sozioökonomischen Lebenslagen, die durch ökonomische Umbrüche und eine Entgrenzung von Erwerbsarbeit einerseits und die Fähigkeit staatlicher Politik zur Korrektur der gerade in den letzten Jahren intensivierten Vermarktlichungsprozesse gekennzeichnet werden können. Im folgenden werden diese beiden Argumentationsstränge und deren gegenseitige Verknüpfungen als Orientierungsrahmen gewählt. Die Analyse bleibt aber beschränkt auf die Umbrüche und Kontinuitäten in Deutschland und kommt insofern der Forderung von Beck nach einer europäisierten Sozialstrukturanalyse nicht nach. Die Begründung dafür liegt darin, dass die bereits angesprochenen Folgewirkungen der Erosion des deutschen Produktions- und Sozialmodells eine neue Qualität **sozialstruktureller Heterogenisierungen** produziert hat, die auch auf nationaler Ebene geklärt und geordnet werden müssen. Dies soll nicht dahingehend verstanden werden, die in vielen Bereichen unerforschte „Gesellschaft Europa" stärker auch in der Soziologie zu berücksichtigen, um so den methodologischen Nationalismus zu überwinden.

Die auch in der Öffentlichkeit breit rezipierte soziologische Individualisierungsdiskussion hat sich in den letzten Jahren ausdifferenziert, ohne dass behauptet würde, damit das einzige definitive Wesensmerkmal der heutigen Gesellschaft aufgespürt zu haben. In der Verknüpfung verschiedener Merkmale moderner Gesellschaftsmodelle, wie der funktional differenzierten Gesellschaft, der Multioptionsgesellschaft, der Risiko- oder der Wissensgesellschaft beschreibt Schimank die heutige Gesellschaft als **„Entscheidungsgesellschaft**". Entscheidungen werden gerade vor dem Hintergrund anderer Merkmale wie der zunehmenden Bedeutung des Wissens im Alltagsleben, neuer Risiken, kapitalistischer Zyklen und des Organisationswachstums zur Alltäglichkeit – und dies in allen Lebensbereichen (von der Privatsphäre über die Wirtschaft bis hin zur Politik). „Spätestens bei politischen Entscheidungen drängt sich eine Frage in den Vordergrund, die allerdings durchaus auch an Entscheidungen gestellt wird, die einzelne Organisationen oder Individuen betreffen. Die Frage lautet: Inwieweit sind die gesellschaftlichen Verhältnisse überhaupt durch Entscheidungen intentional gestaltbar, und inwieweit laufen lediglich schicksalshafte Zwangsläufigkeiten ´hinter dem Rücken der Akteure` ab? Die Frage ist deshalb eine so bedrängende, weil die moderne Gesellschaft prinzipiell gestaltungsoptimistisch ist, dieser Optimismus aber immer wieder herbe Fehlschläge hinnehmen muss. Man muss dabei gar nicht an den Gestaltungshybris sozialistischer Planwirtschaften denken, die nichts als grandiose Scherbenhaufen hinterlassen haben. Auch viel bescheidenere politische Gestaltungsvorhaben – etwa eine neue Gestaltung des Governance-Regimes der Universitäten oder die notorische Rechtschreibreform – erweisen sich immer wieder als äußerst schwierig; und neben dem Problem, die angestrebten Gestaltungsziele nicht zu erreichen, werden die politischen Akteure auch immer wieder mit dem Risiko konfrontiert, ungeahnte und unerwünschte Nebenwirkungen zu erzeugen, die im negativen Sinne gravierender sind als die vielleicht erzielten positiven Effekte" (ders. 2005, 27; vgl. auch Greven 1999).

Wenn Entscheidungshandeln zum leitenden sozialen Handlungstypus wird, dann spielt Erwartungssicherheit eine große Rolle, denn gerade Gestaltungsentscheidungen (etwa welcher Beruf ergriffen werden soll oder welches Studienfach präferiert wird) erfordern auf makrostruktureller Ebene Sicherheiten, denn Entscheidungen zu treffen heißt immer auch Handlungsalternativen auszuwählen. Ob diese sozioökonomischen **Sicherheiten**, wie sie sich etwa im traditionellen „Modell Deutschland" manifestierten, heute noch anzutreffen sind, ist eine der zentralen Fragestellungen der vorliegenden Abhandlung. Sicherlich gab es immer schon Kontingenzen in dem Sinne, dass Handlungsalternativen zur Verfügung standen und Selektionsprozesse situativ bewältigt werden mussten; wesentlich gesteigert haben sich aber die sozialstrukturellen und kulturellen Optionen. Die Ausbreitung der Entscheidungsgesellschaft impliziert aber vor dem Hintergrund der aufziehenden Wissensgesellschaft auch eine Erhöhung der Rationalitätsansprüche und dies bei steigender Komplexität der Entscheidungssituationen. „Je größer die Entscheidungskomplexität ist, desto größer ist erstens die Unsicherheit des Akteurs, wie er sich entscheiden soll; und desto größer ist zweitens sein Risiko, eine Fehlentscheidung zu treffen, die er dann zu verantworten hat" (Schimank 2005, 173). Gerade in sozioökonomischen Umbruchphasen, zumal wenn sie mit der Erosion eines traditionellen Prosperitätsmodells verknüpft sind, werden makrostrukturell **Unsicherheitszonen** systematisch erzeugt, die mikrostrukturell zu einer wachsenden „Qual der Wahl" führen. Und wenn dann auch noch klassische politische Steuerungsmodelle (wie der Wohlfahrtsstaat) oder andere kooperative Konfliktlösungsmuster mehr und mehr an Glaubwürdigkeit verlieren und ggf. sogar zerbrechen, dann kann sich das Frustrations- und Konfliktpotential durchaus steigern. Allerdings sind Wissen und Ungewissheit nicht „konkurrierende Perspektiven für die Beschreibung der modernen Gesellschaft. Sie unterscheiden sich auch nicht als optimistische und pessimistische Variante der Gesellschaftsanalyse. Vielmehr stehen sie in einem Verhältnis wechselseitiger Steigerung. Wissen macht Unsicherheiten sichtbar und stimuliert die Suche nach neuen Weisen des Umgangs mit diesen, die dann wiederum Wissen produzieren, an dem Erkenntnislücken auffallen" (Stichweh 2002a, 10).

In Deutschland ist auf empirischer Ebene von verschiedenen Beobachtern die wachsende Verunsicherung konstatiert worden und durch die Stagnationsprozesse auf den Arbeitsmarkt sowie die damit ausgelösten sozialen Desintegrationsprozesse wird auch zunehmend über soziale Polarisierung und Zersplitterung gesprochen. Der Zuwachs an Handlungs- und Gestaltungsalternativen des Lebenslaufes hat aber nicht nur eine abnehmende Verlässlichkeit sozialer Bindungen zur Folge, sondern führt in Kumulation mit den neuen ökonomischen Verwerfungen zu einer wachsenden sozialen **Instabilität**. Gerade Menschen in ausgedünnten traditionellen Sozialbeziehungen sind auf der Suche nach neuen sozialen und sinnstiftenden Beziehungen. Obwohl sich in den letzten Jahren ein Bedeutungszuwachs von Netzwerken, die weniger traditionsgeleitet und stärker Resultat von bewusster Lebensplanung sind, zu verzeichnen ist, können diese nicht die sozioökonomischen Erschütterungen kompensieren. „Bei gesteigerter Bewegungsgeschwindigkeit werden aber die Aufenthalts- und Orientierungszeiten kürzer; einstmals gut sichtbare Markierungspunkte und Wegweiser verschwimmen und können leicht übersehen werden. Und dies gilt um so mehr, je mehr die Menschen im Zuge von Individualisierungsprozessen aus stabilen Sozialbezügen und vorgeformten Lebensbahnen herausgelöst werden und die Verantwortung für ihre Lebensführung und ihre Biographie selbst übernehmen müssen: Auf individueller Ebene kommen damit Verunsicherungspotentiale und an die Einzelnen direkt adressierte Herausforderungen in den Blick, die in 'bewegten Zeiten' personengebundenen Eigenschaften wie Flexibilität, Reaktionsgeschwindigkeit oder Anpassungsfähigkeit den Charakter von eigenständigen, durch andere Mittel nur bedingt substituierbaren 'Ressourcen' der Lebensführung zuwachsen lassen. Und auf kollektiver Ebene können bewegungsbedingte Erwartungsunsicherheiten mit Desintegrationsgefahren in Verbindung gebracht werden" (Berger 1996, 303; vgl. auch Böhnke 2005, Dörre 2005 und Brinkmann et al 2006).

Wir haben es also mit langfristigen Wandlungs- und Zersplitterungstendenzen zu tun, die in den soziologischen Debatten auf drei Trends zurückgeführt werden können: die sich intensivierende **Globalisierung**, die Entstehung einer **„post-traditionalen Sozialordnung"** und die Ausdehnung **„sozialer Reflexivität"** (vgl. Giddens 1994). Über eine Analyse dieser sozialstrukturellen Trends kann der verwandelte Kontext des politischen Lebens herausgearbeitet werden und zudem werden Blockaden erkennbar, wo der sozioökonomische Zusammenhalt immer mehr von seinem institutionellen Fundament abrutscht und Unsicherheiten auf allen Ebenen produziert. Wenngleich die Folgen des Zerfalls der „Vollbeschäftigungsgesellschaft" in den meisten westeuropäischen Gesellschaften zunächst nicht zu einer Zunahme von kollektiven sozialen Protesten, ganz zu schweigen von einer Revitalisierung von „Klassenkämpfen", führte, bricht der **Protest** inzwischen doch in einigen Ländern aus. Relativ spontan flackert bei einzelnen sozialen Gruppen eine von vielen Gesellschaftsbeobachtern nicht mehr für möglich gehaltene Gewaltbereitschaft auf. Ein Beleg für diese neuen Konflikte sind die Gewaltmanifestationen in Frankreich im letzten Jahr. Der „Aufstand der Überflüssigen" in den Vorstädten Frankreichs im Herbst 2005 provozierte auch in Deutschland die Frage nach sozialen Ausgrenzungsprozessen und ganz allgemein nach dem Charakter des neuen, flexiblen Kapitalismus, der sich durch eine rasant fortschreitende Globalisierung auszeichnet. Dass damit jedoch auch soziale Sicherheiten und Versprechungen obsolet werden, zeigt sich an den

Revolten der Jugendlichen, die von Kindern afrikanischer und arabischer Einwanderer organisiert wurden. Hieran wird unmissverständlich deutlich, dass auch in Europa zunehmend soziale Ausgrenzungen virulent werden und damit der Traum dauerhafter sozialer Sicherung ausgeträumt ist. „Im Nachtschatten wirtschaftlicher Globalisierung geraten immer mehr Menschen in eine Lage auswegloser Hoffnungslosigkeit, deren Schlüsselmerkmal es ist, - es stockt der Atem -, dass diese Menschen schlicht nicht gebraucht werden. Sie bilden keine „Reservearmee“ (wie Marx dies nannte), die den Preis der menschlichen Arbeitskraft drückt. Die Wirtschaft kann auch ohne ihren Beitrag wachsen“ (Beck 2006, 2).

So neu diese Lage auch erscheinen mag und auch in anderen Ländern zu beobachten ist (etwa in den Niederlanden oder Großbritannien), wo sich ebenfalls entlang ethnischer Grenzen neue Konflikte auch in gewalttätigen Protesten manifestieren, sie ist bereits seit mehreren Jahren thematisiert worden. Auf die Phänomene einer durch Massenarbeitslosigkeit sich verschärfenden wachsenden gesellschaftlichen Zersplitterung ist bereits früh hingewiesen worden. Massenarbeitslosigkeit und eine einseitige Durchkapitalisierung der Gesellschaft ohne eine Solidarverantwortung der Wirtschaft können zu wachsenden **sozialen Spannungen** führen, die sich in steigender Armut, Orientierungsverlusten bei Jugendlichen, einer Kriminalitätszunahme, sozialen Isolationsprozessen und teilweise eben auch Gewalteruptionen in besonders benachteiligt empfundenen sozialen Ghettos äußern (vgl. zusammenfassend Heinze 1998). Und auch bereits in den 80er und 90er Jahren des letzten Jahrhunderts gab es ein Aufflackern von kollektiven Gewaltanwendungen bei Jugendlichen in manchen Zentren des Beschäftigungsniedergangs. Gerade der Rückzug auf nationalistische und populistische Deutungen bei den Gewaltaktionen markierte jedoch eher die Hilflosigkeit individueller Proteste als eine kollektive Reaktion auf die Beschäftigungskrise.

So blieben denn auch die immer wieder hervorgebrachten Warnungen vor einem „wildgewordenen Kapitalismus“ einerseits zu generalisierend und soziologisch unpräzise und anderseits kümmerte sich weder die Öffentlichkeit noch die Politik um eine bessere Integration der ethnischen Minderheiten. Diese verkappte **Gleichgültigkeit**, die manche sogar noch als Toleranz gegenüber Minderheiten auffassten, hat dazu geführt, dass keine Lehren aus den kleineren Revolten gezogen wurden und damit das Konfliktpotential weiter anwuchs. Trotzdem sollte darauf hingewiesen werden, dass auch in Frankreich soziologische Analysen schon länger auf die Zustände einer sozialen Verunsicherung und gesellschaftlichen Zersplitterung aufmerksam gemacht haben. So beschreibt Castel vor dem Hintergrund der Globalisierung und des Niedergangs der kollektiven Sicherung (etwa durch Gewerkschaften und Tarifverbände) eine „neue Generation von Risiken“ und „Schädigungen“, die insgesamt zu einer sozialen Zersplitterung führen. „Die allgemeine Flexibilisierung der Erwerbssituationen und der Berufswege sorgt dafür, dass die Zukunft der Arbeitswelt von Ungewissheit geprägt ist. Wenn man diesen Wandel ernst nimmt, dann zeigt sich das Ausmaß der Herausforderung, mit der wir heute konfrontiert sind: Ist es möglich, diesen Erwerbssituationen, die sich durch ihre Hypermobilität auszeichnen, neue Formen der Absicherung an die Seite zu stellen?“ (ders. 2005, 117; vgl. auch Vogel 2004, Voswinkel/Kocyba 2005, Brinkmann et al 2006 sowie die Beiträge in Kronauer/Linne 2005).

In den **folgenden Kapiteln** wird auf diese berechtigte Frage noch aus verschiedener Sicht eingegangen werden, zumal in Deutschland der „kurze Traum immerwährender Prosperität“ (Lutz 1984) schon länger neuen Formen eines flexiblen Kapitalismus mit neuen sozialen Unsicherheiten gewichen ist. Im Zuge dieser Entwicklung wird auch die **Architektur** der traditionellen sozialen Sicherungssysteme in Frage gestellt bzw. deren Säulen unterhöhlt, so dass neue Überlegungen sowohl zum Status der Arbeit als auch zu sozialen Grundrechten in allen westlichen Gesellschaften auf der Tagesordnung stehen. Und dies hat auch die offizielle Politik registriert, wenn etwa der deutsche Finanzminister von „erheblichen Fliehkräften“ in der derzeitigen Gesellschaft spricht. „Der Zusammenhalt dieser Gesellschaft muss neben fiskalischen und wirtschaftlichen Zwängen auch Gegenstand der Politik sein“ (in: Der Spiegel Nr. 1 v. 2.1. 2006, 26). Da die Debatte um gesellschaftliche Desintegration, die Erosion städtischer Strukturen und eben auch „Parallelgesellschaften“ in der Politik angekommen ist, muss jede ernsthafte soziologische Analyse auch die Handlungsoptionen und –spielräume staatlicher Politik mit berücksichtigen und nach neuen Formen sozialer Sicherung und vor allem deren Finanzierung suchen. Damit ist man dann auf der **Suche nach neuen Wachstumsfeldern**, die zukunftsfähig sind und für neue Beschäftigung sorgen können, ohne damit zu glauben, dass eine Vollbeschäftigungsphase zurückkehren könnte.

Die zentralen Säulen unseres wohlfahrtsstaatlichen Systems stehen zwar noch (wenngleich manche Autoren in Richtung der politisch-institutionellen Verfasstheit schon von „crumbling pillars of social partnership“ (Streeck/Hassel 2004) sprechen, bedürfen allerdings schon länger einer grundlegenden Konstruktionsreform. Mit der Erosion des Modells Deutschland und damit der korporatistischen Gesellschaftsordnung der Nachkriegsprosperitätsphase sind auch Sicherheiten verschwunden. Die Einigkeit über eine Konsensstrategie zur Sicherung des Sozialstaats, wie sie jahrzehntelang in der Bundesrepublik unausgesprochen akzeptiert wurde, ist **zerbrochen**. Sozialstaatliche Institutionen (auch der Selbstverwaltungskorporatismus bspw. in der Arbeitslosenversicherung), die Unsicherheit eindämmen sollten, sind selbst Herde der Unsicherheit geworden, die sich aber auch – glaubt man empirischen Studien - zunehmend in der Bevölkerung ausdehnt. Mit dem Verschwinden der alten Sicherheiten dürften sich auch die Wahrnehmungen der institutionellen Akteure verändern, allerdings ist wohl nicht zu erwarten, dass die betreffenden Organisationen ihren jeweiligen spezifischen Organisationsblick und ihre Organisationskultur sofort verändern. Einerseits schrumpft sicherlich das Vertrauen der Bevölkerung in staatliche Institutionen, andererseits zeigt sich „eine eigentümliche Diskrepanz zwischen der Einsicht in die verringerte Steuerungsfähigkeit des Staates und den keineswegs verminderten Erwartungen, die dem Staat als Agentur der Bereitstellung von Leistungen für den Bürger, als public services provider, entgegengebracht werden – und kaum irgendwo ist diese Diskrepanz so weit wie in Deutschland" (Nolte 2005, 44).

Der Hinweis auf manche Enttäuschungen hinsichtlich staatlicher Leistungen ist sicherlich einerseits ein Produkt **überzogener Erwartungen**, andererseits erleben wir in den letzten Jahren einen Staat, der sich ständig „verschlankt" und seinen einzelnen Untergliederungen einen permanenten Wandel verschrieben hat (so werden Ämter zu Serviceagenturen etc). Ob damit allerdings schon ein erneuerter und qualitativ besserer Staat erreicht wurde, kann sicherlich hinterfragt werden. Der Namenswechsel sorgt sicherlich allein noch nicht dafür. Dennoch ist unübersehbar: Das Verhältnis von Staat und Gesellschaft wird neu definiert, wobei unbestritten ist, dass trotz aller Erwartungen nach einem ordnenden und sozial gerechten Staat die Zeiten des Versorgungsstaates vorbei sind. Da dieses Staatsverständnis in Deutschland eine lange Entwicklung hinter sich hat, ist es nicht leicht zu revidieren, wenn auch in den letzten Jahren schrittweise klar wird, dass wir uns in einer tief greifenden Transformationsphase befinden. Der Erkenntnisprozess verläuft langsam und schleppend, allerdings scheint sich doch ein gesamtgesellschaftlicher **Minimalkonsens** hinsichtlich der Reformbedürftigkeit abzuzeichnen. Das Ende des all zuständigen Staates ist schon länger absehbar und läuft parallel zum strukturellen Abstieg des „Modell Deutschland". Wenn auch in wachsendem Maße die Reformbedürftigkeit auch der staatlichen Verwaltungen akzeptiert wird, so reichen die derzeitigen Aktionen (bspw. der Etikettenwechsel von den Arbeitsämtern hin zu Arbeitsagenturen) bei weitem nicht aus. Und auch die pauschalen Forderungen nach weniger Staat oder die Umstellung auf „Kundenorientierung" gehen an den wirklichen Herausforderungen vorbei bzw. sind eher Symptome für einen strukturellen Wandel, der auch die Grenzen zwischen öffentlichen, freigemeinnützigen und privaten Räumen neu definieren und auch organisationssoziologische Argumentationen zum Bedeutungsverlust von Hierarchien ernst nehmen muss. „Es gibt in den modernen Gesellschaften keinen Herrscher mehr, der über Befehls- und Anweisungsketten in die verschiedenen Lebensbereiche der Bevölkerung hineinregieren kann….In der modernen Gesellschaft akzeptiert niemand den Kanzler als obersten Vorgesetzten einer Befehlshierarchie – außer den Mitgliedern des Kanzleramtes“ (Kühl 2003, 385).

Anstelle eines kompletten Formwandel des Staates, der ohnehin nicht umzusetzen ist, geht es in den Modernisierungs- und Reformdebatten um eine **Neudefinition staatlicher Tätigkeit**, die aber nur über Optimierung des Zusammenspiels zwischen Staat, Wirtschaft und Gesellschaft sowie eine Aktivierung innovativer und zukunftsfähiger Handlungsfelder zu erreichen ist. Insofern stimme ich der Einschätzung zu, dass wir diesbezüglich in Deutschland am Anfang eines **Paradigmenwandels** stehen, der weitaus komplexer ist als manche Vorschläge hinsichtlich einer Verschlankung durch Outsourcing suggerieren. Der Prozess der strategischen Transformation ist schwierig, auch mit Rückschlägen behaftet (gerade aufgrund der hohen Erwartungen an Staatlichkeit in Deutschland) und steht als gesamtgesellschaftlicher Lernprozess noch am Anfang. Allerdings ist dieser Neuorientierungsprozess schon aufgrund des **Innovationsstaus** in den öffentlichen Verwaltungen nicht mehr aufzuhalten und es gibt auch genügend Hinweise darauf, dass es nicht nur „Gemeinplätze“ und Etikettenwechsel gibt, sondern auch kreativ nach neuen Lösungen und insbesondere neuen Allianzen zwischen der Zivil- oder Bürgergesellschaft, der Wirtschaft sowie dem Staat gesucht wird.

Dementsprechend kann die deutsche Debatte um den **aktivierenden** oder gewährleistenden Staat nicht nur als Erosion und Transformation der traditionellen Staatlichkeit interpretiert werden, sondern es gibt parziell auch den realen Einstieg in einen Reformprozess, der allerdings nicht mehr das sozialstaatliche Absicherungsniveau der klassischen Wohlfahrtsstaatperiode (in Deutschland von Mitte der 50er bis Ende der 80er Jahre) erreichen wird. Obgleich manche Autoren von einem „reformlosen Wandel“ sprechen, hat es in den letzten Jahren sowohl in den öffentlichen Verwaltungen als auch in den verschiedenen Zweigen des deutschen „Sozialversicherungsstaates“ (von der Renten- über die Gesundheits- bis hin zur Arbeitsmarktpolitik) schrittweise einen **Paradigmenwechsel** gegeben (wenngleich über die Reichweite zu streiten ist). Insgesamt sprechen die verschiedenen Reformen der Organisationsstrukturen dafür, von einer beginnenden Transformation des traditionellen deutschen Wohlfahrtsstaatsmodells zu sprechen. Und der betrifft massiv das System der organisierten Interessen und das Kernstück der korporativen Marktwirtschaft: den deutschen Korporatismus, der im Nachkriegsdeutschland zum sozialen Integrationsmodell wurde und nun durch einen massiven Strukturwandel der Wirtschaft erodiert. Aber auch in anderen Policyfeldern zeigen sich neue Governancestrukturen, verbunden mit neuen Wettbewerbselementen („Wohlfahrtsmärkte“), einem tendenziellen Ausstieg aus korporatistischen Strukturen und einem Bedeutungsverlust der traditionellen Verbände.

Diese Gewichtsverschiebungen zu Ungunsten der klassischen Großverbände weisen augenscheinlich darauf hin, dass die korporatistisch verfasste Gesellschaft der Bundesrepublik in einen Zustand der wachsenden **Desorganisation** geraten ist. Nicht nur das Normalarbeitsverhältnis verfällt als anerkanntes Sozialmodell, die sozialintegrative Kraft des Parteien- und Verbändestaates „zerbröselt" und nicht nur die Problemlösungsfähigkeit solcher Kooperationsmodelle ist in die Defensive geraten, sondern die ausgeprägte Vetomacht der politischen Großorganisationen wird auch als Erklärung für das Vollzugsdefizit bei den Reformversuchen an vorderster Stelle genannt. Ebenfalls aus Sicht der politischen Akteure wird politisches Gestalten immer schwieriger und auf die eingespielten korporativen Netzwerke ist eben immer weniger Verlass, da sie nur ein – zudem kleiner und selektiver werdendes – Segment des politischen Interessenspektrums abdecken. Dies wurde exemplarisch am „Bündnis für Arbeit" deutlich, in dem es den Verbands- bzw. Gewerkschaftseliten nicht mehr gelang, ihre verbandspolitischen Lager zusammenzuhalten. Die „Götterdämmerung des Nachkriegskorporatismus" (Streeck) war nicht mehr aufzuhalten und der staatlichen Politik blieb, nachdem die „Verpflichtungsfähigkeit" der korporatistischen Eliten nicht mehr griff, gar keine andere Wahl, als die funktionalen Ressourcen der wissenschaftlichen Experten und Organisationen in Beiräten und Kommissionen zu nutzen. An der Einsetzung der Hartz-Kommission und auch der Rürup-Kommission spürt man diese **strategische Neuorientierung**, die die Strategie der Kooperation mit den zentralen Großverbänden auf Makroebene ablöste und neue, wiederum temporäre Gremien zur Konsensbildung schaffte, um wenigstens symbolisch noch vor den Bundestagswahlen 2002 Handlungsbereitschaft auf dem Arbeitsmarkt anzuzeigen und um festgefahrene Organisationsrituale durch innovative Anstöße vielleicht doch noch voranzubringen.

Nicht nur die Auflösung des Elitenkorporatismus erschwert jedoch eine konsistente staatliche Politik, vielmehr sind auch institutionelle Strukturen im Regierungssystem Deutschlands mitverantwortlich für das Scheitern von Reformprojekten. In unserem „semisouveränen" Staat haben „Bremser und Besitzstandswahrer besonders viele Möglichkeiten", um auch noch in der Umsetzungsphase politische Reformen zu konterkarieren (Jann 2002, 14). Dennoch dürfte in den letzten Jahren die Einsicht gewachsen sein, dass sich der klassische deutsche Wohlfahrtsstaat (auch bedingt durch die Integration der ehemaligen DDR) **übernommen** hat und seine sozialintegrativen Funktionen nicht mehr erfüllen kann – und von daher das gedrosselte Reformtempo wieder erhöht werden müsste. Dazu haben auch die Reformen der rot-grünen Bundesregierung beigetragen, wenngleich sie von handwerklichen „Pannen" und auch Kommunikationsdefiziten begleitet waren. In den Jahren der rot-grünen Regierungskoalition konnte man gut studieren, dass die **Vetospieler** nicht nur in den Interessenorganisationen außerhalb des Parlaments und der Parteien ihr Spiel inszenieren, sondern durchaus **in** den Regierungsparteien aufzufinden sind, was einzelne Politikwissenschaftler zu folgender These verdichtet haben: „Der eigentliche Vetospieler saß jedoch im rot-grünen Regierungslager und in ihren Parteien: die Traditionalisten. Sie glauben, die Welt des globalisierten 21. Jahrhunderts mit den Instrumenten und nationalen Regulierungsformen aus den 70er Jahren des 20. Jahrhunderts lenken zu können. Sie waren die Schere im Kopf, die zu ernst genommene Zensur, die den Bundeskanzler an einer frühzeitig und konsequent durchgeführten Modernisierungspolitik hinderten" (Merkel 2005, 9). Auch Bogumil kommt hinsichtlich der Erfolgsbedingungen von Verwaltungsreformen zu einem ähnlichen Urteil: „Verwaltungsreformen scheitern vor allem an starken Beharrungskräften in den Organisationen. Es bedarf immer der Schaffung eines institutionellen und auch individuellen Eigennutzes und einer aktiven Gestaltung von Reformprozessen. Nur so ist es möglich, die zum Organisationsalltag gehörenden, aber oftmals wenig thematisierten mikropolitischen Prozesse so zu „steuern", dass sie im Sinne der Reformmaßnahmen eingesetzt werden können" (ders. 2005, 8).

Aber wenn auch der deutsche Wirtschafts- und Sozialstandort von Stagnationsprozessen heimgesucht wird, so gibt es doch noch einen vermeintlichen Anker gesellschaftlicher Integration: **Fußball**. Hier konnten wir über Jahrzehnte unsere Kernkompetenzen im internationalen Wettbewerb beweisen und nicht umsonst gab es im Jahr 2005, in dem vorwiegend über die deutsche Krise und den „deutschen Patienten" geschrieben wurde, einen viel beachteten Film über den Fußballtriumph vergangener Jahre (das „Wunder von Bern"). Und nun gibt es im Jahr 2006 sogar die Fußballweltmeisterschaft im eigenen Land; hier kann nun „bewiesen" werden, wo Deutschland im globalisierten Wettbewerb steht. Betrachtet man das „soziale Kapital", das sich in deutschen Fußballvereinen engagiert, dann sind wir mit 6,3 Millionen Mitgliedern im Deutschen Fußballbund in der Spitzengruppe aufzufinden. Dies gilt auch für die wirtschafts- und beschäftigungspolitische Bedeutung der Fußballbranche (als ein Wachstumssektor in der Dienstleistungswirtschaft), in der inzwischen rund 31.000 Personen arbeiten. Aber hier hören auch schon die Erfolgsmeldungen auf; im Vergleich mit anderen europäischen Klubs liegen die bundesdeutschen nur noch im Mittelfeld und ähnliches gilt für die Nationalmannschaft der letzten Jahre bis zum Frühjahr 2006 (ganz zu schweigen vom „Marktwert" der Spieler, der markant unter dem vergleichbarer Länder liegt). Von der infrastrukturellen Ausstattung und auch der Vielzahl an Vereinen her könnte das Leistungsniveau sicherlich höher sein, aufgrund mangelnder Ausbildungsqualität (das für ein hohes berufliches Qualifikationsniveau stehende 'Made in Germany' scheint wohl hier nicht mehr gültig zu sein) leben wir jedoch „von der Substanz, von der Kaufkraft der deutschen Fans, und stecken zuwenig in die Zukunft – in die Nachwuchsförderung und das Training der deutschen Spieler. Die Spieler sind zu satt und können sich international nicht messen“ (Leber 2006; vgl. auch Kurbjuweit 2006). Deuten sich hier Parallelen zu anderen Dienstleistungssektoren oder zum Bildungsniveau allgemein an?

Bevor jedoch über Beschäftigungsperspektiven im Dienstleistungssektor und regionale Innovationssysteme diskutiert wird, werden die sozioökonomischen **Zersplitterungsprozesse** im ersten Kapitel des Buches behandelt, um dann auf die Frage einzugehen, ob dies nur vorübergehende Erscheinungen sind oder ob es sich um einen **strukturellen Bruch** in der Entwicklung des deutschen Produktions- und Sozialmodells handelt. Ein besonderes Augenmerk wird auf die **regionale Dimension** der sozioökonomischen Umbrüche gelegt, da hier ein zentrales Paradigma bundesstaatlicher Raumentwicklung – die Einheitlichkeit von Lebensverhältnissen – in Frage gestellt wird. Die konstatierte Krise des kooperativen Kapitalismus deutscher Prägung ist nicht nur über wirtschafts- oder industriesoziologische Thesen zu erfassen, sondern erfordert auch eine politikwissenschaftliche Fokussierung, da die Grenzen traditioneller politischer Integrationsmodelle offensichtlich werden.

Nach diesen eher krisenhaften Beschreibungen geht es in den beiden folgenden Kapiteln - an einzelnen Feldern unterlegt - um **Modernisierungsoptionen** des Wirtschafts- und Sozialstandortes Deutschland. Auch wenn solche Paradigmenwechsel länger dauern, weil Regierungspolitik zumeist in kurzen Zeiträumen denkt und handelt und der politische Diskurs zudem viele Vetospieler kennt, die es sich in den traditionellen Strukturen „gemütlich“ gemacht haben, ist potentiell eine Überwindung der viel beklagten Politikblockaden möglich und es lassen sich sogar Szenarien für eine **neue Landkarte** „positiver Wohlfahrt“ skizzieren. Bevor jedoch die auf eine Modernisierung durch Kompetenz setzenden Handlungsstrategien, die auch eine neue Qualität des Regierens erfordern, diskutiert werden können, müssen die sozioökonomischen Umbrüche „vermessen“ werden, um hieraus Schlussfolgerungen für eine verantwortungsvolle Politikberatung zu ziehen. „Ohne eine Verantwortungsethik im Weberschen Sinne, die sich der individuellen Herausforderung zum Handeln stellt und sich an eine persönliche Verpflichtung zum Handeln im allgemeinen Interesse gebunden fühlt, laufen auch die besten politikwissenschaftlichen Analysen leer. In einer Welt der politisierten Politik gerät der problemlösende Politikwissenschaftler in Gefahr, zum reinen Toren zu werden, den man allerdings nicht belächeln kann, ohne zugleich die Welt, die für ihn keinen Bedarf hat, zu bedauern“ (Mayntz/Streeck 2003, 24f; vgl. auch die Beiträge in Marschall/Strünck 2004).

1.2 Unsichere Beschäftigungsverhältnisse und soziale Selektionsprozesse

Der Wandlungsprozess des Kapitalismus und die dadurch produzierten neuen Unsicherheiten (bspw. die Auflösungen der komplementären Schutzwälle wie Tarifverträge) werden inzwischen in vielen soziologischen Gegenwartsdiagnosen beschrieben. Auf industrie- und wirtschaftssoziologischer Ebene wird besonders auf die Subjektivierung und **Entgrenzungen** der Erwerbsarbeit (speziell die Herauslösung aus traditionellen institutionellen und kulturellen Ordnungssystemen) hingewiesen. Dieser Wandel verläuft nicht in allen Sektoren der Wirtschaft mit der gleichen Geschwindigkeit und deshalb wird von vielen primär empirisch orientierten Sozialwissenschaftlern der Hinweis gegeben, dass Kontinuität auch in der Arbeitswelt noch immer ein zentraler Bestandteil sei. So wichtig diese Hinweise auch sein mögen, sie verkennen, dass eine Fixierung auf die Gegenwart oder die Entwicklungen der letzten 20 oder 30 Jahre nicht die aktuellen Entwicklungsperspektiven des sich in der Auflösung befindlichen deutschen Modells adäquat wiedergeben können.

Hinsichtlich einer Zeitdiagnose fällt es aber auch schwer, eine klare Formationsbestimmung vorzulegen (wie früher etwa mit dem Begriff des Fordimus). Viel beachtete industriesoziologische Thesen etwa zum „Ende der Arbeitsteilung" (Kern/Schumann) haben sich als voreilig und als einen Trend überzeichnend herausgestellt; heute sprechen selbst SOFI-Vertreter von einer „Rekonventionalisierung" der Arbeitsorganisation als einer Strategie in bestimmten Produktionssektoren. Konsens besteht aber darin, dass die gegenwärtige Etappe zwar als Übergang vom Fordismus zum Postfordismus beschrieben werden kann und die schon beschriebenen Merkmale der Vermarktlichung und Flexibilisierung der Arbeit aufweist, andererseits kann nicht vom Entstehen eines einheitlich geprägten neuen Modells der Produktion und Erwerbsarbeit gesprochen werden. Trendtheorien (sei es zur Dienstleistungsgesellschaft, der „reflexiven Modernisierung", des „Arbeitskraftunternehmers") liegen im „Trend", sie **überzeichnen** aber einzelne Entwicklungsachsen und verkennen auch, dass sich die gegenwärtige historische Phase durch dauerhafte Veränderung und eine eher noch wachsende Heterogenisierung der Produktions- und Arbeitsverhältnisse definiert. „Folge ist eine **heterogene Landkarte der Arbeit**, die sich nach verschiedenen Merkmalen ausdifferenziert: nach Branchen, Regionen, Beschäftigtengruppen, Alter, Geschlecht oder auch nach jeweiliger biographischer Phase. Heterogenität von Arbeit heißt jedoch nicht beliebige Unübersichtlichkeit, sie trägt systematische Züge. Das Nebeneinander von alten und neuen Merkmalen, von vorwärts und rückwärts gewandten Tendenzen ist Ausdruck der gegenwärtig widersprüchlich verlaufenden Form kapitalistischer Entwicklung und verweist auf ihren Übergangscharakter. Heterogenität und Ambivalenz moderner Arbeit sind nicht zuletzt die Ursachen für das **politische Gestaltungsdilemma**, das sich insbesondere Organisationen wie den Gewerkschaften gegenwärtig stellt, wenn sie interessenpolitisch handeln wollen" (Sauer 2002, 14; vgl. auch Heinze 1998 sowie Sauer et al 2005/Hervorhebungen: RGH).

Wenn auch die aktuelle Situation durch Ambivalenzen und Paradoxien zu beschreiben ist, so ist doch die Auflösung des Sozialkompromisses, wie er sich in der Prosperitätszeit nach dem Zweiten Weltkrieg etabliert hat, unbestritten. Kontrovers wird allerdings diskutiert, wie die neuen Spaltungstendenzen auf dem Arbeitsmarkt verlaufen, welche neuen Unsicherheitszonen sich ausdehnen und vor allem wo sich neue Prosperitätskonstellationen abzeichnen. Unstrittig ist auch - jedenfalls in den wissenschaftlichen Analysen -, dass der Markt eine zentrale Bedeutung für unsere Gesellschaft hat. Dies heben auch Autoren hervor, die die negativen Auswüchse des „entfesselten" Kapitalismus brandmarken. „Eine Gesellschaft ohne Markt wäre eine große Gemeinschaft, das heißt eine Art der gesellschaftlichen Organisation, von der uns die ältere und jüngere Vergangenheit lehrt, dass sie gemeinhin auf unbarmherzigen Herrschaftsstrukturen oder auf entwürdigenden paternalistischen Abhängigkeitsbeziehungen beruhte. Den Markt abzuschaffen ist eine durch und durch reaktionäre Utopie, eine Art rückwärtsgewandte Utopie, die bereits Marx verspottete. Moderne ist ohne Markt nicht denkbar" (Castel 2005, 134; vgl. hierzu bereits Polanyi 1978, insbes. 297ff sowie Meyer 2005a, 198ff).

Vor dem Hintergrund der Destabilisierung der Erwerbsarbeit und der Ausbreitung „überflüssiger" Bevölkerungsgruppen impliziert dies aber dennoch die Frage nach der „Domestizierung" marktlicher Strukturen und vor allem, wie Unsicherheiten einzudämmen sind. Ganz grob stehen sich hier zwei Argumentationsstränge gegenüber: einerseits der Verweis auf eine soziale Grundsicherung und andererseits die Hoffnungen auf eine dynamische Wirtschaft, die im Umbruch des Kapitalismus auf die Kräfte der „schöpferischen Zerstörung" (Schumpeter) setzen. Die im folgenden entwickelte Argumentation versucht **konstruktiv** die beiden inhaltlichen Stränge zu verbinden, wobei vor dem Hintergrund unterschiedlicher Wohlfahrtsstaatsmodelle und **Pfadabhängigkeiten** eine Rekombination prinzipiell möglich ist. Allerdings ist die politische Umsetzung schwierig, zumal die „Vordringlichkeit des Befristeten" (Luhmann) die Regierungspolitik prägt und bislang in Deutschland das traditionelle Sozialversicherungsmodell mit allen Mitteln stabilisiert wird und nur leichte Modifizierungen zugelassen werden. Die mangelnde Zukunftsorientierung ist aber angesichts der strukturellen sozioökonomischen Umbrüche nicht mehr zu verbergen, so dass der Fokus auf eine **strukturelle Modernisierung** des in die Defensive geratenen deutschen Modells gerichtet werden wird.

Diese These ist schon heute anhand der Rentenpolitik - ein zentrales Thema jeglicher wohlfahrtsstaatlicher Reformdebatte - zu exemplifizieren, zumal die Behandlung der Renten eng mit den wohlfahrtsstaatlichen Entwicklungspfaden verbunden ist. In Deutschland dominiert der Sozialversicherungsstaat Bismarck`scher Prägung, der sich auf die Alterssicherung der abhängig Beschäftigten konzentrierte und starke (korporatistische) Selbstverwaltungsorgane installierte. Dieses Modell erweist sich aber immer weniger als zukunftsfähig, was einerseits schon länger in wissenschaftlichen Analysen hervorgehoben wurde, andererseits aber von den klassischen Sozialpolitikern seit Jahrzehnten in der notwendigen „Härte" nicht thematisiert wurde, man sprach lieber von „sicheren Renten" und die Wähler hörten es auch gern. Strukturelle Finanzierungsengpässe haben jedoch die Regierungspolitik zum Handeln gezwungen. „Die Verlängerung der Lebensarbeitszeit stellt – neben der einnahmenorientierten Ausgabenpolitik, bei der die Leistungen in der Rentenversicherung von den Einnahmen abhängen bzw. die Beiträgssätze möglichst konstant gehalten werden sollen – einen Paradigmenwechsel in der Rentenpolitik dar, der diese stärker als Beschäftigungs- und Qualifizierungspoltitik denn als reine (transferorientierte) Sozialpolitik konturiert. Diese an sich richtige und zwingende Strategie leidet jedoch an zwei Umsetzungsproblemen: Zum einen stößt sie auf erhebliche Akzeptanzprobleme, nicht nur weil Interessen, sondern weil ´Weltbilder` und komplexe institutionelle wohlfahrtsstaatliche Arrangements tangiert werden. Nicht zuletzt spielen dabei mangelnde Informationen und falsche Vorstellungen über das Ausmaß der Herausforderungen und die Funktionsweise des Rentensystems eine Rolle. Zum anderen stellt die enge Verknüpfung von Rente, Arbeitsmarkt und Bildung/Qualifizierung enorm hohe Anforderungen an die politische Steuerung und Konsensfindung. Sowohl der Weg über das Gesetz (und den Parteienwettbewerb) als auch mit Gewerkschaften und Arbeitgeberverbänden ausgehandelte Maßnahmen bieten nur enge ´Reformkorridore`, zumal die Umsetzung einer solchen Querschnittsaufgabe dem ausgeprägten Ressortdenken, der föderativen Aufgabenteilung und der Autonomie der Betriebe entgegensteht" (Schmid 2006, 15; vgl. auch die Beiträge in Beyer 2003 sowie zur internationalen Behandlung des Themas Merkel et al 2006).

Wenn auch durch „politisches Lernen" Paradigmenwechsel und eine Kombination verschiedener Modelle möglich sind, so erzeugen sie doch Unruhe, auf das das politisch-institutionelle Umfeld nicht eingerichtet ist. Gerade betroffene „Veto-Spieler" bauen dann eher **Politikblockaden** auf, was in Deutschland sowohl in der Renten-, der Gesundheits- und auch der Arbeitsmarktpolitik alltäglich zu studieren ist. Wohlfahrtsstaatliche Sicherungssysteme - ganz gleich ob bspw. damit eine Grundsicherung in Form von Bürgereinkommen oder in modifizierten erwerbsarbeitszentrierten sozialen Sicherungssystemen gemeint ist –

sind letztlich jedoch immer **abhängig** von einer dynamischen Wirtschaftsentwicklung und können ein angemessenes Niveau nur erhalten, wenn über eine Kultur der Selbstständigkeit Innovations- und Wachstumsprozesse sowie eine Erhöhung der Beschäftigungsfähigkeit ausgelöst werden. Allerdings muss man vor dem Hintergrund der Ergebnisse aus dem „Global Entrepreneurship Monitor“ (GEM) bezweifeln, ob wir eine solche Kultur entwickelt haben. „So ist nicht nur das Unternehmerbild in der Bevölkerung nach Meinung der Experten immer noch vergleichsweise negativ, auch eine eigene unternehmerische Tätigkeit kommt vor allem für Hochschulabgänger viel zu selten als Alternative zu einer abhängigen Tätigkeit in Frage. Diese Einschätzung korrespondiert mit weiteren Ergebnissen des GEM, die zeigen, dass die Neigung zur Selbstständigkeit gerade in solchen Segmenten der deutschen Gesellschaft am wenigsten ausgeprägt ist, die potentiell am stärksten zur Entwicklung einer „entrepreneurial society“ beitragen könnten - die hochschulisch ausgebildeten Personen zwischen 20 und 35 Jahren. Dies ist von besonderer Bedeutung, da Unternehmensgründungen Hochqualifizierter nicht nur viel versprechender in Bezug auf die Wachstumspotentiale sondern auch erheblich innovativer sind und damit den strukturellen Wandel fördern. Der vorliegende Bericht hat weiterhin gezeigt, dass die Zahl der Gründungen aus Mangel an Erwerbsalternativen in Deutschland absolut wie relativ hoch ist und in den letzten Jahren eher noch zugenommen hat. Diese Gründungen sind oftmals ein individueller Reflex auf staatliche Anreize und individuelle Notsituationen. Eine wirkliche Kultur der unternehmerischen Selbstständigkeit entsteht daraus nicht. Vielmehr droht die Gefahr, dass unternehmerische Selbstständigkeit für Heranwachsende einen ganz anderen Sinn erhält, nämlich die alleinige Sicherung des Lebensunterhalts, der sobald möglich wieder eine abhängige Beschäftigung folgt“ (Sternberg et al 2006, 43). Skandinavische Länder sind bezüglich dieser Aktivierungsstrategie besser „aufgestellt“ (ohne damit andere Bewertungen hinsichtlich ihrer Funktionserfüllung zu treffen); sie haben aufgezeigt, dass die beiden in Deutschland oft getrennt diskutierten Argumentationsstränge (soziale Sicherungsmaßnahmen auf der einen und Wachstums- und Innovationspolitik auf der anderen Seite) **zusammengehören** und jede sozialpolitische Debatte sich auch mit den wirtschaftlichen Erfolgsbedingungen und der Schaffung von Arbeitsplätzen beschäftigen muss. Dieser Zielvorstellung verpflichtet, wird im vorliegenden Buch auch explizit auf die Erfolgsfaktoren für eine wirtschaftliche Dynamisierung (bspw. durch regionale Innovationssysteme und eine Clusterpolitik) und die damit verbundenen Optionen für neue Beschäftigungsfelder sowie eine sozialverträgliche (legale) Öffnung der Arbeitsmärkte eingegangen.

Um die weiter um sich greifenden Verunsicherungen und Ausgliederungsprozesse zu mildern, könnte eine garantierte **Grundsicherung** nach Ansicht einiger politischer Akteure helfen. Hierdurch kann zunächst trotz der Tendenz zur Auflösung der Normalarbeitsverhältnisse ein existenzsicherndes soziales Leistungsniveau erhalten bleiben, gleichzeitig ist die soziale Grundsicherung aber auch eine Rückendeckung für all diejenigen, die sich neue Erwerbsmöglichkeiten auf dem Arbeitsmarkt aufbauen wollen. Und auch innovationsorientierte Strategien könnten Vorteile von einer sozialen Grundsicherung haben, da hierüber das Existenzminimum abgedeckt wird. Eine egalitäre soziale Grundsicherung existiert jedoch zum einen auch in Deutschland bereits in Form der Sozialhilfe bzw. der neu zusammengelegten Arbeitslosen- und Sozialhilfe und andererseits dürfte eine Aufstockung angesichts der permanenten Finanzkrise der öffentlichen Haushalte nicht möglich sein. Die Hoffnungen verschiedener Protagonisten einer sozialen Grundsicherung oder eines Bürgergeldes gehen aber darüber hinaus, indem es nicht nur um Existenzsicherung geht, sondern um soziale Integration. „Wir müssen Menschen einen Lebenssinn auch jenseits der Vollbeschäftigungsorthodoxie eröffnen“ (Beck 2006, 2).

Ohne an dieser Stelle auf die verschiedenen Varianten einer egalitären materiellen Grundabsicherung (negative Einkommensteuer, Bürgergeld etc) und neue Finanzierungsmöglichkeiten einzugehen (vgl. Gretschmann et al 1989 sowie die neue Debatte zusammenfassend Opielka 2004), bedeutet die Forderung nach einem Recht auf materielle Grundsicherung einen grundlegenden Wandel und eine Erweiterung des traditionellen „Rechts auf Arbeit“ in Richtung auf ein „Bürgerrecht“, das an keinerlei Voraussetzungen gebunden sein soll und steuerfinanziert werden müßte. Hier liegt aber auch schon das entscheidende **politische Durchsetzungsproblem**, das aufgrund der finanziellen Engpässe auf staatlicher Seite in nächster Zukunft die Realisierung einer solchen „negativen“ Angebotssteuerung verhindern dürfte. Indem eine solche Grundabsicherung institutionalisiert würde, wäre das Monopol der Lohnarbeit als normale gesellschaftliche Existenzform auch offiziell durchbrochen. Allerdings ist davor zu warnen, dass sich informelle Tätigkeiten außerhalb des Haushalts in großem Umfang quasi naturwüchsig ausbreiten werden. Es ist in diesem Zusammenhang auf die „Modernisierungsfalle“ moderner Gesellschaften hinzuweisen, derzufolge für viele Erwerbstätige die Marktarbeit viel lohnender als informelle und selbstversorgende Tätigkeitsformen ist. Für einen Rückzug vom Arbeitsmarkt stehen kaum noch alternative Optionen zur Verfügung, sie müssten inszeniert werden. Es ist diese Unterversorgung mit Gelegenheiten und Ressourcen zur Kooperation, die soziologisch als Ursache dafür angesehen werden muss, dass die typischen privaten Haushalte alternativ- und ausweglos auf die Versorgung durch Markt, Professionen und Staat angewiesen und mithin genötigt sind, die mit diesen Modalitäten des Bedarfsausgleichs einhergehenden individuellen Bedarfslücken und kollektiven Wohlfahrtseinbußen hinzunehmen. Es mag zwar in einigen ländlichen und industriell zurückgebliebenen Regionen noch Refugien in diesbezüglicher Richtung geben, allerdings dürfte die forcierte sozioökonomische Modernisierung auch diese Refugien allmählich aushöhlen und dezimieren.

Diese Überlegungen haben uns schon vor einigen Jahren veranlasst, zu untersuchen, wie die für eine wachsende Zahl von Individuen verfügbare **Zeit in Wohlfahrtswerte** überführt werden könnte, ohne dass diese Zeit zuvor als bezahlte Arbeitszeit oder als selbständige wirtschaftliche Tätigkeit in Geldeinkommen umgewandelt werden müsste (vgl. zur theoretischen Ausarbeitung und einen internationalen Vergleich Offe/Heinze 1990 und die Beiträge in Heinze/Offe 1990 sowie Hubert 2004). Gesucht werden also „soziale Technologien", die die Nutzung bislang vernachlässigter Tätigkeitspotentiale und einen Beitrag zur Verbesserung von Versorgungslagen außerhalb von Staat, Markt und Haushalt bzw. Familie erlauben (bspw. das Modell „Kooperationsring") oder andere Formen einer solidarischen Ökonomie, wenngleich diese nicht gleichgesetzt werden dürfen mit Tätigkeiten in der „Non-Profit-Ökonomie" (so aber Altvater 2006, 203ff), da zum „Non-Profit- oder Drittem Sektor" auch ganz klassische und oft gerade nicht nach solidarischen Prinzipien organisierte Segmente des öffentlichen Sektors gehören. Ohne an dieser Stelle ausführlich über die Grenzen einer solidarischen Ökonomie (bspw. von Tauschringen) diskutieren zu können, bleiben die folgenden Ausführungen skeptisch sowohl hinsichtlich dieser Option als auch den Forderungen nach einer sozialen Grundsicherung oder einem Bürgerrecht auf Chancengerechtigkeit (bspw. durch ein Grundkapital).

Demgegenüber orientiert sich die Argumentation an der **Zielvorstellung**, dass unter den gegebenen Rahmenbedingungen soziale Sicherungen nur dann aufrechterhalten werden können, wenn die Beschäftigungskrise schrittweise gelöst und eine neue Innovationsdynamik angefacht wird. Dies kann allerdings nicht allein über den Weg einer besseren Vermittlung der Arbeitslosen und anderer Schritte zur Effizienzsteigerung der Arbeitsmarktpolitik im Sinne der „Hartz-Konzeption" gelingen, sondern muss zentral sowohl auf den **Aufbau** von Beschäftigung als auch den **Umbau** der sozialen Sicherungssysteme gerichtet sein. Ohne die Eröffnung neuer Beschäftigungsfelder ist weder der traditionelle noch ein modernisierter Sozialstaat überlebensfähig. Und deshalb ist es m.E. richtig, den Zugang zum Arbeitsmarkt (und zwar zum „ersten") als zentralen Indikator für soziale Gerechtigkeit zu bewerten. Dafür muss jedoch die **Architektur** unseres Sozialstaates erneuert werden, denn diese ist beschäftigungsfeindlich, indem sie den Faktor Erwerbsarbeit mit ständig steigenden Beiträgen und Abgaben überfordert. Dieser Weg ist auch in anderen vergleichbaren westeuropäischen Wohlfahrtsstaaten eingeschlagen worden (z. B. in den Niederlanden, Dänemark oder Schweden) und zeigt Erfolge. Dort hat man bspw. den Faktor Arbeit entlastet, niedrige Erwerbseinkommen bezuschusst und schon vor einiger Zeit die

Arbeitsverwaltung modernisiert und aktiviert sowie eine andere Steuerpolitik betrieben. Im internationalen Vergleich ist demgegenüber die deutsche Entwicklung am Arbeitsmarkt (gemessen an Niveau und Veränderung von Beschäftigung und Arbeitslosigkeit) sowohl in den neunziger Jahren als auch in den Jahren der rot-grünen Bundesregierung schlechter als in den meisten vergleichbaren Ländern verlaufen (vgl. Eichhorst et al 2001, Glaab/Sesselmeier 2005, Schmidt 2002, Schmid 2005 sowie Merkel et al 2006).

Gerade die noch immer existierenden Unterschiede und Ungleichzeitigkeiten machen aus den westlichen Wohlfahrtsstaaten zugleich ein **Laboratorium**. Dieses Laboratorium genauer zu betrachten trägt nicht nur zu einem besseren Verständnis der eigenen Strukturen bei, sondern erweitert ebenfalls die Vorstellungen darüber, was politisch möglich ist. In die institutionellen Besonderheiten der jeweiligen Modelle sind auch kulturelle Faktoren wie Leitbilder sowie gemeinschaftliche Vorstellungen von Gleichheit und Gerechtigkeit verwoben. Deshalb sollte sich der Umbau des bundesrepublikanischen Sozialstaates jedoch nicht am Leitbild der minimalistischen Version (wie etwa im angelsächsischen Raum) orientieren, sondern muss vielmehr – basierend auf seinen Stärken – innovative Elemente in die neue Architektur integrieren. Ob das Leitbild des deutschen Sozialmodells allerdings eine „besonders günstige Gelegenheitsstruktur“ bietet, wie Lessenich (2003, 307) in seiner Arbeit „Dynamischer Immobilismus“ unterstellt, soll an dieser Stelle wenigstens in Frage gestellt werden. Eher gibt es einen Konsens, dass eine Politik zur „Sicherung der sozialen Sicherung“ vom Prinzip der Statuskonservierung umorientiert werden muss in Richtung auf einen sozialinvestiven Wohlfahrtsstaat und eine bessere Nutzung der Innovations- und Wachstumspotentiale. Allgemeines Ziel einer Politik zum Umbau des traditionellen deutschen Sozialstaatsmodells sollte es sein, „die Wirtschaft zu dynamisieren, Jobs zu schaffen und gleichzeitig soziale Gerechtigkeit herzustellen“ (Giddens 2005, 50). Wir brauchen also eine **neue Balance** zwischen mehr Flexibilität auf den Arbeitsmärkten und sozialer Sicherheit: „Nicht jede Privatisierung bedeutet sofort und ausschließlich Neoliberalismus. Ein bürokratischer Staat kann ebenso eine Barriere gegen sozial Gerechtigkeit und wirtschaftliche Effizienz errichten wie nackter Liberalismus“ (ders. 2005, 51).

Eine solchermaßen strategisch ausgerichtete Politik kann von den Reformdiskursen in anderen Ländern lernen: sie zeigen auf, dass nicht nur der Spielraum für Variationen innerhalb eines Entwicklungspfades relativ groß ist, sondern auch Pfadwechsel oder -kombinationen möglich sind. In den letzten Jahren hat die deutsche Regierungspolitik zumeist auf „Schleichwege“ gesetzt, um aus der traditionellen Pfadabhängigkeit auszubrechen. Diese Option ist aber weitgehend „ausgereizt“ und deshalb wird die neue Bundesregierung mit ihrer großen Koalition nicht umhin kommen, intendierte Richtungswechsel einzuleiten, wobei die Palette von institutionellen Innovationen sich bislang als begrenzt erweist.

Der sozialstrukturelle Wandel in Verknüpfung mit der wirtschaftlichen Globalisierung hat allerdings zu Orientierungskrisen nicht nur auf individueller Ebene, sondern auch in den zentralen intermediären Institutionen (allen voran die Großverbände) geführt. Die in solchen Situationen übliche Selbstvergewisserung, wenn nicht sogar Ignoranz, blockiert jedoch in vielen Fällen die konstruktive Weiterentwicklung der Organisationen. Und wenn Dynamik von den Verbänden ausgeht (wie etwa im Arbeitgeberlager mit dem rasanten Wachstum der Verbände ohne Tarifbindung/sh. Kapitel 3), dann zielt dies eher in Richtung einer Aufkündigung des traditionellen sozialen Konsensmodells deutscher Prägung. Zudem haben die Gewerkschaften durchaus noch **Veto-** und **Verhinderungsmacht**, was sich auch in den Streiks zu Beginn des Jahres 2006 zeigt. Insgesamt wächst mit der Zerfaserung des traditionellen Elitenkorporatismus auch das Problem der „Regierbarkeit“: nimmt man einmal nur die nachlassende Bindekraft des Flächentarifvertrages, die begleitet wird von einer Vielzahl „betrieblicher Bündnisse“, deren Stabilität aber nicht vergleichbar ist mit den klassischen Regulierungen. Inzwischen liegt die Tarifbindung der Erwerbstätigen in Ostdeutschland nur noch bei rund 43 Prozent, während sie Anfang der 90er Jahre noch bei 56 Prozent lag, in Westdeutschland liegt sie bei knapp 62 Prozent (Vergleichszeitraum: 72 Prozent). Nach anderen Daten ist sogar noch von deutlich weniger Gestaltungsmöglichkeiten über Flächentarifverträge auszugehen.

Wenn auch ein **strategisches Clearing** und politisches Steuern in durchaus gefährlichen Fahrrinnen gefordert ist und das Rudern nicht mehr ausreicht, so liegen dennoch keine „Blaupausen“ vor, aus denen die Politik konkrete Handlungsschritte ableiten könnte. Zudem hat die Legitimationskraft der Regierungspolitik in den letzten Jahren gelitten, Befürchtungen über ein Zerreißen des „sozialen Bandes“ haben zugenommen. „Der soziale Zusammenhalt scheint gefährdet, nicht nur weil subjektiv die Orientierung am gemeinsamen Ganzen abnimmt, sondern auch weil objektiv die gesellschaftlichen Gräben sich vertiefen“ (Berger 2005a, 9; vgl. auch die Beiträge in ders. 2005). Aus einem relativ groben Blickwinkel haben sich in Deutschland in den letzten Jahren soziale Ungleichheiten und auch Verarmungsprozesse ausgebreitet, wenngleich bei den Debatten um soziale Desintegrationsphänomene objektive Tatbestände und subjektive Wertungen oft durcheinander geraten.

Dies ist etwa an der Altersarmut festzustellen, die in den letzten Jahrzehnten erfolgreich zurückgedrängt werden konnte. Für weite Teile der Berichterstattung in den Medien und auch manche subjektive Realitätsbeurteilung gilt dies jedoch kaum; hier kann eher die These von Sloterdijk exemplifiziert werden: „Die Schere zwischen statistischem Wohlstand und gefühltem Unkomfort klafft so weit auf wie kaum je zuvor, auch wo keine linksradikalen Filter die Befunde nachdunkeln“ (ders. 2004, 685). Allerdings hat sich die Zahl der Menschen, die im Laufe eines Jahres einmalig, mehrmalig oder dauerhaft auf den Bezug von Hilfe auf den Lebensunterhalt angewiesen ist, in Deutschland erhöht (hinzu kommt eine Dunkelziffer derjenigen, die ihren Anspruch auf Hilfe zum Lebensunterhalt aus den verschiedensten Gründen nicht wahrnehmen). Wird Armut als relative Abweichung vom (altersspezifisch) bedarfsgewichteten Durchschnittseinkommen definiert und die Armutsschwelle bei 50 Prozent des durchschnittlichen Haushaltsnettoeinkommens angesetzt, errechnen sich für Westdeutschland rd. 8 Prozent Einkommensarme schon in den 90er Jahren. Das Deutsche Institut für Wirtschaftsforschung (DIW) kam schon vor einem Jahrzehnt in einem mehrjährigen Vergleich (bei der 50 Prozent-Schwelle) zu „Armutsraten von 10 bis 11 vH. In strenger Armut leben 4 bis 5 vH der Bevölkerung. Insgesamt verfügen 18 bis 22 vH der westdeutschen Bevölkerung über Einkommen im Niedrigeinkommensbereich. Seit dem Jahr 1993 hat mit Spreizung der Einkommen im unteren Einkommensbereich die Armut in Westdeutschland etwas zugenommen“ (Krause 1995: 868; vgl. ausführlich zur Wohlstandsungleichheit Klein 2005, 335ff sowie Ullrich 2005, 117ff).

Schaut man sich die Entwicklung der letzten 20 Jahre an, dann hat sich besonders in Ostdeutschland eine dauerhafte Armut ausgeweitet, wobei die Arbeitslosigkeit das markanteste **Armutsrisiko** darstellt. Vor allem gering qualifizierte Erwerbstätige rutschen in eine zumeist dauerhafte soziale Ausgrenzung, verbunden mit geringem Einkommen bzw. Transferzahlungen, schlechter Wohnsituation etc. „In Westdeutschland ist die Ungleichheit der Erwerbseinkommen von Privathaushalten in den letzten zehn Jahren geringfügig gestiegen; dies geht überwiegend auf die Spreizung der Primäreinkommen zurück. Anders sieht es in Ostdeutschland aus. Hier ist der deutlichere Anstieg der Ungleichheit unter den Haushalten mit Erwerbseinkommen vor allem auf die Zunahme der Zahl jener Haushalte zurückzuführen, die aufgrund von Arbeitslosigkeit aller Personen im Haushalt kein Markteinkommen erzielen“ (Göbel et al 2005, 182; vgl. auch Buhr 2004). Wenn auch vor allem die relative Armut in Deutschland ein aktuelles Problem ist, so haben sich doch die betroffenen Gruppen verändert. Dieser **Wandel der Armutspopulation** hin zu einer wachsenden Ausgrenzung von Menschen im erwerbsfähigen Alter sowie von Kindern und Jugendlichen signalisiert eine „neue“ gesellschaftliche Qualität. Bereits Anfang der 90er Jahre war über ein Drittel der Empfänger von laufender Hilfe zum Lebensunterhalt jünger als 21 Jahre. Sozialhilfeabhängigkeit tritt überproportional häufig in großen Haushalten und bei Alleinerziehenden auf. Der Übergang zum Familienhaushalt birgt erhebliche Armutsrisiken, die mit Mehrausgaben und eingeschränkten Erwerbsmöglichkeiten zusammenhängen. Besonders häufig führt Arbeitslosigkeit bei Eltern mit Kindern zum Sozialhilfebezug. Die neueren Armutsberichte verweisen mit Blick auf ein umfassenderes Lebenslagekonzept auf einen Armutsbegriff, der über die Einkommensarmut hinausreicht und Kumulationseffekte auf den Ebenen Einkommen, Wohnung, soziale Sicherung, Zugang zu Bildung und Kultur betont. Mit der Einkommensarmut ist nämlich in der Regel zusätzlich ein Verfall sozialer Kompetenz verbunden, was sich unter anderem in der Vernachlässigung der Kinder und einem immer weiter sinkenden Selbsthilfepotential ausdrückt.

„Neue Armut“ äußert sich nicht nur in Geldnot, Arbeitslosigkeit und Wohnungsunterversorgung, sondern auch in zunehmender Gewaltbereitschaft, Sozialisationsschwierigkeiten bei Kindern und ansteigender Kriminalität, vor allem in den Ballungszentren. Kumulationseffekte spielen eine besondere Rolle bei der kleinräumlichen Verteilung von Armut. Mit Dauerarbeitslosigkeit, unterwertiger Grauzonenbeschäftigung, Wohnungsnot und Obdachlosigkeit, ethnischen Konflikten und Ghettobildung entstehen **soziale Problemzentren**, wie sie lange nur aus anderen Ländern bekannt waren. Sie umfassen insbesondere Milieus mit geringer Berufsqualifikation, hoher Langzeitarbeitslosigkeit und einem hohen Anteil von Ausländern. Deutlich wird aber auch der sozialstrukturelle Wandel und die Erosion der primären sozialen Netzwerke (Familie, Verwandtschaft etc), wie in einer traditionellen Industrieregion (im Ruhrgebiet) herausgefunden wurde. „Ein Teil der im Revier besonders hohen Anstiege der Sozialhilfedichte geht wahrscheinlich nicht allein zu Lasten des Anstiegs der Arbeitslosigkeit, sondern wird durch Veränderungen im sozialen und familialen Milieu erklärbar. Neben den direkten Folgen der Massen- und Langzeitarbeitslosigkeit, die Langzeitarbeitslose in die Sozialhilfe ‘abrutschen’ lassen, ist also als weiterer Hintergrund der heute z.T. extrem hohen Sozialhilfedichten die Erosion und die Überlastung der traditionellen familialen und nachbarschaftlichen Solidaritäten der Familien in den Arbeitervierteln auf dem Hintergrund von Arbeitslosigkeit und sozialer Ausgrenzung zu vermuten“ (Strohmeier/Kersting 1996: 460; vgl. zur neueren Entwicklung Göbel et al 2005 sowie Bartelheimer/Wieck 2005). Mittlerweile kann auf Basis verschiedener Untersuchungen davon ausgegangen werden, dass **Arbeitslosigkeit** zur wichtigsten Ursache für die Angewiesenheit auf Sozialhilfe geworden ist: über ein Drittel der Sozialhilfeempfänger stehen wegen Arbeitslosigkeit im Sozialhilfebezug. Ein-Personen-Haushalte und Haushalte mit vier und mehr Personen, die überwiegend aus Ehepaaren mit Kindern bestehen, sind bei Arbeitslosigkeit im besonderen Maße auf die Hilfen zum Lebensunterhalt der Sozialhilfe angewiesen. Hervorzuheben ist des Weiteren, dass fast die Hälfte aller Personen in Haushalten mit Sozialhilfebezug bereits länger in dieser Situation ist; dies legt einen engen Zusammenhang zwischen Dauerarbeitslosigkeit und Sozialhilfebezug nahe. Mithin spiegeln sich bei der Sozialhilfebedürftigkeit von Arbeitslosen all diejenigen Ausgliederungs- und Benachteiligungsmechanismen wider, die bereits im Zusammenhang mit den Marginalisierungsprozessen auf dem Arbeitsmarkt diskutiert wurden. Während in anderen europäischen Ländern die Langzeitarbeitslosigkeit stagnierte, hat sie sich nach neuesten Zahlen in Deutschland von 1992 bis 2004 versiebenfacht; der Anteil der „Einkommensarmen“ ist von 1992 bis 2004 dementsprechend um 3,3 Prozent auf 16 Prozent der Bevölkerung angewachsen (vgl. Financial Times Deutschland v. 7.3. 2006).

Die Ungleichheit der Einkommensverteilung dürfte auch in Zukunft nach Ansicht verschiedener Experten weiter wachsen, wobei vor allem im Osten eine Zunahme der Zahl der Dauerarbeitslosen und Sozialhilfeempfänger zu erwarten ist. Die Sozialhilfestatistik läßt erkennen, dass sich der Empfängerkreis von Hilfe zum Lebensunterhalt im Wesentlichen aus folgenden, sich überschneidenden Personengruppen zusammensetzt: Arbeitslose, allein erziehende Mütter, kinderreiche Familien, Asylbewerber sowie ältere Frauen mit unzureichenden Versicherungsansprüchen. In den letzten Jahren hat sich die Empfängerstruktur jedoch deutlich verändert. Rückläufig sind Zahl und Anteil älterer Sozialhilfebezieher, während mehr und mehr Personen im erwerbsfähigen Alter sowie Kinder und Jugendliche auf Hilfe zum Lebensunterhalt zurückgreifen müssen. Im besonderen Maße angestiegen ist die Zahl arbeitsloser Sozialhilfeempfänger; aus dieser Gruppe kommen nahezu zwei Drittel aller Empfänger in Ostdeutschland. Auf der anderen Seite ist aber ebenfalls zu sehen, dass weit mehr Personen mit der Sozialhilfe in Verbindung kommen und im Umkreis der Sozialhilfebedürftigkeit leben, als dies bei der herkömmlichen Betrachtung deutlich wird. Die Betroffenen stammen dabei auch nicht alle aus der Unterschicht; gefährdete Lebensläufe können, etwa infolge von Arbeitslosigkeit oder familiärer Ereignisse, durchaus auch Angehörige aus der Mittelschicht treffen. Der Prozess von Ausgrenzung und Verarmung dokumentiert, dass die ausdifferenzierten Lebensstile der Menschen nicht über eine sich verschärfende soziale Polarisierung hinwegtäuschen dürfen.

Gerade die **Langzeitarbeitslosigkeit** bewirkt aber nicht nur ein hohes Verarmungsrisiko, sondern führt zu einer massiven subjektiven Einbuße an Lebensqualität, wie jüngst auf Basis des Sozio-ökonomischen Panels am DIW ermittelt wurde: „Die durchschnittliche Lebenszufriedenheit von langzeitarbeitslosen Menschen (ist) in den letzten fünf Jahren gesunken und liegt im Jahr 2005 so niedrig wie die von gesundheitlich stark angeschlagenen Menschen, die pflegebedürftig sind“ (Schupp 2006). Diese alarmierenden Zahlen sind ein weiteres Argument für eine Öffnung des deutschen Arbeitsmarktes, denn selbst eine geringe Beschäftigung erhöht schon das Selbstwertgefühl und kann Zukunftsperspektiven vermitteln. Es wird stark auf die Politik ankommen, dass diese Hoffnungen nicht (wieder) enttäuscht werden und sich die subjektive Talfahrt fortsetzt.

Was sich hinter den Statistiken über den dramatischen Anstieg der Langzeitarbeitslosigkeit in Deutschland sowie den ungesicherten, befristeten Beschäftigungsverhältnissen an individuellen Enttäuschungen und Narben in der Biographie – gerade im Osten Deutschlands – verbirgt, kann auf wissenschaftlicher Ebene kaum abgebildet werden und soll durch ein Zitat aus einem Buch von Landolf Scherzer vermittelt werden, der entlang der „deutsch-deutschen-Grenze" Wanderungen unternommen und Stimmungen eingefangen hat: „Auf der Terrasse schiebt ein Mann den Schnee zur Seite. Er wirkt mit dem Handy und den Stiften, die ordentlich in einer Jackentasche stecken, sehr dienstlich, aber er trägt eine »Wernesgrüner«-Reklamemütze. »Sind Sie der Hausmeister?« - »Nee, nur ABM.« - »Bis wann?« - »Im März ist Schluß.« - »Und danach?« - »Weiß ich nicht.« - »Und vorher?« - »Kraftfahrer im Milchhof in Heldburg. Aber nach der Wende machte der zu.« Ich laufe, während wir reden, sozusagen im Gleichschritt seines Schneeschiebens immer hin und her. »Und dann?« - »Dann einen Job in Bamberg. Aber die Firma machte Pleite.« - »Und danach?« - »Hier in Heldburg gearbeitet. Leider machte auch diese Firma zu.« - »Und dann?« - »In einem Ort bei Seßlach als Gabelstaplerfahrer.« - »Auch zugemacht?« - »Nee, nur uns zwanzig Zeitarbeitern gekündigt.« Er bleibt, während wir reden, keine Minute stehen. Läuft und schiebt und redet, und ich tripple nebenher. »Und nun?« - »Und nun kommt das Ende. Meine Frau - ich habe sie schon in der zehnten Klasse kennengelernt, sie ist wie ich fünfundfünfzig, war früher Sekretärin in der LPG und hat jetzt nur noch ab und an eine Maßnahme -, also wir haben ein Leben lang beide gearbeitet. Aber die auf dem Arbeitsamt, die machen keinen Unterschied zwischen denen, die wirklich zu faul zum Arbeiten sind und den Alkohol lieben, und unsereins, die ihr Haus in Ordnung haben, die Kinder in Ordnung, immer geschuftet... und die nun unverschuldet, ja, unverschuldet, arbeitslos sind.« Er geht auf die andere Seite der Terrasse, schiebt und redet ununterbrochen weiter. »Nach der Wende habe ich das Haus noch mal hergerichtet, neue Fliesen, neue Dielen.« Und dann folgt der Satz, den ich nun schon kenne: »Den Häusern ging es in der DDR schlecht, aber nun geht's den Häusern gut, doch unsereins ... Wir werden nicht einmal Hartz IV bekommen.« -»Weshalb nicht?« - »Weil wir zuviel haben, also ein für uns viel zu großes Haus und Nebengebäude drum herum ... Alles selbst erarbeitet, Mark für Mark gespart, ein Leben lang. Und nun hat meine Frau plötzlich einen reichen Mann, der ein armes Schwein ist. Du mußt alles angeben, wie viele Zimmer usw., du mußt erst einmal alles verkaufen, was du zuviel hast, und von dem Geld leben, ehe sie dir Hartz IV bewilligen. Aber ich werd einen Teufel ... Das ist doch wie früher an der Grenze in der DDR: eine Zwangsenteignung!«„ (ders. 2005, Der Grenz-Gänger, Berlin 2005, 197f).

1.3 Modernisierungsoptionen

In der Steuerungstheorie wird bereits seit einigen Jahren intensiv über die nachlassende Bindungskraft staatlicher Interventionen und die „Auswanderung" aus den Verfassungsorganen (vor allem der parlamentarischen Arena) diskutiert; in der Regierungspolitik tut man sich aber schwer mit dem Eingeständnis eines Steuerungsverlustes. Die offizielle Politik stellt noch immer Problemlösungen in Aussicht und lebt von einer „Rhetorik der Versprechungen" (Kieserling 2003, 40), ohne allerdings die anstehenden Probleme wirklich lösen zu können. Dass eine solche Einsicht nur sehr schleppend umgesetzt wird, liegt wohl primär daran, dass dies für die politischen Akteure in vielen gesellschaftlichen Feldern – aus der Organisationssicht - Rückzug und damit Funktionsverlust bedeutet. Kritische Anmerkungen zur Reichweite der Politik und einen „reduzierten" Staat werden im bundesrepublikanischen Politikgeschäft jedoch weder gern gehört noch bemühten sich die zentralen politischen Akteure um einen konstruktiven Dialog zur „Zivilisierung der Politik". Aber nicht nur die Politik hat sich „abgeschottet", auch die wissenschaftlichen Diskurse orientieren sich zumeist nicht an dem, „was an Fragestellungen in sie eingeht, geschweige denn an dem, was an Wirkung aus ihr hervorgehen kann" (Dahrendorf, in: Die Zeit vom 27.1. 2005; vgl. auch Heinze et al 2005, Howaldt 2005 und Kocka 2005).

Diese provokative These steht durchaus im Widerspruch zu vielen lieb gewonnenen Deutungen über den Einfluss der Wissenschaft bzw. Wissenschaftlern, Expertenkommissionen etc auf die Politik. Wissenschaftliche Expertise spielt aus Sicht vieler Wissenschaftler im politischen Entscheidungsprozess seit Jahren eine bedeutsame Rolle, die in den letzen Jahren durch die Inflationierung von Beiräten und Kommissionen sich sogar noch gesteigert hat. Realistischer ist jedoch eine **abgeklärte Haltung** als manch noch so gut gemeinte, aber dennoch naive Hoffnung einiger wissenschaftlicher Berater. Dies gilt leider auch für manche sozialwissenschaftlich ambitionierten Vorschläge zur Reformpolitik, etwa für einen „neuen" Gesellschaftsvertrag, ein neues Bündnis zwischen Wirtschaft, Gesellschaft und Staat oder einen „Investorstaat", der sich deutlich abgrenzt gegenüber dem neoliberalen oder dem traditionellen Wohlfahrtsstaat. Manche dieser Vorschläge sind „gut" gemeint, allerdings aufgrund der in Deutschland besonders ausgeprägten **Abschottung** der Sphären von Politik und Wissenschaft schon vornherein zum Scheitern verurteilt. Ausländische Beobachter markieren dieses „aneinander vorbeireden" gerade zwischen Ökonomen und Politikern und eine „gestörte Stimmung“ zwischen Wissenschaft und Politik noch deutlicher. Hinsichtlich der Regierungspolitik wird ein skeptisches Urteil gefällt: „Die Politik folgt, eher orientierungs- und konzeptlos, den Notwendigkeiten des Augenblicks und reagiert, eher kurzatmig, auf die Veränderungen einer wankelmütigen Popularität. Sie bedient mal jene Klientel, täuscht mal jenes Wählersegment und mogelt sich so über die einzelnen Landtagswahlen von einer Bundestagswahl zur nächsten“ (Kirsch 2006, 42).

Eine gewisse Zurückhaltung und teilweise auch Ignoranz gegenüber wissenschaftlicher Beratung kann auch durch Wirkungsstudien hinsichtlich von Enquete- und Expertenkommissionen untermauert werden. Ein Beispiel sei aus einer umfassenden Studie über Enquetekommissionen des Deutschen Bundestages erwähnt; demnach sind diese oft aufwendig betriebenen Formate eher als „stumpfe Waffe“ hinsichtlich der realen Steuerungskraft zu bezeichnen (vgl. Altenhof 2002 sowie international vergleichend Zinterer 2004 sowie die Beiträge in Korte/Hirscher 2003). Zudem ist hinsichtlich der **Beratung** der Politikverlauf zu beachten: die Einflüsse wissenschaftlicher Politikberatung lassen sich in den einzelnen Phasen der Politikzyklen unterschiedlich verorten. In der Phase der Problemwahrnehmung und des Agenda Setting können wissenschaftliche Berater durchaus aktiv mitspielen, während bei der konkreten Politikformulierung und den Entscheidungsprozessen nur diejenigen mitwirken können, die zu den Insider-Netzwerken gehören. Und auch hier ist Vorsicht gegenüber zu großen Hoffnungen auf die Übernahme strategischer Diskurse zu warnen. An dieser Stelle soll nicht über die Reichweite der klassischen Politikberatungsmodelle gestritten werden, allerdings ist klar, dass die klassischen „rationalistischen“ Modelle die komplexe Wirklichkeit nicht abbilden können, wie viele Autoren in den letzten Jahren betont haben. Neuere organisationssoziologische Studien haben auch wertvolle Hinweise liefern können, dass Politikentscheidungen oftmals ganz anders ablaufen als dies traditionelle Theorien meinen (etwa die „Garbage Can Theorie“ von March/Olsen, die auf die Komplexität, Störanfälligkeit und auch Zufälligkeiten politischer Entscheidungsprozesse verweist). Zudem sollte bedacht werden, dass trotz aller Debatten um eine Wissensgesellschaft der meiste Rat, den Politiker bekommen, nicht gerade wissenschaftlich zu nennen ist und viele Politiker ihre Entscheidungen nicht unbeträchtlich „aus dem Bauch“ heraus strukturieren. Insofern kann man nicht davon ausgehen, „dass sich strategisches Denken und Handeln in der Politik durchgesetzt hätte. Es gab zwar immer schon und gibt weiterhin kluge strategische Köpfe in der Politik, dennoch kann die Politik in modernen Demokratien aus vielfältigen prozessualen, organisatorischen und personellen Gründen keineswegs als überwiegend strategized gelten. Es fehlt an Kapazitäten, Akzeptanz und geeigneter Institutionalisierung“ (Tils 2005, 37; vgl. auch die Beiträge in Nullmeier/Saretzki 2002).

Hervorzuheben ist jedoch aus der Praxis der Politikberatung der letzten Jahre, dass entgegen der eingespielten Routinen, bei der oft die Ministerialbürokratie Experten nach ihrem Gutdünken ausgesucht hat, durch die „Bündnispolitik" der letzten Bundesregierung die Politiknetzwerke offener geworden sind. Wissenschaftliche Politikberatung hat hier mitgeholfen, gewisse Erstarrungen im politischen System in den letzten Jahren zu lockern und damit Lernprozesse auszulösen. Politikberatung übernimmt damit schon eine wichtige Funktion, die von einer „Insiderin" pointiert zusammengefasst wird: „Die Politik braucht gute wissenschaftliche Politikberatung mehr denn je. Sie braucht sie als „verlängerte Werkbank" für die Verwaltung. Sie braucht sie als Legitimationsbeschaffer und für eine möglichst ganzheitliche, langfristorientierte Problemanalyse. Nicht zuletzt wird wissenschaftliche Politikberatung für das Agenda Setting gebraucht" (Müller 2005; vgl. auch Bonß 2004 und Wagner 2004).

Wenn im folgenden etwas zum Verhältnis zwischen Wissenschaft und politischer Praxis und damit auch zum Transfer von Expertenwissen in die Praxis gesagt wird, dann kann leider nicht auf die in den letzten Jahren stattgefundenen Debatten über Reflexionswissen und die Weiterentwicklung und Überwindung der traditionellen Grenzziehungen zwischen Wissenschaft und Praxis eingegangen werden. Dieses Defizit wird auch deshalb erwähnt, weil speziell in der Politikwissenschaft zumeist ein relativ **naiver Begriff** des Wissens unterstellt wird und deshalb auch Aussagen zur Reichweite von Politikberatung wissenssoziologisch „aufgeladen" werden müssten. Dies würde dann auch ein weitaus komplexeres Bild der Politikberatung ergeben, als es in vielen „rationalistischen" Modellen unterstellt wird. Zudem wären auch die unterschiedlichen institutionellen Arrangements zwischen „Wissen" und „Politik" in den letzten Jahrzehnten zu berücksichtigen, wobei es insgesamt zu einer **Verwissenschaftlichung** der Politik, aber auch einer **Politisierung** der Wissenschaft gekommen ist.

Ausgangspunkt der Überlegungen ist ein Wissenschaftsverständnis, dass die Sozialwissenschaftler nicht nur als Wissensproduzenten, Begleiter und Kommentatoren sieht, sondern ihnen auch eine aktive Rolle in politischen Entscheidungsprozessen zubilligt. „Sie werden zu Moderatoren, Interpreten und Impulsgebern, die gemeinsam mit den Praktikern eingefahrene Denk- und Verhaltensweisen reflektieren, unterschiedliche Sichtweisen austauschen und sich alternative Handlungsmöglichkeiten erschließen. So werden sie zu Gestaltern eines gemeinsamen Lernprozesses" (Howaldt 2005, 436). In diesem Prozess der Transformation des traditionellen Staatsbildes kommen auf die Sozialwissenschaften interessante neue Herausforderungen zu (vgl. auch Beckert 2002). Bislang sieht sie ihre Aufgabe zumeist im „Beobachten von Beobachtungen" und verklärt dies als einen Beitrag zur Aufklärung. Als Beteiligte am Monitoring, aber auch in der Politikberatung kommt auf sie **Verantwortung** zu. Allerdings scheint dieser

Bedarf in der deutschen Soziologie und Politikwissenschaft noch nicht angekommen zu sein und viele Wissenschaftler fühlen sich auch eher in der Defensive. Während in den USA offensiv für eine „öffentliche Soziologie" plädiert wird (vgl. Burawoy 2005), verschanzen sich die professionellen Soziologen bei uns eher, wenngleich sowohl in gesellschaftlichen und wirtschaftlichen Diskursen als auch in der Politik ein neuer Handlungsraum für Sozialwissenschaften entstanden ist. „Die Gesellschaft, die sich vor unser aller Augen aus den Grundfesten der Nachkriegszeit herausentwickelt hat, ist den Leuten unbekannt geworden. Sie wissen nicht mehr, in was für einer Welt sie leben. Es ist ein schwelender und rumorender Selbstverständigungsbedarf, der das Interesse der Öffentlichkeit wieder auf die Soziologie richtet. Nach den manischen neunziger Jahren, die im Zeichen einer 'neuen Ökonomie` standen, ist eine gewisse Ernüchterung mit der ökonomischen Deutung der Lebensverhältnisse eingetreten....Wo die Hegemonie der Ökonomie bröckelt, entsteht wieder Raum für die Soziologie" (Bude 2005, 375).

Auch im Regierungshandeln zeigt sich, dass zunehmend Wert darauf gelegt wird, Kooperation in offenen Akteurssystemen zu organisieren. Der Glanz der „Berliner Räterepublik" verblasste jedoch bereits spätestens im Jahr 2002. Die Vorbehalte gegen ein „Kartell" organisierter Interessen oder die „Verbänderepublik" haben sich seitdem weiter ausgedehnt und erlangten einen neuen Höhepunkt angesichts der Bildung der großen Koalition im Herbst 2005 (konkret bei der Verabschiedung des Koalitionsvertrages zwischen der SPD und der CDU/CSU). Gerade aus Kreisen der Union wurde das „Genöle" aus den Reihen der Wirtschaft offen angesprochen. Explizit ist auch Finanzminister Steinbrück auf den ausufernden Lobbyismus in seiner Grundsatzrede Anfang 2006 eingegangen: „Die Reformdebatte verläuft nach dem Muster: „Bevor es um mich geht, lasst uns lieber über andere reden. Da sollten Ihre Reformen ansetzen." Diese Sankt-Florian-Mentalität ist der Kern des Problems. Darüber wird aber weder im politischen noch im öffentlichen Raum ehrlich diskutiert. Stattdessen erleben wir, wie ersichtlich interessengeleitete Forderungen immer dringlicher - um nicht zu sagen: dreister - an die Politik herangetragen werden. Dabei werden - zum Teil nicht ungeschickt - Partikularinteressen mit dem Allgemeinwohl scheinbar gleichgesetzt, was nur von der eigenen Weigerung ablenken soll, seinen eigenen, angemessenen Teil zur Verbesserung des Ganzen zu erbringen. Nicht verschwiegen sei in diesem Zusammenhang, dass die Politik diesen Versuchen, Einzelinteressen durchzusetzen, entschieden zu häufig nachgibt. Dass dies auch anders geht, zeigen zwei aktuelle Beispiele: Nehmen Sie die jüngsten Fälle der Erhöhung der Dienstwagenbesteuerung oder des Stichtags der Abschaffung der steuerlichen Förderung bestimmter Verlust zuweisender Fonds. Hier wurde die Politik einem massiven Druck der betroffenen Interessengruppen ausgesetzt, diese

Vergünstigungen nicht einzuschränken. Aber durchgesetzt hat sich am Ende die politische Vernunft: Warum, bitte, sollte der Steuerzahler einen so genannten Dienstwagen subventionieren, der noch nicht einmal zur Hälfte beruflich genutzt wird? Besonders ärgerlich ist, dass aus gleichem Munde, und oft im selben Atemzug, der unbedingte Erhalt von staatlichen Leistungen und die zügige Konsolidierung gefordert wird. In Anlehnung an die Bürgerrechtler in der damaligen DDR müsste ich an dieser Stelle eigentlich die Forderung erheben: *Lobbyisten in die Produktion*. Ich will aber nur deutlich machen, dass eine zukunftsfähige Haushalts- und Finanzpolitik ein robustes Immunsystem entwickeln muss gegen die Attacken organisierter Einzelinteressen. Ich habe nichts gegen seriösen Lobbyismus als Teil der politischen Entscheidungsfindung, aber maßlose Drohungen und penetrante Scheinheiligkeiten aller Art werden wir beim Namen nennen und immer dann in die Schranken weisen, wenn Einzelinteressen für Gemeinwohlinteressen ausgegeben werden! Allein um das Berliner Gesundheitsministerium meiner Kollegin Ulla Schmidt haben sich 430 Lobby-Verbände angesiedelt“ (ders. 2006).

Die Kritik an der „Verbänderepublik“ heißt jedoch nicht, dass die neu gewählte Bundesregierung auf Räte verzichtet; Anfang Dezember 2005 wurde von der Kanzlerin in ihrer Regierungserklärung angekündigt, sowohl einen mit externen Fachleuten (aber auch Verbandsvertretern) besetzten „Rat für Innovation und Wachstum“ als auch einen „Normenkontrollrat zum Bürokratieabbau“ im Bundeskanzleramt zu installieren. Insofern herrscht hier einerseits Kontinuität im Regierungshandeln (wenngleich in nächster Zeit keine „spektakulären“ Expertenkommissionen zu erwarten sind), anderseits haben sich die Rahmenbedingungen für die Verbändestrategien vor dem Hintergrund der großen Koalition strukturell verändert. Während die Verbände in den letzten Jahren geschickt die Oppositionsparteien mit ihrer Mehrheit im Bundesrat für strategische „Spiele“ nutzen konnten, ist diese Option nun nicht mehr möglich bzw. wird neu ausgerichtet.

Die derzeitige politisch-institutionelle Konstellation einer großen Koalition eröffnet potentiell einen neuen Raum für strategisch angelegte Politik und konsequentere Reformpolitik, da nun aufgrund der politischen Kräfteverhältnisse die spezifischen Verbandsinteressen sich nicht mehr im „Mantel“ des Gemeinwohls durchsetzen können. Wenn sich auch ein neues „Fenster“ für strukturelle Reformen öffnet, so impliziert dies aber nicht generell eine Revitalisierung klassischer, hierarchisch strukturierter Ordnungspolitik. Angesichts des Bedeutungsverlusts hierarchischer Steuerung sowie der Transformation des nationalen Zentralstaats wird die konzeptionelle Debatte um Selbststeuerung, Subsidiarität oder regional governance schrittweise in den Aufbau neuer (zusätzlicher) Steuerungsformen münden, die sich schon heute auf regionaler Ebene zeigen. Diese Renaissance ist zurückzuführen auf die seit den 90er Jahren immer deutlicher hervortretenden Auswirkungen des weltweiten Globalisierungsprozesses einerseits und den durch die EU initiierten bzw. unterstützten Regionenbildungsprozess andererseits (vgl. Kapitel 5). Insbesondere der Globalisierungsprozess schreitet in verschiedenen Dimensionen voran. „Es gibt handgreifliche Ausprägungen globaler Infrastrukturen, deren neue Qualität gegenüber früheren Schüben von Globalisierung vor allem darin zu sehen ist, dass mit Digitalsierung, der Ubiquität von Computern und digitaler Vernetzung globale Transaktionen (über Telefonleitungen, Datenleitungen, Mobiltelefonsysteme und Satelliten) praktisch ohne Relevanz des Ortes und ohne Zeitverzögerung möglich und manifest geworden sind" (Willke 2003, 16).

Zusammengenommen führen diese Entwicklungstendenzen gerade in ihrer wechselseitigen Verknüpfung und Kumulation zu einem verstärkten regionalen Standortwettbewerb. Die neue Qualität besteht darin, dass nicht mehr nur einzelne nationale Volkswirtschaften miteinander konkurrieren, sondern zunehmend **Wirtschaftsregionen** im Wettbewerb stehen. Wirtschafts- und beschäftigungspolitische Impulse können vor dem Hintergrund der „Glokalisierung" zwar vom Staat ausgelöst werden, die Ideen, Ressourcen und Wegbereiter von Entwicklungen sind jedoch „vor Ort" in den Unternehmen, wissenschaftlichen Instituten, Hochschulen, Verbänden und Kommunen zu finden. Zur konkreten Umsetzung Erfolg versprechender Maßnahmen bedarf es zudem engagierter Promotoren, die sich für bestimmte Entwicklungen in den Regionen engagieren und bestehende Hemmnisse und Barrieren überwinden. Der Wandel einer institutionellen Regulationsstruktur wird ganz wesentlich auch durch subjektive Momente („Führungspersönlichkeiten") und die Dynamik von organisatorischen **Lernprozessen** bestimmt. Was das Organisationslernen (vgl. Wilkesmann 2004 sowie Wilkesmann/Rascher 2004) und die Bereitschaft zur Kooperation angeht, die wiederum Vertrauen voraussetzt, sind in den letzten Jahren in verschiedenen Wirtschaftsregionen Kommunikations- und Umstrukturierungsprozesse ausgelöst worden. In diesem Sinne wurde eine „Bootstrapping-Reform" eingeleitet, d.h. „die normalen wirtschaftlichen Austauschbeziehungen (werden) in disziplinierte Diskussionen transformiert, die es den Akteuren erlauben, voneinander zu lernen. Gleichzeitig ermöglichen sie es, sich in einer Art und Weise gegenseitig zu kontrollieren, wie es die beiden Steuerungsprinzipien der Hierarchie und des Vertrages nicht ermöglichten. Die Regeln des bootstrapping bedeuten also ein Prinzip der Steuerung, mit dem sich die Risiken managen lassen, die mit der Anpassung an ein ökonomisches System und den Betrieb desselben Systems einhergehen, in dem die Akteure sich gegenseitig verletzlich machen müssen, um überhaupt miteinander kooperieren zu können" (Sabel 1997, 20; vgl. auch Heinze et al 2005).

Gerade weil eine Vielzahl von „Best-Practices-Beispielen“ entstanden sind, in denen quasi inkrementalistisch und mit langem Atem die Gestaltungsspielräume für eine intelligente und auch sozial nachhaltige Modernisierung ausgetestet wurden, ist eine Begleitung dieser regionalen Innovationsprozesse notwendig, die ein lernorientiertes, strategisches Innovations-Monitoring möglich macht. Im folgenden wird – nach einer Analyse der Stagnationsprozesse auf dem Arbeitsmarkt und der Erosion des traditionellen „Modell Deutschland“ - anhand verschiedener Zukunftsfelder diskutiert, wie eine solche auf Kommunikation und Kooperation setzende experimentelle Mischung aus Strategie und Pragmatik eine paradigmatische Wende in der politischen Steuerung komplexer Gesellschaften bewirken könnte. Dabei wird explizit auf die wachsende Bedeutung regionaler Innovationssysteme, eine zu forcierende „Kultur der Selbstständigkeit“ (Kapitel 5) sowie Wachstumssektoren (wie bspw. die Gesundheitswirtschaft), die es auch noch in Deutschland gibt (Kapitel 6), eingegangen.

Die Tatsache, dass bei uns in den letzten Jahren, wenn nicht Jahrzehnten ein **beschäftigungspolitisches Versagen** zu konstatieren ist, darf nicht dazu verleiten, generell Wachstums- und Beschäftigungsförderung als utopisch abzulehnen. Vergleichbare Länder (sei es in Skandinavien oder die Niederlande) haben es trotz Globalisierung und eines ausgebauten Wohlfahrtsstaates vorgemacht, wie über eine Belebung des Arbeitsmarktes auch soziale Ausgrenzungsprozesse zurückgedrängt werden können. Die Stagnationsprozesse auf dem Arbeitsmarkt und auch die Ausbreitung von Unsicherheitszonen sind in Deutschland „primär das Ergebnis falscher Weichenstellungen in der Finanzierungs-, Anreiz- und Leistungsstruktur der Sozialsysteme mit ihren beschäftigungshemmenden Wirkungen. Der rot-grünen Regierungskoalition fehlten der Mut und die langfristige Vision, die sozialen Sicherungssysteme stärker von der Erwerbsarbeit abzukoppeln und auf die Steuerfinanzierung zu stützen. Auch eine längere Lebensarbeitszeit wurde zu lange als unsozial abgelehnt, anstatt sie als einen Beitrag zur Inklusion und Wohlstandsschöpfung für alle zu begreifen“ (Merkel et al 2006, 463; vgl. auch Giddens 2006 und Scharpf 2006). Dass solch grundlegender Strategiewechsel nicht vollzogen wurde, lag aber nicht nur an der mangelnden Strategiefähigkeit etwa der deutschen Sozialdemokratie, sondern auch an der bürokratischen Struktur und den Fragmentierungen des Sozialversicherungsstaates mit all seinen Vetospielern sowie einer mangelnden Reformoffenheit bei vielen Gewerkschaften. Die Einsicht, dass die Absicherung eines hohen Wohlstandsniveaus nur über hohe Beschäftigungsquoten gelingen kann und deshalb gerade der **Dienstleistungssektor** für Beschäftigung geöffnet werden muss, wird bis heute scheinbar nur bei einigen deutschen Gewerkschaften akzeptiert. Und auch die im Herbst 2005 gebildete große Regierungskoalition in Berlin hat sich zwar den Satz „Vorfahrt für Arbeit“ auf die Fahnen geschrieben, markante neue Weichenstellungen sind bis zum Frühsommer 2006 aber noch nicht zu erkennen.

2 Von der Nachkriegsprosperität zur Stagnationsgesellschaft

2.1 Sozialstrukturelle Zersplitterung und Entgrenzungen

Nicht nur in Deutschland gibt es derzeit politische Streitigkeiten um grundlegende Reformen des Wohlfahrtstaates. Im internationalen Vergleich fällt jedoch auf, dass wir nicht mehr als „Modell Deutschland" gefeiert, sondern überwiegend als „Patient Deutschland" wahrgenommen werden und zum anderen viele deutsche Probleme (etwa in der Arbeitsmarktpolitik, aber auch generell bei der sozialen Sicherung) andernorts schon aktiv politisch bearbeitet, wenn auch nicht immer gelöst worden sind. Im folgenden soll zunächst skizziert werden, wie sich die deutsche Gesellschaft seit Jahren und zum Teil unmerklich in eine Stagnationsgesellschaft verwandelt hat, was sich auch unmittelbar auf die Politik auswirkt, die nun in ein Dilemma gerät: „Je länger die Stagnation dauert, je größer der aus ihr resultierende Problemstau wird, desto mehr verstärkt sich der Druck auf die Politik, sich nicht mehr mit Krisenmanagement (das sich seinerseits nicht selten auf eine bloße Sanierung der Staatsfinanzen reduziert) zu begnügen, sondern endlich das Notwendige zu tun, um wieder Prosperität herbeizuführen" (Lutz 1984, 239).

Diese Analyse ist bereits vor über 20 Jahren in dem Werk „Der kurze Traum immerwährender Prosperität" veröffentlicht worden und hat nichts an Argumentationskraft eingebüßt. In diesem Sinne soll auch im vorliegenden Buch im abschließenden Kapitel versucht werden, einige Handlungsfelder zu identifizieren, die eine neue Prosperitätskonstellation (die aber hinsichtlich der Wohlstandsdimensionen nicht mit der Nachkriegsprosperität gleichzusetzen ist) ermöglichen. Aus der makrosoziologischen und wirtschaftshistorischen Sicht besteht in der Bundesrepublik schon seit der Beschäftigungskrise Ende der 70er Jahre die akute Gefahr einer **sozialen Stagnation** und eines weiteren allmählichen Verfalls unserer Gesellschaft, worauf auch Streeck bereits Mitte der 90er Jahre hingewiesen hat: „Ein kollektiver Auszug aus der deutschen Kooperationsgesellschaft der Nachkriegsjahre führt mit größter Wahrscheinlichkeit in eine deutsche Stagnationsgesellschaft, in der der soziale Zusammenhalt immer mehr, und wohl irreversibel, verfällt" (ders. 1996, 4). Zur Verhinderung dieser sozialen Desintegration und des „Verfaulens der gesellschaftlichen Ordnung" setzt er auf eine erneuerte Kooperation zwischen den großen Verbänden und dem Staat, also eine Neuauflage der Konzertierten Aktion. Diese Handlungsempfehlung wurde inzwischen teilweise politische Realität; das „Bündnis für Arbeit" wurde Ende 1998 von der rot-grünen Bundesregierung ausgerufen, konnte aber leider den wirtschaftlichen Stagnationsprozess nicht aufhalten. Nach einer kurzen Analyse des Umbruchs einiger zentraler Pfeiler des traditionellen „Modell Deutschland" und der zunehmenden Heterogenisierung der Sozialstruktur (sowohl in sozialen als auch in regionalen Dimensionen) wird deshalb auch das „Bündnis für Arbeit" (als exemplarisches Beispiel für eine neokorporatistisch orientierte Politik) hinsichtlich seiner Steuerungsdefizite analysiert.

Die im folgenden entwickelte Argumentation zur wirtschaftlichen und gesellschaftlichen Stagnation orientiert sich an der gleichzeitig historischen und makrosoziologisch ansetzenden Konzeption von Lutz zum kurzen und ausgeträumten Traum der Nachkriegsprosperität. Dieses Buch passt sehr gut auch in die heutige Stimmung in Deutschland. „Dass Prosperität nicht ewig währt und die besten Zeiten vielleicht für immer vorbei sind, ist der Tenor einer heute weit verbreiteten deutschen Stimmungslage. Dies hat zweifellos dazu beigetragen, dass sein mehr als zwanzig Jahre altes Buch, dessen Titel die Wehmut des heute regierenden Zeitgeistes kurz und bündig zusammenzufassen scheint, wieder öffentliche Erwähnung findet. In vergleichbaren Ländern allerdings, etwa in Dänemark, Großbritannien oder den USA, würde auf Befremden stoßen, wer so verstanden würde, als sei es seit den frühen achtziger Jahren mit dem Wohlstand nur noch bergab gegangen. In der Tat steht ja auch in Deutschland genügend statistikbewehrte Ökonomie bereit, um uns wissen zu lassen, daß es uns nie besser ging als heute, Wiedervereinigung einbegriffen. Betrachtet man das Bruttosozialprodukt pro Kopf in konstanten Preisen und setzt den Wert von 1980 gleich 100, so lag Westdeutschland 1990 bei 122 und Gesamtdeutschland 2004 immerhin bei 145, mit Zuwächsen selbst nach 1995. Frankreich, eine andere kontinentaleuropäische „koordinierte" Marktwirtschaft mit Bismarckschem Wohlfahrtsstaat, schnitt etwas weniger gut ab, dafür aber Großbritannien und die USA, die beiden großen 'liberalen' Marktwirtschaften und dazu die ältesten der modernen Industriegesellschaften, erheblich besser" (Streeck 2005b). Es geht aber nicht nur um das Ende einer herausragenden Prosperitätskonstellation, den Übergang zu einer sowohl wirtschaftlichen als auch gesellschaftlichen Stagnationsphase und den damit verbundenen systemischen Destabilisierungsprozessen, sondern auch um die Erosion der „Generalisierung von Lohnarbeit" und vor allem der „historisch beispiellosen Homogenisierung von Interessenlagen und Lebensverhältnissen großer Bevölkerungsteile" (Lutz 1984, 242).

Zunächst werden die **Architektur** des bundesrepublikanischen Wohlfahrtsstaats und deren Grundpfeiler thematisiert – und damit sind wir beim Arbeitsmarkt, der Erwerbsbeteiligung und der eklatant hohen Arbeitslosigkeit in

Deutschland, die sich zudem verfestigt und massenhafte soziale Ausgrenzungen produziert hat. Der klassische deutsche Wohlfahrtsstaat hat sich übernommen und kann seine sozialintegrativen Funktionen nicht mehr für die gesamte Bevölkerung in der „gewohnten" Weise erfüllen, ohne dass jedoch von einem flächendeckenden Verschwinden sozialer Solidarität zu sprechen wäre (vgl. die Beiträge in Berger 2005). Für den mehrheitlichen Teil der Erwerbstätigen ist die „traditionelle" Art der Erwerbsbeteiligung zwar noch die Regel, aber durch die seit Jahrzehnten hohe Arbeitslosigkeit und betriebliche Flexibilisierungsstrategien hat sich eine Zone unsicherer und flexibilisierter Erwerbsarbeit sowie Dauerarbeitslosigkeit ausgedehnt. So arbeiteten zwar im Jahr 2002 im Westen „zwei Drittel der erwerbstätigen Männer, jedoch nur 46% der Frauen in unbefristeter, abhängiger Vollzeitbeschäftigung" (Baethge/Bartelheimer 2005, 14), aber die **Zonen der Stabilität** schrumpfen. So steigt bspw. die Angst vor dem Verlust des Arbeitsplatzes in den letzten Jahren deutlich an (vgl. Köcher 2005 sowie Böhnke 2005 und die Beiträge in Heitmeyer 2005) und wenn man sich vergegenwärtigt, dass gerade im Jahr 2005 das Wort „Stellenabbau" das zentrale Thema des Standortes Deutschland war, dann wird die Zunahme von sozialen Abstiegsängsten nachvollziehbar.

Die Feststellung von sozialen Ausgrenzungsprozessen, wie sie derzeit von verschiedenen soziologischen Instituten und Fachkollegen diskutiert und auch in den Medien gierig aufgegriffen werden, ist jedoch aus sozialwissenschaftlicher Sicht alles andere als neu. Bereits in der Weimarer Republik gab es sowohl diese Marginalisierungs- und Radikalisierungsprozesse als auch wurden diese Ausgrenzungen soziologisch thematisiert. Bereits Max Weber hat den Verdrängungsprozess derjenigen Gruppen, die ein askriptives Merkmal aufweisen, beschrieben: „Mit wachsender Zahl der Konkurrenten im Verhältnis zum Erwerbsspielraum wächst hier das Interesse der an der Konkurrenz Beteiligten, diese irgendwie einzuschränken. Die Form, in der dies zu geschehen pflegt, ist die: dass irgendein äußerlich feststellbares Merkmal eines Teils der (aktuell oder potentiell) Mitkonkurrierenden: Rasse, Sprache, Konfession, örtliche oder soziale Herkunft, Abstammung, Wohnsitz usw. von den anderen zum Anlaß genommen wird, ihren Ausschluss vom Mitbewerb zu erstreben" (Weber 1972: 201). Das Thema der Fragmentierung der Massenarbeitslosigkeit ist also nicht neu und natürlich liegen Parallelen zur Weimarer Republik nahe. Eine „relative" **Vollbeschäftigung** gab es in der ersten Hälfte des Jahrhunderts eigentlich nur zu Beginn und von 1920 bis 1923 (allerdings unter Inflationsbedingungen). Ende der 20er Jahre schnellten die Arbeitslosenzahlen in der Weltwirtschaftskrise in enorme Höhen und waren maßgeblich mitverantwortlich für den politischen Zerfall. Dass Massenarbeitslosigkeit und ökonomische Verunsicherung zu gesellschaftlicher und politischer Instabilität führen, gehört zum klassischen Repertoire der Soziologie. Und auch hinsichtlich der aktuellen Diskussionen, inwieweit sich Deutschland auf dem Weg in eine Stagnationsgesellschaft befindet, kann ein Vergleich mit den 20er Jahren durchaus lehrreich sein.

Eine Analogie zwischen der gegenwärtigen Beschäftigungs- und Wachstumskrise in Deutschland und den 20er Jahren herzustellen, liegt auch deshalb nahe, weil in beiden historischen Perioden Wachstumskonstellationen zu Ende gegangen sind und „die ökonomische Grundkonstellation offenbar nicht mehr in der Lage ist, die produktiven Ressourcen der Volkswirtschaft dauerhaft auf halbwegs befriedigende Weise zu nutzen; weitaus am gravierendsten ist in diesem Zusammenhang die Unterauslastung des Arbeitskräftepotentials, die von der Massenarbeitslosigkeit beider Perioden nur unscharf indiziert wird" (Lutz 1984, 238). Nur ein kurzer Blick auf die Wachstumsraten der 50er Jahre und der derzeitigen Situation markiert die Unterschiede: während in der Bundesrepublik im Zeitraum zwischen 1951 und 1960 ein durchschnittliches jährliches Wachstum von 8,5 Prozent erzielt wurden, gehören solche Wachstumsraten einer „unwiederbringlichen Vergangenheit" (Wehler 2005; vgl. auch Abelshauser 2004) an und es wäre schon eine erstaunliche Leistung, wenn Wachstumsraten um 1,5 bis 2 Prozent erreicht werden können. Wenn man akzeptiert, dass die Nachkriegsprosperität ein **singulärer Wirtschaftsboom** war, der auf spezielle Faktoren zurückzuführen ist (etwa hohe Arbeitsmotivation bei den Vertriebenen und Flüchtlingen sowie den Übersiedlern aus der ehemaligen DDR, Kreativität im Mittelstand, weltwirtschaftliche Konstellationen) – auch in anderen vergleichbaren Ländern (wie etwa Frankreich oder Italien) waren Wachstumsraten um die 5 bis 6 Prozent die Regel -, dann muss sich aber vom Mythos lösen, dass Wachstum allein die Beschäftigungs- und Strukturprobleme der sozialen Sicherungssysteme in Deutschland lösen wird.

Ohne Wirtschaftwachstum wird es keine Beschäftigung geben, aber auch mit erwartbaren Wachstumsraten von durchschnittlich 1 bis 2 Prozent ist ein Umbau der Architektur der Sozialversicherungssysteme erforderlich (von der lohnarbeitszentrierten Sicherung hin zu stärker steuerfinanzierten Lösungen). Derzeit erreichen wir in Deutschland aber nicht annäherungsweise Wachstumsraten, die zu mehr Beschäftigung führen, vielmehr ist das Gegenteil der Fall: allein zwischen dem Jahr 2000 und dem Jahr 2005 ist in Deutschland in den drei Wirtschaftssektoren ein Rückgang von über 1,6 Millionen Arbeitsplätzen zu verzeichnen (am stärksten in der Industrie mit einem Minus von rd. 1,42 Millionen). Parallel schrumpfte die sozialversicherungspflichtige Beschäftigung im gleichen Zeitraum um rd. 1,7 Millionen (d.h. 6 Prozent). Nur ein kurzes Rechenbeispiel soll demonstrieren, wie brüchig die **Fundamente unseres Sozialversicherungsstaates** inzwischen sind: derzeit gehen in Deutschland monatlich durchschnittlich rund 10 000 Arbeitsplätze verloren und dies summiert auf zwei Jahre bedeutet allein für die gesetzliche Krankenversicherung einen Ausfall von über eine Milliarde Euro (vgl. Der Spiegel Nr. 13/2006, S. 22ff).

In der öffentlichen Diskussion und in politischen Äußerungen wird auch immer wieder gern der Vergleich mit der Arbeitslosigkeit während der Weltwirtschaftskrise angeführt und damit die Agonie der Weimarer Republik als **Gefährdungsszenario** für die Demokratie zitiert. Um das Ausmaß der Arbeitslosigkeit während der Weltwirtschaftskrise zu markieren, sei nur auf einige wenige Zahlen verwiesen. Während bis 1929 die Arbeitslosenquote sich unter 10 Prozent eingependelt hatte, stieg die Quote 1930 auf 14 und dann rapide auf 21,9 Prozent 1931 und 29,9 Prozent im Jahre 1932. Die Arbeitslosigkeit differenzierte sich stark regional und erreichte in den traditionellen Industriegebieten (etwa im Ruhrgebiet) fast die Hälfte der Industriebeschäftigten, während die Dienstleistungs- und Verwaltungszentren noch relativ glimpflich davon kamen. Als die Nationalsozialisten die politische Herrschaft übernahmen, war der Höhepunkt der Massenarbeitslosigkeit bereits überschritten, die offizielle Zahl der Arbeitslosen lag im Winter 1933 aber noch immer über 6 Mio. Durch Arbeitsbeschaffungsmaßnahmen und die Aufrüstungspolitik wurden die Arbeitslosenzahlen rasch gesenkt; die Quote lag 1935 nur noch bei 10,3 Prozent und ging bis 1938 auf 1,9 und 1939 auf 0,5 Prozent zurück. Der „Erfolg" der nationalsozialistischen Wirtschafts- und Arbeitsmarktpolitik, der sich auch in der Schaffung von Arbeitsplätzen ausdrückte (zwischen Anfang 1933 und Herbst 1936 wuchs die Beschäftigung um 6,3 Mio. Arbeitsplätze bei gleichzeitigem Rückgang der Arbeitslosenzahl um rd. 4,9 Mio.), ging nicht nur auf die rigorose Ausweitung von Arbeitsbeschaffungsmaßnahmen und die Rüstungsproduktion zurück, sondern verdankte sich auch einer propagandistischen Strategie (etwa hinsichtlich der statistischen Erfassung der Arbeitslosigkeit).

Welche Katastrophe sich im Schatten dieser Vollbeschäftigungspolitik ankündigte, ist bekannt und braucht hier nicht erörtert zu werden. Nachdem in den ersten Jahren nach dem Ende des Zweiten Weltkrieges die politischen und ökonomischen Strukturen sich stabilisierten und ein neues ordnungspolitisches Modell (die „soziale Marktwirtschaft") etabliert wurde, sanken auch rasch die Arbeitslosenzahlen. Das „goldene" Zeitalter des Wirtschaftswunders konnte beginnen. Waren 1950 noch gut 11 Prozent arbeitslos gemeldet, so ging die Quote in den darauf folgenden Jahren kontinuierlich zurück; 1955 fiel sie unter die 5 Prozent-Grenze, Anfang der 60er Jahre sogar unter die 1 Prozent-Marke. Das wirtschaftliche Wachstum lag in dieser Zeitspanne real durchschnittlich bei gut 8 Prozent, wodurch es gelang, die gerade Anfang der 50er Jahre stark auf den Arbeitsmarkt strömenden Erwerbspersonen (u.a. die vielen Millionen Flüchtlinge) zu integrieren. Das zentrale Problem der Arbeitsmarktpolitik war Ende der 50er/Anfang der 60er Jahre die hinreichende Versorgung der Wirtschaft mit

Arbeitskräften. Nicht umsonst fiel die Anwerbung von ausländischen Erwerbstätigen gerade in diese Zeit. Auch in anderen westeuropäischen Ländern sank die Arbeitslosigkeit in den 60er Jahren auf unter 3 Prozent; damit herrschte Vollbeschäftigung und der materielle und immaterielle Wohlstand (etwa abzulesen an der wachsenden Freizeit) wuchs.

Nicht nur die offizielle Politik, sondern auch die Soziologie betrachtete Arbeitslosigkeit im größeren Umfang als eine historisch **überholte Phase**, die von einer langfristigen Vollbeschäftigungsperiode abgelöst wurde. Mit dem Beschäftigungseinbruch Mitte der 70er Jahre änderte sich die Situation auf dem bundesrepublikanischen Arbeitsmarkt grundlegend. Zudem geben die amtlichen Arbeitslosenzahlen nur ein unzureichendes Bild von der tatsächlichen Arbeitslosigkeit und Unterbeschäftigung. Das Risiko, besonders lange arbeitslos zu sein, traf in den 70er und 80er Jahren primär die konfliktschwachen „Problemgruppen", wobei die Ausgliederung nach askriptiven (natürlichen) Merkmalen wie Alter, Geschlecht, gesundheitlicher Status oder Herkunft erfolgte. Zu den „Problemgruppen" werden diejenigen Kategorien von Arbeitnehmern gezählt, für die die Möglichkeit besteht - wenngleich nur als „zweitbeste" Alternative - in arbeitsmarktexterne Rollen auszuweichen. Gerade in Phasen hoher Arbeitslosigkeit wird versucht, Frauen, Ausländer, Ältere und Behinderte, aber auch Jugendliche in andere Existenzformen (als Hausfrau, Rentner, Schüler etc). abzudrängen, um so den Arbeitsmarkt zu entlasten (vgl. Projektgruppe Arbeitsmarktpolitik/Offe 1977 sowie Heinze 1984).

Die nach askriptiven Merkmalen erfolgenden Ausgliederungsprozesse aus dem Arbeitsmarkt waren in den 70er und 80er Jahren primär dafür verantwortlich, daß die hohe Arbeitslosigkeit nicht zu einer gesellschaftlichen und politischen Krise führte. Unter Rückgriff auf tradierte ideologische Deutungen und gesellschaftliche Machtpositionen wurden diese Arbeitskräftegruppen verstärkt vom Arbeitsmarkt gedrängt. Resultate dieser „Schließungsstrategien" waren die Marginalisierung konfliktschwacher Gruppen und eine verstärkte Polarisierung und Zersplitterung des Arbeitsmarktes. Die **Normalisierung** der Arbeitslosigkeitserfahrung erfaßt inzwischen aber auch Gruppen, die früher nahezu immun schienen; die wachsende Akademiker-Arbeitslosigkeit und die Auflösung ganzer Führungsetagen im Zuge von „lean management" verändern auch das Verständnis der ökonomischen Eliten von der Sinnhaftigkeit beschäftigungspolitischer Steuerungsversuche. Solange sich die „überflüssigen" Gruppen jedoch nicht organisieren und politisch aktiv werden, sind keine akuten politischen Krisen zu erwarten. Die im Wirtschaftssystem generierten Probleme werden **individualisiert** und führen eher zu Resignation und gesellschaftlicher Isolation, wie wir dies schon aus den klassischen soziologischen Studien über die psychosozialen Auswirkungen von Massenarbeitslosigkeit kennen. Krisenhafte ökonomische

Entwicklungen führen also nicht zwangsläufig zu einer politischen Systemkrise, sondern können durchaus über die Konfliktverschiebung in die soziale **Lebenswelt** der von Arbeitslosigkeit primär betroffenen Gruppen reguliert werden. In den letzten Jahren wurden sowohl die Arbeitsverhältnisse als auch die Lebenslagen immer unübersichtlicher, soziale Konturen verblassen. Hieraus erklärt sich, dass kaum eine relevante Opposition gegen den Umbau und teilweise auch Abbau des Wohlfahrtsstaates entstand. Eine wichtige Erklärung für ausbleibende Proteste liegt darin, dass es auf dem Arbeitsmarkt häufige Auf- und Abstiege gibt und sich somit fest umrissene „Protestgruppen" kaum bilden können (vgl. zur neueren Diskussion die Beiträge in Geis/Strecker 2005 sowie Bude 2004).

Aus den offiziellen Statistiken ist abzulesen, wie die Chance, die Arbeitslosigkeitsphase zu beenden, neben verschiedenen Indikatoren (Qualifikation, Beruf, Region) auch weiterhin durch soziale Mechanismen determiniert wird. Vor allem die **Kombination** verschiedener Merkmale führt zu einem weitaus erhöhten Arbeitsmarktrisiko. Zusätzlich zu diesen schon bekannten sozialen Strukturierungen entwickeln sich in den letzten Jahren sowohl neue Prekarisierungsformen auf dem Arbeitsmarkt als auch neue Formen der Arbeitslosigkeit, die von einigen Autoren „postindustrielle Arbeitslosigkeit" genannt wird und die sich durch einen dynamischen Wechsel zwischen Phasen der Arbeitslosigkeit und der Beschäftigung auszeichnet. Damit verwischen sich die klassischen Abgrenzungen zwischen Arbeitslosen und Erwerbstätigen immer mehr, und auch die populäre These von einer relativ „zementierten" Zweidrittel- oder Vierfünftelgesellschaft wird brüchig. Neben der Zone stabiler Beschäftigung wächst ein Sektor unsicherer und entgrenzter Arbeit, der nur schwer empirisch einzufangen ist und deutliche Unterschiede zwischen Frauen und Männern kennt: so arbeiteten 2002 im Westen zwei Drittel der erwerbstätigen Männer in Vollzeitbeschäftigung, aber nur 46 Prozent der Frauen. Die Zone unsicherer Erwerbsbeteiligung breitet sich sowohl im Westen wie im Osten aus, allerdings ist im Osten das Segment der stabilen, dauerhaften Beschäftigung nun schon seit über 15 Jahren rückläufig. „Auch in Ostdeutschland existiert noch eine Zone stabiler Beschäftigung, in der die alten Regeln der Arbeitsgesellschaft – z.T. mit Spuren der östlichen Variante – fortgelten. Doch die Zone unsicherer Erwerbsbeteiligung hat hier ein solches Ausmaß erreicht, dass sie nicht nur die Lebensweisen an den Rändern der Gesellschaft, sondern die gesamte Sozialstruktur prägen" (Baethge/Bartelheimer 2005, 20; vgl. auch Brinkmann et al 2006 sowie die Beiträge in Kronauer/Linne 2005).

Welche brisanten individuellen wie politisch-sozialen Folgewirkungen mit einer derartigen Massenarbeitslosigkeit verbunden sind, wird erst dann in den richtigen Dimensionen erkannt, dass keine gesellschaftlich akzeptierten Rollen außerhalb der Erwerbsarbeit für die Bevölkerung (vor allem die männliche) im mittleren Alter (zwischen 20 und 60 Jahren) vorhanden sind und deshalb der Arbeitsmarkt als soziale Integrationsinstanz in den letzten Jahren sogar erheblich an Bedeutung gewonnen hat (Arbeit wird zum knappen und umkämpften Gut). Diesen auf Beschäftigung hin orientierten individuellen Handlungsorientierungen, die sich auch empirisch in den Erwerbswünschen manifestieren, steht allerdings eine durch den schon angesprochenen Wandel des Kapitalismus und von der Politik nicht gelöste institutionelle Anpassungsprobleme des Arbeitsmarktes geschrumpfte Nachfrage nach Erwerbsarbeit gegenüber (vgl. Heinze/Streeck 2000). Bislang konnte trotz vieler Debatten und einer Arbeitsmarktreform der Schrumpfungsprozess der „normalen“ (d.h. sozialversicherungspflichtigen) Beschäftigung nicht aufgehalten werden und so flüchtet sich die Regierungspolitik – wie bereits die letzten Jahre, wenn nicht Jahrzehnte – in die Hoffnung auf einen nahenden Aufschwung, der bislang aber nur ein Stimmungsumschwung in der Wirtschaft ist.

Obwohl in der Bundesrepublik seit Mitte der 80er Jahre Zeichen einer wachsenden Dauerarbeitslosigkeit mit Verarmungs- und anderen sozialen Ausgrenzungsprozessen zu einem Merkmal der Sozialstruktur geworden sind und sogar Luhmann (1995, 147) aus systemtheoretischer Sicht und mit Blick auch auf Westeuropa von „Exklusionen“ sprach, tut sich nicht nur die Öffentlichkeit und die politisch verantwortlichen Akteure, sondern auch die Soziologie schwer mit dieser Diagnose. Durch spontane Gewaltausbrüche (wie z.B. 2005 bei Jugendlichen in Frankreich) wird diese wachsende Kluft zwischen den aus der (Erwerbs-) Arbeitsgesellschaft **ausgegrenzten** und perspektivlosen Gruppen und der auf einem hohen sozialen Niveau lebenden Mehrheit der Bevölkerung spürbar. Verschiedene Autoren sprechen inzwischen auch für Deutschland von einer neuen Qualität dieser Ausgrenzungsprozesse (vor allem in den „verunsicherten“ Regionen), wenngleich noch immer der weitaus größte Teil auch der Langzeitarbeitslosen sich eher individualistisch aus der Gesellschaft zurückzieht bzw. auf die engen und oft psychosozial völlig überforderten Primärbeziehungen verwiesen wird. Aber nicht nur aus manifester Gewaltanwendung, sondern gerade auch aus dem Rückzug aus der sozialen Sphäre kann eine latente Gefährdung der Demokratie erwachsen. Unbestritten ist die Beobachtung, dass sich die geschilderten Spaltungs- oder besser Zersplitterungsprozesse in der Gesellschaft ausgedehnt haben und neue Spaltungslinien hinzugekommen sind (etwa durch die deutsche Vereinigung) Die wachsenden Gefahren einer politischen Radikalisierung (etwa in Richtung eines Rechtspopulismus) durch die „überflüssigen“ Bevölkerungsgruppen sind bereits seit Jahren vorgetragen worden und müßten auch den politischen Akteuren geläufig sein. Man kann allerdings den Eindruck gewinnen, dass sich die politischen Parteien mit dem Phänomen der gesellschaftlichen Entsolidarisierung und Radikalisierung gewisser Bevölkerungsschichten erst in dem Moment befassen, wenn etwa militante Aktionen einzelner Jugendlicher die Öffentlichkeit beunruhigten und in den Medien ausführlich thematisiert wurden. Dies gilt sowohl für die rechtsradikalen Ausschreitungen in Ostdeutschland als auch für die „Aufstände" in einzelnen marginalisierten Stadtvierteln in Frankreich. Dennoch sollte man nicht vorschnell von einer „Revolte der Überflüssigen" (Beck) sprechen, weil damit eine unmittelbare Bedrohung suggeriert wird, die eben in Deutschland aufgrund der geschilderten selektiven Bearbeitung der Beschäftigungskrise nicht unmittelbar gegeben ist.

Auch in letzter Zeit hat sich die Situation auf dem Arbeitsmarkt strukturell kaum verändert. Anfang 2005 übersprang die offizielle Arbeitslosenzahl – u.a. durch die neue statistische Erfassung, die arbeitsfähige ehemalige Sozialhilfeempfänger, die nun das neue Arbeitslosengeld II erhalten, stärker als Arbeitslose erfasst – die „Fünf-Millionen-Grenze". Diese Zahl schockierte die politische Öffentlichkeit und führte zu weiteren Verunsicherungen in der sozialdemokratischen Partei und dürfte ein Grund für die Wahlniederlage im Mai 2005 in Nordrhein-Westfalen (NRW) und der daraufhin beschlossenen Neuwahl zum Bundestag im September 2005. Bis Oktober 2005 hat sich bei unveränderter Arbeitslosigkeitsdefinition allein durch die bessere Erfassung die Zahl der Arbeitslosen um etwa 350.000 erhöht. Insgesamt gab es im Oktober 2005 4, 56 Millionen Arbeitslose (2,79 Millionen davon waren Arbeitslosengeldempfänger II). Die Zusammenlegung von Arbeitslosen- und Sozialhilfe wurde auch mit einer Neuordnung der fiskalischen Zuständigkeiten im föderalen System Deutschlands verbunden und sollte ursprünglich für mehr Klarheit und auch Einsparungen führen. Das Gegenteil ist allerdings vorerst eingetreten; insgesamt stieg die Zahl der Fürsorgeempfänger Anfang 2005 gegenüber Ende 2004 an. Im Oktober 2005 bezogen fast 6,7 Millionen Personen eine Grundsicherung für Arbeitsuchende (die Grundsicherung setzt sich zusammen aus dem neuen Arbeitslosengeld II und dem Sozialgeld, das bedürftige, aber nicht erwerbsfähige Angehörige bekommen). Und da durch die wachsenden Zahlen auch die Gesamtkosten stiegen, sorgte die Kostenaufteilung zwischen den Kommunen und dem Bund für erheblichen Spannungsstoff, zumal die Ausgaben von der Politik unterschätzt wurden.

Im Jahresdurchschnitt haben sich die Arbeitslosenzahlen in den letzten Jahren leicht nach oben bewegt; im Jahr 2004 lagen die Arbeitslosenzahlen insgesamt bei 4,381 Millionen und damit leicht über den Werten von 2003 mit 4,376 und 2002 mit 4,060 Millionen. Und auch die Arbeitslosenquoten im Jahresdurchschnitt haben sich in den letzten Jahren auf einem hohen Niveau ohne strukturelle Besserung kaum verändert:

1994: 10,6 Prozent
1996: 11,5 Prozent
1998: 12,3 Prozent
2000: 10,7 Prozent
2002: 10,8 Prozent
2004: 11,7 Prozent
2005: rd. 12 Prozent

Auffallend sind weiterhin die Disparitäten zwischen Ost- und Westdeutschland: während die Quote im Jahresdurchschnitt 2004 im Westen bei 9,4 Prozent lag, betrug sie im Osten 20,1 Prozent. Auch im Herbst 2005 zeigen sich die massiven Unterschiede, wobei sich die registrierte Arbeitslosigkeit in West- und Ostdeutschland leicht verringerte. So lagen beispielsweise die Quoten in den Arbeitsamtbezirken in Mecklenburg-Vorpommern im Winter 2005/2006 bei über 20 Prozent; in einzelnen strukturschwachen Regionen bei 27 bis 28 Prozent. Aber auch große ostdeutsche Städte wie Leipzig oder Halle weisen Arbeitslosenquoten von über 20 Prozent auf und können keine Verbesserung der beschäftigungspolitischen Situation feststellen. Im Februar 2006 ist wiederum die Fünf-Millionen-Marke überschritten worden (es gibt allerdings etwas weniger Arbeitslose als im Vorjahr und auch die Zahl der offenen Stellen wächst). Gleichzeitig werden die regionalen Disparitäten offensichtlich: während der Westen Deutschlands eine Quote von 10,2 Prozent aufweist, liegt sie im Osten bei 19,5 Prozent.

Trotz der immensen **finanziellen Mittel**, die in die Subventionierung von Beschäftigungsverhältnissen, die Fortbildung und Umschulung und an Empfänger von Vorruhestandsgeldern flossen, bietet der ostdeutsche Arbeitsmarkt in vielen Wirtschaftsregionen immer noch ein Kontrastbild zum westdeutschen, wenngleich sich auch hier in einzelnen Regionen eine hohe Dauerarbeitslosigkeit festgesetzt hat. Der Beschäftigungsabbau ist zwar an vielen Standorten bereits Ende der 90er Jahre zum Stillstand gekommen, allerdings haben sich nur in einzelnen Regionen spürbare Aufwärtstendenzen im Beschäftigungssystem entwikkelt und deshalb ist in strukturschwachen, peripheren Regionen weiterhin eine hohe Arbeitslosigkeit unübersehbar. Angesichts von mehr als 1.000 Milliarden Euro, die in die neuen Bundesländer geflossen sind und augenscheinlich nur in wenigen Regionen eine Wirtschafts- und Beschäftigungsdynamik entfalten konnten, stellt sich die Frage nach Fehlanreizen in der Steuerung dieser Prozesse. Waren es vielleicht sogar die großzügigen Unterstützungen im Bereich der Arbeitsmarkt- und Sozialpolitik, die für die miserablen Arbeitsmarktzustände mit verantwortlich sind? Diese Frage wurde vor kurzem markant in einer Studie des Kieler Instituts für Weltwirtschaft beantwortet, die Ostdeutschland in der „Subventionsfalle“ sehen, die nur über tief greifende Arbeitsmarktreformen zu überwinden wäre. „Die hohen Unterstützungsleistungen ließen ostdeutsche Arbeitnehmer und Unternehmer gleichzeitig in mehrere Fallen tappen: Die Qualifikationsfalle: Die großzügige Arbeitslosenunterstützung, die Sozialtransfers und die Kündigungsschutzregelungen sorgten dafür, dass vor allem die Produktivität gering qualifizierter Arbeitnehmer deutlich hinter ihrem Lohn zurückgeblieben ist und sie fast zwangsläufig in die Arbeitslosigkeit getrieben wurden. Ohne Anstellung hatten sie keine Möglichkeit zur Weiterqualifizierung und landeten in der Qualifikationsfalle....Die Spezialisierungsfalle: Der subventionsbedingte Lohnanstieg und die den ostdeutschen Unternehmen gewährten Kapitalsubventionen begünstigten den Aufbau kapitalintensiver anstatt beschäftigungsintensiver Produktionen. Der Beschäftigungsaufbau wurde aufgrund dieser subventionsbedingten Fehlspezialisierung behindert“ (Merkl/Snowder 2006).

Wenn man bedenkt, dass noch heute jährlich rund 80 Milliarden Euro an Transferzahlungen in die neuen Bundesländer gehen (das sind etwa vier Prozent des deutschen Bruttoinlandsprodukts), dennoch fast die **Hälfte** der Arbeitslosen zur Gruppe der Langzeitarbeitslosen zählt und darüber hinaus auch in den Wachstumsregionen die Wirtschaftsleistung pro Kopf nur 55 Prozent des westdeutschen Niveaus erreicht, dann müsste dies eigentlich genügend Argumentationsstoff sein, um auch die Politik zu einer radikalen Evaluierung der bisherigen Förderungen zu bewegen. Kehrtwendungen sind aber scheinbar in der Politik nur schwer umzusetzen, obwohl auf die strukturellen Folgen der „einfachen“ Übertragung des westdeutschen Institutionensystems auch in der Arbeitsmarkt- und Sozialpolitik bereits Anfang und Mitte der 90er Jahre gewarnt wurde. Trotz eines breiten Einsatzes arbeitsmarktpolitischer Maßnahmen und anderer Transfers aus dem Westen wurde schon damals darauf hingewiesen, dass Ostdeutschland eine Dependenz- und Transferökonomie bleibt und ein selbst tragender Wirtschaftsaufschwung mit der Fortsetzung der „Weiter-so“-Strategie nicht erreicht werden kann (vgl. zusammenfassend Heinze 1998, 55ff). Vielmehr drohte bereits die Verödung einzelner Regionen und Städte. Über grundlegende institutionelle Reformen der Politik wurde jedoch nur in akademischen Kreisen nachgedacht. Das Ziel einer Angleichung der Lebensverhältnisse war schon damals utopisch – und dies gilt vor allem für das Versprechen von blühenden Landschaften im Osten Deutschlands und einer schnellen Angleichung des Lebensstandards. Über Verelendungsregionen oder „verblühte“ Landschaften in Ostdeutschland sprach jedoch kaum einer und Autoren, die Teile Ostdeutschlands mit dem „Mezzogiorno“ verglichen, wurden als „Miesmacher“ hingestellt. Auch wenn hiermit einzelne spektakuläre Trends verallgemeinert wurden (und es eben auch innovative Wachstumsstandorte im Osten inzwischen gibt), so sind doch die realen sozioökonomischen Differenzen beträchtlich gewachsen.

Die unterschiedliche regionale Betroffenheit von Arbeitslosigkeit weist allerdings nachdrücklich darauf hin, dass die ehemalige DDR immer weniger ein einheitlicher Wirtschaftsraum ist. Ähnlich zu gewissen räumlichen Entwicklungstrends in der alten Bundesrepublik, die in den 80er Jahren unter dem Stichwort „Nord-Süd-Gefälle" geführt wurden, hat sich auch in den neuen Bundesländern eine unterschiedliche regionale Beschäftigungsdynamik manifestiert. Bereits Mitte der 90er Jahre zeigt sich eine ausgeprägte regionale Spaltung auf dem ostdeutschen Arbeitsmarkt, die in den letzten Jahren nicht eingeebnet wurde, sondern auf strukturelle Arbeitsmarktprobleme in räumlicher Hinsicht verweist: während einzelne Standorte (wie etwa Dresden oder Potsdam mit Werten knapp über 10 Prozent durchaus im deutschen Mittelfeld lagen, hatten andere Regionen (etwa in Sachsen-Anhalt oder Mecklenburg-Vorpommern) mit Werten von über 20 Prozent offiziell ausgewiesener Arbeitslosigkeit zu kämpfen. Hinzu kam eine „verdeckte" Beschäftigungslosigkeit, die insgesamt ein düsteres Licht auf ostdeutsche Regionen wirft. Auch Anfang 2006 ist die Lage auf dem ostdeutschen Arbeitsmarkt als außerordentlich schwierig zu bewerten; in einzelnen Regionen liegt schon die offizielle Arbeitslosenquote bei knapp 30 Prozent und Hoffnungslosigkeit breitet sich aus. Durch das Inkrafttreten von Hartz-IV ist die registrierte Arbeitslosigkeit wieder angestiegen und die Lage hat sich insgesamt weiter verschlechtert. Die „Arbeitsplatzlücke" hat sich kaum verringert und die „Unterbeschäftigungsquote" wird auf 24 Prozent geschätzt. Und auch im Jahr 2006 „wird sich die Lage auf dem ostdeutschen Arbeitsmarkt nicht bessern, obwohl die gesamtwirtschaftliche Produktion etwas stärker expandieren wird als in diesem Jahr. Die Zahl der Erwerbstätigen wird zwar leicht zunehmen. Dies ist jedoch fast ausschließlich auf geringfügige Beschäftigungsverhältnisse und Arbeitsgelegenheiten zurückzuführen. Der Abwärtstrend bei den sozialversicherungspflichtig Beschäftigten hält an. Trotzdem wird die Zahl der registrierten Arbeitslosen weiter sinken. Dies ist neben der Zunahmen der Arbeitsgelegenheiten vor allem auch auf eine stärkere Prüfung missbräuchlicher Inanspruchnahme von Arbeitslosengeld zurückzuführen. Hinzu kommt, dass das Arbeitsangebot – gemessen an der Zahl der Erwerbsfähigen – erneut kräftig abnimmt" (Brautzsch 2005, 382; vgl. auch IAB Kurzbericht Nr. 24 v. 8.12. 2005).

Die anfangs geführte Debatte um sichtbare Stagnationstendenzen und sogar **Abstiegsspiralen** auf einzelnen regionalen Arbeitsmärkten beschränken sich also nicht auf die 80er Jahre in der ehemaligen Bundesrepublik. Das – von der Politik zu Beginn der 90er Jahre immer wieder beschworene - Ziel einer Angleichung der Lebensverhältnisse von Ost und West in nur wenigen Jahren ist nicht erreicht worden. Das Versprechen von blühenden Landschaften im Osten Deutschlands ist demgegenüber immer mehr zu einem schlechten Beispiel symbolischer Politik geworden, so dass es auch nicht überrascht, wenn man inzwischen genauso pauschal eher auf einen „Absturz“ und ein „verlassenes Land“ (Bölsche 2006) hinweist. Obwohl diese Situation im europäischen Ausland in verschiedenen Regionen schon seit Jahrzehnten zu beobachten ist, stellt sie für die Bundesrepublik mit ihren relativ geringen regionalen Differenzen im Lebensstandard historisch eine absolute Neuheit dar.

Welche Auswirkungen diese Ausgrenzungsprozesse für den sozialen Zusammenhalt und das individuelle Wohlbefinden haben, ist schon heute anhand wachsender Vereinsamung, des Rückzuges aus sozialen Zusammenhängen, psychosozialer Störungen etc in den sozioökonomisch marginalisierten Regionen zu studieren. Zur ökonomischen Verödung mancher Landstriche kommt auch eine soziale Verwahrlosung. Empirische Studien über den Umbruch im Agrarsektor (wohl der Bereich mit dem stärksten Abbau von Arbeitskräften in der ehemaligen DDR) demonstrieren, welche dramatischen Auswirkungen auf das soziale Klima in den besonders betroffenen Dörfern festzustellen sind. Die ökonomische Marginalisierung gewisser Regionen und Bevölkerungsgruppen hat zu einer Senkung des Lebensstandards, einer Entwertung der beruflichen Fähigkeiten und insgesamt zu einer Verunsicherung der Identität geführt. Gerade diejenigen Bevölkerungsgruppen, deren Identität primär durch Erwerbsarbeit konstituiert wurde, geraten durch die Ausgrenzungsprozesse auf dem Arbeitsmarkt in eine Krise mit beträchtlichen Folgewirkungen für die *soziale Kohäsion*. Auch wenn bislang eher ein individualistisches Konfliktverhalten dominiert, kann die soziale Ruhe durchaus in offene soziale Konflikte umschlagen, die allerdings wohl begrenzt bleiben werden (man denke bspw. an die militanten Jugendaktionen in einzelnen Dörfern und Städten Ostdeutschlands). Generell werden durch die regionalen Polarisierungsprozesse die sozialstrukturellen Zersplitterungen in einer weiteren Dimension offensichtlich, ohne daß bislang erkennbar wäre, wie dieser für die Bundesrepublik neuartige Prozeß wachsender räumlicher Disparitäten aufgehalten werden könnte. Die **Auflösung** der historisch gewachsenen (Erwerbs-)Arbeitsgesellschaft beginnt an den Rändern und äußert sich in einer Dauerarbeitslosigkeit, die in gewissen Regionen durchaus über ein Drittel der erwerbstätigen Bevölkerung trifft. Eine Rückkehr zur Vollbeschäftigung erscheint vor diesem Hintergrund utopisch, eine hohe Sockelarbeitslosigkeit wird zunehmend als „naturgegeben“ betrachtet.

Und auch wenn einige Soziologen, Psychologen und Theologen schon lange von einer Gefahr für das politische System durch eine hohe Dauerarbeitslosigkeit warnen, ist auch bei einer Arbeitslosenquote von durchschnittlich über 10 Prozent (und in einzelnen Regionen sogar dauerhaft von rund 20 Prozent) die politische Stabilität bislang nicht ernsthaft gefährdet. In den Zentren der Arbeitslosigkeit gibt es zwar soziale Desintegrationsprozesse, aber die soziale Kohäsion konnte insgesamt gerade durch die **Differenzierungsprozesse** noch gewahrt werden, was sicherlich auch an dem (noch) relativ hohen sozialen Sicherungsniveau liegt. Wenn über die derzeitige Krise auf dem Arbeitsmarkt gesprochen wird, darf jedoch nicht nur die Arbeitslosigkeit betrachtet werden. Es ist sowohl ein längerfristiger zeitlicher Rahmen zu beachten als auch allgemein auf die Partizipation am Erwerbsleben einzugehen. Gerade um einschätzen zu können, ob das Phänomen der Massenarbeitslosigkeit eine historische Sondersituation darstellt oder ob nicht die „goldenen" Jahre der Vollbeschäftigung nur ein kurzer Traum waren, ist es notwendig, Arbeitslosigkeit und Erwerbstätigkeit in einem größeren zeitlichen und räumlichen Rahmen zu diskutieren. Aus dieser Sicht ist eine Vollbeschäftigungslücke jedoch kein neues Phänomen – für Deutschland heißt dies allerdings: der Traum der Vollbeschäftigung ist **ausgeträumt** und es droht eher ein „Alptraum".

Wir haben an anderer Stelle schon auf die strukturelle Arbeitslosigkeit hingewiesen, die zu einer Unterauslastung des gesellschaftlichen Arbeitsvermögens und einer Vertiefung der gesellschaftlichen Spaltungsprozesse führt. Gleichwohl tappt diese Gesellschaft immer tiefer in eine „Modernisierungsfalle" (Offe/Heinze 1990). Einerseits sind die herkömmlichen Muster industriell-kapitalistischer Entwicklung an ein gewisses Ende gestoßen, andererseits haben sie in ihrem Verlauf die Auswege weitgehend, zumindest großenteils, verschüttet, die in Gestalt traditioneller Wirtschafts- und Subsistenzweisen in früheren Phasen der historischen Entwicklung noch als Ausweichoptionen zur Verfügung gestanden haben. Daraus folgt, daß Versuche wohl aussichtslos wären, die von den Krisensymptomen des Arbeitsmarktes und des Wohlfahrtsstaates betroffenen Bevölkerungsteile auf die Suche nach solchen Auswegen im Rahmen von Familie, Nachbarschaft oder Verwandtschaft zu schicken und die Leistungsfähigkeit vorkapitalistischer Lebensverhältnisse zu beschwören. Aussichtslos und irreführend wäre ein solcher Versuch vor allem deswegen, weil den objektiven sozialökonomischen Veränderungen, die der industriegesellschaftliche Modernisierungsprozeß mit sich gebracht hat, subjektive Einstellungen und Erwartungen einer „normalen" und angemessenen Lebensweise parallel gelaufen sind. So hat die „Landnahme" (d.h. die kontinuierliche Expansion der kapitalistischen Entwicklung in eine nicht-kapitalistische Umwelt hinein) durchaus ihre Entsprechung auf der Nachfrageseite. Sie manifestiert sich in einer **individualistischen** Privatisierung der Lebens- und Konsumweise. Diese Lebensweise ist auf den Markt als das dominante System des Bedarfsausgleichs eingestellt und begegnet allen Arrangements der gemeinschaftlichen Nutzung von Gebrauchsgütern vielfach mit dem Argwohn, hier könne es sich nur allenfalls um „zweitbeste" Notlösungen handeln, insofern mit ihnen Beschränkungen der individuellen Freiheit und Verletzungen einer abgeschirmten haushaltlichen Intimsphäre einhergehen.

Generell haben eine Ablösung der Geldpolitik von nationaler Regulierung und eine stärkere **Internationalisierung** der Geldmärkte stattgefunden, verbunden mit einer gewachsenen Bedeutung von Aktienkapital und Börsenfinanzierung. Zudem gibt es eine schnellere und dichtere Kommunikation über neue elektronische Medien (etwa dem Internet) sowie eine größere Intensität transnationaler Verkehrsströme und ein größeres Wachstum international vernetzter Produktion. Dies kann auch zu einer stärkeren internationalen Lohnkonkurrenz in bestimmten Branchen führen. Angefacht durch eine Privatisierungspolitik in vielen Schlüsselsektoren und verschiedenen Ländern gibt es auch ein schnelleres Wachstum internationalisierter Konzerne. Zugleich wandelt sich auch der Charakter von Direktinvestitionen im Ausland: waren sie früher in erster Linie eine unterstützende Maßnahme für den Export, so signalisieren sie mittlerweile Unternehmensverschiebungen in Märkte hinein. Zentrale Indikatoren für Standortscheidungen sind neben der Steuerlast auch Infrastrukturqualitäten (Verkehr, Bildung, Administration) wie auch die Lohnkosten. Bislang gibt es allerdings empirisch keine universelle Antwort darauf, welche Faktoren wann den Ausschlag für Standortentscheidungen geben. Diese Dimension ist in erster Linie eine unternehmensbezogene: Transnationale Unternehmen stellen konzernintern Standortvergleiche auf der Basis ihrer eigenen Erfahrungen an. Es sind aber nicht an erster Stelle die oft in der Diskussion vermuteten Lohnkosten; hinzu kommt die Produktivität als wichtiger Faktor. Denn je höher die Produktivität, desto unbedenklicher sind auch relativ hohe Lohnkosten. Die Lohnstückkosten haben sich gerade aufgrund starker Produktivitätsfortschritte und relativ moderater Lohnsteigerungen durchaus positiv entwickelt. Von daher steht der Standort Deutschland gerade auch aus Sicht vieler ausländischer Wirtschaftsexperten derzeit (2005/2006) relativ gut da.

Allerdings gibt es ein spezifisch deutsches Sonderproblem: die Bewältigung der Folgen der **Einheit**. Manche Beobachter sehen darin sogar das zentrale Problem der deutschen Wirtschaft. „Das größte Problem, mit dem sich Deutschland noch lange herumschlagen muss, ist die Finanzierung der Wiedervereinigung. Es hat weder etwas mit Globalisierung noch mit Europäisierung, noch mit Funktionsdefiziten des deutschen Kapitalismus-Modells zu tun, wenn bisher vom deutschen Steuerzahler und von den deutschen Sozialversicherungssystemen rund 1,25 Bill. Euro, das sind 4 Prozent des Bruttosozialprodukts, in die neuen Bundesländer transferiert worden sind" (Esser 2005). Diese Sichtweise ist einerseits hinsichtlich der fiskalischen Sonderbelastungen nicht von der Hand zu weisen, sie verkennt aber – und dies sollte durch den Rückgriff auf die Debatte um Stagnations- und Prosperitätsphasen deutlich geworden sein - , dass sich die Bundesrepublik schon in den 80er Jahren in einer **strukturellen Stagnationsphase** befand. Gerade durch die deutsche Vereinigung wurde das Ende der Nachkriegsprosperität von vielen verdrängt und es machten sich – aus heutiger Sicht - oft überschäumende Hoffnungen auf eine krisenfreie Wirtschaft und Beschäftigungszuwächse breit. Unterstützt wurde dieser Optimismus durch die „New-Economy-Welle“ Ende der 90er Jahre, die durch die breite Nutzung des Internets und die intensivierte Globalisierung auch in den Informations- und Kommunikationstechnologien vorangetrieben wurde. Inzwischen hat sich dieser „Hype“ abgekühlt, geblieben sind aber sowohl die strukturellen Beschäftigungsprobleme in Deutschland als auch die besonderen Strukturbrüche und sozialen Desintegrationsprozesse in einzelnen Wirtschaftregionen (insbesondere im Osten). Aber auch hier ist darauf zu verweisen, dass der deutsche Sonderweg der Transformation vom Sozialismus zum Kapitalismus schon relativ früh aus soziologischer Sicht als ein „natürliches“ Experiment mit besonderen Risiken beschrieben wurde; nicht umsonst wählte Claus Offe 1994 als Titel für sein Buch „Der Tunnel am Ende des Lichts. Erkundungen der politischen Transformation im Neuen Osten“.

Nimmt man die Beschäftigungsprobleme etwas näher unter die Lupe, so stellen wir einerseits fest, dass der deutsche Arbeitsmarkt durchaus kein statisches Gebilde ist. Das Kernproblem liegt eher darin, dass in der Bundesrepublik zu wenige Arbeitsplätze vorhanden sind und das reale Wachstum an Arbeitsplätzen hinter vielen vergleichbaren Ländern zurückbleibt. Allerdings ist auch in einem Vorzeigeland wie den Niederlanden das Arbeitsvolumen kaum gewachsen, sondern vor allem durch Teilzeitarbeit und einen damit korrespondierenden starken Anstieg der Frauenerwerbsquote erzielt worden. Gerade auch die sozialdemokratische Partei setzte zentral auf die Integration in das Beschäftigungssystem (Re-Kommodifizierung), um darüber die soziale Integration zu stärken. Eine ähnliche **Inklusionsstrategie** wird auch in Großbritannien unter Blair präferiert. „Normativ wie empirisch argumentieren die Vertreter von New Labour und des Third Way, der Trend zur Dekommodifizierung führe zu free-riding, wirtschaftlicher Ineffizienz, sozialer Ausgrenzung und zur Entstehung von Armutsfallen, die über Generationen vererbt würden. Der traditionelle Weg der Sozialdemokratie sei in der globalisierten Wissensökonmie weder wirtschaftlich effizient noch sozial gerecht“ (Merkel et al 2006, 458).

Vor allem der in vergleichbaren Ländern zu verzeichnende Beschäftigungsgewinn in den letzten Jahrzehnten ist bei uns nicht zu erkennen. Ein wesentlicher Grund hierfür liegt in der mangelnden Wachstumsdynamik des Dienstleistungssektors; hierdurch kann das Beschäftigungspotential nur ungenügend genutzt werden und ein erheblicher Teil der erwerbsfähigen Bevölkerung bleibt inaktiv. Verschiedene Studien zur Entwicklung der Dienstleistungswirtschaft sehen denn auch eine zentrale Schlüsselfrage in der **Frauenerwerbstätigkeit**: mit steigender Beschäftigungsquote der Frauen wächst auch die Nachfrage nach marktvermittelten Dienstleistungen. Die Beschäftigungsquote von Männern und Frauen unterscheidet sich jedoch in allen europäischen Ländern. Der geringste Unterschied mit 2,9 Prozent lässt sich für Schweden konstatieren, die größte Differenz lässt sich mit 30 Prozent für Griechenland ausmachen. Deutschland liegt mit 14,9 Prozent im Mittelfeld. Betrachtet man zusätzlich die Dynamik der Beschäftigung im europäischen Vergleich, nimmt Deutschland bei der jährlichen Beschäftigungsentwicklung einen Schlussplatz ein. Bezieht man weiter den Frauenanteil am Vollzeitarbeitsvolumen in die Betrachtung ein, kann nur von einem sehr leichten positiven Trend gesprochen werden. Während 1991 das von Frauen erbrachte Vollzeitarbeitsvolumen bei 31,8 Prozent lag, stieg die Quote bis zum Jahr 2000 nur zaghaft auf 32,7 Prozent an. Der Anstieg bei den Beschäftigungszahlen der Frauen ist also fast ausschließlich auf die Ausdehnung der Teilzeitbeschäftigungsverhältnisse zurückzuführen. Unter der Perspektive der Chancengleichheit der Geschlechter ist diese Entwicklung zwiespältig, da eine eigenständige Altersicherung für Frauen nur zu einem geringen Teil erwirtschaftet werden kann (vgl. Klammer 2000, 303ff; Pfarr/Vogelheim 2002, 14ff und die Beiträge in Gottschall/Voß 2003).

Institutionell unterstützt wird diese Entwicklung durch Steuervorteile für verheiratete Alleinverdiener, die dazu führen, dass eine Vollzeitbeschäftigung für verheiratete Frauen im Vergleich zu einer Teilzeitbeschäftigung nur zu einer marginalen Steigerung des Haushaltseinkommens führt. Auch die Ausweitung der Elternzeit ist in diesem Zusammenhang ambivalent zu betrachten, da durch dieses Instrument die familienbedingte Nichterwerbstätigkeit aufgewertet wird. Insbesondere für gering qualifizierte Frauen ist die Mutterschaft häufig mit einer längeren Ausgliederung aus dem Arbeitsmarkt verbunden. Gleichwohl besteht durch die zunehmende Pluralisierung der Lebensformen (Zunahme von Alleinerziehenden und Scheidungen, sinkende Heiratsneigung von Frauen, niedrige Geburtenrate) für Frauen zunehmend ein verstärkter Anreiz zur Arbeitsaufnahme. Hier ist zu beobachten, dass vor allem die Erwerbsbeteiligung hochqualifizierter Frauen sich der Erwerbsbeteiligung vergleichbar qualifizierter Männern annähert (vgl. Gottschall 2005).

Um die kontinuierliche Integration von Frauen aller Qualifikationsebenen in den Arbeitsmarkt zu fördern, sind arbeitsmarktpolitische Strategien zu präferieren, die Alternativen zur Arbeit in den eigenen vier Wänden ermöglichen: Ausbau von Kinderbetreuung, Ganztagsschulen, und geringere Eintrittsbarrieren für Kleinanbieter(innen) von einfachen Pflege-, Haushalts- und Handwerksdiensten. Damit könnte nicht nur die Lücke in bezug auf geringqualifizierte weibliche Erwerbstätigkeit geschlossen werden; auch höher qualifizierte Frauen würden davon profitieren. Denn in Deutschland betrug der weibliche Anteil derjenigen, die das 1,66fache des Durchschnittseinkommens verdienten, 1994 nur 0,3 Prozent - in den USA sind es fast 20 Prozent. Kostengünstige Dienstleistungen, gekoppelt mit einer strukturellen Steuerreform, könnten einen wichtigen Anreiz für Frauen darstellen, stärker am Erwerbsleben teilzunehmen. „Mit dem richtigen Betreuungs- und Lehrpersonal würden Frauen völlig neue Berufsmöglichkeiten eröffnet. Jede andere Dienstleistung, die den Haushalt entlastet, wäre ebenfalls zu fördern, auch steuerlich: Wer Beschäftigung schafft, bewirkt volkswirtschaftlichen Nutzen. Wahrscheinlich sind es nicht mehr die teuren, aber zum Teil inkompetenten Putzfrauen, sondern ein Marktangebot des Familiendienstes, das Fachkräfte mit verschiedenen Fähigkeiten vereint und verschiedenen Organisationsprobleme in den Familien löst: Transport von Kindern, Einkauf, Gartenarbeiten, Babysitting, Schularbeitsbegleitung, Nachhilfe, Kindergeburtstage und Abendeinladungen der Eltern. Das Ziel: Die Familie entledigt sich des Organisationsstresses, ohne eine Kraft fest anstellen zu müssen. Der Markt könnte hier eine organisatorische Intelligenz entfalten, die uns staunen machen würde, wenn wir mental in der Lage wären, die romantische Idee der Familie aufzugeben. Wir können uns nicht mehr nach den alten Mustern kopieren" (Priddat 2002, 22). Tatsächlich klaffen Wunsch und Wirklichkeit in Bezug auf die Arbeitsaufnahme von Müttern in Deutschland immer noch weit auseinander: „In keinem Land sind so viele Mütter kleiner Kinder ungewollt nicht berufstätig wie in Deutschland. Bei 52,3 Prozent der Paare mit kleinen Kindern waren die Frauen nicht berufstätig. Gewünscht wurde dies aber nur von 5,7 Prozent" (Pfarr/Vogelheim 2002, 22; vgl. auch Kreyenfeld et al 2001, Esping-Andersen 2004).

Über die Entwicklung der Nachfrage nach innovativen Dienstleistungen, über die betrieblichen Möglichkeiten, marktgerechte Angebote zu unterbreiten, und über die damit verbundenen Beschäftigungsmöglichkeiten im Dienstleistungsbereich existieren bisher kaum empirische Untersuchungen auf mikroökonomischer Ebene, sondern allenfalls makroökonomische Trendfortschreibungen und Schätzungen. Hieraus ergibt sich eine Unklarheit über den quantitativen Umfang der Beschäftigungspotentiale und über -formen sowie zukünftig erforderliche Qualifikationsprofile. Aussagekräftige mikroökonomische, empirische Analysen über die tatsächlichen Beschäftigungspotentiale dienstleistender Tätigkeiten, die diese auf der betrieblichen Ebene erheben, gibt es bislang noch nicht. Angesichts der Heterogenität des Dienstleistungsbereichs ist für eine valide Auseinandersetzung mit der Thematik die Beschränkung auf eingrenzbare Teilbereiche erforderlich. Im sechsten Kapitel werden einige empirische Ergebnisse aus dem Segment der freizeit- und gesundheitsbezogenen Dienstleistungen vorgestellt. Dabei wird sich aber auch zeigen, dass das „heimliche" Wachstum in vielen Sparten des Dienstleistungssektors mit einer abnehmenden Relevanz der **Normalbeschäftigung** einhergeht. „Die schlechtesten Karten jedenfalls haben die traditionelle Arbeitnehmerschaft der alten Industriegesellschaften und ihre

Erben. Sie werden zur absinkenden Klasse des globalen Neo-Kapitalismus. Appelle ihrer Organisationen an die neue Konkurrenz auf den nunmehr weltweiten Arbeitsmärkten, aus internationaler Solidarität den Preis ihrer Arbeitskraft auf das Niveau Westeuropas oder Amerikas zu erhöhen, verhallen ungehört. So nimmt die Intensität des internationalen Wettbewerbs um Arbeitsplätze und Produktionsstätten ständig zu. In der Konkurrenz mit dem unbegrenzten und unbegrenzt billigen Arbeitsangebot der Schwellenländer bleibt der Arbeiter- und Angestelltenklasse des industrialisierten Westens nur die ständige Verbesserung ihrer Marktfähigkeit – ihrer „employability" – durch immer weitere Aufqualifizierung. Die aber beherrschen auch ihre Konkurrenten, insbesondere die in Asien und Osteuropa. Da die Wanderung der Produktionsstätten und zunehmend wohl auch der Konstruktionsabteilungen nach Osten wegen der versunkenen Kosten der in der Vergangenheit getätigten Investitionen im Westen nur allmählich vonstatten geht, kann die Politik der westlichen Demokratien sich und ihrer Klientel noch eine Zeitlang einreden, dass sie irgendwann zum Stillstand kommen wird. In der Zwischenzeit aber wächst die Kluft zwischen denen, die ihren Produktivitätsvorteil und ihren Lebensstandard durch Hinzulernen zu verteidigen vermögen, und denen, die im Rennen um internationale Wettbewerbsvorteile nicht mithalten können" (Streeck 2005b, 10).

Festzuhalten bleibt: trotz aller Beteuerungen der jeweiligen Regierungen haben wir weiterhin ein massives Beschäftigungsdefizit und ein institutionell fest verankertes Repertoire gescheiterter Methoden zu seiner Bekämpfung. Der immer wieder angekündigten Senkung der Arbeitslosenzahlen zum Trotz, waren auch Anfang 2006 wiederum über fünf Millionen arbeitslos gemeldet, rund eine Million Personen verweilen in Weiterbildungs- und anderen arbeitsmarktpolitischen Maßnahmen. Bereits ohne die „stille Reserve" (die bereits für 2001 auf rd. 1,9 Millionen geschätzt wurde) sind damit in Deutschland über sechs Millionen Arbeitssuchende zu registrieren, wobei nicht alle gesellschaftlichen Gruppen gleichermaßen betroffen und auch massive regionale Differenzen unübersehbar sind. Gewachsen ist demgegenüber die Zahl der „geringfügig Beschäftigten" und auch die Gruppe der „Selbstständigen/Mithelfende Familienangehörige" sowie die Teilzeitbeschäftigten expandieren. So gehen rund 1,8 Millionen Personen einem „Zweitjob" mit maximal 400 Euro nach. Hinzu kommt eine wachsende Zahl von „Kleinstselbstständigen" (Schätzungen sprechen von rund 400. 000 Personen), die neben ihrer hauptberuflichen Tätigkeit als Taxifahrer oder Pizzabote aktiv sind, so dass insgesamt von einigen Akteuren schon die „Amerikanisierung" des deutschen Arbeitsmarktes beschworen wird. Und auch für 2006 sind die Beschäftigungsprognosen nicht auf Expansion gerichtet; nach einem Verlust von rund knapp 400.000 sozialversicherungspflichtigen Arbeitsplätzen im Jahr 2005 ist bei einem erwarteten Wirtschaftswachstum zwischen 1 und 1,8 Prozent keine grundlegende Trendwende auf dem Arbeitsmarkt zu erwarten.

So richtig es sein mag, nachdrücklich auf die Dimension der individuellen und sozialen Desintegrationspotentiale hinzuweisen, so wenig originell ist die Botschaft. Schon seit der Marienthalstudie aus den 30er Jahren von Marie Jahoda und anderen ist klar, welch **fundamentale Bedeutung** der Arbeitsplatz für die soziale Anerkennung und die Selbstachtung hat. Es stellt sich schon die Frage, warum sich die Blockaden auf dem deutschen Arbeitsmarkt nicht gelöst haben und welche Kräfte für die Politik der Nichtentscheidungen bzw. Klientelentscheidungen verantwortlich sind. Der ehemalige Bundeskanzler Helmut Schmidt hat bereits vor einiger Zeit auf diesen neuen Reformstau und auf die Akteure hingewiesen, die weiterhin an dem deutschen Pfad der Sozial- und Arbeitsmarktpolitik mit hohen Sozialbeiträgen und Sozialausgaben festhalten und damit eine Lösung der Beschäftigungskrise behindern, aber in der Problemdiagnose der Politiker explizit nicht benannt werden: „Vielen Politikern fehlt es auf diesem Felde an Mut zur Wahrheit. Sie fürchten die Agitation des Machtkartells aus Gewerkschaften und Arbeitgeberverbänden und die negative Reaktion der Betroffenen. Den beiden größten Gewerkschaften sollte deutlich gesagt werden: Ihr vertretet im Ergebnis eurer Politik zwar die kurzfristigen Interessen der aktiven Arbeitnehmer, aber zur Überwindung der Arbeitslosigkeit trägt eure Politik nichts bei. Der Arbeitgeberorganisation sollte vorgehalten werden: Ihr vertretet zwar die kurzsichtigen Interessen eurer Unternehmen, aber die finanziellen Folgen eurer Politik schiebt ihr auf den Staat ab, das heißt: auf den Steuerzahler" (ders. 2002, 10). Die Aufwendungen für die klassisch defensive und einvernehmlich von Regierung, Opposition und den Tarifverbänden verfolgte Arbeitsmarktpolitik sind enorm und haben längst die Grenzen der öffentlichen Belastbarkeit erreicht: jährlich werden über 70 Milliarden Euro für aktive Arbeitsmarktpolitik, Lohnersatz- und andere Sicherungsleistungen aufgewandt.

Die hohe Subventionierung der seit Jahrzehnten bestehenden Massenarbeitslosigkeit hat andererseits starke **Steuer- und Beitragsbelastungen** zur Folge, die ihrerseits die Dynamik auf dem bundesdeutschen Arbeitsmarkt einschnüren. Die Sozialleistungsquote hat sich mit rd. 34 Prozent des Bruttosozialprodukts in den letzten Jahren nicht wesentlich verändert und liegt im internationalen Vergleich ähnlich hoch wie am Ende der christlich-liberalen Regierungskoalition unter Bundeskanzler Kohl 1998. Die rot-grüne Bundesregierung hat ihr Versprechen, die Absenkung des gesamten Sozialbeitragssatzes unter 40 Prozent, nicht einlösen können. Es bleibt abzuwarten, ob dies der großen Koalition gelingen wird. Die eigentliche Krise des deutschen Beschäftigungssystems besteht in einer langfristig stabilen **Koinzidenz** hoher Arbeitslosigkeit mit einer niedrigen Erwerbsquote. Nur mit einer Erhöhung der Beschäftigtenrate (etwa auf skandinavisches Niveau) ließe sich die mit der Arbeitsmarktkrise zusammenhängende Krise der sozialen Sicherungssysteme nachhaltig lindern. Man braucht keine gewagten und politisch umstrittenen Vergleiche mit dem amerikanischen Arbeitsmarkt vorzunehmen, sondern der Verweis auf andere europäische Länder mit einem vergleichbaren sozialen Sicherungsniveau reicht aus, um die Richtung für einen erfolgreichen Beschäftigungsaufbau anzuzeigen. Möglichkeiten für eine neue Beschäftigungsdynamik in Deutschland bietet vor allem der Dienstleistungssektor. Hier ist die Beschäftigung vergleichsweise schwächer ausgeprägt, insbesondere bei den einfachen, personenbezogenen und geringproduktiven Dienstleistungen. „In Deutschland ist ein erhebliches Potential an Dienstleistungen aller Lohngruppen in verschiedenen Berufen unerschlossen. Private Dienstleistungen werden in größerem Umfang und legaler Form jedoch nur nachgefragt, wenn die Kosten in einem verträglichen Verhältnis zu dem verfügbaren Einkommen stehen. Dies ist heute oftmals nicht der Fall. Als Folge entstehen die Beschäftigungsverhältnisse in der Schattenwirtschaft“ (Hartz-Kommmission 2002, 41; vgl. auch die Beiträge Eichener/Heinze 2005 sowie Zimmermann 2006).

Wenn **Beschäftigung** ein zentraler Pfeiler auch für eine Architektur des Sozialstaats ist, dann wird dem Beobachter mit dem Blick auf den deutschen Arbeitsmarkt der letzten 20 Jahre etwas „mulmig“. Fast alle anderen vergleichbaren Länder haben einen Rückgang der Arbeitslosigkeit zu verzeichnen, während die deutsche Arbeitslosenquote weiterhin auf Rekordniveau verweilt. Die Gesamtbeschäftigung liegt bei uns schon länger unter dem Durchschnitt der OECD-Länder und weit unter den Beschäftigungsquoten von so unterschiedlich regierten Ländern wie USA, Schweiz, Schweden oder Dänemark. Diese Länder haben demonstriert, dass sich ein Abbau der Arbeitslosigkeit – bei gleichzeitiger Steigerung der Frauenerwerbsquote – durch eine Ausweitung der Beschäftigung (und dies zuallererst im Dienstleistungssektor) erreichen lässt.

Stagnation ist nach wie vor das prägende Bild auf dem Arbeitsmarkt – und dies gilt trotz der wirtschaftlichen Stärke vieler deutscher Unternehmen und dem relativ guten Ruf, den der Wirtschaftsstandort Deutschland derzeit genießt. So wurde Anfang 2006 nach dem Vorjahr wiederum die „magische“ Grenze von fünf Millionen Arbeitslosen überschritten und nicht nur international vergleichende Studien sehen einen schrittweisen Zerfall des in den 70er und 80er Jahren viel gepriesenen „Modell Deutschland“ in beschäftigungspolitischer Hinsicht. Trotz aller Arbeitsmarktreformen wird die Zahl der Beschäftigten (oberhalb von „EinEuro- oder Mini-Jobs und Ich-AGs) nur zunehmen, wenn die weiterhin zu hohen Sozialbeiträge abgesenkt und auch andere **„Schutzwälle“** auf dem Arbeitsmarkt abgebaut werden. Nimmt man einmal nur die Lohnnebenkosten heraus, dann zeigen sich im internationalen Vergleich enorm hohe Werte, die über die letzten Jahrzehnte schrittweise ausgebaut wurden, und die bislang nicht verringert werden konnten. Schaut man sich die Sozialleistungsabgaben über einen längeren Zeitraum an, dann sticht die Bedeutung dieses die Beschäftigungsdynamik hemmenden Faktors richtig hervor. Während die Quote in den 50er Jahren von rund 20 auf 25 Prozent anstieg und auch in den 60er Jahren mit kleinen Steigerungsraten dort verblieb, begann ihr rasanter Anstieg in den 70er Jahren (vgl. ausführlich Streeck/Trampusch 2005). Mitte der 70er lag sie bereits bei 30 Prozent und stieg auf über 40 Prozent in der zweiten Hälfte der 90er Jahre an. Dieser massive Anstieg hat ohne Zweifel mit der aus heutiger Sicht außerordentlich problematischen politischen Entscheidung zu tun, die deutsche Einheit zu einem beträchtlichen Teil über die beitragsfinanzierten Sozialversicherungen zu finanzieren. In den Jahren 1999 bis 2001 ging sie leicht zurück (auf unter 41 Prozent), im Jahr 2003 lag sie aber wieder bei 42 Prozent. 2004/2005 wurde von Mitgliedern der großen Regierungspartei schon ein relativer Stillstand als beschäftigungspolitischer Erfolg verkauft. „Heute ist die sozialstaatlich subventionierte Verknappung des Arbeitsangebots dadurch, dass sie auf dem Umweg über die Sozialversicherungsbeiträge die Kosten des Faktors Arbeit ständig erhöht, selbst zur Ursache von dauerhafter Massenarbeitslosigkeit geworden. Insofern ist der deutsche Kampf gegen das „Ende der Arbeitsgesellschaft“ dabei, die falschen Prämissen, auf denen er geführt wurde, doch noch wahr zu machen – wenn auch nur im eigenen Land. Zugleich wurden Frühverrentung und Arbeitszeitverkürzung zu politisch nahezu unantastbaren Errungenschaften der schrumpfenden Zahl derjenigen, die noch reguläre Arbeit finden können. Während die Schwarzarbeit ständig zunimmt und besser als alle ökonomische Theorie beweist, dass nicht „Erwerbsarbeit knapp“, sondern ihr administrierter Preis zu hoch ist, verschlingt die Subventionierung des versteinerten Arbeitsmarktregimes der siebziger und achtziger Jahre Mittel in einem Ausmaß, das jede Vorstellung übersteigt und die Gesellschaft schon seit längerem daran hindert, ihren Wohlstand durch Investitionen in ihre zukünftige Produktivität zu steigern“ (Streeck 2004).

Nur einige Zahlen sollen kurz das Ausmaß der „Stilllegung“ von Arbeitskräften wiedergeben: während in Ländern wie Schweden, Norwegen oder der Schweiz rund 50 Prozent der 60- bis 64-Jährigen erwerbstätig sind, sind es in Deutschland nur 22 Prozent. Das gleiche gilt auch schon für die 55- bis 59-Jährigen: in Deutschland sind nur rund 60 Prozent erwerbstätig, während in den genannten Ländern rund 75 Prozent noch aktiv auf dem Arbeitsmarkt sind.

Eine Expansion des öffentlichen Sektors und der öffentlichen Beschäftigung, einschließlich des sog. „zweiten Arbeitsmarkts“ oder der „EinEuro-Jobs“, bietet als solche auch keinen Ausweg aus dem Beschäftigungsdilemma. Auch die öffentlichen Dienstleistungen leiden unter der Kostenkrankheit des Dienstleistungssektors; dies ist der Grund für den heute in allen europäischen Ländern wirksamen Zwang zur Haushaltskonsolidierung und zur Privatisierung vieler Bereiche der Infrastruktur. Auch deshalb gibt es, wenn das Ziel darin besteht, das Niveau der Beschäftigung zu erhöhen, zu einer Politik der Förderung des privaten Dienstleistungssektors keine Alternative. Gerade in Deutschland wird es wegen der hohen Staatsverschuldung sowie der Bindung der Fiskalpolitik an den europäischen Stabilitätspakt keine Möglichkeit geben, eine Lösung der Beschäftigungskrise durch Ausweitung der Staatstätigkeit und der öffentlichen Beschäftigung zu erreichen. Im Gegenteil hat in Deutschland die öffentliche Beschäftigung in den letzten Jahren abgenommen und wird mit Sicherheit weiter zurückgehen. Solange wir nicht die „**Status-quo-Bezogenheit** des Wirtschaftsverständnisses" überwunden haben, fehlen die Erfolgsvoraussetzungen auch für Reformen am Arbeitsmarkt. „Es macht einen entscheidenden Unterschied, ob das durch Hartz IV gesteigerte Arbeitsangebot auf Bedingungen stößt, die es risikobereiten und organisationstüchtigen Personen erlauben, ihre noch unerprobten Unternehmensideen versuchsweise zu realisieren, oder ob die neuen Arbeitskraftanbieter weiterhin mit einer Wirtschaftsstruktur konfrontiert sind, die sich durch wenige hürdenreiche Zugangskanäle auszeichnet. Soweit das erhöhte Arbeitskraftangebot im letztgenannten Fall nicht in den bestenfalls wertschöpfungsneutralen Beschäftigungsverhältnissen („Ein-Euro-Jobs") versickert, wird es im Niedriglohnsegment des Arbeitsmarktes gefangen bleiben, ohne zur wirtschaftlichen Dynamik beizutragen" (Wiesenthal 2005, 6; vgl. auch Heinze/Streeck 2003). Hinzu kommt, dass viele der medial aufgerüsteten Reformen im Arbeitsmarkt weitgehend **ins Leere** laufen und manche sogar kontraproduktiv sind. In einer Anfang 2006 vorgestellten empirischen Studie zu den Hartz-Reformen am Arbeitsmarkt (I bis III) wurde festgestellt, dass die meisten Verbesserungen hinsichtlich der Qualität und Schnelligkeit der Arbeitsvermittlung nicht erreicht wurden. Von daher bekommt die Skepsis vieler Bundesbürger gegenüber Reformen noch neue Nahrung.

2.2 Gerechtigkeitsdiskurse auf der „Baustelle Sozialstaat"

Unsere herkömmliche Vorstellung sozialer Gerechtigkeit manifestiert sich vor allem im Modell des Rheinischen Kapitalismus und bezieht sich auf den Ausgleich zwischen Kapital und Arbeit sowie die Stabilisierung der traditionellen „Normal"-Familie. Dieses Modell wird jedoch durch soziale und ökonomische Wandlungsprozesse zunehmend unterminiert. Der Trend zur Dienstleistungsgesellschaft, die Verbreitung neuer Medien, Globalisierungs- und Individualisierungstendenzen bringen auch neue Risiken hervor, die in der herkömmlichen Gerechtigkeitsvorstellung bislang nur wenig Berücksichtigung fanden. Hierzu zählen beispielsweise Langzeitarbeitslosigkeit, die Erosion des traditionellen Normalarbeitsverhältnisses und die Auflösung der klassischen Normalfamilie (vgl. u.a. Strünck 2003). Generell erzeugt gerade die durch die Globalisierung vorangetriebene Dynamik auf den Arbeitsmärkten neue individuelle **Verunsicherungen** jenseits der im deutschen Sozialstaatsmodell abgesicherten standardisierten Existenzrisiken, was sich gerade aktuell in Deutschland anhand der Ausweitung der „Billigjobs" explizit zeigt. Im Zuge dieser Entwicklung verschiebt sich auch die Frage, was an wen verteilt werden soll. Stand früher vor allem die (monetäre) Umverteilung zwischen verschiedenen Erwerbstätigengruppen im Vordergrund, kristallisiert sich in der gegenwärtigen Debatte vor allem das Verhältnis zwischen Erwerbstätigen und Nichterwerbstätigen sowie marginal Beschäftigten als maßgebliches Kriterium heraus.

Unser Sozialstaat basiert allerdings nicht auf einer einheitlichen Definition sozialer Gerechtigkeit, sondern muss verschiedene, in Konkurrenz zueinander stehende Aspekte sozialer Gerechtigkeit **ausbalancieren**, wobei derzeit festzustellen ist, dass in den politischen Diskursen eine allgemeine Unsicherheit und Ratlosigkeit darüber herrscht, wie die verschiedenen Gerechtigkeitsdimensionen noch zusammengefügt werden können. Medienwirksame Begriffe wie „Gerechtigkeitslücke" verschleiern oft mehr als sie zur Aufklärung beitragen. Dies erkennt man auch an den traditionellen Werten der Leistungs- und Bedarfsgerechtigkeit, die beide offenbar nicht mehr ausreichend sind, um Gerechtigkeitsbedürfnisse wiederzugeben. Vielmehr differenziert sich der Gerechtigkeitsbegriff im Zuge der gesellschaftlichen Wandlungsprozesse weiter aus. Insbesondere die Begriffe der Produktions- oder Verteilungsgerechtigkeit, Belastungsgerechtigkeit, Chancengerechtigkeit und nachhaltige Gerechtigkeit markieren die neuen Vorstellungen.

Der Begriff der Verteilungsgerechtigkeit geht davon aus, dass Umverteilung dann nicht gerecht sein kann, wenn sie zu Lasten des gesellschaftlichen Wohlstands geht oder große soziale Disparitäten produziert. Grundlegend ist die Vorstellung, dass Gerechtigkeit vor allem eine Frage der angemessenen Teilhabe am gesellschaftlichen Wohlstand ist. Die **Chancengerechtigkeit** bezieht sich auf die Voraussetzung gleicher Startbedingungen. Hier geht es vor allem darum, die Bürger zur Eigenleistung zu befähigen – Voraussetzung sind nicht nur entsprechende Einkommensspielräume, sondern auch die Stellung im Berufsleben, kulturelle und politische Partizipation und nicht zuletzt die Intensität und Vielgestaltigkeit der sozialen Kontakte. Steinbrück sieht die wichtigste Aufgabe des Staates darin, dem Bürger ein selbst bestimmtes Leben zu ermöglichen und den Einzelnen vor allem über Bildung und Qualifizierung „zur Teilnahmen und Teilhabe auf den Märkten zu befähigen… Wir müssen Chancengerechtigkeit schaffen, um die Fliehkräfte in unserer Gesellschaft zu bändigen, die ihren Zusammenhalt und ihre Solidarität gefährden. Diese Fliehkräfte werden immer stärker spürbar: zwischen armen und reichen Stadtteilen, zwischen Alten und Jungen, zwischen Familien mit Kindern und Kinderlosen, zwischen Einheimischen und Zugewanderten, zwischen bildungsnahen und bildungsfernen Schichten, und nicht zuletzt auch zwischen organisierten und unorganisierten Interessensgruppen. Ich warne davor, diese Fliehkräfte zu unterschätzen oder sie erst zur Kenntnis zu nehmen, wenn sie auch in den besseren Stadtvierteln spürbar werden. Sie sind mit hohen Folgekosten verbunden, die den Steuerzahler erreichen werden. Sie gehen mit Verlusten im menschlichen Miteinander einher, und sie zerstören auf Dauer das Vertrauen in die sozialen und demokratischen Strukturen, ohne die auch in Zukunft kein erfolgreiches Wirtschaften möglich sein wird. Um solche Fliehkräfte vorbeugend einzudämmen, reicht es nicht, allein das hohe Lied des Marktes zu singen oder auf die Zauberformel von der „Deregulierung" zu setzen. Dafür braucht es einen handlungsfähigen Staat. Keinen fetten oder erdrückenden, aber einen leistungsfähigen Staat - und der hat seinen Preis" (ders. 2006; vgl. auch die Beiträge in Behrens et al 2005 sowie in Meffert/Steinbrück 2005).

Die Umsetzung der Chancengerechtigkeit ist auf einen „social investment state" angewiesen, der auf die Humanressourcen der Gesellschaft setzt und den Bürgern das notwendige Werkzeug an die Hand gibt, um die eigene Lebenslage bedarfsgerecht zu gestalten. Ein System der sozialen Sicherung, das dem Versicherungsprinzip folgt, jedoch sozial ausgrenzende Wirkungen hat, verstößt gegen das moralische Prinzip der Belastungsgerechtigkeit. Dieses besagt, dass die Gemeinschaft keines ihrer Mitglieder mit Solidaritätspflichten belasten darf, die so hoch sind, dass sie unter ihnen zusammenbrechen – d.h. die Fähigkeit verlieren, für sich selber zu sorgen. Ein Sozialstaat, der das für formale Beschäftigung mindestens erforderliche Produktivitätsniveau so stark heraufsetzt, dass weniger leistungsfähige Personen keine Beschäftigung finden können oder gezwungen sind, ihren Lebensunterhalt, wenn sie sich nicht von der Gesellschaft alimentieren lassen wollen, durch Minijobs oder Schwarzarbeit zu verdienen, bedarf nicht nur aus wirtschaftlichen, sondern auch und vor allem aus moralischen Gründen dringend der Reform. Dies bedeutet dann aber auch, dass sich der Schwerpunkt sozialpolitischer Aktivitäten von der monetären Umverteilungspolitik zur **aktivierenden Dienstleistungspolitik** verschieben muss: Soziale Infrastruktur, Bildung und die Förderung innovativer Milieus sind Instrumente zur Aktivierung des gesellschaftlichen Humankapitals. Allerdings liegen hier die kontinentaleuropäischen Länder (allen voran die Bundesrepublik) im internationalen Vergleich – ähnlich wie bei dem Zugang zu Beschäftigung - auf hinteren Rängen.

Zunehmend wird auch die Frage der **nachhaltigen** Gerechtigkeit thematisiert, die vor allem die Risiken der nachfolgenden Generationen in den Mittelpunkt stellt. Gerechtigkeit ist demnach ebenso eine Frage von long-term-equity und verpflichtet zu einem sparsamen Umgang mit den ökologischen und ökonomischen Ressourcen einer Gesellschaft. Zukünftige Generationen müssen über Mittel verfügen, um soziale Ungleichheit zu korrigieren, statt die Schulden der Solidargemeinschaft von gestern bezahlen zu müssen. Ähnlich wie bei der Chancengerechtigkeit wird Gerechtigkeit nicht auf die Gegenwart begrenzt, sondern erhält eine präventive und investive Komponente. Gerade hinsichtlich eines konsensfähigen wohlfahrtsstaatlichen Zukunftsprojekts muss allerdings bei breiten Teilen der Bevölkerung die „Leidenschaft“ für Gleichheit und Gerechtigkeit neu geweckt und definiert werden, um in einer veränderten sozialpolitischen Landschaft entsprechende Motivationen zu erzeugen.

Das deutsche Beschäftigungssystem bedarf also – gerade auch vor dem Hintergrund der skizzierten Umbrüche - weiterhin umfassender institutioneller Reformen, damit das Beschäftigungsniveau insgesamt steigen und die Segmentierung des Arbeitsmarktes (und parallel der Sicherungssysteme) zu Lasten bestimmter Personengruppen überwunden werden kann. Ziel muss eine größere Offenheit und Anpassungsfähigkeit sein, um auf die neue wissenschaftlich-technische und ökonomische Dynamik reagieren und die Beschäftigungspotentiale der entstehenden Wissens- und Dienstleistungsgesellschaft nutzen zu können. Wir haben diese Forderungen bereits in verschiedenen Schriften formuliert (vgl. Heinze/Streeck 2000, 2003) und auch in unserem umfassenden Benchmarkingbuch im Rahmen des Bündnis für Arbeit der Bundesregierung vorgelegt (vgl. Eichhorst et al 2001). Zentral ist auch – und dies können wir gerade von skandinavischen Ländern (etwa Dänemark) lernen - , dass bei den anstehenden Reformen des Arbeitsmarktes die **Synergien** zwischen Veränderungen in verschiedenen Politikfeldern im Sinne einer gegenseitigen Verstärkung des beschäftigungspolitischen Nutzens zu beachten sind. Das volle Potential einer Reform in einem Politikbereich kann nur durch Abstimmung mit Reformen in anderen Bereichen realisiert werden. Eine Reformstrategie für mehr Beschäftigung bedarf eines koordinierten Vorgehens in mehreren Politikfeldern, das die arbeitsmarktrelevanten Wechselwirkungen zwischen einzelnen Politikbereichen berücksichtigt und ausnutzt. „Die modernisierte Sozialdemokratie in Skandinavien hat gezeigt, dass es keinen unausweichlichen Zielkonflikt zwischen fiskal- und beschäftigungspolitischer Performanz und dem sozialpolitischen Schutzniveau geben muss. Wenn man die traditionellen Ziele unter den veränderten Bedingungen erreichen will, ist jedoch eine programmatische Erneuerung auf der Ebene der Instrumente unumgänglich. Der Erhalt des ausgebauten und umfassenden Wohlfahrtsstaates erfordert hohe Beschäftigungsquoten. Neben der Einstellung von Frühverrentungsprogrammen sollten die Sozialsysteme Hindernisse der Berufstätigkeit durch familiäre Aufgaben wie Kindererziehung oder Pflegetätigkeiten verringern. Inklusion in Arbeitsmarkt und Gesellschaft, sozialpolitisch intelligent abgesicherte Re-Kommodifizierung und nicht passiv kompensierende De-Kommodifizierung lautet die erfolgversprechende Strategie sozialdemokratischer Politik in der Zukunft. Statuserhalt durch finanzielle Kompensation kann nur kurzfristig die Aufgabe des Wohlfahrtsstaates sein" (Merkel et al 2006, 463; vgl. auch Schmid 2005).

Vor dem Hintergrund des demographischen Wandels liegt ein zentrales Problem des deutschen Arbeitsmarktes wie des deutschen Sozialversicherungssystems (als eines erwerbsarbeitszentrierten Modells) in der **geringen Nutzung des Potentials** älterer Arbeitskräfte. Es gibt kein vergleichbares Land, in dem nur noch gut 40 Prozent der Menschen über 50 Jahre einen regulären Arbeitsplatz haben. Dies kann mit den über lange Zeit hinweg im Recht der Arbeitslosen- und Rentenversicherung angelegten Anreizen zu einem frühzeitigen Ausscheiden aus dem Erwerbsleben erklärt werden. In Deutschland sind im Jahr 2004 nur 41,4 Prozent der 55 bis 64-Jährigen beschäftigt. Die EU strebt für 2010 eine Beschäftigungsquote in dieser Gruppe von mindestens 50 Prozent an, was allerdings heute erst fünf der fünfzehn alten EU-Länder erreicht haben: etwa Dänemark mit 60,3 Prozent. Besonders früh werden Frauen und gering Qualifizierte ausgegliedert. Während bspw. in Deutschland und den Niederlanden die Beschäftigungsquote der 55- bis 64jährigen Frauen unter 35 Prozent liegt, liegt sie in den skandinavischen Ländern (Dänemark, Finnland und Schweden) bei über 50. Allerdings ist auch in Deutschland in den letzten zwei Jahren die Beschäftigungsquote Älterer relativ deutlich angestiegen (2004: 41,4 und 2002: 38,4 Prozent), liegt aber im Jahr 2004 noch immer unter dem EU-Durchschnitt von 42,3 Prozent.

Die Spannbreite der nationalen Erwerbs- und Ausgliederungsmuster hat sich in den letzten Jahrzehnten durch unterschiedliche politische Strategien ausgeweitet. Gerade Länder mit flächendeckenden Frühverrentungsprogrammen (wie Deutschland, Frankreich oder Österreich) haben die Beschäftigungsquote vor allem der älteren Männer massiv zurückgefahren. In den Ländern mit hohen Beschäftigungsquoten unter älteren Männern ist auch die Beschäftigungsquote älterer Frauen höher, weil dort insgesamt eine Politik der Aktivierung aller Erwerbstätigen – gekoppelt mit einem Beschäftigungsaufbau vorwiegend in Dienstleistungssektoren – betrieben wurde. Das durchschnittliche Erwerbsaustrittsalter lag 2004 in Deutschland bei 61,3 Prozent. In den Niederlanden lag es sogar etwas niedriger (bei 61,1 Prozent), was auf die dort ausgeprägte „Kultur der Frühverrentung" zurückzuführen ist, die erst langsam abgebaut werden konnte. Die genannten Länder haben alle in den 90er Jahren die vorhandenen Möglichkeiten zum frühzeitigen Ausstieg aus dem Arbeitsmarkt heruntergefahren, was aber nicht allein die bessere Beschäftigungsfähigkeit Älterer bewirkte. Hinzu kamen positive Effekte für mehr Beschäftigung auch bei Älteren durch die generell bessere Wirtschafts- und Beschäftigungsperformanz. In Dänemark zeigt sich exemplarisch, wie mit einem „time-lag“ die Beschäftigungsquote Älterer ansteigt (Aufwärtstrend ab 1994, Anstieg der Quote bei den Älteren ab 1999/ähnlich verlief die Entwicklung in den Niederlanden). Eine höhere Beschäftigungsquote älterer Arbeitskräfte in Deutschland setzt allerdings zentral voraus, dass die **Anreize** zur vorzeitigen Verrentung abgebaut werden und das Humankapital der Beschäftigten im Lauf des Erwerbslebens erhalten und an neue Erfordernisse angepasst wird. An den kontroversen Debatten um eine Verlängerung der Arbeitszeiten sieht man jedoch unmittelbar, wie schwierig es ist, den Sozialstaat zukunftsfähig zu machen und ihn darüber in seinen Grundstrukturen zu erhalten. Jede Bevölkerungsgruppe verteidigt zäh ihre einmal erreichten sozialen Privilegien und findet alles ungerecht, was diese Privilegierungen antastet.

Der dann schnell ausbrechende „Schrei“ nach Gerechtigkeit verweist auf die konkreten Umsetzungsprobleme, zumal keine Reformen mehr möglich sind, die sich als „Win-Win-Situationen“ für alle Bevölkerungsschichten darstellen. Deshalb gilt für die Politik: Soziale Gerechtigkeit muss fair ausgehandelt werden, um gesellschaftlich konsensfähig zu bleiben. Die Frage bleibt, ob noch alle relevanten sozialen Gruppen im Verhandlungsprozess angemessen vertreten werden. Hatten früher vor allem Randgruppen keine Lobby, scheint sich mittlerweile der Kreis der Nicht-Vertretenen auch auf Bereiche der Mittelschichten ausgedehnt zu haben. Offensichtlich repräsentieren die klassischen Interesseninstitutionen (Parteien und Verbände) eine immer kleiner werdende Klientel. Hier bedarf es eines vielfältigeren Spektrums an zivilgesellschaftlicher Interessenvertretung. Außerdem muss die konkrete Umsetzung sozialer Gerechtigkeit transparent und nachvollziehbar sein. Unser Sozialstaat wird weniger als sozial ungerecht empfunden, weil er eine nicht akzeptable Ungleichheit schafft, sondern weil er in seinem **Regelungsdickicht** kaum von Experten, geschweige denn von Bürgern nachvollziehbar ist. Ein Beispiel kann die deutsche „Regulierungswut“ anschaulich machen: während es in anderen Ländern (etwa in Großbritannien und Dänemark) möglich ist, ein selbstständiges Unternehmen innerhalb von rund fünf Tagen zu gründen, sind dafür in Deutschland durchschnittlich weiterhin 45 Tage – und dies trotz aller Propagierung von Gründerwettbewerben und vielen Reden von Politikern über eine „Kultur der Selbstständigkeit“ – notwendig. Damit liegen wir im Benchmarking in direkter Nachbarschaft zu Ländern wie Albanien und Nigeria, wie die Weltbank kürzlich süffisant anmerkte (vgl. FAZ v. 23.12. 2005 sowie Kapitel 5).

Das in den letzten Jahren diskutierte „solidarische“ Gerechtigkeitskonzept „kann zwar einiges zur gerechtigkeitstheoretischen Justierung des Sozialstaates beitragen, aber die für seinen Ausbau und seine Aufrechterhaltung erforderliche

Unterstützungsbereitschaft vermag es nicht zu mobilisieren: Erstens, weil es aufgrund seines Universalisierungsanspruchs nur schwer plausible Reichweitenbegrenzungen für Solidaritätszumutungen zu entwickeln vermag, und zweitens, weil es aus demselben Grund über keine starke emotionale Komponente zur Mobilisierung von Solidaritätsbereitschaft verfügt. Wie und woher kann also die über bloße Akzeptanz hinausgehende Unterstützung der sozialstaatlichen Sicherungen gewonnen werden? Offenbar ist und bleibt die Solidaritätsbereitschaft großer Teile der Bevölkerung eine zwingende Voraussetzung, die durch keinerlei Gerechtigkeitsvorstellungen abgelöst und ersetzt werden kann. Diese Frage hat an Schärfe gewonnen, seitdem die traditionellen Agenturen der Solidaritätsmobilisierung, die Nation und die Klasse, an politischer Bedeutung verloren haben und auch die zumeist konfessionell geprägten sozialmoralischen Milieus, die als Generatoren wie Betätigungsfelder von Solidarität gewirkt haben, in den letzten Jahrzehnten infolge sozialer wie regionaler Mobilität mehr und mehr abgeschmolzen sind" (Münkler 2001, 43; vgl. auch die Beiträge in Heinze/ Olk 2001).

Ein neues Leitbild könnte eine „unternehmerische" Bürgergesellschaft sein, die die **Eigendynamik** der Subsysteme mobilisiert und dynamisiert. Bei aller Präsenz der Begriffe Eigenverantwortung und Selbstständigkeit fällt aber auf, dass zumeist nur von der erwerbswirtschaftlichen Selbstständigkeit die Rede ist. Bislang ist das Paradigma der Selbstständigkeit als breitere Programmatik, als Dach für einen stringenten, themenfeldübergreifenden Politikentwurf nicht genutzt worden. Die politische Debatte ist primär an der Erhöhung der Zahl der Unternehmensgründungen orientiert, Selbstständige gehören hierzulande aber weiterhin eher zu einer gesellschaftlichen Minderheit. Deutschland gilt nicht als Prototyp einer „unternehmerischen Gesellschaft".

Die Angst vor einem möglichen Scheitern ist im internationalen Vergleich in Deutschland sehr stark ausgeprägt, das Streben nach Sicherheit dominiert das Denken: Im Vergleich von über 20 Nationen im Rahmen des Global Entrepreneurship Monitor liegt Deutschland mit der Angst zu Scheitern ganz vorne. Deutsche Selbstzweifel und Selbstkritik sind charakterisierende sozio-kulturelle Merkmale.

Individuelle Selbstverantwortung kann aber kaum erzwungen werden. Wir brauchen also – trotz der unbestreitbaren Steuerungsprobleme und auch -verluste – weiterhin einen „aktivierenden" Staat, der sich sowohl von etatistischen Vorstellungen eines Maximalstaats absetzt wie von Minimalstaatsvorstellungen, die auf die Maxime „immer weniger Staat" hinauslaufen. Ziel ist stattdessen ein umgestalteter und in seinen Zielen neu konzipierter Staat. Im Kern geht es um eine Steigerung von Gerechtigkeit, Effizienz und gesellschaftlicher Wohlfahrt durch eine **Neuaufteilung** der Verantwortlichkeiten zwischen Staat und Gesellschaft. Die Verhältnisbestimmung zur Gesellschaft ist hier nicht dadurch gekennzeichnet, dass durch einen Rückzug des Staates aus seinen bisherigen Verantwortlichkeiten gesellschaftliche Initiativen und individuelle Selbstverantwortung erzwungen werden sollen (wenngleich sicherlich in Deutschland ein erheblicher Bürokratieabbau notwendig ist), sondern dass der Staat vielmehr an seiner grundsätzlichen Zuständigkeit für die Regelung bestimmter gesellschaftlicher Probleme und die Gewährleistung gewisser Sicherungsleistungen festhält, aber bei der Erledigung dieser Aufgaben und der Erstellung von Leistungen und Angeboten auf die Koproduktion und selbstverantwortliche Eigenleistung individueller wie kollektiver gesellschaftlicher Akteure setzt. Dem liegt die Überzeugung zu Grunde, dass die Motivationen und Handlungsbereitschaften zu sozialem Engagement und solidarischer Unterstützung gerade auch in modernen demokratischen Wohlfahrtsstaaten durchaus vielfach vorhanden sind, zu ihrer Realisierung und Wirkungsverbesserung jedoch der staatlichen Unterstützung und Aktivierung bedürfen.

2.3 Politische Eingriffsmöglichkeiten zur Erhöhung der Reformfähigkeit

Auch wenn in den letzten Jahren in vielen Politikfeldern nur ein „Einstieg“ in notwendige Strukturreformen gelungen ist, so zeigt sich doch, dass die Herausforderungen des deutschen Sozialstaatsmodells nicht mehr verdrängt werden können. Allerdings muss man auch ein hohes Potential an Verunsicherungen konstatieren – und dies betrifft nicht nur die politischen Akteure, sondern auch die Unternehmen. „Jedes Unternehmen ist mit einer unbekannten Zukunft konfrontiert, auf die bezogen es Entscheidungen treffen muss. Diese Entscheidungen leben von Sicherheitsfiktionen, ohne die sie nicht zu Stande kämen. Diese Sicherheitsfiktionen wurden traditionell von den Organisationsstrukturen und den Personalbesetzungen produziert: Ging etwas schief, änderte man die Organisation oder wechselte das Personal. Unter den Bedingungen des globalen Kapitalismus hat sich aber die Entscheidungsfrequenz erhöht und die Berichtspflicht hierzu intensiviert, während zugleich die Unsicherheiten (insbesondere der Preisentwicklungen, die sich jetzt ja auch auf Unternehmen selbst beziehen) stark zugenommen haben. Der Ausweg hieraus ist eine gesteigerte Kompetenzinszenierung, und diese besteht aus den hohen Gehältern und aus der Imagination angelsächsischer Weltläufigkeit. Diese Inszenierungen sind nicht der Willkür der Manager überlassen, auch wenn sie dabei fraglos Spielräume besitzen. Aber Handlungsfähigkeit zeigen zu müssen, wo sie im Grunde nicht mehr gegeben ist – dies ist die eigentliche Aufgabe des Spitzenmanagements in den großen, global agierenden Unternehmen" (Plumpe 2005, 20; vgl. zum Management auch Deutschmann 2005, Hirsch-Kreinsen 2005, 109ff und Minssen 2006, Kap. 9).

Wenn man vor diesem Hintergrund, der ja nicht nur für das Teilsystem Wirtschaft gilt, den „mentalen" Zustand der relevanten politisch-administrativen Akteure in Deutschland – auch im Unterschied zu vergleichbaren Ländern - etwas holzschnittartig beschreiben sollte, dann stehen ähnliche Politikinszenierungen auf der Tagesordnung. Beeinflußt von den Kontingenzen internationaler Märkte oder auch supranationaler Vereinbarungen (etwa durch die EU) wird die Regierungspolitik eher getrieben als das sie der „Treiber" ist. Hinzu kommt eine **Furcht vor dem Wandel**, die auch dadurch gespeist wird, dass die ökonomischen Turbulenzen zugenommen haben und die klassischen Ordnungs- und Befriedungsmodelle kaum noch greifen. So steht die Politik relativ ratlos vor den ständigen Massenentlassungen (auch bei prominenten Unternehmen, die für die „Strahlkraft" des „Modell Deutschland" jahrelang gesorgt haben) und die Prognosen für 2006 sind hinsichtlich der Beschäftigungshoffnungen nicht gerade optimistisch zu nennen. Die „Message" aller Forschungsinstitute aber auch der Verbandsexperten geht dahin, dass es trotz einer recht positiven ökonomischen Entwicklung in Deutschland (die sich vor allem bei vielen „restrukturierten" Unternehmen zeigt), einer deutlichen Verbesserung der Wettbewerbsfähigkeit (die sicherlich auch der Lohnzurückhaltung der letzten Jahre geschuldet ist) und einer guten Auftragslage für 2006 kaum zu einem durchgreifenden Abbau der Arbeitslosigkeit kommen wird.

Wenngleich Anfang 2006 die Zahl der offenen Stellen leicht angestiegen ist und wieder das Niveau von Anfang 2000 erreicht hat und selbst der Bau über eine relativ gute Auftragslage verfügt, sind die zu erwartenden Verbesserungen am Arbeitsmarkt – und dies wird sehr sensibel von der Bevölkerung registriert – nur in kleinen Dosierungen und nur in gewissen Branchen und Wirtschaftsregionen spürbar. Die von der neuen Bundesregierung ausgehende Verbesserung der „Stimmung" in der Wirtschaft hat also zunächst in einigen Branchen positiv gewirkt, allerdings die Beschäftigungsfähigkeit der deutschen Wirtschaft bislang kaum erhöht und produziert zudem weitere soziale Verwerfungen. Und wenn dann noch mit „guten Zahlen" operierende Unternehmen weitere Stellen abbauen wollen, dann führt dies zu einer Vertiefung der individuellen Verunsicherung (was sich natürlich im privaten Konsum manifestiert), auch wenn es für die zukünftige Entwicklung eines Unternehmens aus betriebswirtschaftlicher Sicht notwendig sein mag, um die dauerhafte Existenz langfristig abzusichern. „Nur 45 Prozent der Berufstätigen halten den eigenen Arbeitsplatz für sicher, 34 Prozent für gefährdet; 21 Prozent trauen sich kein Urteil zu....Die Entkopplung der Entwicklung von Konjunktur und Arbeitsmarkt ist auf Dauer Sprengstoff – für den Erfolg der Regierung, aber auch für die Akzeptanz des Wirtschaftssystems und die Beziehung zwischen Arbeitgebern und Arbeitnehmern. Die Überzeugung, dass Unternehmen und Bevölkerung durch gemeinsame Interessen verbunden sind, letztlich in einem Boot sitzen, erodiert zur Zeit" (Köcher 2005; vgl. zu den sozialen Abstiegsängsten auch Mansel et al 2005).

Diese sozioökonomischen Verunsicherungen paaren sich in Deutschland in den letzten Jahren mit einer Furcht bei den politischen Eliten vor einem Pfadwechsel des erfolgreichen „Modell Deutschland". Politische Strategien, die sich am Erhalt des status-quo orientieren und eher die Erfolge unseres Produktionsmodells beschwören, kommen auch in der Bevölkerung (gerade in Wahlzeiten) scheinbar noch besser an als strategisch ausgerichtete Politikentwürfe, die sich offensiv auf die neue Situation einer globalisierten Weltwirtschaft einstellen und institutionelle Reorganisationsstrategien empfehlen. Rainer-Olaf Schultze hat treffend die politisch-kulturellen und politisch-institutionellen Gründe dargelegt, aus denen deshalb Reformprozesse in Deutschland scheitern: „Politisch-institutionell zeigte sich einmal mehr, dass Institutionenreformen, die Besitzstände und/oder tradierte Handlungsmuster in frage stellen, nur wenig wahrscheinlich sind, wenn allein die Betroffenen darüber befinden. ...Politisch-kulturell erwies sich erneut, wie stabilitätsfixiert und vom Aushandeln bestimmt die Grundeinstellungen der politischen Klasse in Deutschland sind. Sie zieht fast durchweg das Bewährte, wenn auch in den Ergebnissen offensichtlich Suboptimale dem Ungewissen, aber Innovativen vor, und sie hat weder Vertrauen in die Möglichkeiten des „Lernens durch Entflechtung" noch die kreativen Lösungen des Lernens durch fairen Wettbewerb" (ders. 2005, 19).

Die Gefahr, dass die auch von der neuen Bundesregierung unter Kanzlerin Merkel angepriesenen Strategien **nicht** als Aufbruch aus den Reformblockaden verstanden werden, zeigt sich bereits zu Beginn der großen Koalition. Der bereits Mitte der 90er Jahre vom ehemaligen Bundespräsidenten Roman Herzog geforderte „Ruck" durch das Land war auch in der rot-grünen Regierungsära nicht zu verzeichnen und deshalb häuften sich schon vor einigen Jahren in den Medien Berichte über den „Reformbluff", „Deutschland, einig Klüngelland" oder hinsichtlich der Arbeitsmarktpolitik über das „Bündnis der Apathie" oder „Deutschland als Bremser". Manche Beobachter sehen die Bundesrepublik als „exemplarische Genehmigungsrepublik", die von einer schleichenden Legitimitätskrise heimgesucht wird und in der Politikverachtung grassiert, anstatt **konstruktiv** nach Lösungen etwa aus dem Beschäftigungsdilemma zu suchen. „In Deutschland ändert sich nichts, bevor eine Katastrophe droht – ändert sich aber etwas, wird eben dieses als Katastrophe wahrgenommen" (R. Leicht, in: Die Zeit v. 19.2. 2004).

Traditionelle Entwicklungspfade werden gerade in einem über Jahrzehnte erfolgreichen Land wie Deutschland nur zögerlich und langsam gewechselt, wenngleich sich in den letzten Jahren bei Beibehaltung der Pfadkontinuität institutionelle Modifikationsprozesse abzeichnen (vgl. auch Streeck/Thelen 2005). An den Wahlergebnissen der sozialdemokratischen Partei aus den letzten Jahren zeigt sich zudem, wie schwer es ist, den klassischen deutschen Sozialstaat mit all seinen institutionellen Verschränkungen und Privilegierungen zu reformieren. Die bei vielen zentralen Akteuren noch immer festzustellende Konzentration auf die eigene (und großteils selektive) **Organisationslogik** ist mitverantwortlich, dass auch das „soziale Kapital" allmählich erschöpft ist und sich Ängste bei den Bürgern ausdehnen. Auch die ständig wiederkehrenden Debatten um soziale Gerechtigkeit verweisen darauf, wie schwierig die Umsetzung einer Umsteuerung bzw. Neujustierung des deutschen Sozialmodells ist, zumal keine Reformen mehr möglich sind, die sich als „Win-Win-Situationen" für alle Bevölkerungsschichten deuten lassen.

Bezogen auf die wohlfahrtsstaatlichen Systeme liegen zwar Bausteine für Reformen in einzelnen Politikfeldern vor, allerdings ist kein „großer Plan" für eine Modernisierung des Wirtschafts- und Sozialstandortes vorhanden. Weder die „Agenda 2010" noch die bisher vorgelegten „Baupläne" der großen Koalition haben die Strategiedefizite überwunden. Trotz vielfältiger Hinweise und Warnungen vor einer wachsenden Innovationslücke, den Strukturproblemen auf dem Arbeitsmarkt sowie den Herausforderungen bei der sozialen Sicherung (etwa durch den demographischen Wandel) sind die Blockaden in der Bundesrepublik noch nicht aufgelöst. Dynamische Impulse für Veränderungen der institutionellen Strukturen werden zwar von der Bundesregierung ausgesandt und es gibt auch hinsichtlich der Rahmenbedingungen des Wirtschaftsstandortes Verbesserungen, aber sie haben noch nicht zu einer **grundlegenden Wende** auf dem Arbeitsmarkt geführt, was auch die neue Bundesregierung eingesteht. Gerade weil wir über Jahrzehnte ein passivierendes Wohlfahrtsstaatsmodell konserviert haben, fallen die derzeit politisch umgesetzten Reformschritte – auch wenn sie im internationalen Vergleich nicht „aufregend" sind – vielen Bevölkerungsgruppen in Deutschland schwer und das Wort Reform ist deshalb zur Zeit für viele negativ besetzt und schürt eher Ängste als Hoffungen auf einen Aufbruch. Der Bruch mit dem klassischen Sozialstaatsmodell fordert jedoch ein individuelles Umsteuern der oft „defensiven Lebenseinstellungen", der vielen Bevölkerungsgruppen jedoch offensichtlich **Orientierungsprobleme** bereitet – und dies trifft nicht nur auf die klassisch marginalisierten Bevölkerungsgruppen zu, sondern erfasst die „neuen" und „alten" Mittelschichten. Diesen subjektiven Verunsicherungen kann nur durch eine Kombination verschiedener politischer Maßnahmen begegnet werden, wobei es zudem der Politik noch relativ rasch gelingen muss, endlich beschäftigungspolitische Erfolge vorzuzeigen. Als Alternative zu einem real längst existierenden Niedriglohnsektor mit „Billigjobs" sowie weiteren Prekarisierungsprozessen auf dem Arbeitsmarkt und sich ausbreitenden Ängsten könnte eine Expansion der Beschäftigung in der formalen Ökonomie durch eine kombinierte Strategie erreicht werden: einerseits eine deutliche (und nicht zeitlich eng begrenzte) Senkung der auf niedrige Löhne erhobenen Sozialabgaben und andererseits eine aktivierende Dienstleistungspolitik.

In der Regierungserklärung der neuen Bundesregierung vom November 2005 wurde u.a. eine Initiative hinsichtlich von Kombilöhnen bzw. des „Niedriglohnsektors“ angekündigt; es soll um eine Lösung der schon länger diskutierten Frage gehen, wie „einfache Tätigkeiten im Lande gehalten werden (können) und nicht aufgrund von Billigangeboten aus anderen Ländern vollkommen wegfallen“ (so Bundeskanzlerin Merkel in der FAZ v. 21.12. 2005). Zu diesem Thema hat es in den letzten Jahren erbitterte Diskussionen gegeben und man hatte oft den Eindruck, dass Sachargumente zugunsten ideologischer Kriterien zurückgedrängt und damit Spaltungslinien in der **deutschen Stagnationsgesellschaft** sogar verfestigt wurden. Es wäre sicherlich für die neue Bundesregierung ein großer Erfolg, wenn sie aus dieser Blockadesituation herauskäme und endlich das nachholen würde, was in vielen vergleichbaren Ländern längst gelungen ist: der Aufbau neuer Beschäftigung auch bei einfachen Tätigkeiten. Die Aufhebung der Denkverbote und schnell greifende Handlungsstrategien empfehlen inzwischen auch Wissenschaftler, die Gewerkschaftskreisen sehr nahe stehen, so etwa kürzlich Josef Esser, der „die gebetsmühlenhaft immer wieder vorgetragene Abwehr unterschiedlicher Modelle eines selbstverständlich sozial zu regelnden Niedriglohnsektors“ (ders. 2005) nicht verstehen, geschweige denn akzeptieren will.

In anderen Ländern hat sich – auch aufgrund der Öffnung des (legalen) Arbeitsmarktes - der schon seit vielen Jahrzehnten immer wieder prognostizierte Trend zur Beschäftigung im **Dienstleistungsbereich** deutlicher niedergeschlagen. Neue Arbeitsplätze entstanden aber auch in Deutschland in den letzten Jahrzehnten primär im Dienstleistungssektor. Vor dem Hintergrund einer allgemein steigenden Erwerbstätigkeit in Westdeutschland (die Zahl der Erwerbstätigen stieg in den letzten 30 Jahren um gut 17 Prozent) waren verschiedene Sparten des tertiären Sektors die Beschäftigungsgewinner. So expandierten die Jobs in unternehmensnahen Servicebranchen von gut 550 000 auf 2,52 Millionen (also um das fünffache) und auch im Gesundheitswesen waren 2002 dreimal so viele Erwerbstätige aktiv wie 1976 (von 1,05 auf 3,24 Millionen). Es gibt aber auch Branchen, die in den letzten Jahren expandierten, aber nicht im Fokus der medialen Berichterstattung stehen. Hierzu zählen bspw. die Logistik- und Gesundheitswirtschaft, aber auch die Energietechnik oder die Versorgungs- und Entsorgungswirtschaft. Hier zeigt sich auch exemplarisch, dass die oft noch anzutreffende Trennung in Dienstleistungs- und Industriesektoren in vielen Feldern hinfällig bzw. der Unterschied zwischen dem Produktions- und Dienstleistungsbereich zunehmend fließender wird. So geht etwa der zukünftige Trend im Energiebereich von der Energieversorgung zur Energiedienstleistung (vgl. Hennikke/Müller 2005).

Und auch nach Prognosen des Instituts für Arbeitsmarkt- und Berufsforschung wird die Dienstleistungsbeschäftigung weiter wachsen: während 2005 bereits 70,7 Prozent aller Erwerbstätigen in diesem Sektor gearbeitet haben, werden es im Jahr 2020 77,2 Prozent sein (das Waren produzierende Gewerbe schrumpft von 27,1 auf 21,1 Prozent und die Land- und Forstwirtschaft von 2,4 auf 1,7 Prozent). Noch ein weiterer Aspekt ist für die Zukunftsfähigkeit des Standortes Deutschland von erheblicher Bedeutung. „Der Weg zur Wissensgesellschaft führt dazu, dass einfache Fachtätigkeiten und Hilfstätigkeiten noch weniger gebraucht werden, die Chancen bei nur geringer Bildung verschlechtern sich weiter. Für Hochqualifizierte wird es mehr Jobs geben....Die berufliche Bildung bestimmt den Erfolg am Arbeitsmarkt“ (Allmendinger/Ebner 2006; vgl. auch Allmendinger/Leibfried 2004 und Esping-Andersen 2004).

Nicht nur die Hinweise aus den PISA-Studien verweisen allerdings im **Bildungssektor** auf große Herausforderungen, die auch nicht durch ständige Verweise auf Ludwig Erhard und die Verklärung des deutschen Wirtschaftswunders in der Nachkriegsperiode gelöst werden. Vielmehr ist der These zuzustimmen, dass sich der nostalgisch verklärte Erfolg der Nachkriegszeit sich „in eine schwere Bürde eines Erfolgs (verklärte), der eine verzerrte Realitätswahrnehmung und politische Lähmung auslöste“ (Wehler 2005, 55). Dieser „starre Strukturkonservatismus“ hat die deutsche Wirtschafts- und Beschäftigungspolitik seit Jahren in **Sackgassen** geführt und es scheint auch für die große Koalition schwierig, diesen Pfad zu verlassen und strukturelle Reformen durchzusetzen, um die „Flexibilität und Leistungsfähigkeit wiederzugewinnen, welche die Bundesrepublik früher einmal insgesamt, nicht nur ihre Exportindustrie ausgezeichnet hat“ (a.a.O., vgl. auch Abelshauser 2005).

Wenn auch nicht das **Wachstumstempo** der fünfziger Jahre in Deutschland erreicht werden kann und wir deshalb schon mit Quoten zwischen 1,5 und 2,5 Prozent zufrieden sein können, so gibt es auch hierzulande Wachstumsstories, die zudem sogar Arbeitsplätze in größerem Ausmaß geschaffen haben. Ein wichtiger Wachstumssektor ist der Bereich der sozialen Dienste und vor allem alles, was sich um das Gesundheitscluster dreht. Inzwischen wird oft von der „Gesundheitswirtschaft“ gesprochen (vgl. hierzu z.B. Hilbert/Naegele 2002), wobei sich diese Definition nicht an der traditionellen Unterscheidung von Prävention, Kuration und Rehabilitation orientiert, sondern die Einrichtungen und Unternehmen der Gesundheitswirtschaft gemäß ihrer Stellung entlang der entsprechenden Wertschöpfungsketten ordnet. Neben dem Kernbereich der ambulanten und stationären Gesundheitsversorgung zählen dazu die Vorleistungs- und Zulieferindustrien (die „Health Care Industries" wie die Pharmazeutische Industrie und die Medizin- und Gerontotechnik), das Gesundheitshandwerk sowie der Handel mit medizinischen Produkten. Aber auch Randbereiche und Nachbarbranchen des Gesundheitswesens (wie die wachsende Freizeitwirtschaft) zählen zu den Wachstumsbranchen mit Zukunft.

Wenngleich der Trend zur Dienstleistungsökonomie oder die „Service-Gesellschaft" weiter voranschreitet und im Jahr 2003 rund 70 Prozent der gesamtwirtschaftlichen Wertschöpfung in Deutschland ausmacht, ist der tertiäre Sektor nicht der alleinige Wachstumsträger, weil viele Dienstleistungen weiterhin mit industriellen Aktivitäten **verkoppelt** sind. Anhand der Gesundheitswirtschaft (in der inzwischen in Deutschland rund 13 bis 14 Prozent der Erwerbstätigen „legal" arbeiten) kann studiert werden, wie sich eine Neudefinition von Wirtschaftsbranchen und gesundheitlichen Versorgungssystemen vollzieht. Wenn auch – wie noch gezeigt wird – in einzelnen Feldern durchaus Wachstumschancen sind, die sich zudem mit einem Zuwachs an Lebensqualität verbinden, so wird dadurch keine Rückkehr zur traditionellen Prosperitätskonstellation eingeläutet.

In manchen gegenüber dem „neoklassischen" Paradigma kritischen Ansätzen wird deshalb seit Jahren wenn nicht Jahrzehnten eine stärkere öffentliche Verschuldung gefordert (ähnlich dem klassischen keynesianischen Ansatz und wie auch im Stabilitäts- und Wachstumsgesetz von Ende der 60er Jahre vorgesehen), um die Wirtschaft in „Gang zu setzen", neue Beschäftigung zu schaffen und damit auch neue Lebenschancen für die zunehmend ausgeschlossenen Bevölkerungsgruppen zu eröffnen. Ohne auf einige Kritikpunkte an neoklasssischen Prinzipien einzugehen, so ist die keynesianische Betrachtung letztendlich historisch überholt, weil wir es mit neuartigen wirtschaftlichen Rahmenbedingungen (etwa gegenüber den 60er und 70er Jahren) zu tun haben, die bspw. bei einer einseitigen deutschen Erhöhung der Staatsausgaben wirken würden. „Eine der entscheidenden Veränderungen, die nur sehr ungenau mit dem Begriff der Globalisierung gefasst wird, besteht genau darin, dass wir uns nicht mehr darauf verlassen können, dass eine national generierte Zusatznachfrage auch nationale Zusatzaktivitäten und erhöhte nationale Wertschöpfung auslösen wird. Die Konjunktur wird zunehmend international, doch Steuerungskapazitäten auf der internationalen Ebene sind sehr viel weniger wirksam, als das, was im Laufe der letzten Jahrzehnte in den Nationalstaaten entstanden ist" (Lutz 2005).

Von daher sind die oft populären Rufe nach einer Überwindung der Angst vor der öffentlichen Verschuldung und die Hinweise etwa auf die USA, die ebenfalls Deficit-Spending erfolgreich betreiben würden, aus wirtschaftssoziologischer Sicht naiv. Es gibt **keine Rückkehr** zum traditionellen Wachstumspfad, auch wenn sich viele in Deutschland danach sehnen. Gefragt sind vielmehr neue, intelligente Modelle der Wertschöpfung, die auf strategischen Ressourcen aufsetzen und darüber eine Wachstums- und Beschäftigungsdynamik entfalten wollen. Und wenn es auch bislang nur bescheidene und zögernde Versuche gibt, so sollen doch einige „sozialverträgliche“ Wachstumsfelder ansatzweise vorgestellt werden. Anstelle sich dauerhaft Gedanken darüber zu machen, wie die internationale Mobilität von Kapital oder die internationale Steuerkonkurrenz eingeschränkt werden kann (was ohnehin kurzfristig nicht gelingen wird), sollten diese Rahmenbedingungen als neue Herausforderungen anerkannt, sowie von der irrealen Vorstellung Abschied genommen werden, dass es noch so etwas wie eine nationale Konjunkturpolitik geben wird. Vielmehr muss es angesichts der offensichtlichen Blockaden des traditionellen Wachstumsmodells und der offenkundigen Ausbreitung sozialer Verunsicherungszonen primär darum gehen, wie auf dieser neuen weltwirtschaftlichen „Landkarte“ es auch in Deutschland noch möglich wird, für neue Beschäftigung und eine Abwendung von den geschilderten sozialen Desintegrationstendenzen zu sorgen. Vom Potential her sind durchaus einige Prosperitätsfelder vorhanden, auf die noch eingegangen wird, allerdings kommen diese nur dann zur Entfaltung, wenn relativ rasch die sich weit **geöffnete Schere** zwischen den Innovationsbedarfen und der abnehmenden Fähigkeit für grundlegende Neustrukturierungen wenigstens schrittweise geschlossen wird. Der Rückgriff auf alte Erfolgsrezepte wird dabei nicht mehr weiterhelfen, eher sogar weitere Restrukturierungsblockaden errichten.

3 Der langsame Zerfall kollektiver Arrangements

3.1 Vom regierenden zum moderierenden Staat

In der politischen Steuerungstheorie wird bereits seit einigen Jahren intensiv über die nachlassende Bindungskraft staatlicher Interventionen und die „Auswanderung“ aus den Verfassungsorganen (vor allem der parlamentarischen Arena) diskutiert, in der Regierungspolitik tut man sich aber schwer mit dem Eingeständnis eines Steuerungsverlustes. Die offizielle Politik stellt noch immer Problemlösungen in Aussicht und lebt von einer „Rhetorik der Versprechungen“ (Kieserling 2003, 40), ohne allerdings die anstehenden Probleme wirklich lösen zu können, was schon anhand der gescheiterten Versuche zur Bekämpfung der Massenarbeitslosigkeit in Deutschland augenscheinlich wird. Auch heute regiert in der Politik oft noch Kurzatmigkeit, große strategische Linien werden vermisst. Dass sich solche Einsichten aber nur sehr schleppend umsetzen lassen, liegt primär daran, dass dies für die politischen Akteure in vielen gesellschaftlichen Feldern Rückzug und damit **Funktionsverlust** bedeutet. Vor dem Hintergrund der Steuerungsprobleme hochkomplexer Gesellschaften hat Willke schon vor einiger Zeit für eine Funktionsreduzierung der Politik plädiert, da diese weder die Expertise noch die Durchführungskapazität hat: „Ziel der Abwicklung ist hier ein Rückzug der Politik aus all den Ritzen der Gesellschaft, in welchen sie sich als ungebetener Parasit eingenistet hat. Konkret: ein Rückzug aus dem Wohnungsbau wie aus den Rundfunkräten, aus kommunalen Betrieben wie aus der Organisation von Kindergärten, aus „öffentlichen“ Unternehmen wie aus der Verwaltung von Universitäten, aus der Leitung von Krankenhäusern wie aus der Steuerung von Kunst und Kultur, etc Zu all diesen Aufgaben hat die Politik nichts beizutragen als systematisierte Inkompetenz. Teils aus historisch begreiflichen Sonderkonstellationen, teils aus Wichtigtuerei und blanker Gier nach Aufsichtstantiemen und Ämterprivilegien heraus hat sie sich in diese Aufgaben hineingedrängt oder von einer interessierten Klientel hineindrängen lassen und kommt aus eigener Kraft nicht mehr davon los. Zentrale Aufgabe der Abwicklung ist es deshalb, die Politik vor sich selbst zu schützen und eine „Vorreiterrolle der Politik“ in Richtung Dezentralisierung, Selbststeuerung und diskursiver Koordination autonomer Funktionssysteme zu ermöglichen“ (ders. 1993, 75f; vgl. auch Newman 2001, Eberlein/Grande 2003 und Schuppert 2004).

Solch kritische und pointierte Anmerkungen zur Reichweite der Politik und zu einem „reduzierten“ Staat werden im bundesrepublikanischen Politikgeschäft nicht gern gehört, allerdings zeigt sich der Bedeutungsverlust parteipolitischer Steuerung schon bei genauerem Hinsehen und es gibt auch politische Akteure, die sich um einen konstruktiven Dialog zur „Zivilisierung der Politik" bemühen. Nicht umsonst wird von der „Räterepublik" gesprochen, um die Einbeziehung von wissenschaftlichen Experten und gesellschaftlichen Organisationen in die Politik zu charakterisieren. Ein Funktionswandel vom hierarchischen zum moderierenden Staat ist schon länger zu beobachten, da über die Einbeziehung gesellschaftlicher Organisationen und Experten neue Ressourcen, Informationen und damit Handlungsoptionen für die Regierungspolitik erschlossen werden können. Die verhandlungsdemokratischen oder korporatistischen Strukturen (die ‚Räterepublik') sind neben dem Parlament angesiedelt und sollen die klassischen Willensbildungsorgane temporär und themenspezifisch ergänzen (vgl. zusammenfassend Heinze 2002). Die Inszenierung von Beiräten und Kommissionen jenseits der repräsentativen Demokratie und den traditionellen Kanälen der politischen Willensbildung wurde sogar zum vorrangigen Politikziel erklärt, da nur über solch dialogische, netzwerkartige Prozesse modernes Regieren möglich sei. Vor allem im Umfeld der Debatte um eine „Zivilgesellschaft" wurde auch in Regierungskreisen an dem Optimismus in eine Automatik prozedural abgesicherter Gemeinwohlverwirklichung gezweifelt und neue kooperative Strategien entwickelt.

Ein solcher Formwandel der Politik in Richtung „Verhandlungsnetzwerke" und Konsensrunden hat natürlich Kritik aus demokratietheoretischer Sicht provoziert. So sorgen sich angesichts der Zerfaserung und Auswanderung der Politik in extrakonstitutionelle Gremien nicht nur Parlamentarier um eine schleichende Entmachtung des Bundestages durch die Kommissionen und Beiräte, die einen „Bypass" um das Parlament legen. Andere Publizisten sprechen bereits von der „neuen Deutschen Räterepublik", „Schröders Räte-Republik" oder einem „neuzeitlichen Ständestaat" und fragen besorgt „Wo ist das Parlament?". Die Gefahr ist auch real, dass das Parlament zur politischen Nebenbühne und „medienattraktiven Staatsnotariat" verkommt (Sarcinelli 2003, 42; vgl. auch Kropp 2003 und Leggewie 2004). Sicherlich hat die Zahl und Bedeutung der nebenparlamentarischen Gremien und des informellen Konfliktmanagements seit 1998 zugenommen (besonders populär sind die „Hartz-" und die „Rürupkommission" geworden) und diese werden bewusster als jemals zuvor als temporär funktionale Instrumente der Regierungspolitik konzipiert; neu sind diese korporatistischen Arrangements in allen westlichen Demokratien allerdings nicht. Ein Funktionswandel vom hierarchischen zum moderierenden Staat ist einerseits schon länger zu beobachten und andererseits werden durch die Einbeziehung gesellschaftlicher Institutionen auch neue Ressourcen, Informationen und damit Handlungsoptionen erschlossen. Die „Räterepublik" zeigt sich zudem nicht nur auf Bundesebene, auch in den Bundesländern haben sich in den letzten Jahren eine Vielzahl von Bündnis- und Konsensrunden, Regierungskommissionen, Expertenräten, Zukunftsinitiativen, Offensiven und runde Tische gebildet, die neben dem Parlament angesiedelt sind und die klassischen Willensbildungsorgane temporär und themenspezifisch ergänzen sollen.

Der Schwenk in Richtung „Verhandlungsdemokratie“ und der damit verbundene Wandel zu einem ‚kooperativen Staat’ wurde speziell in der Bundesrepublik nicht nur durch die dramatische fiskalische Krise der öffentlichen Haushalte vorangetrieben, sondern auch durch die Funktionsschwächen der etablierten politischen Institutionen und deren Problemlösungskapazitäten. Die Dilemmata der politischen Steuerung durch Parteien und Parlamente, aber auch die traditionellen korporatistischen Gestaltungsmuster in einzelnen, abgegrenzten (segmentierten) Politikfeldern werden nicht nur von wissenschaftlichen Analysen seit Jahren beklagt, sondern auch die Regierungspolitik – gerade in den letzten Jahren – spürte deutlich, dass die dem status-quo verschriebenen Verbände und Gewerkschaften (großteils auch die Parteien) mit ihrer „Weiter so“ - Mentalität die drängenden Herausforderungen nicht mehr lösen können. Der Steuerungs- und Integrationsbedarf funktional differenzierter Gesellschaften kann über die traditionellen Politikmuster allein nicht mehr bewältigt werden und deshalb werden Zusatzeinrichtungen für die Konsensbildung und Systemintegration benötigt (wie etwa Experten-Kommissionen). Zudem hat sich bei den Spitzenakteuren in der Regierung neben dem formalen administrativen Informations- und Kommunikationsmanagement ein informelles Politikmanagement etabliert. Diese Prozesse der „Informalisierung und der Personalisierung des Regierungshandelns“ (Korte 2003a, 27; vgl. auch Helms 2005) schreiten weiter voran und generieren einen schwer von außen zu durchschauenden Mix aus formalisierten und informellen Informations- und Entscheidungswegen. Sowohl der Bundestag als auch die Landtage und die kommunalen Parlamente sowie generell die politischen Parteien scheinen ihre Orientierungs- und Steuerungsfunktion weiter einzubüßen, während in den Medien die öffentliche Politikinszenierung mit nur wenigen Führungspersönlichkeiten im Mittelpunkt steht.

Die sich ausbreitende „Mediengesellschaft“ führt einerseits dazu, dass politische **Inszenierungen** täglich in den Medien stattfinden und von daher jeder Politiker gezwungen ist, die Wirkungen in den Medien abzuschätzen und eine Kommunikationsstrategie zu entwickeln. Insbesondere die Schlüsselstellung des Fernsehens führt dazu, dass der ohnehin vorhandene Trend zur Personalisierung und Emotionalisierung von Politik weiter getrieben wird. „In Deutschland haben sich die politische Öffentlichkeit und damit die Rolle der Medien, nicht zuletzt des Fernsehens, für den politischen Alltag verändert. Vor allem das Fernsehen hat dabei gewonnen. Auf Grund seiner Reichweite, der steigenden durchschnittlichen Sehdauer und der suggestiven Kraft von Bildern soll der Bundeskanzler Gerhard Schröder einmal gesagt haben, Bild, Bild am Sonntag und Glotze seien für ihn die wichtigsten Medien" (Gammelin/Hamann 2005, 148). Und auch hier gibt es in den letzten Jahren schleichende Verschiebungen, die insgesamt den Trend zur Mediendemokratie unterstützen. Dennoch wird hier nicht die These vertreten, dass die Politik von den Medien „kolonisiert" werde, vielmehr gibt es ähnlich wie im Verhältnis von Staat und organisierten Interessen wechselseitige Verflechtungen: einerseits eine Medialisierung der Politik, andererseits aber auch eine Medienpolitisierung.

Die fehlende **Transparenz** und demokratische **Legitimation** der informellen Entscheidungsprozesse und die relativ großen Einflussmöglichkeiten von „Machtmaklern" im Regierungsalltag werden oft als Gründe der derzeit grassierenden Politikverdrossenheit genannt. Aber auch das generelle Misstrauen in die politischen Parteien, das in Deutschland schon seit geraumer Zeit erschüttert ist, führt dazu, dass die Mehrheit der Bevölkerung derzeit meint, ratlose Politikakteure schieben die aufgestauten Probleme nur noch vor sich her (vgl. die Beiträge in Machnig/Bartels 2001 und Alemann/Marschall 2002). Es ist deshalb auch nicht überraschend, wenn in einer groß angelegten Umfrage, bei der rund 356.000 Menschen sich zum Zustand der politischen und sozialen Institutionen in Deutschland äußerten, das Vertrauen in die politischen Parteien einen Tiefpunkt erreicht hat: nur noch 3 Prozent haben hohes Vertrauen in sie, 57 Prozent bewerten die Erfüllung der Aufgaben als schlecht, 80 Prozent sehen dringenden Verbesserungsbedarf. Ähnlich schlechte Noten bekommt der Bundestag, während beispielsweise der ADAC ein hohes Vertrauen in der Bevölkerung genießt (vgl. Perspektive Deutschland 2003).

Neue empirische Daten von 2005 bestätigen die **Abwendung** der Bevölkerung von den klassischen politischen Institutionen: 66 Prozent der Befragten meinten, politisch keinen Einfluss zu haben (2002 waren es 57 Prozent). Die Distanz zur politischen Bühne ist ein Teil der wachsenden Verunsicherung und Orientierungslosigkeit; „fast 52 Prozent der Älteren erachten es inzwischen als sinnlos, sich politisch zu engagieren" (Heitmeyer 2005; vgl. auch die Beiträge in ders. 2005). Und wenn auch manche Umfrageergebnisse aus den ersten Wochen der großen Koalition auf einen Rückgang des Pessimismus und einen vorsichtigen Optimismus verweisen (Noelle/Petersen 2005), so dürften damit die gewachsenen sozialen Desintegrationstendenzen, die sich auch in einem Wachstum rechtspopulistischen Potentials zeigen (zwischen 2002 und 2005 von 20 auf 26 Prozent) noch nicht entscheidend gestoppt sein. Parallel zur Distanzierung gegenüber der offiziellen Politik sind nämlich auch die Ansprüche an Regierungspolitik heruntergeschraubt worden und dies gilt speziell für die neue Bundesregierung unter Kanzlerin Merkel, die derzeit nicht gerade mit dem Problem übertriebener Erwartungen zu kämpfen hat. Vielmehr breitet sich eher eine gewisse Gleichgültigkeitsstimmung. Diese **politische Lethargie** führt nicht nur zu einer strukturellen Auszehrung der politischen Parteien, die seit Jahrzehnten Mitglieder verlieren, sondern inzwischen können kaum noch die rund 170.000 politischen Mandate, die in Deutschland – von der Kommunalpolitik über die Landtage bis hin zum Bundestag – vergeben werden (müssen), besetzt werden. Viele politische Parteien müssen sich gerade auf kommunaler Ebene intensiv um Mandatsbewerber bemühen (höchstens 30 Prozent der Parteimitglieder haben überhaupt Interesse an einem politischen Mandat).

Ein wesentlicher Pfeiler des in den 70er Jahren auch im Ausland geachteten Modells Deutschland waren die **Tarifverbände**, die wesentlich zum „stable state" gehörten. „Seine hohe Zeit erlebte das „deutsche Modell" allerdings in den siebziger und achtziger Jahren, als die fordistische Wachstumsdynamik nicht nur in Deutschland erlahmt war und eine weltweite Suche nach neuen Grundlagen wirtschaftlicher Prosperität einsetzte, die in vielen vergleichbaren Ländern von Arbeitskonflikten und steigenden Inflationsraten begleitet war. In Deutschland dagegen erzwang das Nebeneinander starker Gewerkschaften, die weiterhin für hohe Löhne und eine niedrige Lohnspreizung zu sorgen vermochten, mit einer zunehmend monetaristisch agierenden Zentralbank eine breite Umstrukturierung des Produktionsapparats in Richtung auf das, was später als „diversifizierte Qualitätsproduktion" bezeichnet wurde: eine einzigartig vielfältige Palette anspruchsvoller, auf Nischen im Weltmarkt hin konstruierter, qualitativ überlegener Produkte, die die hohen und wenig differenzierten Löhne ihrer Produzenten durch ihre im internationalen Wettbewerb erzielten hohen Preise rechtfertigen konnten" (Streeck 2005a, 7f).

Sowohl die sozioökonomischen Rahmenbedingungen, die mit der Formel „Von der Stabilität zur Stagnation" umschrieben werden können (vgl. die Beiträge in Kitschelt/Streeck 2004) als auch die Diskussionen der letzten Jahre in Deutschland um einen Formenwandel des Staates (hin zu einem „aktivierenden" Staat oder auch „Gewährleistungsstaat") signalisieren allerdings eine Krise des traditionellen keynesianischen Wohlfahrtsstaats mit seinen regulierten Arbeits- und Sozialbeziehungen. Die Erosion des organisierten Kapitalismus ist sogar ein Kernstück der „Desorganisation" des kooperativen deutschen Kapitalismusmodells (vgl. als Überblick die Beiträge in Hall/Soskice 2001, Czada/Zintl 2003 und Streeck/Höpner 2003) und weiterer Transformationen traditioneller Staatlichkeit.

Im folgenden soll nicht der „reinen" These des Niedergangs des deutschen Modells der sozialpartnerschaftlichen Regulierung gefolgt werden, sondern auch die Anpassungsstrategien (der „Umbau") des Modells Deutschland sollen skizziert und Veränderungen im Verhältnis Staat – Verbände der letzten Jahre aufbereitet werden. Die „Niedergangshypothese" des deutschen Sozialmodells dient als Argumentationsfolie; vor dem Hintergrund der tief greifenden Verunsicherung in der deutschen Bevölkerung kommen aber weitere Faktoren hinzu. Schaut man sich im internationalen Vergleich das Vertrauen der Bevölkerung in die politischen Parteien, die Regierung oder auch die Verbände und Gewerkschaften an, dann liegt Deutschland weit hinter den skandinavischen Ländern zurück. Dies liegt sicherlich auch an der Stagnation auf dem deutschen Arbeitsmarkt, die mitverantwortlich ist für den schrittweisen Zerfall des in den 70er und 80er Jahren viel gepriesenen deutschen Entwicklungspfades. Besonders gravierend auch im Hinblick auf soziale Abstiegs- und drohende Verarmungsprozesse ist das seit Jahrzehnten angewachsene Potential von Langzeitarbeitslosen, das in dieser Form in keinem vergleichbaren westlichen Land aufzufinden ist. Ganz allgemein trifft die Diagnose zu, der zufolge sich die deutsche Gesellschaft bis in die 80er Jahre kollektiv in einem „Fahrstuhl nach oben" (Beck) befand bzw. ein „Rolltreppeneffekt" zu verzeichnen war, der zwar soziale Ungleichheiten perpetuierte, aber im Alltagsbewusstsein der Bevölkerung ein Erfolgsmodell war. Wenn nun die **Säulen** des Modells Deutschland wanken und eine politische Ökonomie der Unsicherheit sich ausbreitet, dehnen sich auch Abstiegsängste und individuelle Verunsicherungen aus. Und dass diese Angstszenarien wiederum auch mitverantwortlich sind für eine im internationalen Vergleich außerordentlich hohe Zurückhaltung beim Konsum, liegt auf der Hand. Die Erosion des Modells Deutschland wirkt also über die Zerfaserung der politisch-institutionellen Strukturen und des etablierten Korporatismus weit hinaus und ist über die individuell sich niederschlagenden Verunsicherungen mitverantwortlich für unsere ohnehin niedrigen Wachstums- und Beschäftigungsraten.

Studien zum Verhältnis der organisierten Interessen zum Staat gehören schon traditionell zur Geschichte der Bundesrepublik; allerdings gibt es immer wieder Wellen der Thematisierung und auch neue strategische Vereinbarungen. So gab es etwa in den 70er Jahren eine intensive Debatte um das Verhältnis von Staat und Verbänden, die begleitet wurde von einer damals in Deutschland neu entfachten Diskussion um neokorporatistische Strukturen. Seit Ende der 90er Jahre hat die Zahl und Bedeutung dieser Gremien deutlich zugenommen; mit der rot-grünen Bundesregierung gab es einen Schub strategischer Konzertierung. Korporatistische Arrangements kennen zudem alle westlichen Demokratien. Die Verbändeforschung sprach von „Privatregierungen", um auf das hohe Maß der Selbstregulierungen in Deutschland (etwa durch Tarifverträge, die Wahrnehmung hoheitlicher Aufgaben durch Kammern, die Selbstregulierungen im Gesundheitswesen oder der technischen Normung) hinzuweisen. Diese **Integrationsleistungen** der Verbände und ihre Selbstregulierungskompetenzen sind für die gesellschaftliche Stabilität von hoher Bedeutung, weil die intermediären Akteure das Gesicht des „rheinischen Kapitalismus" prägen. Gerade den Tarifparteien ist nach dem Zweiten Weltkrieg eine zentrale Funktion für die Bewältigung des Strukturwandels und ökonomischer Krisen sowie für die Steigerung des Lebensstandards zugekommen. Es ist wohl noch zu früh, von einem Ende des Verbändestaates und des Korporatismus zu sprechen, allerdings treten offensichtliche Probleme in den korporatistischen Arrangements auf, die durch die Globalisierung noch weiter vorangetrieben werden. Die organisatorischen Erosionsprozesse werden gespeist und vorangetrieben durch die zunehmenden Fragmentierungen auf dem Arbeitsmarkt, dem rapiden wirtschaftsstrukturellen Wandel mit all seinen Implikationen (mehr Kleinbetriebe, neue Branchen, veränderte Managementstrategien) aber auch durch soziokulturelle Wandlungsprozesse (vgl. zusammenfassend Strünck 2003). Kollektive soziale Milieus, die Grundlage für starke und steuerungsfähige Verbände, lösen sich immer mehr auf. „Bowling alone" – die für amerikanische Verhältnisse zuerst aufgestellte These von Putnam scheint sich schrittweise auch für die deutsche Vereins- und Verbändelandschaft zu bewahrheiten.

Der Mitgliederschwund wird sowohl nach Ansicht von Experten als auch den Verbandsführungen ganz unspektakulär weitergehen; nehmen wir nur einmal die deutschen Gewerkschaften, die traditionell ein mittleres Organisationsniveau im internationalen Vergleich aufweisen, als Beispiel. Der „Nettoorganisationsgrad" liegt heute für die DGB-Gewerkschaften bei nur noch rund 20 Prozent aller Erwerbsfähigen – mit abnehmender Tendenz. Und wie auch in vergleichbaren Ländern nimmt der gewerkschaftliche Einfluss auf politische Entscheidungen ab; dies wurde auch in der sozialdemokratisch geführten Bundesregierung zwischen 1998 und 2005 sichtbar. Die Gewerkschaften zählen nur noch in einzelnen korporatistisch geprägten Politikarenen zu den Eliten, während sie durch die Abkehr vom traditionellen deutschen Korporatismus aus den zentralen Entscheidungsprozessen ausgeschlossen werden. Äußerlich wird es daran sichtbar, dass die Bundesregierung (und dies gilt sowohl unter Kanzler Schröder als auch unter Kanzlerin Merkel) nicht mehr viel Wert auf Gespräche und Konsultationen mit den Gewerkschaftsspitzen legt. Gehörten in der Blütezeit des „Modells Deutschland" regelmäßige Treffen zwischen den Führungen der korporatistischen Großverbände zur politischen Routine, so sind heute eher **informelle Treffen** der Regierungsspitze mit ausgewählten Unternehmensleitungen an der Tagesordnung. Hinsichtlich des Machtverlustes der Gewerkschaften kommen auch organisationsinterne Gründe hinzu. „Neben dem sinkenden Organisationsgrad haben die deutschen Gewerkschaften auch ein strukturelles Mitgliederproblem… Ein zentrales Organisationsproblem der Gewerkschaften besteht folglich darin, dass Arbeitsmarkt- und Mitgliederstruktur immer weniger deckungsgleich sind" (Schroeder 2003, 7; vgl. auch die Beiträge in Schroeder/Weßels 2003). Aber auch die Arbeitgeberverbände sind von einer strukturellen Organisationskrise betroffen; manche Beobachter sehen die Organisationsgrade „im Sinkflug" (Haipeter 2006). In der Metall- und Elektroindustrie ist der Organisationsgrad hinsichtlich der Beschäftigten im Westen von knapp 73 Prozent im Jahr 1990 auf 58,5 Prozent im Jahr 2003 geschrumpft (im Osten von 36,2 auf 21,5 Prozent im gleichen Zeitraum). Noch dramatischer sieht es bezogen auf die Betriebe aus: im Westen sank er in diesem Zeitraum von 46 auf 25,5 Prozent und im Osten sogar von 28 auf 7,6 Prozent. Markante Zuwächse gab es demgegenüber bei den „OT-Verbänden" (Arbeitgeberverbände ohne Tarifbindung); nach offiziellen Zahlen von Gesamtmetall waren bereits Ende 2004 bezogen auf die Beschäftigten rund 10 Prozent hier engagiert. Dieser Anteil ist weiter gewachsen und in Bayern sind „inzwischen sogar mehr Unternehmen im OT-Verband organisiert als im klassischen Arbeitgeberverband" (Haipeter 2006, 56). Auch in anderen Regionen breiten sich die „OT-Verbände" aus; in NRW und in Norddeutschland sind schon fast ein Viertel der Unternehmen aus der Metall- und Elektroindustrie Mitglied geworden. Anhand dieser Wachstumsdynamik kann die **systematische Unterhöhlung** der Flächentarifverträge anschaulich studiert werden, ohne dass es auf politischer Ebene zu Gesetzesänderungen gekommen wäre. Mit der schrumpfenden Bindekraft der Tarifverträge sinkt aber nicht nur die Handlungskraft der Gewerkschaften, sondern die intermediäre Ebene – ein zentraler Pfeiler des „Modell Deutschland" – verliert an Gestaltungskraft.

3.2 Das „Bündnis für Arbeit" oder: Elitenkorporatismus als Auslaufmodell politischer Beteiligung

Strategischer Ausgangspunkt des „Bündnis für Arbeit" war die – auch aus dem internationalen Vergleich – zu ziehende Erkenntnis, dass mit der korporatistischen Variante der Verhandlungsdemokratie durchaus Reformprozesse in Gang gesetzt werden können. Das Bündnis war so betrachtet ein Versuch, das in unserem **Verbändewesen** akkumulierte soziale Kapital zur Aushandlung institutioneller Reformen zu nutzen; also mit verhandlungsdemokratischen Methoden (mit einer „Konsenskooperation") strukturelle Reformen auf dem Arbeitsmarkt und im sozialen Sicherungssystem umzusetzen.

Im Gegensatz zur „Konzertierten Aktion", die ab 1967 für einige Jahre in der Bundesrepublik Bestand hatte, wurde das 1998 von der rot-grünen Bundesregierung initiierte „Bündnis für Arbeit" nicht als relativ offenes Forum für einen Dialog zwischen den wirtschaftspolitisch relevanten Gruppen konzipiert, sondern war formalisiert und hierarchisch strukturiert. Ein weiterer Unterschied hinsichtlich der Wertigkeit für das Regierungshandeln zeigt sich auch darin, dass das Bündnis vom Bundeskanzleramt initiiert und auch gesteuert wurde. Vertreten waren neben der Bundesregierung nur die Repräsentanten der Wirtschaftsverbände und der Gewerkschaften. Die formelle Federführung im „Bündnis für Arbeit" hatte das Bundeskanzleramt; in einer Steuerungsgruppe fielen die zentralen Entscheidungen darüber, welches Thema wann in welcher Form behandelt wurde. Zugearbeitet wurde der Steuerungsgruppe durch eine „Benchmarking-Gruppe" und verschiedene Arbeits- und Expertengruppen. Im Unterschied zu den 60er und 70er Jahren zeigt sich gerade an dem Vorhandensein der Benchmarking-Gruppe, dass es schon zu Beginn der Regierung Schröder nicht mehr ein allseits akzeptiertes und handlungsleitendes „Modell Deutschland" gab. Vielmehr sollte auch im „Bündnis für Arbeit" ein systematischer Vergleich mit anderen vergleichbaren Ländern durchgeführt werden, um daraus Anregungen für den Wirtschafts- und Sozialstandort Deutschland zu gewinnen (vgl. Eichhorst et al 2001 sowie Heinze/Streeck 2000).

Betrachtet man die ursprüngliche Zielsetzung des „Bündnis für Arbeit" aus dem Herbst 1998, dann zielte dieser Sozialpakt auf ein breites Spektrum von Themen (Arbeitsmarkt-, Steuer- und Rentenpolitik, Arbeitszeit, Ausbildungs- und Betriebsverfassungsfragen). Das inhaltliche Spektrum orientierte sich konzeptionell an zahlreichen Beispielen gelungener Bündnisse für Arbeit in anderen westlichen Ländern. Gerade durch die Behandlung verschiedener politischer Themen im tripartistischen Bündnis sollten auch in der Bundesrepublik integrierte Lösungen für die politische Praxis möglich werden. Zu den Zielen einer solchen dreiseitig abgesprochenen Beschäftigungspolitik zählten u.a. eine Reduzierung der Arbeitslosigkeit, der Aufbau von neuer Beschäftigung (gerade auch im Dienstleistungssektor) sowie generell die Verbesserung der Wettbewerbsfähigkeit des Standortes. Zugleich ging es um eine Senkung der Arbeitskosten (sowohl eine Absenkung der Lohnnebenkosten als auch eine moderate Lohnpolitik) sowie generell um eine höhere Dynamik auf dem Arbeitsmarkt.

In der ersten Phase wurde der **institutionelle Aufbau** der komplexen Strukturen des „Bündnis für Arbeit" realisiert. Betrachtet man allerdings eine zentrale Voraussetzung aller erfolgreichen sozialen Pakte in vergleichbaren Ländern, nämlich eine **gemeinsame Problemwahrnehmung**, dann fallen gerade hinsichtlich der Situationseinschätzung bei den zentralen Tarifverbänden erhebliche Unterschiede auf. Diese liegen sicherlich auch in den historisch gewachsenen Vorbehalten gegenüber korporatistischen Verhandlungssystemen in Deutschland begründet. Schon in der Frühphase des deutschen „Bündnis für Arbeit" gab es deutlich unterschiedliche Wahrnehmungen über die Situation des Standortes Deutschland – und auch heute haben wir noch keine gemeinsame Krisenperzeption der zentralen politischen Akteure in Deutschland! Diese für konsensorientierte Abstimmungsprozesse nicht gerade förderliche Diagnose sollte durch die Erstellung der Benchmarking-Studie zum Wirtschafts- und Sozialstandort

Deutschland verändert werden, um über gemeinsame Deutungsprozesse auch die Problemlösungsressourcen zu erzielen (vgl. Eichhorst et al 2001). Der Diskussions- und Formulierungsprozess in den verschiedenen Arbeits- und Expertengruppen des Bündnis war in vielen Fragen durchaus konflikthaft, allerdings nicht innerhalb der Wissenschaftlergruppe, die in den meisten Fragen durch die umfangreichen Aufbereitungen und Analysen relativ schnell Konsens erzielen konnte. Die Konflikte traten in dem Moment auf, als die Gewerkschaften und die Spitzenverbände der Wirtschaft die ‚Arena' betraten und die wissenschaftlichen Analysen in ihre Organisationsstrategien und -taktiken einbauen wollten. Gerade weil manche der Situationseinschätzungen nicht in das klassische Argumentationsreservoir oder liebgewordene ‚Schablonen' passten, was wiederum durchaus nicht im Widerspruch zu den Zielen der Bundesregierung und speziell des Bundeskanzleramtes stand, sperrte man sich in vielen Einzelfragen beziehungsweise forderte Gegengutachten, alternative Formulierungen etc ein.

Im Laufe des Jahres 1999 und im Jahr 2000 hatte sich die Bündnisarbeit in den verschiedenen Arbeits- und Expertengruppen zunehmend stabilisiert (allerdings mit deutlichen Unterschieden zwischen den einzelnen Arbeitsgruppen), ohne allerdings wesentliche Impulse für eine Veränderung der Arbeitsmarktlage und vor allem der Beschäftigungskrise auszulösen. Die Bündnisarbeit wurde Ende 2001/Anfang 2002 noch einmal durch das Aufbrechen grundlegender Konflikte zwischen dem Bundeskanzler und Teilen der Gewerkschaftsführung verunsichert, ging dann aber relativ geräuschlos in die Periode des Wahlkampfs über, in dem das Bündnis – auch bedingt durch die Einsetzung der Hartz-Kommission (an der die Großverbände nur indirekt beteiligt waren) – keine **strategische Bedeutung** mehr hatte. Mit dem Scheitern des Versuchs eines tripartistischen Konsenses zur Modernisierung des deutschen Arbeitsmarktes und der sozialen Sicherungssysteme endete auch in Deutschland das Jahrhundert des Korporatismus, und es wird vor allem den Gewerkschaften in den nächsten Jahren schwer fallen, als ernsthafter player auf Bundesebene wieder mitzuspielen. „Die post-korporatistisch liberalisierte Wettbewerbsgesellschaft, deren eine und immer einheitlichere Elite sie bilden, kennt keine Lager mehr. Dennoch ist sie, ebenso wie die korporatistische Konsensgesellschaft der Nachkriegszeit, eine organisierte Gesellschaft. Allerdings fehlt ihr die für den Korporatismus charakteristische horizontale Organisierung, die vor allem die vertikalen Strukturen der Großunternehmen einhegte und einband. Liberalisierung, in anderen Worten, bedeutet nicht die Ablösung jeglicher Organisation durch freie Märkte und befreite Individuen, sondern nur das Zurücktreten bestimmter Organisationsformen zugunsten anderer: insbesondere die Herauslösung der corporate hierarchies der großen Unternehmen aus korporatistischen Bindungen und politischen Verpflichtungen. Insofern, als letztere fast ausschließlich nationaler Natur waren, trägt die Erosion nationalstaatlicher Autorität im Zuge der sogenannten „Globalisierung“ verstärkend zum post-korporatistischen Wandel von Elitenstruktur und Elitenintegration bei. Sie hilft unter anderem erklären, wie das Projekt eines trilateral ausgehandelten, nationalen „Bündnisses für Arbeit“ in der Realität einer Vielzahl individueller, vom Management dominierter „betrieblicher Bündnisse“ enden konnte“ (Streeck 2005a, 20).

Die Bündnisrunden bestärken aber auch die These, dass sich der Organisationszweck gerade von gesellschaftlichen Großorganisationen weitgehend auf die **Absicherung** des Erreichten beschränkt und so soziale Schließungsmechanismen reproduziert werden. „Die in den Spitzengesprächen des Bündnisses erzielten Ergebnisse entsprechen nicht entfernt den Anforderungen an einen beschäftigungswirksamen Sozialpakt. ... Die getroffenen Vereinbarungen mieden erkennbar die Kerninstitutionen des Arbeitsmarktes. Sie beschränkten sich auf Themen von sekundärer Bedeutung, deren Behandlung keinem der Beteiligten ein nennenswertes Opfer abverlangte. Was die elementaren Interessen auch nur eines der Beteiligten hätte berühren können, blieb ausgeklammert“ (Wiesenthal/Clasen 2003, 316f; vgl. auch die Beiträge in Schröder/Weßels 2003 und Beyer 2003).

Der Vorwurf des Strukturkonservatismus sozialer Pakte ist also nicht unbegründet. Zudem ist das System organisierter Interessen „ein in hohem Maße gegenwartsfixiertes System. Die Fixierung wird übrigens noch einmal dadurch verstärkt, dass auch in Interessenverbänden, ähnlich wie zwischen Wählern und Gewählten, die typischen Ungewissheiten von Vollmachtsverhältnissen wirksam sind mit der Folge, dass die Verbandsfunktionäre sich vor allem an den potentiellen Interessen ihrer Mitglieder orientieren“ (Kielmannsegg 2002, 25; vgl. auch zusammenfassend Heinze 1998). Aufgrund der negativen Erfahrungen der „Konsenskooperation“ mit den Verbänden setzte man auf der politischen Bühne – im Anschluß an die Organisationskrise bei der (ehemaligen) Bundesanstalt für Arbeit - auf ein neues Verhandlungsnetzwerk, die „Hartz-Kommission“. Hier dominierte eher wieder eine hierarchische Steuerung unter „Quasibeteiligung“ der Verbände und es wurde vor allem auf vertrauliche und geräuschlose Verhandlungsrunden Wert gelegt. Wie auch später in der „Rürup-Kommission“ spielen **wissenschaftliche** Experten und auch wissenschaftliche Expertisen in diesen Kommissionen durchaus eine große Rolle und können durch ihre Autoritätsfunktion sowohl mithelfen, zentrale Probleme zu diagnostizieren als auch im Diskussions- und Deutungsprozess „Schiedsrichterfunktionen“ auszuüben (vgl. u.a. Wewer 2003 sowie die Beiträge in Jann/Schmid 2004). Da Politiker wie kaum eine andere Berufsgruppe ständig unterschiedlichen „Ratschlägen“ (sei es aus der eigenen Partei, nahe stehenden Verbänden oder auch den Medien) ausgesetzt sind, ist diese Funktion für Wissenschaftler jedoch nicht leicht wahrzunehmen.

Wissenschaftliche Politikberatung kann diese Aufgabe nur dann erfüllen, wenn sie sich intensiv mit den Strukturen des politisch-administrativen Systems und den Präferenzen der Akteure sowie den politischen Entscheidungszyklen beschäftigt hat. Nur eine so aufgeklärte Wissenschaft ist wirklich in der Lage, Politikentscheidungen mitzugestalten. Angesichts der hektischen Aktivitäten auf der „Baustelle Sozialstaat" hat sich in Deutschland der Korridor für Politikberatung einerseits in den letzten Jahren geöffnet. Die Vielzahl von Expertenkommissionen und die gleichzeitig geringe Anzahl politischer Innovationen verweisen andererseits auf die Gefahr, dass auch diese politische Strategie ihre Steuerungskraft eingebüßt hat und die Regierungspolitik deshalb gerade aktuell (etwa in Fragen der Gesundheitsreform) Selbstbewusstsein und Führungskraft zeigen muss.

3.3 Abschied vom Korporatismus – neue Konfliktlinien und Zerfaserungen

Die Bemühungen um eine konsensorientierte Reformpolitik der letzten Jahre zeigen, dass es autonomer politischer Interventionen bedarf, um kooperative Steuerungsgremien in lernfähige politische Einheiten zu verwandeln. Auch die Erfahrungen in anderen vergleichbaren Ländern demonstrieren nachhaltig, dass sich ohne eine eigene langfristig angelegte Strategie die Regierungspolitik letztlich den Interessen der **„Besitzstandswahrer"** ausliefert. Der Organisationszweck gerade von gesellschaftlichen Großorganisationen beschränkt sich weitgehend auf die Absicherung des Erreichten und reproduziert so soziale Schließungsmechanismen. Der Abschied von der alten Konsensrepublik ist zwar schwer, allerdings sollte die „Stabilitätsneigung pfadabhängiger Prozesse" (Beyer 2005, 5) nicht überinterpretiert werden, da es durchaus Chancen für einen intendierten Wandel gibt. Ganz zentral ist dabei der politische Wille und die Fähigkeit der zentralen Akteure, den Wandlungsprozess aktiv zu steuern. Helfen können in der Reformdiskussion durchaus „Best - Practice - Lösungen" aus vergleichbaren Ländern, allerdings gilt es die spezifischen institutionellen Eigenlogiken zu beachten. Und wenn nicht konkret gelernt werden kann, so können erfolgreiche Modelle doch wenigstens als „Stachel" wirksam sein.

Neben dem spezifisch **deutschen Beharrungsvermögen** ist auch die „soziale Arithmetik der Wohlfahrtsdemokratie" für die Verzögerung von Reformen verantwortlich. „Die entscheidenden Kämpfe finden zwischen denjenigen statt, die ein starkes Interesse am Fortbestand der Sozialpolitik haben oder aus anderen Gründen eine Lohnkonkurrenz nicht zu fürchten brauchen, und denjenigen, die ihre Chancen auf dem Markt wahrnehmen wollen oder müssen. Die erstgenannte Schicht ist in Deutschland zahlenmäßig weit stärker. Zu ihnen zählen nicht nur die Rentner, sondern auch alle jene, die über Gebührenordnungen oder, was die Landwirte betrifft, über „Marktordnungen" mit vergleichsweise sicheren Einkommen rechnen können. Für die Marktwirtschaft bedeutet ein numerisches Übergewicht dieser Gruppen, dass mit einiger Wahrscheinlichkeit die Zukunfts- den Gegenwartsinteressen geopfert werden" (Rieger/Leibfried 2001, 331f; vgl. auch Heinze 1998). Zu den zentralen Großorganisationen, die den gesellschaftlichen Wandel in ihren eigenen Grenzen nur bedingt nachvollzogen haben, gehören derzeit die Gewerkschaften. Aber auch die anderen Großverbände (bspw. die Standesorganisationen der Handwerker oder der Mediziner) erheben sofort lautstark ihre Stimme und produzieren so eine **Vetohaltung**, sobald es an ihre konkreten Privilegien geht. Anstatt auf die sozioökonomischen Wandlungsprozesse einzugehen, dominiert die übliche Selbstvergewisserung, wenn nicht sogar Ignoranz. Dieser Trend zur organisatorischen Selbstbeschäftigung kann als Wahrnehmungsblockade beschrieben werden, weil im Prinzip nicht eine Sensibilität für den Wandel aufgebracht wird, sondern nur der Bestand der eigenen Institution wahrgenommen und ein Großteil der Kräfte und Potentiale in innerorganisatorischen Auseinandersetzungen aufgesogen wird. Zudem tun sich sehr viele Grossorganisationen schwer damit, den gesellschaftlichen Wandel in ihren eigenen Grenzen nachzuvollziehen. Generationenwechsel haben nur begrenzt (und zumeist unter dramatischen Rahmenbedingungen) stattgefunden, alternative Optionen werden von Rückbesinnungen auf alte Tugenden weggefiltert, so dass sich mentale und kognitive Blockaden aufgerichtet haben. Dieser Vertrauens- und Glaubwürdigkeitsverlust trifft alle politischen Großinstitutionen in der Bundesrepublik (vgl. Glaab 2003).

Der Wert sowohl sozialpartnerschaftlicher Arrangements (wie etwa das Bündnis für Arbeit) oder auch allgemein der Interessenorganisationen wird auch von der wissenschaftlichen **Verbändeforschung** zunehmend kritisch thematisiert. Aufgrund der Heterogenität der organisierten Interessen und der Pluralisierung des Verbandssystems können die Interessen durch „monopolartige Spitzenverbände" und einen Tripartismus in den Arbeitsbeziehungen nicht mehr adäquat abgebildet werden. Aus der Verbändeforschung sind insbesondere folgende Tendenzen hervorzuheben (vgl. Wessels 2000 sowie zusammenfassend Sebaldt/Straßner 2004 und Straßner 2006):

- Ausdifferenzierung der Verbändelandschaft (stark vorangetrieben durch die Wiedervereinigung)
- Europäische Integration (multi-voice-lobbying auf mehreren politischen Ebenen)
- Kommerzielles lobbying (Firmenrepräsentanten in Berlin und Brüssel, neue Rolle von consultants und politischen think tanks)

Pointierter formuliert: Die organisierte, korporatistisch verfasste Gesellschaft der Bundesrepublik ist in einen Zustand der wachsenden Desorganisation geraten, die den Herausforderungen nicht mehr gerecht wird. Nicht nur das Normalarbeitsverhältnis verfällt als anerkanntes Sozialmodell, sondern auch die sozialintegrative Kraft des Parteien- und Verbändestaates zerbröselt. Es wäre aber voreilig, korporatistische Verhandlungslösungen, die durchaus eine lange Tradition in Deutschland haben, als obsolet zu beurteilen. Allerdings ist die Problemlösungsfähigkeit solcher Kooperationsmodelle nicht nur in die Defensive geraten, sondern die ausgeprägte Vetomacht der politischen Großorganisationen wird auch als Erklärung für das Vollzugsdefizit bei den Reformversuchen an vorderster Stelle genannt (vgl. die Beiträge in Egle et al 2003). Die Attraktivität sozialpartnerschaftlicher Lösungen im deutschen Sozialstaatsmodell erodiert aber auch vor dem allgemeinen Hintergrund der **verblassenden Bedeutung** überlieferter Ordnungsmuster der Moderne. Die klassische Sicht auf Organisationen als geordnete, verlässliche Systeme wird gerade von steuerungstheoretisch ambitionierten Theoretikern wie etwa Willke oder Luhmann radikal in Frage gestellt. „Neuere Organisationsarchitekturen betonen flache Hierarchien, Netzwerke, verteilte Systeme, heterarchisch gekoppelte Center und selbständige Geschäftseinheiten, teilautonome Gruppen, Einbindung externer Partner etc. Alle diese Modelle meinen damit nicht Strukturlosigkeit und Chaos, sondern eine Verlagerung der Merkmale der Organisation auf Flexibilität, Geschwindigkeit, Klientenorientierung und Innovation" (Willke 2003, 304; vgl. auch Luhmann 2000).

Diese strukturellen Unsicherheiten können auch nicht dadurch aufgefangen werden, dass sich die Regierungspolitik an Programmen orientiert und auf die Fähigkeit der in einer repräsentativen Demokratie vorgesehenen Willensbildungskanäle (also primär den politischen Parteien und dem Parlament) vertrauen könnte. Zum einen sind die Wahlprogramme der größeren Volksparteien zu unspezifisch, um im Regierungsalltag konkrete Politik zu machen und zum anderen leidet die Handlungs- und Entscheidungsfähigkeit der politischen Parteien unter den gleichen Bedingungen wie bei den Interessenverbänden. Auch sie sind nicht mehr im eigentlichen Sinn „Volksparteien", sondern laufen ebenfalls den gesellschaftlichen Wandlungsprozessen hinterher und zerfasern sich. Und ebenso wie für die Verbände gilt auch für die politischen Akteure, dass Flexibilität, Geschwindigkeit, Klientenorientierung und Innovation zu den entscheidenden „tools" des modernen Regierens werden, um die „Hyperkomplexität" der Probleme kleinzuarbeiten.

Gerade weil man sich nicht mehr auf die traditionellen „Monopolverbände" und konzertierte Aktionen verlassen kann, muss die Politik selbst mehr entscheiden und damit eine höheres Maß an Lernfähigkeit aufweisen. Sicherlich liegt es aber auch in der Logik der Sache, dass politische Abstimmungs- und Lernprozesse generell langsamer verlaufen als ökonomische Entscheidungsprozesse, da sich die ökonomischen Akteure nicht um das Gemeinwohl und die Legitimität ihrer Entscheidungen kümmern müssen. Es bedarf deshalb schon einer erhöhten Risiko- und Lernbereitschaft bei den zentralen Akteuren, um die politisch-institutionellen Lähmungen zu überwinden.

Wichtig erscheint dennoch, dass die deutsche Entwicklung nicht nur als Erosion der korporativen Marktwirtschaft oder als Reformstau interpretiert wird, sondern dass es – neben allen politisch-organisatorischen Blockaden und Immobilismus - auch Reformschritte im institutionellen Arrangement zwischen den Tarifparteien untereinander oder auch im Verhältnis zum Staat gegeben hat. Obgleich manche Autoren von einem „reformlosen Wandel" sprechen, hat es in den letzten Jahren in den verschiedenen Zweigen des deutschen „Sozialversicherungsstaates" (von der Renten- über die Gesundheits- bis hin zur Arbeitsmarktpolitik) in einigen Dimensionen einen **Paradigmenwechsel** gegeben. Nicht nur wurde die Bundesanstalt für Arbeit zur Bundesagentur für Arbeit, sondern auch die Organisations- und Leitungsstrukturen haben sich verändert (in gleicher Hinsicht wurden auch die Rentenversicherungsträger reformiert). Über einen Umbau von Organisations- und Leitungsstrukturen wird aber nicht nur in den sozialen Sicherungssystemen gestritten, sondern – parallel zur Debatte um eine Modernisierung der Verwaltungsstrukturen in Deutschland - auch im Bildungs- und Krankenhauswesen.

Insgesamt sprechen die verschiedenen Reformen der Organisationsstrukturen dafür, von einer **Transformation** des traditionellen deutschen Wohlfahrtsstaatsmodells zu sprechen. Und der betrifft massiv das System der organisierten Interessen und führt auch zu neuen Governancestrukturen im sozialpolitischen Feld, verbunden mit einem Ausstieg aus korporatistischen Strukturen und einem Bedeutungsverlust der traditionellen Verbände. Diese Gewichtsverschiebungen zu Ungunsten der klassischen Großverbände gelten nicht nur für die verschiedenen Zweige der Sozialversicherungen, sondern sind auch bei den sozialen Diensten hinsichtlich der etablierten Position der Wohlfahrtsverbände zu beobachten. So gehen die jüngsten sozialpolitischen Reformbemühungen in diesem Sektor mit der Forderung nach mehr **Transparenz** und **Vergleichbarkeit** der sozialen Leistungen einher; zudem müssen die sozialen Einrichtungen vermehrt mit Budgets arbeiten. Dies wird besonders deutlich im Pflegesektor, der derzeit den größten Wachstumsmarkt der sozialen Dienste darstellt und durch die Einführung der Pflegeversicherung institutionell neu eingebettet worden ist (bspw. wird erstmals explizit die Gleichbehandlung von kommerziellen und gemeinnützigen Leistungsanbietern gefordert). Dies läuft praktisch auf eine Schwächung der traditionellen Einbindung der Verbände in die Politikformulierung hinaus (vgl.

Heinze 2002, 110ff). Der Status der Wohlfahrtsverbände wird hier am sichtbarsten dadurch geschwächt, dass sie ihre Vorrangstellung nun mit privaten Trägern teilen müssen; dahinter verbirgt sich der Wettbewerbsgedanke der Pflegeversicherung. Ohne diese Entwicklung dramatisieren zu wollen, zerbricht nicht nur bei den Wohlfahrtsverbänden ein Organisationstypus, der für die soziale Integration aller westlichen Gesellschaften von hoher Bedeutung ist. „Für unzählige Menschen bedeuteten Kirchen, Gewerkschaften und Parteien einst eine primäre Quelle ihrer Identität, sozialen Rückhalt, politischen Einfluss, Eingebundensein in die Gemeinschaft und freundschaftliche Bindungen – kurz gesagt, ein grundlegendes Reservoir an Sozialkapital. Der universelle Rückgang des Engagements in diesen Institutionen zeigt eindrucksvoll die Dynamik des Sozialkapitals in fortgeschrittenen Demokratien“ (Putnam 2001, 776; vgl. auch die Beiträge in Heinze/Olk 2001).

Bei der Diskussion um die Umsetzung der „Agenda 2010“ wurden die Verbände (vor allem die Gewerkschaften) und insbesondere die Verbandsfunktionäre eher als ein Problem denn als ein Teil der Problemlösung wahrgenommen. Der tendenzielle Ausschluss bzw. die Marginalisierung der Gewerkschaften durchzieht die neue „Berliner Republik“ und löst das klassische System der politisch-ökonomischen Eliten der Bonner Republik langsam auf – hinzu kommt die durch die große Koalition angestrebte Entwertung und „Delegitimierung von Lobbyinteressen und Verbandspolitik“ (so der stellvertretende Regierungssprecher Thomas Steg, in: Der Spiegel H. 9/2006, 85). Ein richtungsweisendes Reformprogramm für den institutionellen Umbau des „Modell Deutschland“ wird auf jeden Fall über dreiseitige Bündnisse zwischen dem Staat, Gewerkschaften und Arbeitgeberverbänden nicht mehr erwartet. Damit steht auch der **funktionale Wert** solch kooperativer Strategien und Instrumente in Frage, da sich die erhoffte Aktivierung und Unterstützung der großen Verbände als voreilig herausgestellt hat.

Nur langsam greift die Einsicht um sich, dass nur derjenige, der frühzeitig den Wandel organisiert, die sozialstaatlichen Sicherungssysteme im Kern erhalten kann. Genau diese Feststellung war und ist weder in der Bevölkerung noch bei den politischen Eliten in den Parteien und Verbänden beliebt, eher wurden und werden Beschönigungsszenarien inszeniert („Die Rente ist sicher“). Scheinbar kommen Schilderungen einer „heilen Welt“ auch bei den Bürgern bzw. den Wählern besser an, die sich in den letzten Jahrzehnten sowohl an die unbestreitbaren wirtschaftlichen Erfolge als auch an die politischen Routinen eines „slow-motion-country“ gewöhnt haben. Vor Verallgemeinerungen ist zu warnen, dennoch müssen die Hinweise auf eine relativ **passive** Haltung, die sicherlich auch durch die Konstruktionsprinzipien des deutschen Wohlfahrtsstaatsmodells mit generiert wird, als ein Merkmal der Gegenwartskultur registriert werden. Diese

Grundstimmung erregt sich nun aber durch die um sich greifenden betrieblichen Umstrukturierungen der Großunternehmen, die bei vielen Erwerbstätigen ein Klima der Orientierungslosigkeit und bisweilen der **Angst** erzeugen. Auch in empirischen Studien werden diese Gefühle registriert und sie breiten sich zunehmend in die „Mitte" der Gesellschaft aus. Auch mittlere und gehobene Soziallagen fürchten sich vor der Arbeitslosigkeit, haben generell eine eher negative Zukunftserwartung und sehen „alles in Unordnung geraten". Heitmeyer hat diese neue Qualität sozialer Verunsicherung (einer „verstörten" Gesellschaft) so zusammengefasst:

> „Erstens: Kontrollverlust nationalstaatlicher Politik im Zuge der Globalisierung und die Wahrnehmung, dass die soziale Unsicherheit größer wird.
> Zweitens: Ungerichtete gesellschaftliche Prozesse, die das Gefühl der Orientierungslosigkeit hervorbringen.
> Drittens: Die Unbeeinflussbarkeit von ökonomischen Entwicklungen, die das Gefühl erzeugen, als politischer Bürger nur noch wenig zur eigenen sozialen Sicherung und zur Entwicklungsrichtung der Gesellschaft beitragen zu können.
> Diese negativen Wahrnehmungen lassen sich als Verstörungen begreifen, die aus gesellschaftlichen Entwicklungen resultieren" (ders. 2005, 24; vgl. auch die Beiträge in Heitmeyer 2005).

Aber dies soll nicht einem Reformpessimismus das Wort reden. Vor dem Hintergrund der bislang eingeleiteten Reformen treffen weitergehende Reformschritte auf schon vorbereitete politische Akteure. Zwar sind die Etappen etwa hinsichtlich einer schrittweisen Überwindung der fiskalischen Krise der öffentlichen Haushalte oder hinsichtlich des Abbaus der Arbeitslosigkeit noch nicht erreicht, doch der „point of no return" ist schon überschritten. Dies heißt aber auch: es gibt kein Zurück mehr zum traditionellen sozialpartnerschaftlichen deutschen Konsensmodell, Politik wird damit unbeständiger und die politischen Entscheidungsprozesse polarisieren sich stärker und werden immer aufwendiger. Und die bereits seit Mitte der 90er Jahre festzustellenden Zerfaserungen der korporatistischen Arrangements zwischen Sozialpartnern und Staat zeigen sich auch in der wachsenden Distanz zwischen den Sozialpolitikern und den Verbänden (empirisch nachgewiesen für die Bundesebene hat dies Trampusch 2004).

Die verbandskritischen Äußerungen der Spitzenpolitiker werden in neueren Umfragen von der Bevölkerung geteilt, in denen sowohl die Parteien als auch die Wirtschaftsverbände und die Gewerkschaften in der Gunst der Wähler schlecht abschneiden. Dieses wachsende Negativimage wird auch intern bei den wirtschaftsbezogenen Verbänden registriert und man bemüht sich um neue Verbandsstrategien, um das „**Blockierer-Image**" abzustreifen. Die traditionell eingefahrenen Selbstbedienungspraktiken der Großverbände zu Lasten von Wählern und Steuerzahlern werden einerseits zunehmend kritisch hinterfragt, anderseits schrumpft insgesamt die Macht der „Großverbände“: „Dominiert wurde die Lobbyszene Jahrzehnte lang vom deutschen Verbandswesen, allen voran vom Bundesverband der Deutschen Industrie. Doch heute findet immer häufiger eine gezielte Kommunikation von einzelnen Unternehmen mit der Politik statt. Manager wollen in dringenden Fragen direkt mit einem Ausschussvorsitzenden Im Bundestag sprechen und nicht mehr den Vorsitzenden des eigenen Branchenverbandes. Insofern haben traditionelle Lobby-Gruppen, von der Bundesvereinigung deutscher Apothekerverbände bis zum Bundesverband der Deutschen Zementindustrie ein Stück ihrer früheren Bedeutung verloren. An diesem Punkt kommen die Public-Affairs-Berater ins Spiel. Wenn ein Manager beispielsweise dringend den Kontakt zu einem bestimmten Minister sucht, seine Mitarbeiter diesen aber nicht ohne weiteres herstellen können, dann kann nicht selten ein Public-Affairs-Berater mit seinen exzellenten Verbindungen helfen. Auch kleinere Unternehmen, die sich kein eigenes Personal in Berlin leisten können, engagieren von Fall zu Fall Lobbyisten auf Honorarbasis“ (Gammelin/Hamann 2005, S. 172f; vgl. hierzu auch die Beiträge in Leif/Speth 2003 sowie Bittner/Niejahr 2004).

Die Szenerie des **kommerziellen Lobbyismus** ist bislang wissenschaftlich nicht durchleuchtet worden, wenngleich alle Beobachter davon ausgehen, dass im deutschen Politikbetrieb die Public-Affairs-Berater zunehmend an Macht gewonnen haben. Gerade durch den Umzug nach Berlin haben sich die kommerziellen Lobbyaktivitäten verstärkt, dieser Boom steht aber auch im Zusammenhang mit der Europäisierung der Politik. Insgesamt ist es sowohl zu einer Intensivierung unternehmerischen Lobbyings als auch damit verbunden einem „Bedeutungsverlust verbandlichen Lobbyings“ (vgl. exemplarisch Trampusch 2004) und im Trend zu einer „organisatorischen Ausdifferenzierung“ des Verbändesystems gekommen (Sebaldt/Straßner 2004, 274f).

Hinzu kommen neue „Lobbyingstrategien“, die sich etwa in der Initiative Neue Soziale Marktwirtschaft zeigen. „Zwei Dinge unterscheiden die Initiative von anderen Lobbyisten der Wirtschaft: Erstens entwickelt sie wirtschafts- und sozialpolitische Visionen. Zweitens wendet sie sich nicht ausschließlich ans Parlament, die Regierung und den Beamtenapparat in den Ministerien, sondern auch an die breite Öffentlichkeit. Denn am Ende müssen ihre Reformideen von Politikern verwirklicht werden. Politikern, die sich alle vier Jahre einer Wahl stellen müssen und mehr als je zuvor aus den Medien Volkes Stimme extrahieren. Die Initiative ist insofern eine Mischform. Sie betreibt Lobbyismus. Gleichzeitig meinen manche Beobachter, sie habe das Zeug, sich zum Prototyp einer neuen politischen Bewegung zu entwickeln“ (Gammelin/Hamann 2005, S. 156 f; vgl. auch Speth 2004 und Wischmeier 2005). Hierzu eine pointierte Einschätzung von Claus Offe: „Es ist keine Partei, kein Verband und keine traditionelle

Bürgerinitiative – und dennoch eine Stimme in der politischen Debatte.....Wenn die Initiative noch einige Jahre durchhält und weiteren Einfluss gewinnt, wäre das ein tatsächlicher Wandel in der deutschen Politik“ (a.a.O. S. 157). Die Initiative Neue Soziale Marktwirtschaft kann als ein moderner „Think Tank“ beschrieben werden, der maßgeblich vom Arbeitgeberverband Gesamtmetall sowie dem Institut der Deutschen Wirtschaft unterstützt wird und sich in der Öffentlichkeit als eine professionelle Organisation gut inszeniert. Neben einer effektiv arbeitenden kleinen Geschäftsstelle in Köln und einer engen Zusammenarbeit mit Kommunikationsagenturen gibt es Kuratoren und Botschafter aus den verschiedenen gesellschaftlichen Gruppen, die für eine gute Öffentlichkeitsarbeit sorgen. Manche Journalisten bezeichnen sie sogar als „APO“ oder „Lautsprecher des Kapitals“, um darauf hinzuweisen, dass die Kampagnen dieser Initiative in vielen Bereichen gelernt haben aus den neuen sozialen Bewegungen und dadurch stärkere Resonanz in der Öffentlichkeit bekommen (vgl. etwa Hamann 2005 und Winkelmann 2004).

Dass solche neuen Formen des Lobbyismus sich entfalten können, liegt sicherlich auch daran, dass die wissenschaftliche Politikberatung in Deutschland an Bedeutung verloren hat (hier wäre sicherlich eine vergleichende Studie bspw. zur Rolle von Think Tanks in den USA höchst interessant). Dies gilt vor allem für die Sozialwissenschaften, die nach Meinung von Dahrendorf als intervenierende Leitwissenschaften abgedankt haben: „Sie haben abgedankt, aus Gründen, die im Wesentlichen, wenn man es rein deskriptiv fasst, damit zusammenhängt, dass die wissenschaftliche Welt eine Eigenwelt geworden ist. Sie orientiert sich nicht sehr an dem, was an Fragestellungen in sie eingeht, geschweige denn an dem, was an Wirkung aus ihr hervorgehen kann“ (ders. 2005, 39). Dieser **Bedeutungsverlust** trifft nicht alle Wissenschaften gleichermaßen; Edda Müller (2005) sieht vor allem den Verlust bei den Sozialwissenschaften, während ihrer Meinung nach die Wirtschaftswissenschaften weiterhin im politischen Beratungsgeschäft aktiv mitmischen (allerdings hinsichtlich ihrer Erfolgswirksamkeit nicht nur aus eigener Sicht ebenfalls eher pessimistisch sind; vgl. etwa die Beiträge in Zimmermann 2006).

Bevor in den nächsten Abschnitten die regionale Dimension sozialer Desintegration aber auch regionale Innovationsstrategien diskutiert werden, soll ein zusammenfassender Blick auf die aktuellen Reformdebatten in Deutschland gerichtet werden:

1. Trotz aller Debatten um Politikblockaden und Pfadabhängigkeiten bewegt sich der deutsche Sozialstaat und erweist sich tendenziell als anpassungsfähig an die neuen Herausforderungen, allerdings beginnt der „Umbauprozess“ langsam (das viel zitierte „**Zeitlupenland**“ Deutschland) und wird

von vielen Vetospielern verunsichert. Der Umbau der traditionellen sozialpolitischen Architektur wurde beschleunigt durch Skandale (wie bei der Bundesanstalt für Arbeit). Dieser Zusammenhang scheint nicht zufällig, denn ganz generell gilt für „Zeiten, in denen die Kraft zu Reformen fehlt, die Empfindlichkeit für Skandale zunimmt. Auch Bagatellen werden dann zu Skandalen hochtransformiert, um auf diese Weise wenigstens einen Austausch des Führungspersonals zu ermöglichen" (Luhmann 2000, 337).

2. Es ist bereits darauf hingewiesen worden, dass für viele Deutsche der Begriff Reform derzeit einen negativen Charakter trägt – jedenfalls wenn es um politische Reformen geht. Dies liegt sicherlich nicht nur an den inhaltlichen Umbauplänen und der sich abzeichnenden neuen Architektur der sozialen Sicherung, sondern ist auch Kommunikationsproblemen geschuldet. Auch hier ein Rückgriff auf die Systemtheorie von Luhmann: Wenn die „Poesie der Reform ganz auf konsenssichere Konstruktionen eingestellt (ist), bleibt häufig aber die Beschreibung der angestrebten Zukunft ziemlich unbestimmt, und die Reform stellt sich in erster Linie als Mittel und als Verfahren vor" (a.a.O., 339). Sozialwissenschaftler warnen deshalb zu Recht vor einem „Reformgerede" und vermissen ein Erfolgserlebnis. Gerade in Zeiten der Erosion des traditionellen deutschen Sozialmodells besteht ein hoher Bedarf an **Orientierung** und deshalb reichen Reformappelle nicht aus, wenn sie nicht zeitnah von Erfolgen (bspw. beim Aufbau neuer Wirtschaftsstrukturen oder noch besser beim Abbau der Massenarbeitslosigkeit) begleitet werden.
3. So gilt es, den Wohlfahrtsstaat nicht nur als Last, sondern als **soziale Investition** zu begreifen, wobei der Sektor der wissensintensiven Dienstleistungen zukünftig eine zentrale Rolle spielt. Der Umbau des bundesrepublikanischen Sozialstaates sollte sich deshalb auch nicht am Leitbild der minimalistischen Version (etwa an den selektiven Sozialstaatsinstitutionen des angelsächsischen Wohlfahrtskapitalismus) orientieren, sondern muss - basierend auf seinen Stärken - neue Innovationsschwerpunkte kreieren, die sowohl sozial integrierend als auch beschäftigungsfördernd wirken. Nur so kann ein Ausbruch aus der Sackgasse gelingen, in die sich die defensiv geführten Diskussionen um die hohen Kosten des Wohlfahrtsstaates oder aktuell um die Probleme einer „ergrauenden" Gesellschaft manövriert haben. So erleben etwa innerhalb des Trends zur Dienstleistungsgesellschaft auch in der Bundesrepublik viele Felder des tertiären Sektors einen Aufschwung. Allerdings liegt der Anteil arbeitsintensiver Dienstleistungen an der Beschäftigung noch immer signifikant unter dem in vergleichbaren anderen Ländern.

4. Auch im internationalen Beschäftigungsvergleich wird deutlich, dass die klassische Industriepolitik durch eine **aktivierende Dienstleistungspolitik** ergänzt werden muss, um die strukturellen Beschäftigungshindernisse (etwa Überregulierungen) gerade in diesem Sektor abzubauen. Im Zentrum einer solchen Standortpolitik müssen Maßnahmen stehen, die zu einer Erschließung der vorhandenen Qualitäts- und Effizienzpotentiale im Dienstleistungssektor beitragen. Im Unterschied zur klassischen Struktur- und Industriepolitik, die ganze Branchen und Wirtschaftszweige nach dem ‚Gießkannenprinzip' förderte, folgt jedoch eine aktivierende Dienstleistungspolitik dem Motto ‚Stärken stärken'.
5. Die regionale Strukturpolitik muss sich für eine offensive Dienstleistungspolitik öffnen, die allerdings nicht mehr am „grünen Tisch" von Politikern ausformuliert werden kann und dann umgesetzt wird. Vielmehr ist eine Dienstleistungsoffensive nur im Dialog zwischen der Politik und den anderen verantwortlichen Akteuren zu realisieren, worauf die international vergleichende Forschung zu regionalen Innovationssystemen hinreichend hingewiesen hat. „Gegenseitiges Lernen, das zu ständigen Innovationen führt, verläuft eher informell und spontan und beruht auf dem Zufall; daher belohnt die neue Wirtschaft auch eher kleine unternehmerische Gruppen von Tüftlern und Spürnasen als große, hierarchische Verwaltungen" (Reich 2002, 102f). Allerdings dürfen aus den in vielen Studien zur regionalen Strukturpolitik geforderten Netzwerken und „runden Tischen" keine „langen Bänke" werden; gefordert ist ein professionelles **Standortmanagement**.
6. Eine zentrale Herausforderung auch für die Zukunft der wohlfahrtsstaatlichen Sicherungssysteme ist die Entwicklung eines positiven Klimas für Innovationen und **Gründungen** und insgesamt für Eigeninitiative. Gefragt sind fruchtbare Allianzen zwischen Wirtschaftsunternehmen, der Politik und Verwaltung sowie der Wissenschaft. Der Standortvergleich herausragender innovativer Standorte hebt durchgängig die Existenz solcher Kooperationsstrukturen und Netzwerke heraus, verweist aber auch auf die Bedeutung von Visionen. Gefragt sind also sowohl strukturelle Reformen im traditionellen sozialen Sicherungssystem als auch Strategien, die den wohlfahrtsstaatlichen Sektor selbst als Innovations- und Wachstumspotential sehen.
7. Auch wenn man nicht ständig von einem „Auslaufmodell Deutschland" oder vom „deutschen Patienten" sprechen sollte, weil dies eine zu grobe Umschreibung der differenziert zu analysierenden Herausforderungen ist und zugleich den Standort weiter schwächt, ist eine **Überwindung** der deutschen Stagnation noch nicht in Sicht. Gelockert wurden allerdings durch die

große Koalition die parteipolitischen Blockaden und es breitet sich – wenigstens zu Beginn – ansatzweise auch eine neue Mentalität (nach dem Motto: nicht klagen, sondern „anpacken") in der Regierungspolitik aus. Parallel zu diesem politischen Pragmatismus könnten sich auch neue politisch-institutionelle Arrangements entwickeln, die sich jedoch nicht mehr am klassischen korporatistischen Modell orientieren werden. Die Aufbrüche (bspw. in der Tarifpolitik) gehen derzeit auch nicht mehr von den Verbände- oder Gewerkschaftszentralen aus, sondern kommen aus den Betrieben. Weitere neue Formen der Vernetzung sind durch den Paradigmenwechsel zum aktivierenden Staat eingeläutet worden, allerdings braucht es Zeit, um die Neuorganisation der institutionellen Strukturen Wirklichkeit werden zu lassen. Gerade weil politische Planung über längere Zeiträume nicht mehr möglich ist (was allerdings nicht heißt, auf strategische Positionierungen zu verzichten), bedeutet dies für die Regierungspolitik, dass „das Gesamtpaket von Strategie, Budgetierung und Controlling neu durchdacht werden muss" (Willke 2003, 296).

4 Regionale Disparitäten im sozioökonomischen Wandel: vom regionalen Ausgleich zur Förderung von „Metropolregionen"

Im Rahmen der Debatte um verschiedene „Spielarten des Kapitalismus" wurde bereits auf die Verschärfung regionaler Disparitäten verwiesen, wobei auch in Deutschland durchaus in einzelnen Wirtschaftsregionen und Branchen komparative Wettbewerbsvorteile bestehen. Dies gilt insbesondere für einzelne Branchen, die auch im Kontext der Globalisierung gute Zukunftschancen haben (etwa im Bereich wissensintensiver Dienstleistungen, aber auch Maschinenbau, Medizintechnik, Pharmabranche, Energiewirtschaft, Logistik etc). Andererseits breiten sich marginalisierte Regionen ebenso aus und es gibt auch einen schleichenden Paradigmenwechsel in der Ordnungspolitik: stand noch in der Nachkriegszeit und auch zu Beginn der „neuen" Bundesrepublik Anfang der 90er Jahre das Ausgleichsziel im Mittelpunkt der Politik, so hat sich die Orientierung an **gleichwertigen Lebensverhältnissen** „still" verabschiedet. Die räumlichen Polarisierungsprozesse werden durch struktur- und raumordnungspolitische Maßnahmen kaum noch gebremst, vielmehr verharren manche Regionen auf hohen Arbeitslosenquoten und sozialen Desintegrationsprozessen. Anhand der Ausdifferenzierung sozialer Räumlichkeiten zeigt sich auch, dass der Raum als soziologische Kategorie durchaus noch seine Bedeutung hat. „Grenzbildungen in sozialen Systemen" (Stichweh 2002b, 2) können sich auch räumlich abbilden, was anhand der Arbeitsmarkt- und daraus abgeleiteten Lebenslagen noch diskutiert wird.

Im folgenden soll zunächst aber vor dem Hintergrund einer wachsenden sektoralen Spezialisierung das Auseinanderdriften der Regionen anhand einzelner Regionen nachgezeichnet werden, um daraus auch auf die Bedeutung spezifischer regionalpolitische Innovationsstrategien hinzuweisen, die im nächsten Kapitel erläutert werden. Der durch langfristige sozioökonomische Wandlungsprozesse vorangetriebene Trend zur regionalen Spezialisierung bei gleichzeitiger Globalisierung („Glokalisierung") wird einerseits in der regionalen Strukturpolitik anerkannt und auch durch die Förderung von „Wachstumskernen" massiv unterstützt, allerdings werden die damit verbundenen Zielverschiebungen in Richtung auf Agglomerationsräume in der deutschen Politik. verdrängt. Nicht anders ist zu erklären, dass Politiker, wenn sie einmal an der These der Vereinheitlichung von Lebensverhältnissen rütteln, eher abgestraft werden. Viele etablierte Politikakteure möchten nicht über die wachsenden regionalen Differenzierungen sprechen, weil sie vor ihren Wählern lieber ein traditionelles Bild eines in sich ausgleichenden Nationalstaates vermitteln wollen. Diese Absage an die Realität wird vor dem Hintergrund des offensichtlichen Öffnens einer Schere zwischen gut aufgestellten, lernenden Wachstumsregionen und stagnierenden oder schrumpfenden klassischen Standorten agrarischer oder industrieller Prägung natürlich nicht gelingen und deshalb werden zukünftig auch auf der offiziellen politische Bühne Debatten um regionale Innovationssysteme und die Frage, wie man von erfolgreichen Regionen lernen kann, zum Alltag gehören. Basis der folgenden Argumentation ist der voranschreitende Prozess einer offenen Weltwirtschaft, in der „heute nicht Konvergenz die beherrschende Tendenz der Globalisierung, sondern Konvergenz in Wechselwirkung mit Divergenz" (Streeck 2004a, 7; vgl. auch Hirsch-Kreinsen 2005, 250ff) ist.

Bereits die Betrachtungen zur Arbeitslosigkeit demonstrierten nachhaltig, dass sich in Deutschland **regionale Polarisierungsprozesse** in den letzten Jahren ausgedehnt haben. Nicht nur zwischen Ost- und Westdeutschland (dort relativieren sich sogar die Disparitäten), sondern auch zwischen „altindustriellen" Standorten und expandierenden Wachstumsregionen (wie München oder Hamburg) wachsen die Unterschiede. Hinzu kommen die demographischen Umbrüche, die einzelne Regionen besonders treffen. Das Altern der Gesellschaft (speziell der Bevölkerungsrückgang bei den jüngeren Generationen) gilt in besonderer Weise im internationalen Vergleich für Deutschland, und hier wiederum ganz besonders für ausgewählte Regionen wie das Ruhrgebiet oder auch Teile Ostdeutschlands. So ging in Mecklenburg-Vorpommern (MV) oder Teilen Brandenburgs und Sachsen-Anhalt die Bevölkerung im Zeitraum zwischen 1989 und 2003 um über 10 Prozent zurück (vgl. die Beiträge in Werz/Nuthmann 2004 sowie Berlin-Institut 2006, 70ff) und noch immer schrumpft die Bevölkerung. Insbesondere in ländlichen Regionen zeigen sich erhebliche Wanderungsverluste sowie ein Geburtendefizit; einzelne Dörfer werden so zu „Schlafdörfern", in denen auch der soziale Zusammenhang zerbröselt. Angesichts der derzeit sichtbaren Stagnationstendenzen und sogar Abstiegsspiralen auf einzelnen regionalen Arbeitsmärkten wird das Ziel einer Angleichung der Lebensverhältnisse in den nächsten Jahren wohl nicht erreicht werden (dafür müssten jährliche Wachstumsraten von weit über 10 Prozent erzielt werden).

Einzelne Räume (etwa in Mecklenburg-Vorpommern, Sachsen-Anhalt oder Brandenburg) haben nicht nur Probleme hinsichtlich des Anschlusses an die westdeutsche Wachstumsdynamik, sondern fallen auch im Ostvergleich zurück. Dies gilt vor allem für die peripheren ländlichen Räume, die sowohl eine schlechte Verkehrsanbindung aufweisen als auch Probleme bei der Rekrutierung von qualifizierten Fachkräften haben. Gerade hier schrumpft die Bevölkerung dramatisch und vor allem junge Menschen wandern verstärkt ab. Auch wenn oft eher einzelne spektakuläre Trends verallgemeinert wurden, so sind doch die realen sozioökonomischen Gefahren, die mit einem Bevölkerungsrückgang in den neuen Bundesländern impliziert werden, nicht von der Hand zu weisen. Stärker werden auf jeden Fall die regionalökonomischen Differenzen, so dass einzelne Regionen auf dem Arbeitsmarkt in eine Situation geraten, in der über die Hälfte der erwerbsfähigen Personen keine realen Erwerbsmöglichkeiten finden und sich insgesamt die Lebensqualität massiv verschlechtert.

Welche Auswirkungen diese **Ausgrenzungsprozesse** für den sozialen Zusammenhalt und das individuelle Wohlbefinden haben, ist schon heute anhand wachsender Vereinsamung, des Rückzuges aus sozialen Zusammenhängen, psychosozialer Störungen etc in den sozioökonomisch marginalisierten Regionen zu studieren. Zur ökonomischen Verödung mancher Landstriche kommt also auch eine massive Verschlechterung des sozialen Klimas in den besonders betroffenen Dörfern.

Hält dieser Prozess an – und nichts spricht derzeit dagegen -, dann werden diese Regionen noch weiter zurückfallen und auf längere Sicht keine wirtschaftlichen und sozialen Perspektiven haben. Auch wenn keine manifeste Verarmung droht, werden sich soziale Verunsicherungen und das Gefühl, nicht gebraucht zu werden, ausdehnen. **Passive Rückzugstendenzen** mit all ihren Facetten (soziale Isolation, Alkoholismusprobleme etc) werden dominieren, aber auch fremdenfeindliche Haltungen und gelegentliche Aktionen von vorwiegend jungen Leuten gegen „Außenseiter“ werden zu beobachten sein und damit das Image als Wirtschaftsstandort enorm schädigen. Zudem führt dieser passive Rückzug zu einer weiteren wirtschaftlichen Auszehrung, da damit Ansätze für den Aufbau einer „Kultur der Selbständigkeit“, die weltweit in allen prosperierenden Regionen der zentrale Schlüssel für ökonomischen Erfolg ist, unterlaufen werden. Wenn es aber zu keinem Mentalitätswandel kommt, werden auch die wirtschaftlichen Erholungschancen minimiert und auch die Ansiedlung auswärtiger Unternehmen unwahrscheinlich. Warum soll – zumal ein ausländisches Großunternehmen - in eine Region kommen, die außer einer schönen Landschaft nichts zu bieten hat? Betrachtet man bundesweit die geplanten Investitionen, dann werden eindeutig die Großzentren (wie München, Stuttgart oder Hamburg) präferiert, kleinere „Technikzentren“ (wie Aachen oder Jena und Dresden im Osten) haben noch Chancen, aber gerade die strukturschwachen und peripheren Regionen zählen zu den Verlierern dieser regionalökonomischen Polarisierungstendenzen.

Diese Spirale nach unten kann nur durchbrochen werden, wenn innovative „Leuchtturmprojekte“ entwickelt werden könnten, die den jungen Leuten Qualifizierungsangebote auf allen Stufen anbieten und zudem wirtschaftliche und damit soziale Perspektiven bieten, indem die spezifischen Vorteile der ländlichen

Regionen aufgegriffen werden. Es gibt potentiell durchaus längerfristig wirkende sozioökonomische und vor allem technologische Trends, die zu einer Aufwertung ländlicher Regionen führen könnten. Wirtschaftliche Wertschöpfungsketten sind im wachsenden Maße mit der Loslösung von ihrer natürlichen Ressourcenbasis standortunabhängiger geworden: neue Kommunikationstechnologien (allen voran das Internet) sind überall verfügbar und können deshalb auch an entlegenen Standorten für einen Aufschwung genutzt werden. Dies wird aber nur gelingen, wenn die Qualifikationen vorhanden sind bzw. rasch aufgebaut und weitere Abwanderungen gerade jüngerer qualifizierter Arbeitskräfte (der sog. „brain-drain") vermieden werden. Neue empirische Studien relativieren allerdings die Hoffnungen, die manche in die Mikroelekronik und vor allem das **Internet** hinsichtlich der potentiellen Aufhebung von räumlichen Disparitäten gesetzt haben. Prinzipiell kann das Internet zwar als Basistechnologie durchaus die Raumbindung verringern, was sich auch darin zeigt, dass hierdurch viele Tätigkeiten wesentlich leichter in Länder wie Indien usw. verlagert werden. Allerdings zeigt sich kein „Tod der Distanz" oder eine Überwindung der Schranken zwischen Stadt und Land, wenn man die Standorte in Deutschland anschaut, vielmehr nimmt „die Bedeutung urbaner Strukturen im Internetzeitalter gerade bei innovationsorientierten Unternehmen eher zu....Sie tendieren zur Clusterbildung in reichen Regionen mit hoher Arbeitsproduktivität und hoher Konzentration ökonomischer Aktivität" (Dohse et al 2005, 1; vgl. auch Krätke 2005 und Neumann 2006, insbes. 101ff). Über die neuen technologischen Optionen werden also die peripheren Regionen nicht dynamisiert werden, eher verstärkt sich durch das Internet sogar noch die Standortehierarchie, was im Zusammenhang mit regionalen Innovationssystemen noch diskutiert wird (vgl. Kapitel 5).

4.1 Wechselwirkungen zwischen demographischer und sozioökonomischer Entwicklung: zur Herausbildung räumlicher Marginalisierung

Durch die Verlängerung des menschlichen Lebens gibt es immer mehr ältere Menschen und ihr Anteil an der Bevölkerung wird weiter steigen, während die Zahl jüngerer Leute durch den Geburtenrückgang schrumpft. Die Tatsache, dass die Bevölkerung altert, ist jedoch als solches nicht das Problem, sondern die Herausforderung liegt gerade in Deutschland darin, dass das „Reproduktionsniveau" zu stark abgesunken ist und zudem zu wenig für den Aufbau des Humanvermögens der jüngeren Generation getan wird. Die Gefahr, die sich insbesondere in schrumpfenden Regionen Ostdeutschlands, aber auch immer mehr in klassischen Industrieregionen wie dem Ruhrgebiet zeigt, ist eine Verschränkung von

Demographie sowie Wirtschafts- und Beschäftigungsstagnation bzw. sogar Rückgang, was insgesamt zu einer Kumulation von sozialem Abstieg führt.

Gerade im Frühjahr 2006 wird (wieder einmal) in den Massenmedien mit drastischen Worten an die verhängnisvolle **Verkettung** von Dauerarbeitslosigkeit, Geburtenschwund und Abwanderung erinnert und auf die regionale Spaltung in Agglomerationszentren und Restregionen verwiesen. Manche Beobachter sehen schon einen „Rostgürtel" quer durch Deutschland verlaufen; von Sachsen bis zum Ruhrgebiet mit gleichen Symptomen wie beim Untergang der ehemaligen DDR: „kaputte Straßen, halbleeere Busse, ungenutzte Klassenzimmer, unvermietbare Wohnungen" (Bölsche 2006). Deutschland „leert" sich aber nicht nur in der Mitte, sondern die Armutszonen – glaubt man räumlichen Prognosen – erfassen auch periphere Gebiete in Bayern und Baden-Württemberg wie auch im Saarland, Rheinland-Pfalz oder an der Küste und im ehemaligen „Zonenrandgebiet". Wenngleich Schilderungen über die „Restbevölkerung" in Landstrichen, die zur „Provinzialisierung der Provinz" führen werden, wie auch Vergleiche hinsichtlich der demographischen Entwicklung mit dem „Dreißigjährigen Krieg" sicherlich überzogen sind, so warnen auch renommierte Wissenschaftler vor der wechselseitigen Verstärkung von demographischen Prozessen und dem stagnierenden Wirtschafts- und Beschäftigungssystem. „Während das Bevölkerungswachstum zu stimulierenden Ungleichheiten führt, scheint ein Bevölkerungsrückgang in der Verbindung mit der Verschärfung sozialstaatlicher Verteilungskonflikte der Verschärfung sozialer Ungleichheit und der Verfestigung sozialer Gegensätze Vorschub zu leisten. Dabei ist weniger an unmittelbare Generationenkonflikte denn an regionale und soziale Ungleichheiten und Konflikte zu denken. Was sich heute ansatzweise im Verhältnis von Ost- und Westdeutschland zeigt, kann im Fortgang der demographischen Ausdünnung des Ostens dramatische Formen annehmen" (Kaufmann 2005, 115; zum demographischen Wandel vgl. auch Berlin-Institut 2006 sowie Birg 2003, Schimany 2003 und Schirrmacher 2004).

Die demographische Entwicklung ist bereits klar zu erkennen und soll hier kurz in den Grundzügen wiedergegeben werden, wobei es in Deutschland nicht nur auf die realen Schrumpfungsprozesse ankommt, sondern auch ein stark passivierendes, stereotypes Bild des Alterns dominiert. Verantwortlich für den demographischen Umbruch sind im Wesentlichen die anhaltend niedrige Geburtenhäufigkeit sowie der kontinuierliche Anstieg der Lebenserwartung. Diskutiert wird ein „dreifaches Altern" der Gesellschaft. Damit gemeint sind die Zunahme der absoluten Zahl älterer Menschen, der wachsende Anteil der älteren Menschen an der Gesamtbevölkerung und der starke Anstieg der hochaltrigen Menschen im Alter von 80 Jahren und mehr. Die Zahl der älteren Menschen nimmt laufend zu. So hat sich die Zahl der 60 Jahre und älteren Einwohner in Deutschland (alte und neue Bundesländer zusammen) wie folgt entwickelt: 15,2 Mio. im Jahr 1980, 16,3 Mio. im Jahr 1990 und 18,4 Mio. im Jahr 2000. Der Anteil der 60 Jahre und älteren Menschen an der Gesamtbevölkerung stieg von 19,4 in 1980 über 20,4 in 1990 auf 22,4 Prozent im Jahre 2000. Demgegenüber sind die jüngeren Jahrgänge seit Jahren immer geringer besetzt. 1980 waren noch 28,3 und 1990 noch 23,1 der Bevölkerung unter 20 Jahre, bis 2000 sank der Anteil dann auf 21,3 Prozent.

Ein besonders starker Zuwachs zeigt sich bei der Zahl der 80jährigen und älteren Menschen: Sie stieg von 1,537 Mio. im Jahre 1970 über 2,092 Mio. im Jahre 1980, über 3,011 Mio. im Jahre 1990 auf 3,303 Mio. in 2003. Dem entspricht ein Anstieg ihres Anteils an der Gesamtbevölkerung von 1,9 in 1970 über 2,7 in 1980, 3,8 in 1990 bzw. 4 Prozent im Jahre 2003. Ein wesentlicher Grund für die starke Zunahme der Zahl der 60jährigen und älteren Menschen an der Gesamtbevölkerung liegt im Anstieg der sog. ferneren Lebenserwartung. Betrug sie für die 60jährigen und älteren Frauen im Jahre 1970 noch 19,1 Jahre bzw. für die gleichaltrigen Männer noch 15,3 Jahre, so lässt sich bis zum Jahr 2000 für die Frauen ein Anstieg um 4,4 Jahre auf 23,5 Jahre gerechnet bzw. für die Männer um 3,9 Jahre auf 19,2 Jahre feststellen.

Dieser auch international feststellbare Trend zur Verschiebung der Altersstruktur wird sich in der Zukunft beschleunigt fortsetzen, allerdings sollte aus dieser demographischen Entwicklung nicht eine **Untergangsstimmung** abgeleitet werden, wie sie sich gerade im Frühjahr 2006 mit Verweis auf die wachsende Kinderlosigkeit, damit korrespondierende Horrorszenarien über die Zukunft der sozialen Sicherungssysteme sowie sich entleerende und verödende Landstriche (insbesondere im Osten Deutschlands) massenmedial ausbreitet. Demographische Trends verlaufen langsam und alles was jetzt diskutiert wird und zu vielen Abwärtsspiralen verdichtet wird, ist seit Jahren bzw. Jahrzehnten in der Wissenschaft bekannt und kommt wahrlich **nicht überraschend**, neu ist nur die mediale Inszenierung, die dann die Politiker auch zu schnellen Verlautbarungen kommen lässt. Aber auch diese „Welle“ wird wieder vergehen; was bleibt sind strukturelle Herausforderungen.

Nach den vorliegenden Prognosen zur künftigen Bevölkerungsentwicklung ist in den nächsten Jahren und Jahrzehnten mit einem weiteren Anstieg sowohl der Zahl der älteren wie der sehr alten Menschen als auch ihres jeweiligen Anteils an der Gesamtbevölkerung zu rechnen. Die Vorausberechnungen (mittlere Annahme des Statistischen Bundesamtes) gehen von einem allmählichen Sinken der Gesamtbevölkerung von rd. 82,5 Mio. im Jahre 2002 auf 81,2 Mio. in 2030 und 75,1 Mio. in 2050 aus. Parallel dazu steigt der Anteil der 60jährigen und älteren auf 34,4 im Jahre 2030 und auf 36,8 Prozent im Jahre 2050. Mit anderen Worten: Mehr als jeder Dritte wird dann zur älteren Generation zählen. Auch der

Anteil der 80jährigen und älteren an der Gesamtbevölkerung nimmt im Prognoseraum von jetzt knapp 4 auf über 8 Prozent im Jahre 2030 bzw. auf mehr als 12 Prozent im Jahre 2050 deutlich zu und wird sich somit mehr als verdreifachen. Zugleich sinkt der Anteil der Bevölkerung im erwerbsfähigen Alter laufend und wird im Jahre 2030 nach diesen Prognosen kleiner sein als der Anteil der Personen im Alter von unter 20 sowie über 60.

Vor dem Hintergrund der prognostizierten demographischen Entwicklung sollte man die Debatte nicht nur auf die **quantitative Dimension** verengen. Vielmehr muss es auch darum gehen zu untersuchen, ob sich im Gefolge einer veränderten Alterszusammensetzung der Bevölkerung auch die vorherrschenden Leitbilder vom Altern verändern. Leitbilder vom Altern werden in der sozialgerontologischen Diskussion im allgemeinen als „Altersbilder" konzeptualisiert (vgl. Kruse/Schmitt 2005). Für die in Deutschland lange Zeit vorherrschenden Altersbilder gilt, dass sie weit überwiegend negativ geprägt waren; einem negativen **Altersstereotyp** („Defizitmodell vom Alter") folgend, das Altern weit überwiegend als einen Prozess des körperlichen, seelischen und geistigen Rückgangs und Abbaus beschrieben und ältere Menschen in der Konsequenz als dessen „Personifizierung" angesehen hat. Häufig mit dem Alter assoziierte Attribute wie nachlassende Leistungsfähigkeit, Unproduktivität oder vielfältige körperliche oder geistige Einschränkungen sind Belege für die immer noch weite Verbreitung negativer Altersbilder. Altersbilder fallen jedoch nicht „vom Himmel". Sie werden vermittelt, z.B. über Medien, die Werbung, durch Personen des öffentlichen Lebens, aber auch durch den einzelnen im alltäglichen Umgang mit älteren Menschen. Negative Altersbilder sind **zugleich** Leitbilder für das Altern selbst. Sie können zum einen handlungsrelevant für die Betroffenen selbst werden, wenn diese sich entsprechend rollenkonform verhalten und somit selbst an der Verbreiterung negativer Altersstereotype beitragen. Andererseits vermitteln sie in der Öffentlichkeit den Eindruck von Realität und tragen über diesen Weg mit dazu bei, dass sich unsere Vorstellungen vom Altern und vom Altsein gleichsam perpetuieren.

Dem widerspricht nicht, dass gleichzeitig die gerontologische Forschung schon seit Jahrzehnten die fehlende empirische Evidenz negativ geprägter Altersbilder beklagt und hinreichend empirisch abgesicherte Belege dafür anführen kann, dass Altern und Altsein keineswegs mit Abbau gleichgesetzt werden darf (vgl. u.a. die Beiträge in Schönberg/Naegele 2005). Dennoch besitzen negative Altersbilder eine beharrliche Überlebenskraft und sind scheinbar sehr widerstandsfähig. Allerdings deuten sich in den öffentlichen Diskursen stärker differenzierte Altersbilder und auch ein insgesamt optimistischerer Blick auf den demographischen Wandel an, wobei allerdings die Bedeutung sozialstruktureller Lebenslagen (auch die Geschlechterdimension) beachtet werden muss (vgl. auch

Backes 2005). So hat sich der fünfte Altenbericht der Bundesregierung als Schwerpunktthema die „Altersproduktivität“ gewählt oder appelliert der Fortschrittsbericht der Bundesregierung 2004 zur Nachhaltigkeitsstrategie an die zu nutzenden „Potentiale älterer Menschen in Wirtschaft und Gesellschaft“. In der Debatte um das Altern der Gesellschaft befindet sich Deutschland derzeit in einem **Paradigmenwechsel**: Noch vor wenigen Jahren wurde das Altern nahezu ausschließlich als eine Bedrohung und Last für die Zukunftsfähigkeit von Wirtschaft und Gesellschaft wahrgenommen.

In den letzten Jahren haben sich unter die beschriebenen „Moll-Töne“ jedoch mehr und mehr „Dur-Töne“ gemischt. Zum einen wird immer häufiger hervorgehoben, dass es doch ein Riesenerfolg für Gesellschaft, Politik und Wirtschaft ist, wenn Menschen den Traum vom „länger Leben“ mehr und mehr einlösen können. Zum anderen erkennen Politik und Wirtschaft immer häufiger, dass in dem Prozess des Alterns der Gesellschaft auch Chancen für gesellschaftliche Weiterentwicklung, wirtschaftlichen Fortschritt und Wachstum liegen können.

Insgesamt werden durch die Alterungsprozesse aber auch die räumlichen Strukturen **heterogener** und es kann auch keinen Zweifel daran geben, dass sich einzelne Regionen noch weiter abkoppeln und zu Restregionen in einem **„Schwundland“** werden: aus den verschiedenen Prognosen kann abgeleitet werden, „dass die Bevölkerung insgesamt weniger, älter und bunter wird – wie heute gern gesagt wird. Mit bunter ist die stärkere ethnische Mischung der Bevölkerung gemeint. Darin stimmen alle Prognosen überein. Bei gleich bleibenden Tendenzen der Bevölkerungsentwicklung werden die Städte Cottbus, Neubrandenburg, Chemnitz, Frankfurt/Oder und Zwickau in den Jahren 2020/2025 nur noch etwa die Hälfte der Einwohnerzahl von 1990 haben. Das sind krasse Beispiele für die Aussage, dass die Bevölkerungszahl geringer wird“ (Häußermann 2005, 65). Schon heute können diese durch Massenarbeitslosigkeit, Abwanderung und niedrige Geburtenraten **„verlorenen“** Standorte besichtigt werden und besser als durch jede Statistik wird die hiermit ausgelöste Tristesse durch Reisebeschreibungen (bspw. an der Grenze zu Polen) wiedergegeben:

> „Dann kam ich nach Guben, und Guben schlug alles, was ich kannte. Köln, Kiel, Kassel waren ausgelöscht, verbrannt und zerpulvert, und doch stand da etwas, das Köln, Kiel, Kassel hieß und mit einigem guten Willen wie Köln, Kiel, Kassel aussah. Das war hier anders. Es war nämlich nicht so, wie gestern Abend der Wirt gesagt hatte, dass es kein Wirtshaus in Guben gab. Es war so, dass es Guben nicht gab. Ich hätte gern etwas Heißes getrunken und mir etwas zu essen gekauft, aber ich fand nichts. Die Straßen, die überlebt hatten, streunten in der Gegend der früheren Stadt herum. Eine nannte ich in einer komischen Regung von Trotz «Stadtzentrum», war jedoch bloß eine struppige Straße hinüber nach Polen, auf die Neißebrücke zu. Ich

wusste nicht, wohin ich gehen sollte, und lief im Kreis. Plötzlich stand ich vor der gewaltigen Ruine einer Fabrik im Gründerzeitstil. Dann entdeckte ich noch eine und noch eine und ein Torhaus, das auf eine prachtvolle Fabrikantenvilla schließen ließ - ja natürlich, die Gubener Hutfabriken.

Rechtzeitig zur industriellen Revolution war Anfang des 9. Jahrhunderts aus dem benachbarten Städtchen Forst ein Hutmachermeister nach Guben gezogen, der erfand hier die mechanische Filzverarbeitung und damit die fabrikmäßige Herstellung von Damen- und Herrenhüten. Bald besaß die bis dahin völlig unbedeutende Stadt an der Neiße sieben große Hutfabriken. Vor dem Ersten Weltkrieg belieferte sie Europa und Übersee jährlich mit vielen Millionen Hüten. Guben versorgte die ganze Welt mit Hüten. Heute zeugen davon nur noch archäologische Relikte. 1945 war Guben Frontstadt gewesen, wie die anderen Städte an Oder und Neiße, wie Küstrin oder Frankfurt. Vielleicht war ja drüben etwas übrig, in Gubin, der anderen Ortshälfte jenseits des Flusses. Ich ging über die Grenzbrücke und war wieder in Phnom Penh. Städte nach dem Krieg sind überall gleich. Ein erst wilder, dann ein geordneter, überdachter Markt. Ein Bazar in der Brache, die einmal das Herz von Guben gewesen war. Enge, genau parzellierte Gassen, voll gestopft mit billiger Unterwäsche und Zigaretten, mit gefälschten Markenjeans und Kunststoffdecken in schreienden Farben. Angelzeug, Kochgeschirr, Messer, Kommunionkreuze, Brot. Notdinge. Überlebensware. Diese Märkte haben etwas Rohes und Elementares und primitiv Heilendes“ (Wolfgang Büscher, Deutschland, Eine Reise, Berlin 2005, S. 83f).

Sieht man sich die demographische Entwicklung bspw. in Mecklenburg-Vorpommern einmal etwas näher an, dann lebten hier im Jahr 2004 1,72 Mio. Menschen; davon sind 11 Prozent unter 15 Jahren, 70 Prozent im erwerbsfähigen Alter von 15 bis 65 Jahren und etwa 19 Prozent 65 Jahre oder älter. Der Anteil der Hochbetagten (80 plus) liegt bei 3,4 Prozent. Im Vergleich zu den anderen Bundesländern zeichnet sich Mecklenburg-Vorpommern mit 11 Prozent besonders durch einen geringen Anteil junger Menschen unter 15 Jahren aus und zudem wandern gerade junge Frauen überproportional stark ab (vgl. Menning 2005 sowie Berlin-Institut 2006, 70ff und die Beiträge in Werz/Nuthmann 2004). Damit liegt Mecklenburg-Vorpommern deutlich unterhalb der Anteile Baden-Württembergs oder Bayerns mit 15,8 bzw.15,5 Prozent, welche die höchsten Anteile junger Menschen vorweisen können. Mecklenburg-Vorpommern liegt damit aber auch deutlich unterhalb des Bundesdurchschnitts. Eine ähnliche ungünstige Altersstruktur weisen Thüringen, Sachsen und Sachsen-Anhalt aus. Die ostdeutschen Bundesländer hatten nicht nur einen starken Geburtenrückgang zu Beginn der 90er Jahren zu verzeichnen, sondern kämpfen bis heute gegen den anhaltenden Weggang von jungen Menschen.

Abbildung 1: Altersverteilung der Bevölkerung im Bundesländervergleich, 2004

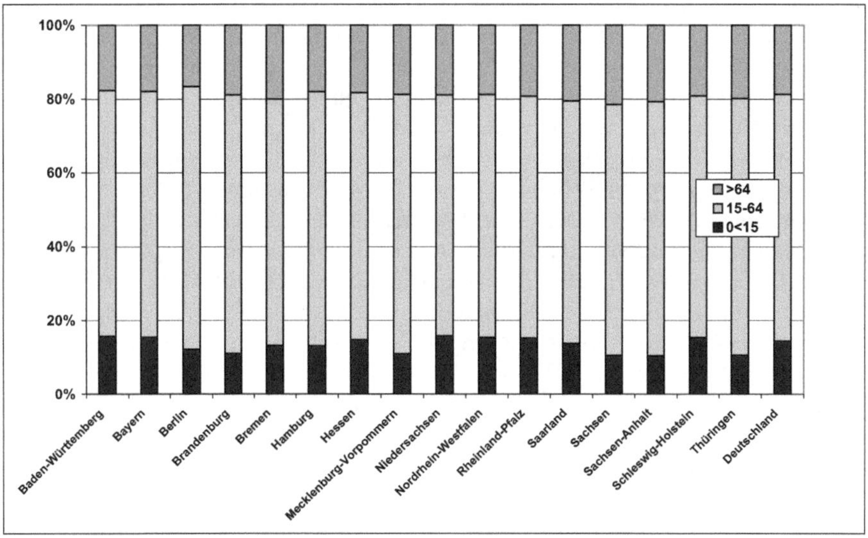

Quelle: Statisches Bundesamt. Berechnung und Darstellung: Institut Arbeit und Technik, Gelsenkirchen, ©IAT

Zwischen 1995 und 2003 hat die Bevölkerung Mecklenburg-Vorpommerns insgesamt um fünf Prozent d.h. um etwa 91.000 Personen abgenommen. Besonders stark ist der Rückgang in der Altersgruppe der unter 15-Jährigen (-38 Prozent) sowie bei der Gruppe der 25- bis 40-Jährigen (-26 Prozent). Im gleichen Zeitraum ist in der Gruppe der 40- bis 65-Jährigen ein Wachstum von 8 und in der Altersgruppe der über-65-Jährigen von 36 Prozent zu verzeichnen. Der Trend einer weiteren Bevölkerungsabnahme bei gleichzeitig ansteigendem Altersdurchschnitt wird auch zukünftig weiter anhalten. Laut der Bevölkerungsprognose des statistischen Landesamtes Mecklenburg-Vorpommerns wird die Bevölkerung bis zum Jahr 2020 auf 1,51 Mio. weiter abnehmen. Ausgehend vom Jahr 2004 bedeutet dies einen Bevölkerungsverlust von fast 213.000; die Altersgruppe der unter-15-Jährigen wird um annähernd 10.000 (-5,2 Prozent) abnehmen, die Bevölkerung im erwerbsfähigen Alter (15 bis 64) um 266.000 (-22 Prozent) sinken, während die Gruppe der über-65Jährigen um fast 64.000 (+20 Prozent) zunehmen wird. Dabei wird sich die Altersgruppe der Hochbetagten (80 plus) von heute ca. 58.000 auf ca. 114.000 nahezu verdoppeln.

In Kombination mit der hohen Dauerarbeitslosigkeit und den finanziellen Engpässen in der Politik sowie der **mangelnden Erfahrung** mit der Steuerung von Schrumpfungsprozessen (die von vielen Politikern deshalb auch lieber tabuisiert werden) sollten diese Zahlen Anlass genug sein, Warnungen vor einem schleichenden Verfall auch der Dörfer ernst zu nehmen, wenngleich auch hier manche Schilderungen in der Presse etwas überspitzt klingen, etwa wenn Landflucht gleichsetzt wird mit „Verödung“ und „Verblödung“ oder auch das Nachrichtenmagazin Newsweek davon spricht, dass sich in den entleerenden ländlichen Regionen Europas Wölfe an die Stelle von Menschen treten. Aber auch Großstädte stehen vor bislang kaum begriffenen Herausforderungen, wenn man sich etwa vergegenwärtigt, dass Städte wie Halle, Neubrandenburg, Cottbus oder Magdeburg in zwei Generationen voraussichtlich eine **Halbierung** der Bevölkerung bewältigen müssen. Und bislang gibt es keine vorzeigbaren Beispiele, wie diese „Mega-Aufgabe“ gelöst werden soll. Klar scheint nur, dass die bisherigen politischen Strategien des „Wegschauens“ nicht mehr greifen, weil die offensichtlichen Folgen schon heute auf lokaler Ebene in Form von Wohnungsleerständen (und z.T. Abrissen), Bäderschließungen und anderen Rückzugsmaßnahmen in vielen Abwanderungsregionen den Alltag bestimmen.

4.2 Regionale Spaltungen auf dem Arbeitsmarkt: Der Abschied von einheitlichen Lebensverhältnissen

Bereits ein flüchtiger Blick auf die Arbeitslosenstatistiken in Deutschland verweist darauf, dass viele Politiker zwar noch immer gern von einheitlichen Lebensverhältnissen sprechen (eine Ausnahme machte der derzeitige Bundespräsident Köhler, der Ende 2004 die immer wieder vorgetragene These der Einheitlichkeit in Frage stellte, dafür aber von fast allen Seiten erhebliche Kritik einstecken musste), der Realität damit aber nicht gerecht werden. In den letzten Jahren kam es demgegenüber eher zu einem verschärften Standortwettbewerb mit dem Resultat, dass sich erstens einzelne starke Standorte (die sich inzwischen gern als „Metropolregionen“ sehen) immer weiter von den strukturschwachen Regionen abgesetzt haben und zweitens die Politik durch die eigenen Finanzierungsengpässe diese aufbrechenden regionalen Disparitäten immer weniger **ausgleichen** kann. Diese beiden Entwicklungstrends führen also zusammengenommen zu einem weiteren Auseinanderdriften von Kernregionen und peripheren Regionen, das an sich ausgleichspolitisches Handeln notwendig macht. Dies ist allerdings in der Realität derzeit nicht auffindbar, eher sind regionalpolitische Strategien en vogue, die die starken Wirtschaftsstandorte weiter stärken und in einzelnen Fällen auch für die Umlandregionen positive Effekte zeitigen.

Anhand der folgenden Übersicht werden zunächst die unterschiedlichen Betroffenheiten hinsichtlich der Arbeitslosigkeit auf Länderebene Anfang 2006 sichtbar (Angaben in Prozent/Gesamtquote in Deutschland im Februar 2006: 12,2 Prozent):

Mecklenburg-Vorpommern:	21,9
Sachsen-Anhalt:	20,8
Sachsen:	19,5
Brandenburg:	19,2
Berlin:	18,7
Thüringen:	18,1
Bremen:	16,0
Nordrhein-Westfalen:	12,3
Niedersachsen:	12,0
Hamburg:	11,7
Schleswig-Holstein:	11,6
Saarland:	10,8
Hessen:	10,2
Rheinland-Pfalz:	9,1
Bayern:	8,5
Baden-Württemberg:	7,2

Bereits aus dieser Bundesländerstatistik wird deutlich, dass die Arbeitslosigkeit in einzelnen strukturschwachen und peripheren Räumen des **Ostens** doppelt so hoch liegt wie im Bundesdurchschnitt (Arbeitsamtbezirke in der Uckermark oder im Erzgebirge haben offizielle Arbeitslosenquoten von dauerhaft über 20 Prozent/d.h. im Winter 2005/06 sind fast ein Drittel der Erwerbstätigen arbeitslos gemeldet). Das wahre Ausmaß der Beschäftigungslosigkeit ist also erheblich höher und führt auch zu erheblichen sozialen Desorientierungen. In diesen sich entleerenden Regionen ist das bereits angesprochene Maß sozialer Verunsicherung dramatisch höher als im Bundesdurchschnitt.

Schaut man sich die derzeitige wirtschaftliche Lage am Standort Deutschland an, dann besteht die Gefahr, dass diese peripheren Gebiete nicht nur Probleme hinsichtlich des Anschlusses an die westdeutsche Wachstumsdynamik haben, sondern auch im Ostvergleich zurückfallen. Es gibt nämlich durchaus Wachstumskerne im Osten Deutschlands (etwa in Sachsen oder Thüringen), die die Transformation der Wirtschaftsstrukturen gut überstanden haben und nun auch mittelfristig als Standort gute Überlebenschancen haben (wenngleich dies nicht bedeutet, dass damit in diesen Orten eine Rückkehr zur Vollbeschäftigung im klassischen Sinn eingeläutet ist). Diese Regionen waren zumeist auch historisch erfolgreich (oft mit einer traditionellen mittelständischen Wirtschaftsstruktur und ausgeprägten Kompetenzfeldern) und haben deshalb auch eher den Anschluss gefunden als viele in DDR-Zeiten industrialisierte Landstriche, die nun vom Bevölkerungsrückgang und niedrigen Wachstumsquoten sowie hoher Arbeitslosigkeit geprägt sind. Trotz der Existenz einiger Regionen mit ausreichender Bevölkerungsdichte und guten Wachstumsaussichten besteht jedoch weiterhin das kardinale Probleme darin, dass es insgesamt zu wenig Betriebe mit Leuchtturmcharakter gibt und die erfolgreichen Teile der ostdeutschen Wirtschaft eher mittelständisch geprägt sind. „Unter Berücksichtigung aller Indikatoren können sich in Brandenburg Frankfurt/O. und Potsdam, in Mecklenburg-Vorpommern Rostock, in Sachsen Dresden, Leipzig, Zwickau und Chemnitz, in Sachsen-Anhalt Magdeburg und Halle sowie in Thüringen Jena, Weimar und Erfurt mit ihren Ergebnissen über dem bundesdeutschen Mittelwert einordnen. Gleichzeitig handelt es sich um die dynamischsten Standorte in Ostdeutschland. Die wirtschaftliche Dynamik überträgt sich jedoch nicht ausreichend auf die angrenzenden Regionen“ (Jakszentis/Hilpert 2005, 56; vgl. auch Amend/Bogai 2005 und Dohse 2004).

Die Marginalisierungsproblematik bis hin zur „kumulativen Depression“ gilt vor allem für die peripheren ländlichen Räume. Gerade hier schrumpft die Bevölkerung dramatisch und vor allem junge Menschen wandern verstärkt ab. Hält dieser Prozess an – und nichts spricht derzeit dagegen -, dann werden diese Regionen noch weiter zurückfallen und auf längere Sicht keine wirtschaftlichen und sozialen Perspektiven haben. Auch wenn keine manifeste Verarmung droht, werden sich soziale Verunsicherungen und das Gefühl, nicht gebraucht zu werden, ausdehnen (das deutsche „Mezzogiorno“ droht). Damit werden die wirtschaftlichen Erholungschancen weiter minimiert und die Ansiedlung auswärtiger Unternehmen unwahrscheinlich.

Klagen über die passive Sanierung und die Erosion des Sozialen reichen aber nicht aus; gerade die Struktur- und Arbeitsmarktpolitik ist gefordert, sowohl über **Alternativen zur Erwerbsarbeit** (sei es in Form von Bürgerarbeit, sozialem Engagement im Wohnumfeld oder Kooperationsringen, aber auch Brücken in das Beschäftigungssystem) sowie günstigere Rahmenbedingungen für die Wirtschafts- und Beschäftigungsentwicklung nachzudenken. Nicht nur ein Blick in die Wachstumsregionen genügt, um festzustellen, dass die Mobilisierung und Bildung von regionalen Clustern in den letzten Jahren in vielen Standorten ein Schlüssel zur Behebung wirtschaftlicher Probleme, aber auch zur weiteren Modernisierung der Wirtschaftsstrukturen war. Diese Entwicklung wird auch dadurch vorangetrieben, dass es inzwischen in der Innovationsforschung weitgehenden Konsens darüber gibt, dass es nicht mehr die relativ isolierten „Schlüsseltechnologien“ sind, die den neuen Wohlstand und Arbeitsplätze schaffen, sondern die Zukunft in der Verknüpfung von Technologien und Dienstleistungen liegt. Zudem wird das regionale Umfeld (auch die spezifische Regionalkultur etc) in die Innovationsförderung integriert. Es bleibt auch in den strukturschwachen Regionen gar keine andere Wahl, als an den vorhandenen Kompetenzen anzusetzen, Leitbranchen und Wirtschaftscluster zu definieren, und darauf aufbauend zusammen mit der Wirtschaft zukunftsweisende Projekte umzusetzen. Ziel muss sein, eine Transformation der Wirtschaftsstrukturen einzuleiten und profilierte Standorte in spezifischen innovativen Feldern aufzubauen.

Aussagekräftige **Standortanalysen** beziehen sich nicht nur auf den Arbeitsmarkt als Indikator; so werden im Standortranking der Bundesländer von der Bertelsmann Stiftung (2005) verschiedene Faktoren dementsprechend gewichtet: Einkommen (Wirtschaftswachstum, Bruttoinlandsprodukt), Beschäftigung (Arbeitslosigkeit und Erwerbsquote) und Sicherheit (Sozialhilfedichte etc); dabei werden die drei Bereiche mit 1:1:0,25 gewertet. Im neuesten Ranking, dass sich auf den Zeitraum 2002 bis 2004 bezieht, ergeben sich folgende Platzierungen:

- Hamburg
- Bayern
- Baden-Württemberg
- Hessen
- Rheinland-Pfalz
- Bremen
- Saarland
- Schleswig-Holstein
- Nordrhein-Westfalen
- Niedersachsen
- Sachsen
- Thüringen
- Sachsen-Anhalt
- Brandenburg
- Berlin
- Mecklenburg-Vorpommern

Gegenüber den letzten Standortvergleichen der Bertelsmann Stiftung sind einige Kernbotschaften zu erhärten; bspw. die schon länger anhaltende Stärke der erstplazierten Regionen, der relative Abstieg Nordrhein-Westfalens sowie die unterschiedlichen Entwicklungstendenzen der ostdeutschen Länder, die aufzeigt, dass es auch im Osten durchaus regionale Erfolgspotentiale gibt. Allerdings ist es auch den bestplatzierten ostdeutschen Ländern (Sachsen und Thüringen) in den

14 Jahren seit der Wiedervereinigung nicht gelungen, schwächere westdeutsche Länder zu überholen. Ebenfall sehr breit wurde in den Medien der **Zukunftsatlas 2004** von Prognos diskutiert. Auch hier wurde ein Ranking der Standorte vorgelegt, wobei – wie in all den Benchmarkingstudien – die Rangfolge auf ausgewählten Indikatoren beruht und oft unterschiedliche Themenfelder bewertet bzw. gleiche Felder mit unterschiedlichen Indikatoren belegt werden. Zu den erfolgsfördernden Faktoren gehört ganz zentral eine solide Basis von technologisch ambitionierten Unternehmen und enge, räumlich konzentrierte Verflechtungen zwischen Unternehmen und Forschungseinrichtungen. Zum anderen werden nicht nur die Technologiekapazitäten in den Regionen ausgewiesen, sondern vielmehr auch auf die Nutzungsgrade der vorhandenen Leistungspotentiale geschaut. Auch in diesem Ranking wird - allgemein betrachtet - die Spitzenstellung süddeutscher Regionen (München, Starnberg, Freising, aber auch Erlangen, Darmstadt oder Heidelberg) bestätigt, die sich in den letzten Jahren sogar noch ausgeweitet hat, während westdeutsche Regionen sich nur im Ausnahmefall verbessert haben. Am Ende des Rankings tauchen wiederum ausschließlich Standorte im Osten Deutschlands auf, wie Hoyerswerda, Demmin, Wittenberg, der Uekker-Randow-Kreis, Stendal, Salzwedel, Görlitz oder Nordvorpommern und Mecklenburg-Strelitz.

Neben der Indikatorenproblematik gibt es noch die bekannten statistischen Ausreißer, so dass zur Überprüfung der eigenen Stärken und Schwächen diese Standortrankings nur erste Hinweise geben können, vertiefend bearbeitet werden müssen und zudem verglichen werden müssen. Mit Standortvergleichen sollte man deshalb einerseits vorsichtig sein, andererseits bieten sie durch die aufbereiteten Informationen durchaus Aufklärung über die eigene sozioökonomische Situation, Stärken und Schwächen im Benchmarking und können so zur Schärfung des Bewusstseins hilfreich sein. Trotz dieser Einschränkungen sollten die in letzter Zeit publizierten Rankings für eine Neuausrichtung und Profilierung der Regionen genutzt werden. So fällt bspw. auf, dass für deutsche Standorte im europäischen Regionenvergleich ein Bedeutungsverlust konstatiert wird. Für die Diagnose sind vor allem Längsschnittuntersuchungen interessant, die den Wandel der Regionen im Auge haben und sowohl den Aufstieg von Regionen als auch den Abstieg nachzeichnen können. In einer Ende 2002 veröffentlichten Studie des Instituts EmpiricaDelasasse aus Köln über die Attraktivität von 214 europäischen Regionen, die bereits 1998 zum ersten Mal durchgeführt wurde, sind die Ergebnisse für fast alle deutschen Regionen ernüchternd. Bewertet wurden die Regionen anhand von 214 Einzelkriterien, die den folgenden fünf zentralen Indikatorenfeldern zugeordnet wurden: Wirtschaftskraft und Dynamik, Marktpotential, High-Tech-Potential, Innovationskraft und Lebensqualität.

Während 1998 noch neun deutsche unter den besten 22 Regionen in Europa platziert waren, gilt dies heute nur noch für München bzw. Oberbayern. Anhand des Standortes München lässt sich die Bedeutung von **regionalen Clustern** (am Beispiel der Gesundheitswirtschaft) und die Vermischung von Industrie- und Dienstleistungstätigkeiten gut demonstrieren: „München ist ein regionales Cluster für medizinische Dienstleistungen und technische Forschung. Nach der Untersuchung des Instituts für Gesundheitsökonomik sind 13,4 % der Erwerbstätigen in der Stadt München im Gesundheitssektor tätig. Fast die Hälfte der von den Krankenhäusern behandelten Personen kommt aus anderen Regionen und zunehmend aus dem Ausland. München ist darüber hinaus ein Zentrum der medizinischen Forschung, die 1997 ein Budget von rund 0,5 Mrd. € zur Verfügung hatte. Insbesondere die LMU betreibt die medizinische Forschung, während die Technische Universität die technologische Forschung auf wichtigen Gebieten der Medizintechnik vorantreibt. Schließlich fördert der Freistaat Bayern die Biotechnologie im Raum München im Rahmen seiner High-Tech-Offensive. Im Rahmen dieses Clusters spielt die Medizintechnik eine wichtige, wenn auch bisher wenig entwickelte Rolle. Die Voraussetzung zu ihrer Entwicklung sind als besonders günstig zu bezeichnen, weil der Arbeitsmarkt eine Vielzahl von Spezialisten bietet, der Austausch von Personal zwischen Unternehmen der verschiedenen Disziplinen möglich ist und die Nähe zur Forschung wichtige Impulse für die Branche auf die kurze Distanz geben kann. Welche Relevanz diesen Faktoren zukommt, wurde durch die Standortentscheidung von General Electric verdeutlicht, für die die Nähe zur Technischen Universität mit ihren unterschiedlichen Fachgebieten als auch der reichhaltige Arbeitsmarkt an Spezialisten die Entscheidung für München maßgeblich beeinflusst hat. Die Ansiedlung und Entwicklung von medizintechnischen Unternehmen in der Region München trifft daher auf besonders günstige Voraussetzungen, die den Erfolg von Unternehmensgründungen oder Umsiedlungen absichern. Gleichzeitig bieten die Märkte für medizintechnische Produkte langfristige Wachstumspotentiale, die der Wirtschaft Münchens zu gute kommen. Solche positiven Befunde sind im Bereich der Industrieansiedlung eine Seltenheit und daher umso bedeutsamer in ihrer Aussage. München kann sich daher ohne große Risiken auch in der Medizintechnik attraktiv aufstellen und Unternehmensansiedlungen fördern. Dies um so mehr als die Medizintechnik Teil eines großen Gesundheitsclusters bleiben wird und damit die Gefahr einer monostrukturierten Wirtschaft vermieden wird" (Landeshauptstadt München 2004, 33).

Im Frühjahr 2005 wurde erneut ein Europa-Ranking der Standorte vom gleichen Institut veröffentlicht (vgl. Capital H. 12/2005, 24ff) und es bestätigte sich wiederum: nur Oberbayern ist in der Top 10-Liste mit den besten Aussichten, die angeführt wird von London, Madrid, Süd- und Ostirland, Ile de France,

Nordholland und Utrecht (Oberbayern ist auf Rang 7, Darmstadt und Hamburg auf den Plätzen 13 und 14). Bedenklich ist, dass weite Teile Ostdeutschlands nicht an Dynamik gewonnen haben und hinter vielen EU-Beitrittsregionen (etwa Prag, Bratislava, Estland, Schlesien etc) rangieren und selbst Dresden – als bester Standort im Osten Deutschlands - nach diesem Ranking in der unteren Hälfte angesiedelt ist. Im folgenden wird versucht, anhand zentraler Indikatoren den Wandel einer Wirtschaftsregion nachzuzeichnen, die zu den klassischen Wirtschaftsstandorten in Deutschland gehört: das „Ruhrgebiet". Aufbauend darauf werden neue Konzepte der regionalen Strukturpolitik diskutiert, die auf die vorhandenen Kompetenzfelder und einen Wandel der institutionellen Strukturen setzen.

4.3 Exkurs: Das Ruhrgebiet als „Metropolregion" oder „Abbauregion West"?

Schaut man sich die öffentliche Debatte um Wirtschaftsstandorte oder auch den demographischen Wandel an, dann wird als eine der zentralen Problemregionen neben Ostdeutschland das Ruhrgebiet genannt. Schlagzeilen wie „Das Ruhrgebiet blutet aus" oder „Dramatische Abwanderung von der Ruhr" beherrschen die Medienöffentlichkeit und zeigen auch, wie schon heute demographische und wirtschaftliche Dynamiken miteinander verkoppelt thematisiert werden. Dies zeigt sich etwa in einer „Benchmarking-Studie", in der die Zukunfts- und Entwicklungschancen der 440 Landkreise und kreisfreien Städte Deutschlands vom Berlin-Institut für Weltbevölkerung und globale Entwicklung (2004) untersucht wurden. Hier wird anhand verschiedener Indikatoren (Geburtenrate, demographische Zusammensetzung, Bildung, Bruttoinlandsprodukt, Kaufkraft, Arbeitslosenzahlen, Bildungskennzahlen, Kindergärten etc) die Situation zwischen Städten als auch Bundesländern verglichen und die Resultate sind für das Ruhrgebiet alles andere als positiv. Das Ruhrgebiet (und auch das Saarland) werden als „größte deutsche **Abstiegsregion**" (aus dem Westen) gebrandmarkt, deren wirtschaftliche Chancen und auch Lebensumstände sich weiter verschlechtern werden. Die prosperierenden und attraktiven Regionen sind - wie auch in anderen Studien zur Standortentwicklung und zum Ranking von Wirtschaftsräumen festgestellt – im Süden Deutschlands (etwa in Baden-Württemberg oder in der Metropolregion um München, aber auch Eichstätt), während zu den ausgeprägten „Verlierer-Städten" Gelsenkirchen gehört. Die fünf am schlechtesten platzierten Regionen (neben Gelsenkirchen noch Bremerhaven aus dem Westen und das Altenburger Land, Wismar und Löbau-Zittau aus dem Osten) zeichnen sich alle dadurch aus, dass sie noch immer unter dem Zusammenbruch traditioneller Industrien leiden.

Das über Jahre besonders von Regionalpolitikern geprägte und publizierte Bild des Ruhrgebiets als „Metropolregion“ droht nun zu kippen. Hinweise auf den Aufbau neuer Wirtschaftssektoren, bspw. die Gesundheitswirtschaft mit knapp 200.000 Beschäftigten im Ruhrgebiet oder die neuen standortpolitischen Profilierungen durch den Informations- und Kommunikationssektor in Dortmund und Essen (allein in Essen arbeiten rund 12.000 Beschäftigte in 600 IT Firmen) werden durch diese Negativschlagzeilen über das Revier verdrängt. Dies gilt auch für die positiven räumlichen und kulturellen Erneuerungen, die durch die Internationale Bauausstellung Emscher-Park wesentlich angeregt wurden (bspw. der Innenhafen in Duisburg oder die Zeche Zollverein in Essen). Vergessen werden zudem die in der Region beheimateten außeruniversitären Forschungseinrichtungen (etwa die Max-Planck-Institute und die Fraunhoferinstitute in den Bereichen Mikroelektronik, Materialfluss und Logistik, Software und Systemtechnik sowie Umwelt-, Sicherheits- und Energietechnik), die die ohnehin dichte **Hochschullandschaft** inzwischen ergänzen und insgesamt dem Ruhrgebiet ein Kompetenzpotential verleihen, das auch im interregionalen Vergleich vorzeigbar ist (vgl. auch Hilbert et al 2004, Danielzyk 2005 sowie die Beiträge in Meffert/ Steinbrück 2005).

Eine solche auf Wirtschaftsdynamik und Zukunftsstandorte sowie attraktive Wohn- und Freizeitbedingungen setzende Standortargumentation, die dem Ruhrgebiet insgesamt ein neues Image als „starke Metropolregion Ruhr“ geben sollte, wird derzeit durch die Medienberichterstattung konterkariert. Über die Modernisierung des Reviers und die wirtschaftlichen und technologischen Innovationen spricht kaum einer, vielmehr wird von einem Abstieg in die zweite Liga oder die „Abbauregion West“ berichtet.

Obwohl das Ruhrgebiet sowohl in Deutschland als auch im Ausland als Prototyp einer traditionellen Industrieregion gilt, ist eine klare Abgrenzung dieses Raumes schwierig, da es keine politisch-administrative Einheit darstellt. Trotz vieler Bemühungen um einen eigenen Regierungsbezirk gibt es bislang keine Verwaltungsklammer und deshalb orientiert sich der folgende Überblick an den strukturellen Rahmendaten des Ruhrgebiets in der Abgrenzung des Regionalverbandes Ruhrgebiet (RVR) (früher Kommunalverband Ruhrgebiet: KVR). Der RVR umfasst mit rd. 5,3 Millionen Einwohnern nahezu ein Drittel der Bevölkerung Nordrhein-Westfalens. Die strukturellen Besonderheiten des Ruhrgebiets lassen sich daher bei einem Vergleich („Benchmarking“) mit den Daten für NRW ohne den KVR deutlicher hervorheben als bei einem alleinigen Vergleich mit den NRW-Daten. Nach einer kurzen historischen Einordnung des sozioökonomischen Wandels und der kulturellen Deutungsmuster des „Reviers“

wird die Struktur und Entwicklung der Bevölkerung, der Beschäftigten sowie der Arbeitslosigkeit und der Erwerbstätigkeit dargestellt. Auf Basis dieser Ist-Zustand-Analyse werden die Kompetenz- und Innovationsfelder und die neuen Herausforderungen diskutiert.

Das montanindustriell geprägte Ruhrgebiet steht auch zu Beginn des dritten Jahrtausends vor enormen Herausforderungen des wirtschaftlichen Strukturwandels, auch wenn man sich in den strukturpolitischen Debatten der letzten Jahre um Clusterstrategien und Kompetenzfelder strategisch gut positioniert hat. Wie viele altindustrielle Regionen kann auch das Ruhrgebiet durch eine früh einsetzende Industrialisierung und eine - auch in der Gegenwart - hohe Industrieproduktion, eine überdurchschnittliche Zahl an Großunternehmen und bislang relativ geringe Fähigkeiten zur flexiblen Anpassung an die neuen Herausforderungen der globalisierten Wirtschaft beschrieben werden. Die Kohle- und die Stahlindustrie dominieren seit Mitte des 19. Jahrhunderts die Wirtschaft und haben die Region zu einem industriellen Ballungsraum werden lassen. Schon früh ist um die Kohleförderung und die Stahlerzeugung ein montanindustrielles Produktionscluster entstanden, ein Geflecht von Vorleistungs- und Absatzbeziehungen. Unter anderem zählen ein ausgeprägter Energiesektor, die anorganische Chemieindustrie oder auch die Maschinenbau- und Anlagetechnikindustrie dazu. Dieser geschichtliche Wachstumspool rund um Kohle und Stahl prägte das Bild der Region nachhaltig, vor allem aber **einseitig**. Die Wachstumsphase des Montansektors im Ruhrgebiet kann aber bereits seit Mitte des 20. Jahrhunderts als beendet angesehen werden. Nach dem Zweiten Weltkrieg wurden die alten Montanstrukturen aufgrund der herausragenden Bedeutung der Grundstoffindustrie für den Wiederaufbau Europas und des Kohlemangels wieder aufgebaut und das Ruhrgebiet wurde zum schwerindustriellen Zentrum Deutschlands. Zunächst erzielten die Montanunternehmen auch Wachstumsraten, die deutlich über dem bundesrepublikanischen Durchschnitt lagen, was sich wiederum positiv auf die Lohnentwicklung in der Region auswirkte. Ein hohes Lohnniveau verfestigte aber die sektoralen Strukturen, Nicht-Montanbranchen siedelten sich in anderen westdeutschen Regionen an.

Mit Beginn der ersten Kohlekrise wurde bereits in den 50er Jahren die Abhängigkeit des Ruhrgebietes von der monostrukturierten Wirtschaft immer deutlicher. Die Verdrängung der Steinkohle erreichte Ende der 60er Jahre ihren zweiten Höhepunkt; weitere Zechenstilllegungen folgten und Arbeitsplätze wurden abgebaut. **Beschäftigungsaufbau** erzielte man vor allem im Bildungs- und Wissenschaftsbereich sowie in der Automobilwirtschaft (ein prägendes Beispiel ist etwa die Stadt Bochum, in der – von der Beschäftigung her – zwei Unternehmen schon seit Jahrzehnten die Stadt dominieren: das Opelwerk und die Ruhr-Universität). Wenn man sich kurz vergegenwärtigt, dass es historisch im Revier weder Universitäten noch Kasernen gab, dann zeigen folgende Zahlen prägnant, wie die dominierende und strukturprägende Kraft von Kohle und Stahl „zusammengeschmolzen“ ist: Inzwischen sind im Ruhrgebiet unter 8 Prozent der Beschäftigten im Montansektor beschäftigt, während die Zahl der Studenten auf rund 170.000 angewachsen ist.

Die schwerindustrielle Tradition des Ruhrgebiets ließ den Großteil der Menschen unter dem Regime der Massenproduktion und der tayloristischen Arbeitsorganisation in Großunternehmen groß werden. Tätigkeiten in Großkonzernen, die ein hohes Maß an Arbeitsteilung und damit an fachlichem Spezialistentum ausprägen, erschweren jedoch tendenziell die Chancen für den Erwerb von Querschnitts- und Schlüsselqualifikationen, die unternehmerisches Denken und Handeln begünstigen. Die Herausbildung **unternehmerischer Eigenschaften** aber auch generell die gerade in modernen „Wissensgesellschaften“ geforderten Fähigkeiten und Kompetenzen zur „Selbstorganisation“ dürfte dies gehemmt haben, ebenso wie die Orientierung an Obrigkeit, die zu einem gewissen Teil das eigene Denken „ersetzte“.

Nicht nur die Unternehmerschaft des traditionellen Ruhrgebiets verkörperte ein patriarchalisches Selbstverständnis, das den Angestellten und Arbeitern die Illusion der übermächtigen, beschützenden Hand vermittelte. Auch die Politik übernahm dieses Selbstverständnis, als die unternehmerischen Eliten im Zuge des Niedergangs ihrer Industrien dazu nicht mehr in der Lage waren. Gut dotierte Sozialpläne ersetzten Arbeitsplätze, aber dies veränderte nun gerade nicht die Opportunitäten in Richtung beruflicher Selbstorganisation bzw. persönlicher Eigeninitiative, Offenheit und Flexibilität, sondern verfestigte ruhrgebietstypische „Kleinkariertheit und Immobilität“ (vgl. Pankoke 1993). Auch in Zeiten von Standortmarketing (etwa „Der Pott kocht“) sind traditionelle regionale Spezifika im Bewusstsein der Menschen erhalten geblieben, die einen Großteil der Menschen geprägt haben und die von der alten auch noch an die jüngere Generation weitergegeben wurden. Manche wissenschaftlichen Beobachter beschreiben die Ruhrgebietskultur als eine spezifische „Atmosphäre steter Betreutheit“, der von einem „Geist der Immobilität“ geprägt sei.

Neben diesen traditionsbasierten kollektiven Mentalitätsentwicklungen der Region und Wahrnehmungen, die einer „Kultur der Selbstständigkeit“ und anderen Flexibilitätserfordernissen abträglich waren und sind, kommen weitere Faktoren hinzu, wie Qualifikationsdefizite, die eine Profilierung in Richtung eines Innovationsstandortes erschweren. Das Argument der kulturellen Prägekraft des montanindustriellen Komplexes ist einerseits bereits von vielen Historikern und Sozialwissenschaftlern untersucht worden, andererseits sollten diese spezifischen Deutungsmuster durch verschiedene Kommunikations- und Werbestrategien für das Ruhrgebiet aufgebrochen werden. Eine große Public-Relations-Kampagne zielte von Mitte der 80er bis Mitte der 90er Jahre in die Richtung „Das Ruhrgebiet. Ein starkes Stück Deutschland“. Anhand verschiedener Bilder und Motive sollte das Ruhrgebiet als starker Wirtschaftsraum erscheinen und mit einfachen, aber wirkungsvollen Beispielen das falsche Image des „alten Ruhrpotts“ korrigieren. Gezeigt wurde die breite und technologisch durchaus avancierte Infrastruktur, die bereits erfolgten Diversifizierungen der Wirtschaft sowie die neuen Bildungseinrichtungen und das breite Spektrum von Kultur (vgl. aus strukturpolitischer Sicht Kilper et al 1994 sowie die Beiträge in Lehner et al 1995 und Kilper et al 1996).

Der nun in vielen Varianten beschworene neue „Mythos“ des Ruhrgebiets als „ein starkes Stück Deutschland“ hat zwar das Regionalbewusstsein geschärft und eine durch den rapiden sozioökonomischen Wandel geschrumpfte regionale Identität revitalisiert, allerdings um den Preis, dass viele in der Region noch immer an die traditionelle Kultur der „Großindustrie“ glauben und deshalb **„Großprojekte“** (auch im kulturellen Bereich, aber vor allem in der Stadtentwicklung) große Sympathie genießen. Die alte (durch den Montankomplex) vielfältig geprägte Revierkultur, die vielfach als „starke“ Kultur definiert wird, ist deshalb nicht nur regionale Innovationskraft, sondern kann auch ein Hindernis für den Aufbau einer nach der Massenproduktion anzustrebenden differenzierten Qualitätsproduktion mit einem hohen Anteil von Dienstleistungen sein!

Allein die Hoffnung auf Multifunktionsarenen (wie etwa „auf Schalke“) zu setzen, wäre also nicht ratsam, wenngleich die Dimension des Fußballs im Revier und seine inzwischen auch wirtschafts- und beschäftigungspolitisch nicht zu unterschätzende Relevanz (neben der hohen Identifikationsbedeutung und den Freizeitwert) damit nicht im geringsten bestritten wird. Sowohl der Fußball, aber auch andere kulturelle Highlights und touristische Destinationen (etwa Musicals, Freizeitparks und das CentrO) haben das Ruhrgebiet inzwischen zu einer Region gemacht, die auch im Tourismusgeschäft (vor allem in den Segmenten Kultur- und Städtetourismus, Tagungs- und Messewesen sowie Nahreisen) als immer wichtigerer Player mitspielt (vgl. Helmer-Denzel 2004). Wird aber das kulturelle Kapital des Ruhrgebietes, zu dem sicherlich der Fußball gehört, zu sehr bemüht und in den Vordergrund gestellt, dann besteht die Gefahr, dass die kulturelle Dominanz des „Erhaltungsinteresses“ verlängert wird, statt innovative wirtschaftliche und soziale Perspektiven zu thematisieren.

Hinzu kommt ein strukturelles Problem, dass auch andere traditionelle Industrieregionen trifft: die ausgeprägte Stagnation auf dem Arbeitsmarkt und vor allem die Ausweitung **beschäftigungspolitischer Problemzonen** in einzelnen Teilregionen. Der Anteil der Langzeitarbeitslosen befindet sich im Ruhrgebiet auf einem weitaus höheren Niveau als im Land Nordrhein-Westfalen. Während im Ruhrgebiet gut 40 Prozent aller Arbeitslosen als langzeitarbeitslos einzustufen sind, beträgt diese Quote im übrigen NRW „nur“ gut ein Drittel. Erklären lässt sich das höhere Ausmaß der Langzeitarbeitslosigkeit dadurch, dass Arbeitslosigkeit im Ruhrgebiet zu einem größeren Teil strukturell bedingt ist. Charakterisierende Merkmale von struktureller Arbeitslosigkeit sind neben ihrer Dauerhaftigkeit im Zeitverlauf auch lange Arbeitslosigkeitsperioden der einzelnen Arbeitslosen. Bei Langzeitarbeitslosen sind so genannte vermittlungshemmende Faktoren vorzufinden, die das Verbleibsrisiko in der Arbeitslosigkeit erhöhen. Insbesondere mangelnde berufliche Qualifikation, gesundheitliche Einschränkungen sowie höheres Alter sind in diesem Zusammenhang als wesentliche Verbleibsrisiken zu nennen. Treten mehrere dieser Faktoren gleichzeitig auf, so verstärkt sich das Risiko für Langzeitarbeitslosigkeit und Verarmungsprozesse.

Problematisch für den Wirtschafts- und Sozialstandort Ruhrgebiet ist die **räumliche Kumulation** von Beschäftigungsrisiken: es droht die Gefahr, dass einzelne Stadtteile und ganze Städte (etwa in der Emscher–Lippe Region) schrittweise eine Kultur der Arbeitslosigkeit aufgebaut haben, die jegliche Anstrengungen zur Belebung der Wirtschaft zu ersticken droht. Soziale Polarisierungs- und Ausgrenzungseffekte zeigen sich eben nicht nur an den „Rändern der Städte“, sondern manche Ruhrgebietsstädte drohen auch im Kern zu verwahrlosen. Erscheinungsformen sozialer Ungleichheit manifestieren sich in einzelnen Teilsegmenten des Ruhrgebiets, die man zu Beginn des 21. Jahrhunderts nicht erwartet hätte: das Gespenst der „Dauerarbeitslosigkeit“ und die Verelendung einzelner Stadtquartiere kehrt zurück, wenngleich die Zustände nicht dramatisiert werden sollten, da sich am Rande der „Arbeitsgesellschaft“ auch informelle und teilweise illegale Aktivitäten entfalten, die die Verarmungsprozesse teilweise etwas abschwächen können. Die im regionalen Vergleich massiven Einbußen hinsichtlich der Einkommenslage und der Lebensqualität zeigen sich auch markant in der **geringeren Lebenserwartung**. „Ein neugeborener Junge in Gelsenkirchen hat heute – statistisch und ′altersstrukturbereinigt`- eine um fast fünf Jahre kürzere Lebenserwartung als ein zur selben Zeit geborener kleiner Borkener oder ein gleichaltriger Jung-Bonner“ (Strohmeier 2002, 13; vgl. auch ders. 2006).

Angesichts solcher Hinweise auf räumliche Disparitäten sollten auch nicht die Segmentierungs- und Spaltungsprozesse, die durch die lang andauernde Beschäftigungskrise entstanden sind, „verniedlicht“ werden. Sie bedeuten nicht nur „relative“ Verarmung bei den Betroffenen und kommunale Sparstrategien, sondern behindern auch eine auf Kompetenzfelder setzende Wirtschafts- und Standortstrategie, da man in der Öffentlichkeit zu sehr auf diese bestimmten Quartiere der Städte schaut. Wirtschaftliche Revitalisierungsprozesse brauchen aber auch eine gewisse Investitionskultur, um wirtschaftliche Dynamik zu erzeugen, die dann wiederum Arbeitsplätze auch für die schlecht Qualifizierten und von Ausgrenzung bedrohten Schichten schafft. Neben einer überdurchschnittlich hohen Arbeitslosigkeit im Ruhrgebiet und einem daraus resultierenden geringen Anteil der Erwerbstätigen an den Erwerbspersonen ist das vorhandene **Erwerbspersonenpotential** ein weiterer bedeutender Indikator zur Beurteilung des Arbeitsmarktes und des Erwerbslebens. In der engeren Definition ergibt sich dieses als Summe der Erwerbstätigen, der registrierten Arbeitslosen und der stillen Reserve. In der weiteren Definition, die im folgenden zugrunde gelegt wird, versteht man unter dem Erwerbspersonenpotential die Bevölkerung im erwerbsfähigen Alter, also die Personen im Alter zwischen 15 und 65 Jahren.

Das Erwerbspersonenpotential hat sich bereits seit einigen Jahrzehnten verringert; so ist es bspw. von 3,75 Mio. Personen in 1990 auf rund 3,59 Mio. Personen in 1999 zurückgegangen. Dies entspricht einer prozentualen Abnahme um 4,27 Prozent. Dagegen hat sich das Erwerbspersonenpotential in NRW leicht erhöht (0,14 Prozent). In den übrigen Landesteilen fiel der Zuwachs entsprechend höher aus (2,13 Prozent). In der Zeitreihenbetrachtung wird deutlich, dass seit 1992 die Entwicklung des Potentials auch in NRW rückläufig ist, was aber ausschließlich auf die drastischen Verluste des Ruhrgebiets zurückzuführen ist. Auch die vorliegenden Prognosen der Entwicklung der Bevölkerung im erwerbsfähigen Alter zwischen 2001 und 2015 lassen keine Entspannungstendenzen erkennen, im Gegenteil: Im Ruhrgebiet ist ein kontinuierlicher Abwärtstrend feststellbar. Insbesondere bis zum Jahr 2007 fallen die Verluste des Erwerbspersonenpotentials erheblich aus (insgesamt reduziert sich das Potential bis 2015 voraussichtlich um weitere 5 Prozent). Allerdings stehen aus verschiedenen Gründen, z.B. gesundheitliche Einschränkungen, Kindererziehungszeiten, Vorruhestand etc, nicht alle Personen im erwerbsfähigen Alter dem Arbeitsmarkt zur Verfügung. Aufschluss darüber gibt die Erwerbsquote. Diese ergibt sich aus der Anzahl der dem Arbeitsmarkt zur Verfügung stehenden Personen, also den Erwerbstätigen und den Arbeitslosen, im Verhältnis zur Bevölkerung im erwerbsfähigen Alter zwischen 15 und unter 65 Jahren. Die Erwerbsquote ist der elementare Indikator zur Messung der Beteiligung der Bevölkerung am Arbeitsmarkt. Zwar konnten die Erwerbsquoten in den letzten Jahren in allen betrachteten Gebietseinheiten leicht gesteigert werden, allerdings bleibt die Quote im Ruhrgebiet deutlich **geringer** als im übrigen NRW.

Eine Abschätzung des zukünftigen Arbeitskräfteangebotes im Ruhrgebiet ist unter Berücksichtigung des Erwerbspersonenpotentials und der Erwerbsquote möglich. Im folgenden wird daher der Versuch unternommen, die Anzahl der Erwerbspersonen (Erwerbstätige und Arbeitslose) im Ruhrgebiet bis zum Jahr 2015 in verschiedenen Varianten zu prognostizieren. Legt man die Erwerbsquote aus dem Jahre 1999 (69,5 Prozent) zugrunde, so ergibt sich für das Ruhrgebiet bis zum Jahre 2015 ein Rückgang der Erwerbspersonen um knapp 5 Prozent (dagegen ist für das übrige NRW ein leichter Anstieg zu erwarten). Die 2,647 Mio. Erwerbspersonen in 2001 werden sich absolut bis 2015 auf 2,344 Mio. verringern, wenngleich mit Prognosen und Szenarien – denkt man an vergangene Bevölkerungsprognosen – vorsichtig umzugehen ist. Vor dem Hintergrund der Fragestellung, welchen Einfluss die demographische Entwicklung auf den Arbeitsmarkt nimmt, sind die zukünftigen Entwicklungslinien relativ eindeutig: Insgesamt reduziert sich die Menge der dem Arbeitsmarkt zur Verfügung stehenden Personen im Ruhrgebiet deutlich stärker als im Land. Auf der einen Seite wird sich daher das Problem der Arbeitslosigkeit im Ruhrgebiet in den nächsten Jahren (nicht kurzfristig) aller Voraussicht nach entspannen. Auf der anderen Seite werden Unternehmen der Region vor zusätzliche Probleme gestellt, geeignete Fachkräfte zu rekrutieren. Insbesondere deuten die hohen Anteile von Langzeitarbeitslosen bei gleichzeitig vorhandenen offenen Stellen auf das Bestehen eines **„Mismatch"** auf dem Arbeitsmarkt hin, der durch eine hohe Beharrungskraft der Erwerbstätigen aufgrund ihrer großbetrieblichen Erfahrungen (Sicherheitsbewusstsein aufgrund der „Montankultur") mit erzeugt wurde.

4.3.1 Die „heimlichen" Gewinner des Strukturwandels

Der Wandlungsprozess von der Industrie- zur Dienstleistungsgesellschaft ist in sämtlichen entwickelten Volkswirtschaften identifizierbar. Allerdings prägt sich dieser Wandel nicht nur im internationalen, sondern auch im interregionalen Vergleich unterschiedlich stark aus. Eine übliche Vergleichsgröße ist die Entwicklung der sozialversicherungspflichtigen Beschäftigung, die im folgenden nach Daten des Landesarbeitsamtes kurz aus sozialstatistischer Sicht betrachtet wird. Weniger positiv zeigt sich auch hier der Befund des Wandels in den Grenzen des RVR: die gesamte sozialversicherungspflichtige Beschäftigung hat von 1990 bis zum Jahr 2000 um 6,7 Prozent abgenommen. Während der gesamte „Beschäftigungskuchen" also geschrumpft ist, haben sich die strukturellen Anteile der einzelnen Sektoren deutlich in Richtung des tertiären Sektors verschoben: Im RVR konnte der tertiäre Sektor seinen Anteil von 51 Prozent in 1990 auf 64 Prozent im Jahr 2000 ausbauen. Gleichzeitig verringerten sich die Anteile des primären und des sekundären Sektors; so sank der Anteil des primären Sektors von 9,1 Prozent in 1990 auf 5,4 Prozent im Jahr 2000. Der Anteil des sekundären Sektors nahm von 39,9 Prozent in 1990 auf 30,7 Prozent im Jahr 2000 ab. Die Anteile des tertiären Sektors sind also deutlich größer geworden. Gerade wegen der abnehmenden sozialversicherungspflichtigen Beschäftigung liegen aber die Wachstumsraten des tertiären Bereichs deutlich unter dem Landesdurchschnitt: NRW verzeichnete von 1990 bis 2000 ein Wachstum an Dienstleistungsbeschäftigung von 21,3 Prozent; lässt man wiederum den KVR aus dieser Berechnung heraus, so sind es sogar 23 Prozent (die Wachstumsraten im KVR betragen lediglich 17 Prozent). Auch zwischen 1998 und 2002 hinkt das Wachstum des Dienstleistungssektors im Revier mit 40 Prozent relativ deutlich gegenüber dem übrigen NRW mit 61,5 Prozent hinterher.

Das **Kernproblem** des Ruhrgebietes sind die außerordentlichen, im Landesvergleich überdurchschnittlichen Beschäftigungsverluste, die auch durch das Wachstum des tertiären Sektors nicht kompensiert werden konnten. Zwar haben die Anteile des tertiären Sektors deutlich zugenommen, aber diese anteilige Strukturverschiebung ist zu einem Großteil auf den Verlust an Gesamtbeschäftigung zurückzuführen. Zwischen 1998 und 2002 hat die Beschäftigung auf Landesebene um 2,1 Prozent zugenommen, im Ruhrgebiet ist sie- trotz der „Wachstumslokomotive" Dienstleistungen, um 0,5 Prozent zurückgegangen.

Die bislang skizzierten spezifischen Arbeitsmarktprobleme im Ruhrgebiet sind nicht nur ein Ausdruck für eine generelle Beschäftigungsschwäche, sondern spiegeln den **langsamen** Strukturwandel der hiesigen Wirtschaft wider. Ein drastischer Rückgang im Produzierenden Gewerbe und ein später Zuwachs an Dienstleistungstätigkeiten zeichnen die Region aus. Der „Montankomplex" hat Spuren hinterlassen, allerdings gibt es kaum vergleichbare Wirtschaftsregionen weltweit, die einen so tiefgreifenden Beschäftigungsabbau so sozialverträglich gelöst haben. Manche klassischen Industriestandorte im Revier existieren schon seit Jahren nicht mehr, sondern haben sich vielfältig verändert und auch andere Branchen haben sich inzwischen angesiedelt. Der Bruttowertschöpfungsanteil der Dienstleistungen im Ruhrgebiet hat sich in der letzten Dekade ähnlich stark wie in Gesamtdeutschland entwickelt; innerhalb von 10 Jahren ist ihr Anteil an der Gesamtwertschöpfung um rund 12 Prozentpunkte gestiegen, während das Produzierende Gewerbe stark an Bedeutung verloren hat. Einzelne Städte im Revier haben sich damit zu Beginn des 21. Jahrhunderts von einem altindustriellen, über einen de-industrialisierten hin zu einem „modernen" Wirtschaftsstandort entwickelt, wenngleich oft noch das „alte" Image von Kohle und Stahl in der Öffentlichkeit mitschwingt (vgl. hierzu u.a. Fretschner et al 2002, Hilbert et al 2004 sowie Grote Westrick/Rehfeld 2002 und Kilper et al 1994, 1996).

So haben sich nicht nur in Dortmund zu den neuen Leitbranchen nach Kohle und Stahl die Versicherungswirtschaft, zunehmend auch die Logistikbranche, Software- und Kommunikationsdienste und der Mikrotechnologiesektor entwikkelt. Dortmund hält die Spitzenposition in der IT-Branche im Ruhrgebiet, aber auch die Logistik- und Transportwirtschaft verfügt über erhebliche Beschäftigungspotentiale. Dennoch hat Dortmund das Außenimage als Stadt von Kohle, Stahl und Bier noch nicht verloren. Die Bedeutung, die der IT-Sektor und die anderen Leitbranchen für die Stadt und die Region haben, konnte bislang nur schwer nach Außen vermittelt werden. Inzwischen hat man jedoch Konsequenzen gezogen und steuert stärker eine branchenbezogene Konkretisierung und eine spezifische Ausrichtung von Leitprojekten an (vgl. Rehfeld et al 2000 sowie die Beiträge in Meffert/Steinbrück 2005 und über Dortmund in McK 2002, bes. 55ff). Das „dortmund-project" hat die Aufgabe, sowohl neue Unternehmen zu etablieren als auch bestehende Branchen zu fördern und insgesamt so einen wettbewerbsfähigen Standort der Zukunft zu bieten. Es ist ein „Public-Private-Partnership-Projekt", das sechs Kernziele hat und auch in den regionalpolitischen Debatten explizit als „Best-Practice-Beispiel" vorgestellt wird:

- Aufbau neuer „Führungsindustrien" (Informationstechnologie und E-Commerce, Mikrosystemtechnik und E-Logistik).
- Stärkung der ansässigen Unternehmen in den etablierten Kernbranchen mit gezielten Programmen zur Förderung von Modernisierung und Wachstum.
- Ausbau von Ausbildung, Qualifizierung, Wissenschaft und Forschung auf internationalem Standard.
- Ausbau der Stadt Dortmund zu einer modernen Wirtschaftsmetropole mit hoher Lebens- und Freizeitqualität.
- „One-Stop-Shop" für Unternehmensgründer und Ansiedler.
- Deutliche Steigerung des Beschäftigungsniveaus.

Die enge Vernetzung mit Hochschulen und Forschungseinrichtungen ist durchaus exemplarisch für neue Strategien der Wirtschafts- und Gründungsförderung in verschiedenen Wirtschaftsregionen. Und auch hier zeigt sich wieder der Clusteransatz und die Bedeutung von regionalen Innovationsnetzwerken. Solche Art von Vernetzungen zwischen Wirtschaft und Wissenschaft sind natürlich besonders spektakulär in den zentralen Hochtechnologiestandorten, aber auch in anderen Regionen gibt es Universitäten, Fachhochschulen und andere öffentliche Institutionen sowie Unternehmen, die durchaus Potentiale und den Kern für innovative Cluster und Vernetzungen bieten können (vgl. die Beiträge in Heinze/Schulte 2002 sowie Heinze et al 2002 und Glassmann/Voelzkow 2004). Die Effekte, die das dortmund-project durch die Schaffung von neuen Arbeitsplätzen ausgelöst hat, sind allerdings nicht eins zu eins auf den Arbeitsmarkt übertragen worden. Zwar ist seit Projektbeginn auch in Dortmund die Arbeitslosigkeit von 16,4 Prozent (1999) auf 14,6 Prozent (2002) gesunken, in den Jahren 2003, 2004 und 2005 steigt die Quote aber wieder. Damit liegt Dortmund immer noch deutlich über dem Bundesdurchschnitt; Anfang 2006 verzeichnete die Stadt rd. 50.000 Arbeitslose (die Quote liegt über 18 Prozent).

Diese Zahl lässt noch keinen Schluss auf eine mögliche Erfolglosigkeit des dortmund-project zu. **Ziel** der regionalen Clusterpolitik ist es, die neuen Leitbranchen in Dortmund aufzubauen, Unternehmensgründer zu unterstützen und ein dynamisches Netzwerk für Kooperationen der Unternehmen untereinander mitzutragen. Dies ist, bei aller Kritik im Detail, bislang relativ erfolgreich umgesetzt worden. Die Gründungswettbewerbe gehören zu den besten in Deutschland und durch die Folgebetreuung der Gründer ist ein weiterer Schritt auf dem Weg zu stabilen, wettbewerbsfähigen Strukturen erfolgt. Die Einwohnerzahl Dortmunds steigt – im Gegensatz zu den meisten Städten im Ruhrgebiet - ebenfalls, sie ist mittlerweile zur größten Stadt im Ruhrgebiet avanciert. Diese Entwicklung wiederum kann zu mehr Arbeitsplätzen in den Dienstleistungsbranchen führen, so dass auch geringer Qualifizierte Aussichten auf eine Arbeitsstelle in der Region erhalten. Entscheidend für den Erfolg einer solchen clusterorientierten und regional ausgerichteten Strukturpolitik ist es, ob eine Vermittlung zwischen **Organisationskulturen** der einzelnen Akteure (von den Unternehmen, den Hochschulen, der politischen Verwaltung etc) nicht nur verbal gelingt, sondern sich auch in funktionsfähigen Projekten und Strukturen realisiert. Dies ist auch deshalb schwierig, weil sich in modernen „Wissensgesellschaften“ Vertrauen immer weniger selbstverständlich herstellt, sondern durch bewusst geschaffene soziale Nähe und institutionelle Netzwerke konstruiert werden muss. „Netzwerke bilden sich auf der Basis von konditionierter Vertrauenswürdigkeit. Sie ersetzen auf diese Weise die Sicherheit, die ein Organisationssystem in der Mitgliedschaft seiner Mitglieder findet“ (Luhmann 2000, 408; vgl. auch Jonas 2005 sowie die Beiträge in Kujath 2005).

Da Neuansiedlungen die beschäftigungspolitischen Probleme nicht lösen werden, müssen die synergetischen Potentiale der Wirtschaft und der Wissenschaft in den Regionen noch intensiver mobilisiert und in Kompetenzprojekten umgesetzt werden. Diese Empfehlung leitet sich aus der neueren wirtschafts- und sozialwissenschaftlichen Forschung ab, wo es eine intensive Debatte um die Reorganisation von Unternehmen und die „Redefinition“ ganzer Branchen und Cluster geht. Es gibt aber keinen „Königsweg“ bei der strukturellen Erneuerung traditioneller Industrieregionen und vor allem sollten die Hoffnungen nicht nur auf eine Branche (oder wie es heute heißt) ein „Cluster“ gesetzt werden. Die nachlassende wirtschaftliche Stärke des Montankomplexes bedeutet ja nicht, dass hier nicht noch Stärken liegen, die aber neu verknüpft werden müssen. So haben etwa Unternehmen bereits länger den Kohleveredelungsmarkt entdeckt und positionieren sich als **Energiesystemanbieter**, die die gesamte „Energiekette“ mit all den erforderlichen Dienstleistungen abdecken. Mit solchen „Komplettlösungen“ aus einer Hand (vom konkreten Bergbau über das Engineering, den Bergwerksmaschinenbau und die Automatisierungstechnik bis hin zur Logistik, den Vertrieb von Energie und die Reststoffverwertung) ist man bereits seit einigen Jahren auf den globalisierten Märkten erfolgreich unterwegs. Zudem bietet sich hier ein erfolgreiches Zukunftssegment im Rahmen einer integrierten (und „nachhaltigen") Ressourcen- und Energieplanung an. Vom Potential her kann das Ruhrgebiet also durchaus weiterhin eine attraktive und wettbewerbsfähige Energieregion bleiben, die zudem neue Wachstumsbereiche rund um die Energiegewinnung und –veredelung sowie Energieeffizienzen früher als anderswo erschließt.

Zukunftsfähige „Cluster" sind also auch im Ruhrgebiet vorhanden, aber an der Profilierung und Vermarktung muss noch gearbeitet werden (vgl. auch Fretschner et al 2002, Hilbert et al 2004 sowie Lagemann et al 2005). Diese Aussage gilt nicht nur für die innovationsträchtigen Gesundheitswirtschaft- und Energiecluster, sondern auch für den Logistikbereich, der sich in den letzten Jahren sowohl im westlichen als auch im östlichen Ruhrgebiet stark entwickelt hat. Da die Logistik in Dortmund explizit als Innovationsschwerpunkt definiert wird und als Leitbranche für die Zukunft gilt, soll kurz auf diese neue standortpolitische Profilierung eingegangen werden. Die **Logistik-Branche**, die sich aus Transport, Umschlag und Lager zusammensetzt, weist bereits seit einigen Jahren eine positive Beschäftigungsentwicklung auf. Neben den Beschäftigten in der Kernbranche der Logistik kommen noch Erwerbstätige in den Zentren des Großhandels und im Bereich der Zulieferer hinzu. Bereits im Jahr 1998 begannen die verantwortlichen wirtschaftspolitischen Akteure mit dem Aufbau eines Logistiknetzwerkes, um den Standort als Kompetenzregion für Logistik zu stärken („Logistikinitiative Östliches Ruhrgebiet"). In den Bereichen von Forschung, Entwicklung und Lehre hat sich Dortmund inzwischen auch bereits zu einem attraktiven Standort für dieses Kompetenzfeld entwickelt: so existiert an der Universität der Studiengang Logistik, ebenfalls in Dortmund befindet sich das Fraunhofer Institut für Materialfluss und Logistik. Angeregt durch die zunehmende Bedeutung der Informations- und Kommunikationstechnologie setzen die Dortmunder Logistik-Unternehmen seit einigen Jahren vermehrt auf die computergestützte Distribution von Gütern und Waren. Bedingt durch die stark vertretene Softwarebranche konnte dadurch ein branchenübergreifendes Kompetenzfeld entstehen. Die Informationstechnologie stellt sich durchaus als treibende Kraft bei der Weiterentwicklung von zukunftsorientierten Logistikprojekten dar. Wie auch in der industriellen Produktion setzt die Branche auf eine zeitnahe Zulieferung und Lagerhaltung und ein komplexes Management der Zuliefererkette. Elektronische Bestellungen per Telefon, Teleshopping oder E-Mail bestimmen die Zukunft der Logistik, so dass man ohne eine geeignete Software nicht mehr auskommt. Diese Vernetzung von Logistik und IT zeigt sich auch daran, dass fast die Hälfte der Dortmunder IT-Unternehmen auf Logistik-Software spezialisiert ist. Mit dem im Dezember 2000 gegründeten Kompetenzzentrum e-port-dortmund setzt man genau an dieser Schnittstelle von IT und

Logistik an. Die Logistikunternehmen erhalten professionelle Unterstützung, die neuen Entwicklungssysteme umzusetzen und damit ihre Wettbewerbsfähigkeit zu erhalten. Die e-port-dortmund GmbH ist im Hafen angesiedelt und hat dadurch auch einen stark imagebildenden Effekt. Logistikunternehmen, die Mehrwertdienste anbieten, siedeln sich an diesem strategisch günstigen Standort an. Flächen für Fuhrparks oder Lagerhallen sind auf dem Gelände in ausreichender Zahl vorhanden und die direkte Autobahnanbindung macht das Kompetenzzentrum zu einem verkehrsgünstigen Standort. Dortmund und die umliegende Region bieten generell für die Logistikbranche einen geographisch und strategisch günstigen Standort, so dass sich die Region auch als Europasitz von international agierenden Konzernen anbietet. Umrahmt wird das Konzept von einer breiten Call-Center-Branche, die das Logistik-Cluster abrundet.

Aber auch in anderen Zukunftsfeldern hat das Ruhrgebiet durch seine spezifischen Wandlungsprozesse die Chance, offensiv auf die neuen Herausforderungen einzugehen und mit dem Wandel auch neue Wirtschafts- und Beschäftigungsfelder zu eröffnen. Ein solches zukunftsfähiges Kompetenzfeld könnte in der Bewältigung des demographischen Wandels liegen, der das Ruhrgebiet eher als andere deutsche Regionen getroffen hat und der meistens als „Bedrohung" gesehen wird, anstatt die Innovationschancen zu thematisieren. Aber auch hier gilt: die Nachbarregionen schlafen nicht (etwa Köln-Bonn). Standorte wie München, Berlin oder Hamburg sind zudem im Aufbau eines neuen Kompetenzclusters im Zukunftsmarkt „Gesundheit" und vor allem konkreten Vernetzungen zwischen Hochschulen, Kliniken und Wirtschaft schon oft einen Schritt weiter. Somit müssen die technologischen Stärken des Ruhrgebiets schnell vernetzt werden mit neuen Geschäftsfeldern (etwa in der Medizintechnik oder der Telemedizin), um standortpolitisch nicht weiter zurückzufallen.

4.3.2 Soziodemographischer Wandel und Beschäftigungskrise

In diesem Abschnitt werden die Bevölkerungsstruktur sowie die zurückliegende und zukünftige Bevölkerungsentwicklung des Ruhrgebiets im Vergleich zum Land und den übrigen Landesteilen kurz analysiert (vgl. u.a. Berlin-Institut 2006, 120ff sowie die Beiträge in Meffert/Steinbrück 2005). Im Ruhrgebiet lebten im Jahr 2000 rund 5,36 Mio. Menschen; gegenüber 1990 hat sich die Bevölkerung leicht verringert (minus 0,69 Prozent), während Nordrhein-Westfalen insgesamt einen Bevölkerungszuwachs in Höhe von 3,81 Prozent aufweist. Diese unterschiedliche Entwicklung (Schrumpfung im Ruhrgebiet, Wachstum in anderen Teilen NRWs) ist also nicht neu, auch wenn sie gerade in letzter Zeit massiv kommuniziert wird und weitere Abwanderungen aus dem Ruhrgebiet dramatisiert werden. Von 1992 bis 2001 hat die Bevölkerungszahl im „Kernruhrgebiet" um 110.000 (minus 3,5 Prozent) abgenommen, während sie in den umliegenden Kreisen (z.B. im Münsterland) um 220.000 (plus 5 Prozent) zunahm. Diese Schere ist aber nicht über Stadtflucht primär, sondern ist primär über „Sterbeüberschüsse" im Kernruhrgebiet und zum kleineren Teil durch Stadt-Umland-Wanderungen zu erklären. Betrachtet man die Veränderung der Bevölkerung auf der Ebene der Kreise und kreisfreien Städte im Ruhrgebiet, so sind zudem deutliche regionale Unterschiede auszumachen: Die kreisfreien Städte Hagen (-5,27 Prozent), Gelsenkirchen (-5,11 Prozent), Essen (-5,06 Prozent) und Duisburg weisen (zwischen 1990 und 2000) deutliche Bevölkerungsverluste auf, während insbesondere die Kreise Unna und Wesel deutliche Zuwächse verzeichnen konnten, die sogar leicht über den Zuwächsen der übrigen Landesteile lagen.

Die im Ruhrgebiet im Vergleich zum Land ungünstigere Bevölkerungsentwicklung ist einerseits auf höhere Abnahmen in den Altersklassen zwischen 15 und 35 Jahren und andererseits auf deutlich geringere Zunahmen in der Altersklasse bis unter 15 Jahren und der Altersklasse zwischen 55 bis unter 65 Jahren zurückzuführen. Betrachtet man die Altersstruktur der Bevölkerung im Ruhrgebiet im Vergleich zum übrigen NRW (ohne RVR) und NRW insgesamt, so sind im Ruhrgebiet bei den jüngeren Jahrgängen bis zum Alter von 45 Jahren durchgängig geringere Anteile festzustellen, während die Anteile in den höheren Altersklassen über den Vergleichswerten liegen. Damit ist die erste These zu formulieren: Das Ruhrgebiet ist hinsichtlich des überall in Deutschland festzustellenden Bevölkerungsrückgangs weit vorn in dieser Entwicklung. Der **demographische Wandel** trifft diese Region früher und stärker als andere Städte und Gemeinden oder anders formuliert: in der „größten Stadtregion" Europas leben schon heute verhältnismäßig weniger junge Menschen und der Anteil der Älteren liegt höher; zudem sind die Abwanderungen aus den Städten größer als es die auch in anderen Agglomerationsräumen zu beobachtenden Suburbanisierungsprozesse vermuten lassen und vor allem sind sie in einem hohen Maß aus sozialer Sicht selektiv (gebildete junge Menschen gehen, ältere Personen bleiben). Hinzu kommt bei den Bevölkerungswandlungsprozessen, dass sich der Anteil der Migranten in den Großstädten des Reviers bereits heute massiv erhöht hat und weiter wachsen wird.

Diese im Vergleich zumeist als ungünstig charakterisierte Altersstruktur mit geringeren Anteilen jüngerer und höheren Anteilen älterer Menschen deutet bereits auf spezifische zukünftige Probleme der Bevölkerungsentwicklung hin (etwa auf soziale Entmischungsprozesse, die sowohl Konflikte zwischen einzelnen Bevölkerungsgruppen produzieren kann als auch die hohen Infrastrukturausstattungen der Kommunen sowie die Wohnungswirtschaft mit hohen Leerständen treffen würden). Dieser soziale Wandel ist aber noch zu gestalten: so ist einerseits in den Kernstädten des Ruhrgebiets sowohl eine Mobilisierung von Bauland (für Einfamilienhäuser als auch Eigentumswohnungen) als auch eine weitere Verbesserung der in den Stadtteilen und eine Revitalisierung des Wohnumfeldes voranzutreiben. Hier könnten die verantwortlichen Akteure weitaus mehr Phantasie und Mut walten lassen, um in einer konzertierten Aktion aus Wohnungswirtschaft und den Kommunen der Stadtflucht endlich offensiv zu begegnen. Genauere Auskunft über die Ausmaße des demographischen Wandels und die realen Herausforderungen geben Bevölkerungsprognosen bzw. -szenarien. Die Auswertung vorliegender **Bevölkerungsprognosen** vom Jahr 2001 bis zum Jahr 2015 lassen für das Ruhrgebiet weitere Bevölkerungsverluste in Höhe von rund 6 Prozent erkennen. Zwar sind auch für das Land NRW geringe Abnahmen der Bevölkerung festzustellen, allerdings sind diese auf die Rückgänge im Ruhrgebiet zurückzuführen, da für das übrige NRW sogar leichte Zuwächse prognostiziert werden. Auf der Ebene der Kreise und kreisfreien Städte sind bei der Prognose ähnliche Tendenzen auszumachen wie bei der zurückliegenden Bevölkerungsentwicklung. Besonders drastische prognostizierte Bevölkerungsverluste sind für die kreisfreien Städte Essen (-11,53 Prozent), Hagen (-9,30 Prozent), Dortmund, Herne, Gelsenkirchen und Bochum festzustellen. Einzig die beiden Kreise Unna und Wesel weisen noch leichte Bevölkerungszuwächse auf.

Insgesamt zeigt die Betrachtung der zurückliegenden und zukünftigen Bevölkerungsentwicklung, dass das Ruhrgebiet insgesamt und dabei insbesondere die kreisfreien Städte entweder schon deutliche Verluste der Bevölkerung in Kauf nehmen mussten oder diese ihnen noch bevor stehen, wohingegen die beiden Kreise Unna und Wesel, die eine für das Ruhrgebiet vergleichsweise geringe Bevölkerungsdichte aufweisen, dem Trend folgen, der für die übrigen Landesteile festzustellen ist. Diese Feststellung steht, wie zu vermuten ist, im Zusammenhang mit dem generellen Trend der Suburbanisierung und einer **räumlichen Dekonzentration** in Deutschland: Ein Teil der erwerbstätigen Bevölkerung der Großstädte wechselt den Wohnort und zieht in dünner besiedelte Umlandgemeinden. Ein weiterer Grund für rückläufige Bevölkerungszahlen kann in der Wirtschafts- und Beschäftigungsentwicklung einer Region liegen. Damit ist man explizit bei der regionalen Differenzierung des Ruhrgebietes und hier liegen die „Problemzonen“ in der Emscher-Lippe-Region. Wird einmal nur Gelsenkirchen betrachtet, dann sind auch die aktuellen Schlagzeilen über dramatische Bevölkerungsverluste zu relativieren. Diese Stadt hat bereits seit ihrem Bevölkerungshöchststand mit rund 400.000 Einwohnern vor gut 30 Jahren über 125.000 Einwohner verloren und auch derzeit verliert sie pro Jahr weiter rund 2.000 Menschen. Welche Wandlungsprozesse gerade im Beschäftigungssystem zu bewältigen waren, zeigen beispielhaft folgende Zahlen: in den 50er Jahren arbeiteten in der Stadt rund 40.000 Bergleute und noch einmal rund 20.000 Erwerbstätige in der Stahl- und Eisenbranche. Seit Ende der 50er Jahren wurde eine Zeche nach der anderen geschlossen und im Jahr 2000 erlosch das letzte Feuer in der „Stadt der tausend Feuer". Aber auch andere Städte aus dem Ruhrgebiet haben diesen Wandel „erleiden" müssen: Auch der Dortmunder Raum war lange Jahre ein zentraler Standort für Kohle und Stahl im Ruhrgebiet; zeitweilig (Mitte der 60er Jahre) beschäftigte allein der größte Montankonzern Dortmunds, die Hoesch AG, nahezu 40 000 Stahlarbeiter. Bereits seit einigen Jahren verfügt Dortmund über keine Montanarbeitsplätze mehr. Tiefgreifende Veränderungen traten bereits in den 90er Jahren ein: zwischen den Jahren 1991 und 2002 stieg der Anteil der Beschäftigten des tertiären Sektors in Dortmund von 62,6 Prozent auf 77,1 Prozent, im Ruhrgebietsdurchschnitt stieg der Anteil im selben Zeitraum von 52 Prozent auf 66 Prozent.

„Überalterung" und **„Stadtflucht"** sind also keine neuen sozioökonomischen Trends, sondern machen das Ruhrgebiet vielleicht zu einem „Laboratorium", in dem eher als in vergleichbaren anderen Regionen in Deutschland schon seit einigen Jahrzehnten die Folgen des demographischen Wandels zu beobachten und auch (wenigstens potentiell) Lösungsvorschläge zu diskutieren sind. Im Abschnitt zu den Entwicklungsperspektiven der Gesundheitswirtschaft werden diese Standortpotentiale noch einmal aufgegriffen. Festzuhalten bleibt, dass der massive Umbruch der Region, die oft als das „industrielle Herz" Deutschlands bezeichnet wurde, **konfliktfrei** – gerade auch im internationalen Vergleich – bewältigt wurde. An vielen Beispielen ist eindrucksvoll zu belegen, wie aus der Kohle- und Stahlregion ein Dienstleistungsstandort mit vielfältigen Bildungs-, Forschungs- aber auch kulturellen Einrichtungen geworden ist. Vor allem das Nebeneinander von klassischen Industriesymbolen und innovativen und vitalen Orten gibt der Region einen spezifischen Reiz und auch ein standortpolitisches Profil, das allerdings aus wirtschaftsstruktureller und vor allem beschäftigungspolitischer Sicht einige Risse bekommen hat. Genau die sozialen Verwerfungen werden heute zunehmend problematisiert und deshalb muss jede Erneuerungs- bzw. Modernisierungsstrategie an diesen wirtschaftlichen Grundlagen und der besseren Nutzung der **Kompetenzpotentiale** ansetzen, um langfristig den Wirtschafts- und Sozialstandort abzusichern. Es zeigt sich hier zudem exemplarisch, wie die Globalisierungsprozesse auch eine Regionalisierung der Ökonomie und eine Aufwertung der Region als politisches Handlungsfeld erzeugen. „Die Logik der Diversifizierung und Spezialisierung, die den unternehmensseitigen Antworten auf die Ausdifferenzierung der Märkte unterlegt ist, führt zur Formierung und schärferen Konturierung regionaler Ökonomien - zu räumlichen Bündeln von Firmen oder operativen Einheiten mit unterschiedlichen Spezialitäten, die in verschiedenen Kombinationen daran mitwirken, gemeinsame Märkte zu beliefern“ (Kern/Sabel 1990, 146; vgl. auch Crouch et al 2004 sowie die Beiträge in Bullmann/Heinze 1997 und Cooke et al 2004).

5 Regionale Entwicklungsstrategien: von Zukunftsstandorten und „Restregionen“

Anhand des regionalen Fallbeispiels Ruhrgebiet ist herausgearbeitet worden, dass ein neues und wirtschaftsstarkes Kompetenzfeld nicht aus dem Boden gestampft werden kann. Auch andere regionalwissenschaftliche Analysen zur Entwicklung von Cluster-Regionen kommen zu der Feststellung, dass eine erfolgreiche Clusterbildung mindestens 20 Jahre in Anspruch nimmt. Die Standortprofilierung definiert sich in den erfolgreichen Wirtschaftsregionen primär über die endogenen Potentiale des jeweiligen Raumes und folgt einem Paradigma des „Stärken stärken“. Folgt man dieser Logik, so definieren Regionen spezifische Kompetenzen für sich und versuchen auf diese aufzusatteln und sie auszubauen. „Die wirtschaftliche Position einer Region im weltweiten Wettbewerb ist zum einen von pfadabhängigen technologischen Entwicklungen abhängig; zum anderen wird sie beeinflusst von den institutionell verankerten Regulationsstrukturen, die den Aufbau, die Funktionsweise und die weitere Entwicklung der regionalen Innovationsfähigkeit entscheidend bestimmen. Die Institutionen des regionalen Innovationssystems können von den Unternehmen als Ressource (technologisches Wissen, qualifizierte Arbeitskräfte, kooperative Arbeitsbeziehungen etc) genutzt werden; zudem nehmen sie wichtige Orientierungs- und Regulierungsfunktionen für die regionalen Akteure in Wirtschaft, Wissenschaft und Politik wahr. Mit zunehmender Institutionendichte und mit der Entwicklung institutioneller Beharrungsmomente werden die wirtschaftlichen Entwicklungspfade einer Region auch institutionell stabilisiert; neben technologische treten institutionelle Pfadabhängigkeiten“ (Braczyk/Heidenreich 1996: 28; vgl. auch Diller 2002, Heidenreich 1997 und Krätke 2005).

Leistungsfähige kooperative Innovations- und Produktionssysteme lassen sich weder anordnen noch durch Broschüren oder Unternehmensberater herbeizaubern. Alle bislang vorliegenden Erfahrungen besagen, dass der Wandel der Regulationsstrukturen nur über kooperativ und experimentell ausgerichtete, zeitraubende und manchmal enttäuschungsreiche Planungs- und Gestaltungsprozesse möglich ist. Die Zusammenarbeit wird oft dadurch beeinträchtigt oder kommt überhaupt nicht zustande, weil einzelne Akteure befürchten, übervorteilt zu werden. Ein Umbau in Richtung einer wissensbasierten Ökonomie und zukunftsfähiger Kompetenzfelder oder Cluster dauert also und auch das Ruhrgebiet muss auf dem langwierigen, aber durchaus Erfolg versprechenden Weg hin zu einem innovativen Standort noch einige Schritte bewältigen. So wurde etwa der Grundstein zum Strukturwandel am Standort Dortmund bereits 1985 mit der Eröffnung des Technologiezentrums Dortmund gelegt. Die Initiatoren hatten sich zum Ziel gesetzt, Existenzgründer und junge, technologieorientierte, kleine und mittlere Unternehmen bei der Umsetzung von Wachstumsideen zu unterstützen. Mittlerweile arbeiten mehr als 8500 Beschäftigte in rund 250 Unternehmen auf dem Gelände in unmittelbarer Nähe zur Universität und zu Forschungseinrichtungen und auch aus anderen Städten können solche positiven Entwicklungstrends berichtet werden.

Allerdings kann eine „Top-Down-Politik" allein nicht die regionale Entwicklung von Clustern vorantreiben – dies zeigt die Erfahrung mit einigen Jahren regionaler Strukturpolitik, wichtig ist eine **strategische** Planung und Koordination an der Basis, die kollektiv von allen Akteuren vorgenommen und umgesetzt wird (Bottom-Up-Ansatz). Regionen, die geprägt wurden durch altindustrielle Wirtschaftsstrukturen, haben jedoch **Probleme**, innovative Milieus aufzubauen. Aus diesen Gründen ist für die weitere Entwicklung dieser Regionen die Etablierung von jungen Fokusbranchen mit einer hohen Wachstumsdynamik von großer Bedeutung. Entscheidend für einen erfolgreichen Strukturwandel und den Erhalt der Wettbewerbsfähigkeit scheint die gegenseitige Bereitstellung spezifischen Wissens innerhalb von institutionellen Kooperationen und die Etablierung von zukunftsweisenden Branchen mit Querschnittsfunktion zu sein, die zu einem branchenübergreifenden Clusteraufbau (etwa in Medien-, Energie- oder Logistiksektor) beitragen. Verlangt wird ein professionelles Kompetenzfeld- und Standortmanagement, das auch Projektentwicklungsfunktionen mit übernimmt. Standorte sind also nicht nur im wachsenden Maße auf Netzwerke und strategische Kooperationen zwischen Forschungs- und Bildungseinrichtungen einerseits und der Wirtschaft andererseits angewiesen, sondern müssen auch lernen, ein **effizientes Regionalmanagement** aufzubauen.

5.1 Regionale Netzwerke: Dynamische Verkopplung oder Steuerungsmythos?

Regionale Netzwerke oder Regionale Steuerung („Regional Governance") sind nicht nur in Fachkreisen akzeptierte und präferierte Konzepte, sondern auch in der Öffentlichkeit oft genannte Stichwörter, wenn es um den zukünftigen Kurs der Struktur- und Innovationspolitik in Deutschland geht. Gerade weil der Netzwerkbegriff viel verwandt wird, soll deshalb eine breite Definition vorangestellt werden: **Netzwerke** sind längerfristig orientierte freiwillige Verhandlungssysteme, die aus „Gelegenheitsstrukturen" entstanden sind (vgl. zusammenfassend

Scharpf 2000, 231ff sowie Adamaschek/Pröhl 2003 und Keim 2003, 115ff) und unter denen im folgenden sowohl Kooperationen regionaler Akteure (z.B. in Regionalkonferenzen oder beim Standortmarketing), Forschungskooperationen zwischen Unternehmen und wissenschaftlichen Einrichtungen als auch strategische und technologische Allianzen zwischen Unternehmen verstanden werden. Der von Wirtschafts- und Sozialwissenschaftlern in den letzten Jahren oft bemühte **Standortvergleich** herausragender innovativer und wachstumsstarker Wirtschaftsregionen hebt durchgängig die Existenz solcher Netzwerke zur Regionalsteuerung hervor. Zentral ist zudem in all den neueren Netzwerk- oder Clusterstrategien der Hinweis auf das Zusammenspiel von Wirtschaft und Wissenschaft und die Konzentration auf eigene regionale Stärken und Kompetenzen.

Die Begriffe Kompetenzfelder, Cluster oder auch regionale Innovationssysteme werden in den meisten strukturpolitischen Diskussionen und auch generell in der Öffentlichkeit zumeist nicht scharf voneinander abgegrenzt. Die etwas unklaren Begrifflichkeiten werden aber nur dann zum Problem, wenn sie zu überzogenen Hoffnungen in der Wirtschaftsförderung führen. Theoretisch können sie folgendermaßen definiert werden: „Cluster wären als regionale Konzentrationen von Produktionsketten zu verstehen, würden also die sektorale Ebene in den Mittelpunkt stellen. Kompetenzen bzw. Kompetenzfelder thematisieren diese regionalen Konzentrationen systematisch von ihren Grundlagen und Vernetzungen her, ziehen also neben den sektoralen Kompetenzen auch individuelle Kompetenzen, betriebliche und zwischenbetriebliche organisatorische Kompetenzen wie auch sich aus dem Zusammenspiel der Akteure ergebende regionale Kompetenzen in die Überlegungen ein. Regionale Innovationssysteme haben einen auf Innovation und Wachstum ausgerichteten Fokus, werden oft von den technologischen Potentialen her definiert. Cluster müssen keineswegs Innovationssysteme sein, Kompetenzfelder auch nicht, wobei sich allerdings bei den Kompetenzfeldern mittlerweile durchgesetzt hat, diese von einem künftigen Wachstumspotential her zu definieren“ (Grote Westrick/Rehfeld 2002, 6; vgl. auch Rehfeld 2005 und die Beiträge in Kujath 2005).

Eine leitende These für strategische Überlegungen ist dabei die Frage, inwieweit aus den traditionellen Wertschöpfungsketten in zunehmendem Maße **Wertschöpfungsnetze** werden, bei denen regionale Dimensionen trotz der Globalisierung eine zentrale Rolle spielen. Verschiedene Landesregierungen haben auch mit regionalen Wachstumsinitiativen und einer Neustrukturierung der Wirtschaftsförderung seit Anfang der 90er Jahre durchaus einen Lernprozess in den Regionen ausgelöst. Die Potentiale und Kompetenzen der Regionen werden nun thematisiert und diskutiert, regionale Entwicklungskonzepte sind entstanden, es gibt allerdings - differierend zwischen den Regionen - hinsichtlich der Qualität der regionalen Konzepte und vor allem deren Umsetzung in profilierte und sich selbst tragende Projekte Probleme. Inzwischen hat man auch Konsequenzen gezogen und steuert stärker in Richtung einer spezifischen Ausrichtung von Leitprojekten („Kompetenzprojekte“, Wachstumspole oder „regionale Kompetenzfelder“) sowie einer strategischen Einbindung der relevanten regionalen Akteure, um so konkurrenzfähige Clusterbildungen zu realisieren. In diese **verbundspezifischen** „Kompetenzprojekte“ sind nun auch in wachsendem Ausmaß die Unternehmen sowohl als Träger als auch als Adressaten eingebunden.

War Wirtschaftsförderung in den 70er Jahren wegen des dominierenden Paradigmas der zentralisierten Globalsteuerung noch vorwiegend Angelegenheit der nationalen Ebene, fanden seit Anfang der 90er Jahre mit Dezentralisierungen auch zunehmend Aufgabenzuweisungen an die regionalen Ebenen statt bzw. machten sich Regionen neue Aufgaben zu Eigen und wurden aktiver. Heute ist die Struktur-, Technologie- und Innovationspolitik zu einem guten Teil eine regionale Politik und für die Formulierung und Umsetzung regionaler Politiken spielen die regionalen und auch die Akteure auf Länderebene eine Schlüsselrolle. Aber auch die Unternehmen, die Wissenschaft und die Verbände und Kammern mit ihren unterschiedlichen Handlungslogiken, Ressourcen und Zieldefinitionen sind zu „playern“ in der Strukturpolitik geworden. Hier bieten sich Anknüpfungspunkte zum Ansatz der kreativen, innovativen Milieus, die sich als komplexe territoriale Systeme von formellen und informellen Netzwerken verstehen lassen, die wirtschaftliche und technologische Aktivitäten aufweisen und fähig sind, synergetische innovative Prozesse zu initiieren. Die wirtschaftssoziologischen Arbeiten zu regionalen Innovationssystemen und Wirtschaftsclustern begreifen die spezifischen regionalen Infrastrukturen als einen zentralen Erfolgsfaktor der Regionalentwicklung und Vernetzungsstrategien im Sinne regionaler Selbstorganisation als eine der zentralen Organisationsprinzipien regionaler Ressourcenmobilisierung. Dazu zählen physische und immaterielle Infrastrukturen, eine fördernde, dienstleistungsorientierte Verwaltungskultur und flankierende politische Akteure. Die Funktionsfähigkeit steht in enger Abhängigkeit einer kollektiven regionalen Ordnung, die definiert werden kann als stabilisierte Erwartungs- und Beziehungsmuster, die eine Region strukturieren.

Neben der Fokussierung auf regionale politische Steuerungsprozesse ist die regionale Ebene auch in verschiedenen sozialwissenschaftlichen Studien betrachtet worden, wenn es um **Innovationsaktivitäten** der Unternehmen geht. Räumliche und kulturelle Nähe spielen eine Rolle, wenn mit Innovationsvorhaben große Unsicherheiten verbunden sind, was insbesondere in der Frühphase von Innovationen und bei Nutzung oder Forcierung völlig neuer technologischer Paradigmen der Fall ist. Auch bei der Notwendigkeit eines engen Austauschs von unternehmerischer und universitärer Forschung spielt die räumliche Nähe eine Schlüsselrolle. Ein funktionierendes regionales Innovationssystem, das ganz zentral über den Wissens- und Technologietransfer definiert ist, ermöglicht eine Steigerung der Wissensproduktion in der Region. Damit erhöhen sich auch die Chancen für die Diffusion des Wissens und die Gründung und den Ausbau einer wissensintensiveren Unternehmenspopulation, aber auch eine Verbesserung der Wettbewerbsfähigkeit der regionalen Unternehmensbasis (vgl. die Beiträge in Heinze/Schulte 2002 sowie zusammenfassend Hirsch-Kreinsen 2005, 185ff). Um solche strategischen Prozesse umzusetzen, werden neben der Bereitschaft zum Austausch und zur Kooperation in hohem Maße strategisches Können und interdisziplinäre Sichtweisen gefordert. Der Umgang mit **Wissen**, der den Schlüssel zur Erneuerung und Wettbewerbsfähigkeit von Wirtschaftsregionen darstellt, folgt jedoch anderen Regeln als die traditionelle Herstellung von Gütern (wie wir sie aus „altindustriellen" Regionen kennen). Die gegenwärtige Phase unserer wirtschaftlichen Entwicklung ist durch einen permanenten Prozess von Innovationen gegenzeichnet, wobei die Wirtschaftsregionen profitieren, die sich **früh** auf die wachsende Innovations- und Wissensorientierung eingestellt haben.

Zielgerichtete **Kooperation** erhöht auf jeden Fall die konkrete Handlungsfähigkeit regionaler Kompetenzprojekte und ist ein wichtiger Erfolgsfaktor einer erfolgreichen Standortpolitik. Allerdings sind derartige clusterorientierte regionalwirtschaftliche Strategien nicht unbedingt neu, sondern können weltweit seit Jahrzehnten studiert werden. Als Beispiele seien nur genannt: Schweizer Uhren, Messer aus Solingen, optische Geräte aus Jena oder aus jüngster Zeit das „medical valley" in Erlangen/Nürnberg und die „BioTech Region" um München. Hier zeigen sich nachhaltig langjährige Spezialisierungen mit einer Kumulation von Fachwissen und Marktzugängen, die zu einem Qualitäts- und Wettbewerbsvorsprung führten. Dabei war der Staat bei der Herausbildung und Profilierung der Kompetenzcluster durchaus beteiligt; so hat etwa in Jena die preußische Regierung Ende des 19. Jahrhunderts ein glastechnisches Forschungslabor aufgebaut, das mit zur Weltmarkteroberung des Optikclusters beigetragen hat. Ein in Europa ehemals herausragendes industrielles Cluster ist – wie bereits gezeigt – im Ruhrgebiet zu studieren; hier ist seit dem Ende des 19. Jahrhunderts – auch mit Unterstützung des Staates im Bereich Infrastruktur und Bildung etc – eine von Kohle und Stahl dominierte industrielle Region entstanden, die ihren Schatten weit über NRW geworfen hat und deshalb noch heute Probleme hat, sich aus diesen nicht nur ökonomisch, sondern auch kulturell prägenden Einflüssen zu lösen bzw. durch neue Verknüpfungen auch neue Wirtschaftskreisläufe zu generieren.

Der Cluster- und Netzwerkansatz nimmt auch im Ruhrgebiet in den aktuellen Kompetenzfeldprojekten (von der Logistik über die Energietechnik bis hin zur Gesundheitswirtschaft) eine herausragende Stellung ein. Das bescheidene, aber dennoch sichtbare Wachstum der Beschäftigtenzahlen in den einzelnen

Projekten spricht für die eingeschlagene Strategie. Bezogen auf die These, dass eine erfolgreiche Clusterbildung gut 20 Jahre in Anspruch nimmt, muss natürlich eingeräumt werden, dass die neuen Kompetenznetzwerke noch in den Anfängen stecken. Erste Maßnahmen für einen erfolgreichen Strukturwandel sind jedoch eingeleitet, die Potentiale der Projekte aber bei weitem noch nicht ausgeschöpft. Regionen wie das Ruhrgebiet können nur dann im verschärften Wettbewerb und einer globalisierten Wirtschaft überleben, wenn sie eine **intensive Vernetzung** von Wirtschaft und Wissenschaft in innovativen Kompetenzfeldern realisieren - dies ist der Tenor sowohl der neueren Forschung zu wirtschaftlichen und sozialen Innovationen als auch der Handlungsempfehlungen für aktuelle wirtschafts- und beschäftigungspolitische Strategien. Für eine Innovationsstrategie werden allerdings neue institutionelle Regulierungen und kreative Milieus gebraucht, die nur ansatzweise existieren und deshalb neu inszeniert werden müssen. Das Wachstumspotential der Wissensgesellschaft muss durch offensive Unternehmensstrategien und eine aktivierende Standortpolitik ausgeschöpft werden, bei denen es nicht mehr zuerst um die kostengünstigere Herstellung des Herkömmlichen gehen kann. Ziel muss vielmehr die Entwicklung neuer Produkte und Dienstleistungen sein.

In allen europäischen Ländern nimmt die Bedeutung einer auf die Regionen abgestellten Wirtschafts- und Strukturpolitik zu. Diese Renaissance der regionalen Standortpolitik gilt sowohl für Ost- und Westdeutschland und auch nicht nur für Krisenregionen. Der intensivere Standortwettbewerb trifft alle Regionen und erfordert eine Besinnung auf regionale Stärken und Kompetenzen und eine regionalpolitisch abgestimmte Strategie. Zurückzuführen ist dieser Trend auf die seit den 90er Jahren immer deutlicher hervortretenden Auswirkungen des weltweiten Globalisierungsprozess einerseits und den durch die EU initiierten **Regionenbildungsprozess** andererseits. Beide Entwicklungstendenzen führten zu einem verstärkten regionalen Standortwettbewerb. Die neue Qualität besteht darin, dass nicht mehr nur einzelne nationale Volkswirtschaften miteinander konkurrieren, sondern zunehmend internationale und nationale Wirtschaftsregionen im Wettbewerb stehen. Dieser Prozess der **„Glokalisierung“** hat einerseits zu einer Verschärfung des Wettbewerbs, andererseits aber auch zu einer wachsenden Regionsformierung und neuen Formen von „regional governance“ geführt, wobei sich die strategische Ausrichtung an Clustern orientierte. „Regionale Steuerungsstrukturen entwickeln sich deswegen pfadabhängig, d.h. im Rahmen eines begrenzten Spektrums von Optionen, das durch die jeweils existierenden Organisationsformen vorgegeben ist. Angesichts dieser Rahmenbedingungen wird die Anpassungsfähigkeit zu einem der wichtigsten Erfolgsfaktoren der Regionalpolitik. Erfolgreiche Anpassung besteht allerdings nicht in ständigen Neuerungen der Organisationsform, die tatsächlich auch Ausdruck anhaltender

Krisen oder eines bloßen politischen Aktionismus sein kann. Sie erfordert die optimale Ausnutzung der Möglichkeiten, die durch einen Entwicklungspfad definiert sind mit dem Ziel, die Strukturen von „Regional Governance" auf neue Problemkonstellationen und neue Aufgabenstellungen einzustellen. Erfolgreiche Regionalpolitik setzt deswegen immer „lernende Regionen" voraus" (Benz/Fürst 2003, 210f; vgl. auch die Beiträge in Meyer-Stamer et al 2004).

Parallel zu dieser Fokussierung auf erfolgreiche Standortcluster und deren Profilierung als Wachstumskerne (inzwischen bezeichnen sich diese Standorte gern auch als „Metropolregionen") wird über die spezifischen Probleme in strukturschwachen Räumen und deren Tendenz zur Passivsanierung (der Trend zum „Mezzogiorno") kaum noch diskutiert. Demgegenüber gibt es inzwischen in Deutschland eine Reihe interessanter Standortbeispiele, die auf die wachstumsorientierte Clusterstrategie setzen und auf die kurz eingegangen werden soll. Einerseits demonstrieren gerade süddeutsche Regionen (wie München oder auch Stuttgart) erfolgreiche netzwerkorientierte Regionalstrategien. Aber auch wenn man nach Norddeutschland schaut, präsentieren sich inzwischen die großen Standorte wie Hamburg oder Hannover als „Metropolregionen" und auch andere Regionen profilieren sich in dieser Richtung.

So wird der Standort **Wolfsburg** seit einigen Jahren oft als „Best-Practice-Beispiel" für aktive Restrukturierungsprozesse und regionale Innovationssysteme erwähnt. Hier gibt es im räumlichen Umfeld neue interessante Schnittstellen und Vernetzungen zwischen dem Global Player und der Stadt bzw. der Region (vgl. u.a. die Beiträge in Mückenberger/Menzl 2002, Dierkes 2002 sowie Heinze/Fox 2004). Um die neue Vernetzungsqualität zu bewerten, muss allerdings kurz auf die Abhängigkeit der Region vom VW-Konzern hingewiesen werden. Im Schatten von VW konnte kein anderer Industriebetrieb gedeihen, geschweige denn eine diversifizierte Wirtschaftsstruktur entstehen. Sowohl das Lohnniveau als auch die soziale Absicherung für Werksangehörige waren und sind überdurchschnittlich hoch, so dass sich bis weit in die 80er Jahre kaum ein mittelständisches Unternehmen in der Region Wolfsburg angesiedelt hat. Und auch eine regionale Zulieferverflechtung hat sich bis Anfang der 90er Jahre kaum etablieren können. Die schwerste Krise traf den Volkswagen-Konzern Mitte der 90er Jahre, nachdem zu Beginn der 90er Jahre die Automobilkonjunktur infolge der großen Nachfrage der ostdeutschen Bevölkerung boomte. Der weltweite Einbruch hatte massive Auswirkungen vor allem auf die Beschäftigung. Zwar wurden manche „Katastrophenszenarien" nicht Realität, anstelle von 15 000 Arbeitsplätzen fielen bis 1996 aber immerhin 5 000 Stellen im Wolfsburger Werk weg. Ein Blick auf die Entwicklung der Arbeitslosigkeit in Wolfsburg zeigt jedoch die Auswirkungen: im Jahre 1996 war der bisherige Höchststand der Arbeitslosigkeit mit einer Quote von 18,1 Prozent erreicht. Seit diesem Zeitpunkt sinkt die Arbeitslosigkeit stetig, bis auf rd. 8 Prozent Anfang 2004. Inzwischen ist sie wieder leicht angestiegen und pendelt Anfang 2006 zwischen 11 und 12 Prozent und die arbeitsmarktpolitischen Herausforderungen dürften angesichts der im Frühjahr 2006 angekündigten Beschäftigungsabbaupläne bei VW wieder massiv zunehmen.

Gravierend ist noch immer die industrielle Dominanz, betrachtet man die Anteile des Produzierenden Gewerbes und der Dienstleistungen an der Gesamtbruttowertschöpfung. Der Anteil des Produzierenden Gewerbes hat sich in den letzten Jahren nur gering verringert, bei den Dienstleistungen ist umgekehrt nur ein leichter Anstieg erfolgt. Im Vergleich etwa zum Ruhrgebiet zeigen sich hier erhebliche Unterschiede: war bereits in den 80er Jahren im Revier ein allmählicher Umschwung hin zu einem erstarkenden Dienstleistungssektor aufbauend auf einer industriellen Basis zu verzeichnen, konzentrierte man sich in Wolfsburg weiterhin auf den Volkwagen-Konzern. Sowohl bei den Existenzgründungen (der Anteil lag Ende der 90er Jahre 30 Prozent unter dem Bundesdurchschnitt) als auch bei der Dichte des Zulieferernetzes (sie war um 75 Prozent geringer als an vergleichbaren Standorten) geriet Wolfsburg zunehmend ins Abseits der nationalen und internationalen Standortkonkurrenz. Mit Gründung der Gesellschaft für Wirtschafts- und Beschäftigungsförderung im Jahre 1994 wurde aber ein Weg eingeschlagen, den bis dato durch eine Monostruktur geschwächten Standort Wolfsburg zu einem innovativen, zukunftsorientierten Standort zu entwickeln. Gezielt wurde die Neuansiedlung mittelständischer und VW-unabhängiger Unternehmen gefördert. Durch den Abbau von bürokratischen Hemmnissen wurde zudem versucht, Anreize für die Entstehung eines Zulieferernetzwerkes am Standort Wolfsburg zu setzen. Hallen und Büroräume wurden den Unternehmen zur Verfügung gestellt. Trotz eines recht Erfolg versprechenden Ansatzes schien es jedoch unmöglich, für die regionalen Akteure ohne den VW-Konzern eine Neuausrichtung der Wirtschaftsstrukturen zu erreichen. Erst durch das sicher grundlegendste Zukunftsprojekt Wolfsburgs, die AutoVision, wurden im Jahre 1998 auf Initiative des Volkswagen-Konzerns durchgreifende Maßnahmen unternommen, den Standort „fit" für die Zukunft zu machen.

Anders als bei der Dortmunder Konzeption geht die Idee einer Public-Private-Partnership auf den **Global Player** der Region zurück, der sich für sein „Territorium" öffnete. Die AutoVision wurde im Juli 1998, anlässlich des sechzigsten Geburtstages der Stadt Wolfsburg, der Öffentlichkeit präsentiert. Zum einen sah VW sich in einer neuen Verantwortung für die zukünftige Entwicklung der Stadt, die weiterhin als Sitz der Konzernzentrale fungieren sollte und damit auch ein gewisses Image vertreten musste, zum anderen bot sich dem Autohersteller die Gelegenheit, die Wirtschafts-, Arbeitsmarkt- und Ansiedlungsstrukturen den eigenen Erfordernissen anzupassen. Aufbauend auf dem Kernthema

‚Auto/Mobilität' hatte die AutoVision das Ziel, bis zum Jahre 2003 die Arbeitslosigkeit in Wolfsburg zu halbieren und 10 000 neue Arbeitsplätze zu schaffen. Neben dem Kompetenzfeld ‚Mobilität' stehen die Bereiche ‚Freizeit', ‚Informationstechnologie' und ‚Gesundheit' im Vordergrund der Projekte. Aufgrund der geringen Zulieferdichte und des schwachen Dienstleistungssektors setzt das Konzept seine Schwerpunkte auf die Lieferantenansiedlung, die Gründungsförderung, die Unterhaltungs- und Erlebnisbranche und die Konzeption umfassender Personallösungen. Seit Juli 1999 werden die Vorhaben unter dem Dach der neu gegründeten Wolfsburg AG geführt; die Gesellschaft wird zu gleichen Teilen von der Stadt Wolfsburg und der Volkswagen AG betrieben. Ein weiterer zentraler Baustein ist der InnovationsCampus: seit Mitte 1997 besteht in Wolfsburg die Gründungs- und Innovationszentrum, deren Aktivitäten seit 1998 in den Geschäftsbereich InnovationsCampus mit einfließen. Die Akteure des InnovationsCampus können durch diesen Zusammenschluss auf eine breite Erfahrungsbasis bei Unternehmensgründungen in der Region zurückgreifen.

Wenngleich viele Medien gerade heute wieder titeln: „Jedes Hüsteln von Volkswagen schreckt die Regierenden auf", so muss doch hervorgehoben werden, dass sich die Region Wolfsburg in den letzten Jahren positiv in Richtung eines regionalen Innovationssystems entwickelt hat, was jedoch nicht bedeutet, dass die Wirtschaftsregion damit langfristig gesichert sei (was sich gerade im Jahr 2006 wieder zeigt). Gerade die Fokussierung auf das Mobilitäts- bzw. Autocluster bewirkt weiterhin eine hohe Abhängigkeit gerade von VW. Allerdings ist man mit dem Prozess der regionalen Umstrukturierung und Diversifizierung (speziell der Netzwerkbildung und der Verknüpfung von Wirtschaft und Wissenschaft) sicherlich weiter als viele andere Regionen in Deutschland. Derzeit setzt man zudem auch aktiv auf das Wachstumsfeld der Gesundheitswirtschaft.

In Hannover wurde Ende 2001 die „Region Hannover", eine Gebietskörperschaft, gegründet, die alle wesentlichen regionalen Zuständigkeiten bündelt. Zentrales Organ ist die Regionalversammlung, es gibt aber auch einen Regionenausschuss und einen Regionspräsidenten. Die Bildung der Region Hannover mit ihrer „stadtregionalen" Verwaltungsstruktur geht deutlich weiter als alle anderen regionalen Verwaltungsstrukturen deutscher Großstädte und deren Umfeld, dennoch bleibt offen, ob eine solche Institutionalisierung für eine erfolgreiche standortpolitische Profilierung unbedingt notwendig ist. Aktuell bemühen sich die strukturpolitischen Akteure um eine Profilierung als **Metropolregion** Hannover/Braunschweig/Göttingen, was auch darauf hinweist, dass der Aktionsradius der Vernetzung vor dem europäischen Hintergrund größer wird und zudem ein Hauptaugenmerk auf die Förderung und Verknüpfung der **Wissenspotentiale** gelegt wird. Interessant ist hinsichtlich der Frage nach Wachstumskernen und regionalen Ausgleichzielen, dass es in Niedersachsen auch wachstumsorientierte Regionen gibt, die zu den „heimlichen“ standortpolitischen „Gewinnern“ zählen und in der Öffentlichkeit kaum bekannt sind. Schaut man auf die wirtschaftlichen Wachstumsraten der letzten Jahre, dann sind einige Landkreise aus dem Nordwest-Raum (vor allem Cloppenburg, Vechta und Emsland) auf den vorderen Plätzen zu finden und gelten durchaus inzwischen als „Best-Practice-Beispiele“ für eine erfolgreiche Regionalpolitik in ländlichen Regionen.

Der Nordwestraum weist zudem ein deutsches regionalpolitisches Spezifikum auf: er setzt sich aus zwei Bundesländern (Niedersachsen und Bremen) zusammen. Diese institutionelle Zersplitterung zeigt sich auch in anderen Regionen (etwa Schleswig-Holstein und Hamburg) oder auch im Rhein-Neckar-Raum. Derzeit wird allerdings intensiv an einer engeren Kooperation zwischen den Bundesländern – auch ohne einen an sich notwendigen Neuzuschnitt der Bundesländer – gearbeitet und die Regionsbildung bekommt bspw. im Umfeld von Hamburg derzeit ein „Gesicht“ mit der „Metropolregion Hamburg“. In den letzten Jahren hat sich zwischen den beiden Bundesländern eine Zusammenarbeit entwickelt, die sich in verschiedenen Vorhaben umsetzt. Für die gemeinsame Zusammenarbeit wurden ein „Regionsrat“ und ein „Lenkungsausschuss“ eingerichtet. Es ist den politischen Akteuren klar, dass im zukünftigen Standortwettbewerb die erfolgreichen Regionen **tendenziell größer** sein werden und über mehr „kritische Masse“ an Forschung und Entwicklung, verfügbaren Qualifikationen sowie leistungsfähigen und vernetzten Unternehmen verfügen müssen. Die gemeinsame standortpolitische Kooperation soll sich in den „Zukunftsclustern“ Life Science, Luftfahrt- und Logistik sowie Wissenschafts- und Forschungsbereich abspielen.

Neben diesem Beispiel für eine Kooperation zwischen zwei Bundesländern gibt es auch Netzwerkbildungen in **Berlin/Brandenburg**; hier entwickelt sich einiges in Richtung einer gemeinsamen Landesplanung sowie anderer gemeinsamer Projekte und administrativer Strukturen. Und auch ein kurzer Blick in den **Rhein-Neckar-Raum** demonstriert nachhaltig, dass sich eine Neujustierung der regionalen Strukturpolitik herauskristallisiert hat. Der achtgrößte Ballungsraum Deutschlands mit den zentralen Städten Mannheim, Ludwigshafen und Heidelberg (und rund 2,3 Millionen Einwohnern) verteilt sich auf die Bundesländer Baden-Württemberg, Rheinland-Pfalz und Hessen. Die derzeitigen regionalen Steuerungsambitionen können sich auf eine gemeinsame Geschichte als „Kurpfalz“ und damit eine gewisse regionale Identität beziehen, die auch seit 1969 durch einen Staatsvertrag der drei Bundesländer vertragsrechtlich festgeschrieben wurde. Zudem gibt es eine öffentlich-rechtliche Körperschaft „Raumordnungsverband Rhein-Neckar“, der sich um die gemeinsamen Belange im Sozial- und Gesundheitswesen, Bildung und Wissenschaft sowie Kultur und Sport kümmert. Im Bereich Wirtschaftsförderung/Standortmarketing wird derzeit eine regionale Public-Private Partnership neu konstituiert, um auch die Kooperationsbeziehungen zu steigern und die regionalen Kompetenzen so zu bündeln. Ziel ist eine konsequente Nutzung der Potentiale, um so in die „Spitzenklasse europäischer Regionen“ zu gelangen.

Man sieht auch hier: die institutionelle Zersplitterung in die Bundesländer, verschiedene kommunale Kompetenzen etc brauchen kein Hindernis sein, um eine Regionsbildung einzuleiten. Es muss zur Kenntnis genommen werden, dass sich **europaweit** in den letzten Jahren Wirtschaftsregionen als Standorte heraus kristallisiert haben, die ein hohes Maß interregionaler Verflechtung realisiert haben. Und dies gilt nicht nur für die „Metropolregionen“ im Großraum von London, Paris oder Amsterdam, interessant sind vor allem die regionalen Formierungsprozesse in vergleichbaren Regionen wie etwa das „Medicon Valley“ in der Region Kopenhagen/Malmö, eine „cross-border region“, die darauf hinweist, dass bpsw. auch der Nordwestraum auf noch engere Kooperationsnetzwerke mit den niederländischen Grenzregionen hinarbeiten sollte. Im „Medicon Valley“ kommt ein Spezifikum der neueren international ausgerichteten Standortprofilierungen hinzu: die Orientierung an Kompetenzfeldern oder Clustern und die hohe Bedeutung der **Vernetzung** zwischen Wirtschaft und Wissenschaft.

Insofern ist man in vielen deutschen Wirtschaftsregionen in den letzten Jahren bei der Modernisierung der Wirtschaftsstruktur einige Schritte vorangekommen, obwohl die Frage nach den Wirkungen einer auf regionale Netzwerke und Verbundstrukturen orientierten Strukturpolitik nur über einen längeren Zeitraum hinweg beantwortet werden kann. Dies liegt auch am **experimentellen Charakter** dieser Innovationsstrategie, für die kein exakter Bauplan besteht, sondern die sich durchaus im Laufe des Entwicklungsprozesses selbst verändern kann. Deutlich werden aber die institutionellen und kulturellen Voraussetzungen einer solchermaßen kooperativen Regulationsstruktur, die sich erst langsam in einzelnen (vorwiegend „klassischen“) Wirtschaftsregionen herauskristallisiert hat und darauf hinweist, wie schwierig der institutionelle Wandel sich gerade in den neuen Bundesländern gestaltet, obwohl gerade dort die Notwendigkeit eines organisierten Lernprozesses direkt auf der Hand liegt. Die regionale Strukturpolitik kann aber nicht mehr klassisch hierarchisch organisiert werden (sozusagen am „grünen Tisch“ von Politikern ausformuliert und dann umgesetzt), sondern eine klug ausgerichtete regionale Standortpolitik ist nur im **Dialog** zwischen der Politik und den anderen verantwortlichen Akteuren zu realisieren, worauf die international vergleichende Forschung zu regionalen Innovationssystemen hinreichend hingewiesen hat. „Gegenseitiges Lernen, das zu ständigen Innovationen führt, verläuft eher informell und spontan und beruht auf dem Zufall; daher belohnt die neue Wirtschaft auch eher kleine unternehmerische Gruppen von Tüftlern und Spürnasen als große, hierarchische Verwaltungen. Unternehmerische

Regionen eines Landes – Orte, die eine unverhältnismäßig große Zahl an innovativen Branchen hervorbringen – besitzen typischerweise Pools an talentierten Tüftlern und Spürnasen, die sich ständig vermischen. Die High-Tech-Region um Boston hat davon profitiert, dass sowohl das Massachusetts Institute of Technology mit seinem technischen Schwerpunkt als auch die Harvard Business School mit ihrem Marketingwissen dort angesiedelt sind" (Reich 2002, 102f; vgl. auch Streeck 2000 sowie die Beiträge in Cooke et al 2005).

Dass Wirtschaftsstandorte nur dann im Wettbewerb der Regionen überleben können, wenn sie eine Praxis der regionalen Kooperation und eine intensive Vernetzung von Wirtschaft und Wissenschaft in Kompetenzfeldern realisieren - dies ist der Tenor aller neueren regionalpolitischen Diskussionen und wird auch – mit unterschiedlichem Erfolg – in den Regionen umgesetzt. Die alleinige Tatsache, dass ein Potential in einer Region vorhanden ist, reicht allerdings nicht aus, um kooperative Problemlösungsansätze zu realisieren. Dies soll kurz anhand einer Region im Osten von NRW, in Ostwestfalen-Lippe (OWL), diskutiert werden (vgl. Hilbert et al 2003). Im Gegensatz zu den Prognosen für Deutschland und NRW erwartet OWL auch in Zukunft **steigende Einwohnerzahlen** (von rund 2,07 auf 2,12 Millionen). Zudem gehört die Region zu den „jüngsten" in Deutschland. Diese positiven Effekte für die Wirtschaft und die Gesellschaft werden aber nur dann eintreten, wenn die Zugewanderten (vorwiegend Aussiedler) auf dem Arbeitsmarkt integriert werden. Die Aussichten dafür sind aufgrund der stark mittelständisch geprägten Wirtschaft nicht schlecht (wenngleich auch hier die Beschäftigungskrise nicht regional kompensiert werden kann). In OWL arbeitet nur ein Viertel der Beschäftigten in Betrieben mit mehr als 500 Mitarbeitern, wenngleich auch weltweit agierende Konzerne wie etwa Bertelsmann hier nach wie vor ihren Hauptsitz haben. Der Branchenmix ist relativ ausgewogen; es dominieren traditionell der Maschinenbau und die Möbelindustrie (die allerdings unter Schrumpfung leidet) sowie das Ernährungsgewerbe und in wachsendem Masse die Gesundheitswirtschaft. In der Möbelindustrie sind trotz der beträchtlichen Schrumpfungen der letzten Jahre noch immer rund 30.000 Arbeitnehmer beschäftigt und damit kann OWL als das „führende integrierte Cluster der Möbelindustrie in Deutschland angesehen werden" (Fernandez Sanchez/Rehfeld 2003, 26). OWL hat sich aber auch als Standort des Maschinenbaus historisch einen Namen gemacht und noch heute sind rund 50.000 Menschen hier tätig. Die Schwerpunkte liegen traditionell im Landmaschinenbau, der Haushaltsgeräteherstellung, dem Werkzeugmaschinenbau und der industriellen Prozesssteuerung; dominierend ist in all diesen Segmenten eine mittelständische Wirtschaftsstruktur. In den letzten Jahren hat sich in der Region - zumeist in der Verflechtung mit anderen Leitbranchen wie der Möbelindustrie - ebenfalls die Kunststoffverarbeitung ausgebreitet und zählt inzwischen zu den führenden „Kunststoffclustern“ in Deutschland.

OWL versteht sich in der Binnensicht trotz dieser regionalen Kompetenzen in den erwähnten Sektoren auch als der „Heilgarten Deutschlands“, was durch große gesundheitsbezogene und die weltweit größten diakonischen Einrichtungen unterstützt wird. Die **Gesundheitswirtschaft** zählt auch aus wissenschaftlicher Sicht zu den zentralen Kompetenzbereichen der Region Ostwestfalen-Lippe. Zu diesem Ergebnis kommt die „Potentialanalyse OWL - Branchen, Kompetenzen, Perspektiven“: „Der Anteil des Gesundheitswesens in OWL liegt leicht über dem NRW-Durchschnitt. Das ist bemerkenswert für eine Branche, die ansonsten räumlich sehr breit gestreut und gleich verteilt ist. In den einzelnen Segmenten des Gesundheitswesens und auch in den damit zusammenhängenden Branchen finden sich in OWL starke Kompetenzen: vor allem in den Kurorten und Kliniken der Region, in der ambulanten Versorgung und in der Medizintechnik und den medizinischen Hilfsmitteln. Diese Kompetenzen werden zukünftig dann erheblich an Bedeutung gewinnen, wenn es gelingt, die anstehenden Umstrukturierungen in der Gesundheitswirtschaft als Chance für eine wirtschaftliche Modernisierung zu nutzen“ (Fernandez Sanchez/Rehfeld 2003, 16; vgl. auch Hilbert et al 2003).

Hier sind auch in den letzten Jahren einige innovative Netzwerke entstanden, betrachtet man jedoch die Stärken der Region, dann liegen hier noch Leistungspotentiale und Kompetenzfelder, die in einer aktiven Zukunftsstrategie zur Stärkung der Wirtschaftskraft gebündelt und entfaltet werden können und auch müssen, um im Wettbewerb der Regionen zu überleben. Gerade weil die Gründungsdynamik in innovativen Branchen in OWL unterdurchschnittlich ist und auch die Existenzgründungen aus Universitäten und Fachhochschulen relativ gering sind, also zwei Erfolgsfaktoren für innovative Regionen fehlen, gilt es verstärkt auf die vorhandenen Stärken der Region und die regionalen Netzwerke (etwa im Cluster Gesundheit) zu setzen und dort eine wirtschaftliche Dynamik zu entfalten. Obwohl auch in OWL seitens der Landesregierung verschiedene Förderungsprogramme aufgelegt und Technologietransfer- und Gründungseinrichtungen aufgebaut wurden, kann jedoch **noch nicht** von einer vitalen Vernetzung von Wissenschaft und Wirtschaft in der Region gesprochen werden. „Bowling alone“: dies ist eher das Verhalten der ostwestfälischen Akteure, von einer leistungsfähigen Kooperation und erfolgreichem „regional governance“ (oder regionaler Selbststeuerung) ist man noch entfernt. Dies trifft nicht nur für die **Gesundheitswirtschaft** in Ostwestfalen-Lippe zu, wenngleich dieser Sektor mit seinen Nachbarbranchen eine der zentralen Säulen der Wirtschaft ist. Im Kernsektor der Gesundheitswirtschaft sind hier allein rund 50.000 Beschäftigte zu verzeichnen und weitere Arbeitsplätze sind noch in den Nachbarbranchen vorhanden.

Wenn auch zukunftsgerichtete Cluster und strategische Dialoge zwischen Wissenschaft und Wirtschaft die in letzter Zeit in Ostwestfalen-Lippe oft thematisierten Stichwörter sind, fehlt es an konkret arbeitenden **Kompetenzzentren** mit breiter Strahlkraft, die vergleichbar wären mit Leuchtturmprojekten in anderen erfolgreichen Wirtschaftsregionen. Die Gefahr, dass ein in der zweiten Hälfte des letzten Jahrhunderts durchaus erfolgreicher Standort in eine Stagnationsphase gerät, ist nicht nur anhand der Beschäftigungsindikatoren nachzuweisen. Wenngleich mit Rankings über die Attraktivität von Standorten und Regionen vorsichtig umzugehen ist, so fällt doch auf, dass der Region OWL in europäischen Regionenvergleichen ein Bedeutungsverlust bescheinigt wird. Deshalb kann kurzfristig nur auf eine Absicherung der Wirtschaftsregion gesetzt werden und die zweifellos vorhandenen technologischen Potentiale müssten in zukunftsweisenden Kompetenzprojekten intensiver genutzt werden. Um dieses Ziel zu erreichen, ist eine mit langem Atem versehene strategische Fokussierung auf zentrale Handlungsfelder und eine wirksame Vernetzung der relevanten Akteure angesagt. Gefragt ist also auch hier ein regionalwirtschaftliches **Standortmanagement**, das die zum Teil noch schlummernden Innovations- und Gründungspotentiale entfaltet. Der Ausgangspunkt von solchen Projekten ist auch in der Region OWL: betriebliche und auch wirtschaftspolitische Aktivitäten finden nicht in einem luftleeren Raum statt, sondern sind sozial umrahmt und „eingebettet". Standortstrategien sind letztlich dann erfolgreich, wenn entweder ein vorausschauender global player in der Region verankert ist und/oder sich eine gute Kooperationskultur konkret in der Region herausgebildet hat. Voraussetzung ist also ein relativ hohes Maß an **Selbststeuerungsfähigkeit in der Region**; ohne die Fähigkeit zur „regional governance", ausgewiesene Führungspersönlichkeiten und das gewachsene Vertrauen zwischen den Akteuren kommt es nicht zu „Best-practice-Beispielen" für Regionalentwicklung. Allerdings sind bspw. in der Gesundheitswirtschaft bislang Kooperationsbeziehungen in OWL nur relativ schwach entwickelt. Um den Vernetzungsgrad und die standortpolitische Effizienz zu erhöhen, muss ein erfolgreiches Management aufgebaut werden. In diesem Zukunftsmarkt ist die Verknüpfung unterschiedlicher Felder und Akteure die zentrale Ressource zur wirtschaftlichen Entfaltung.

Die in verschiedenen Regionen zweifellos vorhandenen Kompetenzen müssen folglich in vielen Fällen noch „wachgeküsst" werden und dafür ist vor allem ein **integriertes und effizientes Standortmanagement** notwendig, das sich aus verschiedenen Bausteinen zusammensetzt:

- „Moderations- und Networkingfunktionen (Gesprächsführungen, Kontaktvermittlung, Konfliktklärung, Konsensbildung usw. und zwar sowohl clusterintern wie auch in Außenbeziehungen)
- Analyse- und Strategiebildungsfunktion (in Bezug auf den gesamten Cluster- oder Teilbereiche, durchaus aber in Bezug auf einzelne Unternehmer bzw. Cluster-Akteure)
- Projektentwicklungsfunktionen (Generierung von Verwertung von Ideen, Entwicklung von Vorschlägen und Projektdesigns, Hilfestellung bei der Akquisition von Fördermitteln u.a.)“ (Harmes-Liedtke et al 2004, 316; vgl. auch Heinze/Fox 2004).

Regionale Selbststeuerung ist also nicht nur im wachsenden Maße auf Netzwerke und Kooperationen zwischen Forschungs- und Bildungseinrichtungen einerseits und der Wirtschaft andererseits angewiesen, sondern muss auch ein auf den Stärken basierendes **professionelles Standortmanagement** aufbauen. In diesem Sinn werden nur „lernende“ Regionen im Standortwettbewerb die spezifischen Stärken entfalten können. Die Funktionsfähigkeit steht also in enger Abhängigkeit zu einer kollektiven **regionalen Ordnung** und effizienter Steuerung. Über die Interaktion und Kooperation verschiedenster regionaler Akteure, die räumliche Nähe und Vertrauen hinaus, brauchen regionale Innovationssysteme also effiziente Vermarktungsstrategien, um Wertschöpfungsnetzwerke aufzubauen. Diese These wird noch anhand ausgewählter Zukunftscluster (wie etwa der Gesundheitswirtschaft) sowie im Hinblick auf eine in Deutschland noch zu profilierende „Kultur der Selbstständigkeit“, die auch Unterstützungsinfrastrukturen auf regionaler Ebene benötigt, in den folgenden Kapiteln diskutiert.

Während das Wissen über die politische Regionalisierung und die Bedeutung der Region für das Innovationsgeschehen mittlerweile stark verdichtet ist (vgl. Diller 2002 sowie die Beiträge in Cooke 2004 und Hilpert 2003), existieren noch vergleichsweise wenige Erkenntnisse zu den Prozessen des originären **Gründungsgeschehens** auf regionaler Ebene sowie der Verbindung zwischen netzwerkgestütztem Innovationsgeschehen und Gründungsaktivitäten. Auch das Gründungsgeschehen unterliegt jedoch ausgeprägten regionalen Bindungen, nicht zuletzt deshalb, weil kleine Betriebsgröße und regionale Orientierung korrespondieren. Verschiedene empirische Studien weisen eine sehr starke regionale Verbundenheit von Gründungen nach; Schätzungen gehen dahin, dass rund 70 Prozent der Unternehmensgründer sich in einem Umkreis von 25 Kilometern unmittelbar am Wohnort selbstständig machen (viele Gründer beginnen sogar im eigenen Wohnraum). Zwar zeigt sich im ersten Jahr auch eine gewisse Dynamik beim Umzug in Büro- oder Gewerberäume, diese sind jedoch zumeist wiederum unmittelbar am Wohnort lokalisiert. Die Kenntnisse über das persönliche Umfeld und die persönlichen Beziehungsmuster dürften für diese Standortgebundenheit ein wesentlicher Bestimmungsgrund sein. Ebenso regional gebunden sind zunächst die Absatz- und Zuliefermärkte von Gründungsunternehmen, so dass der Region erhebliche Bedeutung im Kontext des Gründungsgeschehens und der Tragfähigkeit des Vorhabens zukommt.

Es gibt inzwischen auch einen Konsens, dass nur die Standorte im globalisierten Wettbewerb überleben werden, die anspruchsvolle Produkte und Dienstleistungen in Zukunftsfeldern anbieten und vor allem eine „Kultur der Selbstständigkeit" etabliert haben. Empirische Studien bestätigen die Bedeutung regionaler Innovationssysteme auch hinsichtlich des Erfolgs von **Existenzgründungen**: „Regionen, in denen heute viele junge und kleine Firmen – und damit die 'Treibhäuser' ür die Existenzgründungen und die Schaffung neuer Arbeitsplätze - angesiedelt sind, werden mit großer Wahrscheinlichkeit auch morgen über ein überdurchschnittlich großes Reservoir junger und kleiner Firmen verfügen, auch dann, wenn die einst erfolgreichen jungen und kleinen Firmen bereits alt und viele von ihnen groß geworden sein werden. Dass dies nicht zuletzt auch einen Vorsprung an wirtschaftlicher Dynamik mit sich bringt, liegt auf der Hand. Dagegen dürften solche Regionen, die schon zur Zeit nur wenige dieser 'Treibhäuser' besitzen, auch in Zukunft mit diesem Defizit konfrontiert sein – sofern nicht entsprechende Initiativen zur Stärkung des Unternehmernachwuchses eingeleitet werden" (IZA 2005, 8; vgl. auch Becker 2005 und Grünhagen et al 2005 sowie Sternberg et al 2005).

Kooperativ ausgerichtete Regionalstrategien sind allerdings nicht ganz neu, sondern können weltweit seit Jahrzehnten studiert werden. Innovationsstrategien müssen sich deshalb notwendigerweise mit räumlichen Gegebenheiten, kulturellen Milieus, der Bildungs- und Forschungsinfrastruktur und anderen Voraussetzungen auseinandersetzen. Diese Aussage galt schon früher für erfolgreiche Wirtschaftsregionen und gilt aufgrund der zunehmenden **Kapitalisierung des Wissens** immer stärker. Die historisch gewachsenen Beziehungen zwischen Universitäten, Forschungseinrichtungen und der Wirtschaft sind in eine „neue Phase geraten, als neuartige wechselseitige Abhängigkeiten zwischen ihnen entstanden sind" (Weingart 2001, 191; vgl. auch Grabher 2002, Weber/Wegge 2003 und Crouch et al 2004). Es ist aufgrund der jeweiligen spezifischen Bedingungen in den einzelnen Regionen jedoch schwierig, verallgemeinerbare Lösungen für eine erfolgreiche Netzwerkstrategie zu formulieren und umzusetzen. Die Aufwertung der Region als wirtschafts- und gründungspolitische Handlungsebene braucht allerdings gewisse **Voraussetzungen**, um erfolgreich zu sein. Neben den wirtschaftsstrukturellen Wandlungsprozessen und den Fördermöglichkeiten durch die Länder-, Bundes- und EU-Ebene ist hier vor allem an die Fähigkeiten der regionalen Akteure zur Selbststeuerung („regional governance") zu denken.

In den letzten Jahren haben sich auf regionaler Ebene auch verschiedene neue innovative Kooperationsformen etablieren können – und dies betrifft sowohl Kooperationen in institutionalisierten Strukturen als auch regionale Netzwerke. Regionale Netzwerkstrategien sind jedoch nur dann handlungsfähig, wenn die strukturpolitischen Rahmenbedingungen (etwa auf Länderebene) gegeben sind, die korporativen Akteure **aktiv** mitarbeiten und es zu einem effizienten Projektmanagement kommt. Die Mobilisierung solch intelligenter strukturpolitischer Vorhaben stößt in einzelnen Wirtschaftsräumen noch immer auf Widerstände und ist trotz aller Lernprozesse, die der regionalen Strukturpolitik bescheinigt werden können, auf ein gutes „Change-Management" angewiesen. „Das für strategische Clusterentwicklung notwendige zielgerichtete Zusammenführen von Unternehmens-, Infrastruktur-, Flächen- und Technologieförderung bleibt nach wie vor Aufgabe der Akteure vor Ort, die sich durch eine fragmentierte ministerielle Landschaft an Ressort- und Referatszuständigkeiten mit ihren jeweils unterschiedlichen Implementationsverfahren kämpfen müssen" (Harmes-Liedtke et al 2004, 309).

Wenngleich die Innovationsfähigkeit von Region zu Region unterschiedlich ist, sind innovative Cluster jedoch nicht generell auf wirtschaftsstarke Räume beschränkt. Innovationen brauchen auch nicht immer im Hochtechnologiebereich angesiedelt zu sein, sondern können vielfältige Aktivitäten (auch in gesundheitsrelevanten und ökologischen Bereichen oder in der Bildung) umfassen. **Wissensbasierte technologische Innovationen** lassen sich allerdings eher in Agglomerationsräumen realisieren, da dort besser geeignete und kompetente Partner zu finden sind als in ländlich geprägten Räumen. Regionale Innovationsnetzwerke können jedoch weder politisch von oben verordnet werden, noch reichen finanzielle Anreize zur Initiierung einer entsprechenden Zusammenarbeit aus. Aber auch von sich heraus kann sich das endogene Potential einer Region zumeist nicht entfalten; externe Hilfestellungen sind oft notwendig, um Innovationen voranzubringen. So ist einerseits die Politik gefordert, die Initiierung und Organisation eines Dialogs über regionale Zukunftsentwicklungen zu übernehmen, andererseits sind aber auch „Führungspersönlichkeiten" in der Region eminent wichtig (vgl. die Beiträge in Adamaschek/Pröhl 2003).

Die regionalen Wissens- und Bildungsinstitutionen und die Organisationen der Wirtschaftsförderung können die Bedingungen für ein leistungsfähiges Innovations- und Gründerklima positiv beeinflussen. So kann eine Profilierung als Medien-, Gesundheits- oder auch Biotechnologie-Region nur gelingen, wenn bereits spezifische regionale Kompetenzen und Profile **vorhanden** sind und systematisch weiterentwickelt werden. Hierbei spielt das regionale Bildungs- und Forschungssystem eine herausragende Rolle: Erfolgreiche Regionen zeichnen sich dadurch aus, dass über Ausbildung und Forschung Humankapital und

Wissen bereitgestellt wird, welches den Schwerpunkten und Erfordernissen der Region entspricht. Anhand von verschiedenen „Best-Practice-Beispielen“ erfolgreicher Regionalentwicklung kann studiert werden, wie wichtig die enge Kooperation zwischen Wirtschaft auf der einen Seite und Bildung und Wissenschaft andererseits ist.

Die Verbreitung stabiler Netzwerkbeziehungen und die Herausbildung eines innovativen Kompetenzfeldes ist aber auch auf **Vertrauen** angewiesen und diese These gilt auch bei zunehmender Internationalisierung und Globalisierung der Wirtschaft. „Im Zuge der fortschreitenden Globalisierung kommt der regionalen Ebene im Innovationswettbewerb eine neue Bedeutung zu. Gerade multinationale Unternehmen suchen sich für ihre Produktions- und Forschungsvorhaben Standorte, die ein Bündel von attraktiven Leistungsangeboten, Infrastrukturen und Innovationspotentialen (Forschungskapazitäten, hochwertige Qualifikationen, Telekommunikationsinfrastrukturen) zu bieten haben. Die Region mit ihren jeweils spezifischen Produktionsstandorten, Qualifikationsrepertoires, spezifischen Forschungs- und Technologiepotentialen sowie Spezialisierungsmustern spielt damit eine tragende Rolle in den Prozessen der ökonomischen Innovation und des ökonomischen Lernens“ (Fuchs 2003, 14; vgl. auch Heidenreich 2004 sowie Kuhlmann 2004).

Diese Netzwerkstruktur zwischen Wirtschaft, Forschung und staatlicher Förderung mit regionalen Kompetenzzentren zeigt sich zentral in den zukünftig interessanten Wachstumsfeldern, etwa der Biotechnologie oder der Medizintechnik. Die **Medizintechnik** spielt im Wertschöpfungsprozess der Gesundheitswirtschaft die Rolle des Investitionsgüterlieferanten und kann somit als Teil des funktionalen Gesundheitsclusters verstanden werden, der sich um das Gesundheitswesen (den Kern der Gesundheitswirtschaft) als Produzent der medizinischen Dienstleistungen gruppiert. Dazu gehören neben der Medizintechnik die pharmazeutische Industrie, die Biotechnologie und die medizinische Forschung. Die Medizintechnik ist vor allem mit den Abnehmern im Gesundheitssektor verbunden (etwa Kliniken), die auch an der Produktentwicklung (etwa durch klinische Tests und Studien) aktiv mitarbeiten. Generell kommen von der medizinischen Forschung Inputs, die die Produktpalette erweitern und profilieren helfen. Ein spezieller Blick auf den **Markt für Medizinprodukte** zeigt, dass diese Branche nicht nur für Diagnose und Therapie in der modernen Medizin von herausragender Bedeutung ist, sondern auch als Wirtschaftsfaktor. Derzeit arbeiten knapp 140 000 Personen in dieser Branche und weiteres Wachstum wird erwartet, wobei die meisten regionalen Medizintechnikcluster im Süden liegen (etwa Erlangen/Nürnberg und Tuttlingen/Tübingen) (vgl. Handelsblatt v. 7.2. 2006 sowie DIW 2005). Wachstumsraten von nahezu 5 Prozent haben andere Wirtschaftssektoren in Deutschland kaum zu bieten, so dass schon von daher eine wissenschaftliche Thematisierung dringend notwendig ist. Medizinprodukte tragen damit entscheidend zur Verbesserung des Gesundheitszustandes der Bevölkerung bei, können die Lebenserwartung erhöhen und die Lebensqualität steigern. Kernpunkt des Marktes für Medizintechnik ist und bleibt ein Innovationswettbewerb um neue Produkte, Verfahren und eine verbesserte Qualität. Deutschland stellt dabei mit Abstand den größten Markt für Medizinprodukte innerhalb Europas dar (vgl. Göldner/Hehner et al 2001). Mit geschätzten Gesamtausgaben von rund 12 Mrd. US-Dollar ist er nach den USA und Japan weltweit der drittgrößte nationale Markt. Drei Segmente beherrschen dabei den medizinischen Industriesektor, der stark exportorientiert ist (beinahe 55 Prozent):

- Medizinische Produkte und Hilfsmittel (z.B. elektromedizinische Geräte, chirurgische Instrumente etc), die rund 79 Prozent des Gesamtumsatzes der Branche ausmachen,
- in-vitro Diagnostika (Labordiagnostik etc) mit einem Anteil von 13 Prozent am Gesamtumsatz und
- diagnostische bildgebende Verfahren (z.B. Röntgentechnik, Computer-Tomographie, Endoskopie etc) mit einem Anteil von rund 8 Prozent.

War der Markt für medizinische Produkte bislang weltweit sehr stark fragmentiert, so kam es in den letzten Jahren zu einem Konzentrationsprozess. Große Anbieter mit einem breiten Produktportfolio und einzelne hoch spezialisierte Anbieter, die kleine Nischen besetzen, halten sich die Waage. Dominiert wird der Weltmarkt dabei von den Global Playern der Branche (vorwiegend us-amerikanische Unternehmen wie General Electric), die zunehmend auch auf den europäischen Markt drängen. In Deutschland ist dagegen der Weltmarktführer für diagnostische bildgebende Verfahren, die Siemens AG, beheimatet. Trotzdem bleiben noch immer mehr als die Hälfte aller deutschen Medizintechnikunternehmen unter einem Jahresumsatz von rund 500 000 Euro. Damit ist die Struktur des deutschen Marktes vornehmlich durch mittelständische Firmen, junge start-up Unternehmen und Nischenproduzenten mit lokaler Bedeutung gekennzeichnet. In den nächsten Jahren dürften sich folgende Schwerpunkte für diese Branche herauskristallisieren:

- Miniaturisierung der Geräte
- Minimal-invasive Chirurgie
- Bildgebende Technologien
- Automatisierung und Integration der Geräte
- Patienten-Monitoring
- Biotechnologische Methoden

Als **Querschnittstechnologie** zwischen der medizinischen Forschung, der Biotechnologie und der Materialforschung sowie der Optik und Elektrotechnik ist die Medizintechnik eine der führenden Branchen für den Erhalt und den Ausbau der deutschen Innovationskraft. In Bezug auf die Schaffung von Arbeitsplätzen wird der Branche ein ausbaufähiges Potential zugeschrieben. Im Gegenzug wirft die Nachfrageseite einige Schatten auf das positive Gesamtbild der Branche. Der Krankenhaussektor stellt den bedeutendsten Wirtschaftsfaktor für die Medizintechnikhersteller in Deutschland dar. Bisherige Rahmenbedingungen im deutschen Gesundheitswesen haben sich jedoch in den letzten Jahren stark verändert: dies gilt sowohl für die Gesetzgebung, das Leistungsmanagement der Kostenträger als auch die Bündelung der Marktmacht. Kostendämpfungsmaßnahmen beispielsweise führen gerade bei den Krankenhäusern zu einer zurückhaltenden Investitionstätigkeit. Rationalisierungsentscheidungen werden entweder beim Personal oder bei der medizinisch-technischen Ausstattung getroffen. Eine Bündelung der Nachfragemacht, zum Teil durch so genannte Einkaufsgemeinschaften wird sich zunehmend auch auf einen Teil der Medizintechnikindustrie (vor allem bei Massenherstellern von Heil- und Hilfsmitteln) auswirken und einen Kostendruck bei der Produktion auslösen. Bereits in den letzten Jahren hat es weltweit auf dem Markt für Großgeräte einen Preisverfall von durchschnittlich sieben Prozent pro Jahr gegeben. Ein radikales Kostenmanagement durch Standardisierung, Outsourcing oder durch die Reduktion der Fertigungskomplexität hat die Medizintechnikhersteller erfasst.

Darüber hinaus zeichnen sich insbesondere zwei weitere Trends hinsichtlich der Anforderungen an die Unternehmen und die Beschäftigten ab: Zum einen gilt es den speziellen Kundenwünschen gerecht zu werden, zum anderen bietet die zunehmende Verbreitung von E-Commerce eine Chance zur Neuausrichtung der Unternehmen. Neben der Frage des Preises bestimmter Produkte wird es zukünftig vermehrt darum gehen, Mehrwertdienstleistungen anzubieten. Bereits heute werden vielfach Serviceverträge bei dem Kauf von medizinischen Großgeräten abgeschlossen, die einen Rund-um-die-Uhr-Service in Bezug auf Wartung und Reparatur beinhalten. Nicht nur die Global Players, auch mittelständische Unternehmen werden zukünftig nicht mehr ohne ein Allroundangebot auskommen, sei es im Servicebereich oder in der Logistik. Es stellt sich die Frage, ob die bisherigen Qualifizierungen der Mitarbeiterinnen und Mitarbeiter für die neuen Anforderungen ausreichen oder ob neue Wege beschritten werden müssen. Ebenso bietet das Internet neue Möglichkeiten der Kostensenkung. Neue Verkaufslösungen werden bereits heute von vielen Firmen via Internet weltweit angeboten, der Markt wird zunehmend transparenter. Auch die Verknüpfung von E- und M-Commerce mit traditionellen Formen der Diagnostik – als Beispiel dient hier die Telemedizin – ist längst keine Zukunftsmusik mehr. Der Patient kann seine

EKG-Werte per Knopfdruck direkt an ein „Medical Center" weiterleiten, der im Notfall sofort eine Behandlung einleiten kann. Damit kommt es zu einer deutlichen Verbesserung von gesundheitsbezogenen Angeboten und oft auch zu effizienteren Leistungserstellungsprozessen.

Die Wachstumsbranche Medizintechnik zeigt exemplarisch, dass in einzelnen regionalen Standorten in Deutschland durchaus **wettbewerbsstarke Unternehmen** angesiedelt sind. Allerdings ist auch in den innovativen Branchen derzeit ein enormer Ausleseprozess zu beobachten. Obwohl bspw. die deutsche Biotechszene (mit den erfolgreichen Vernetzungen zwischen Forschungseinrichtungen wie etwa den Max-Planck-Gesellschaften und den internationalen Pharmaunternehmen) international konkurrenzfähig ist, haben einzelne Firmen und oft gelobte Standorte auch Existenzprobleme. Und das heißt für viele nicht international agierende Biotechnologiestandorte, dass sie aus dieser Krise voraussichtlich als Verlierer hervorgehen werden. Aber auch generell gilt: „Innovationssysteme zeichnen sich durch die Paradoxie aus, dass eine einmal erreichte innovative Leistungsfähigkeit immer auch den Keim für strukturelle Erstarrung und abnehmende Innovationsfähigkeit in sich trägt" (Hirsch-Kreinsen 2005, 208; vgl. zur sektoralen Differenzierung von Innovationsprozessen Rehfeld 2002 und Jürgens/Sablowski 2005).

Der wirtschaftliche und damit beschäftigungspolitische Erfolg einzelner Wirtschaftsregionen hängt daher zukünftig immer stärker davon ab, ob es den Standorten gelingt, die bestehenden endogenen Potentiale - von den Bildungs- und Wissenschaftseinrichtungen bis hin zu den Wirtschaftsunternehmen - in leistungsfähigen Innovationssystemen zusammenzufassen und auch am Markt erfolgreich zu halten. Dabei kommt dem Gründungsgeschehen in zukunftsweisenden Branchen eine tragende Rolle zu, um den strukturellen Wandel in den Regionen zu forcieren. Von Bedeutung sind hierbei vor allem auch **Existenzgründungen** aus Universitäten und Fachhochschulen. In diesen Einrichtungen wird das Wissen um Ideen vermutet, das in vermarktungsfähige Produkte und Technologien umgesetzt werden kann. Gerade weil nicht mehr darauf vertraut werden kann, dass im großen Umfang Neuansiedlungen von außen die Arbeitsmarktprobleme lösen werden und auch keine neue Wachstumsbranche quasi aus dem Boden gestampft werden kann, müssen die bereits vorhandenen Kernbestände der Region und vor allem die **synergetischen Potentiale** der Wirtschaft und der Wissenschaft mobilisiert und in „Kompetenzprojekten" umgesetzt werden. Diese Empfehlung leitet sich sowohl aus der internationalen Forschung über die Wettbewerbsfähigkeit von Standorten (vgl. zusammenfassend Porter 2002) als auch direkt aus den Erfahrungen mit der regionalisierten Strukturpolitik ab. Ein Lernprozess wurde hierdurch in vielen Regionen ausgelöst, wenngleich sich bislang dies noch nicht in deutlich wachsenden Beschäftigungsfeldern niedergeschlagen hat. Ein Ergebnis der verschiedenen Begleitforschungen ist, dass der Regionalisierungsansatz durchaus Erfolg versprechend ist, um die Potentiale der Regionen zu entfalten, es allerdings hinsichtlich der Qualität der regionalen Entwicklungskonzepte und vor allem deren Umsetzung Probleme gab und gibt (vgl. die Beiträge in Heinze/Voelzkow 1997). Inzwischen wurden auch die regional- und strukturpolitischen Instrumente neu ausgerichtet, man orientiert sich am Cluster- bzw. Kompetenzfeldansatz und versucht ausgewählte Zukunftsfelder zu stärken.

Sowohl die Debatte um regionale Selbststeuerung als auch um eine „Kultur der Selbstständigkeit" hat bereits in den 90er Jahren die regionale Struktur- und Arbeitsmarktpolitik sowie die Wirtschaftssoziologie erreicht. In den letzten Jahren hat sich diese Diskussion verfeinert, international vergleichende Studien über regionale Innovationssysteme sind hinzugekommen (vgl. etwa Crouch et al 2001 und 2004, Hilpert et al 2003 und Cooke et al 2004) und auch der interdisziplinäre Austausch hat sich wesentlich verbessert. Die in diesem Buch aufscheinenden empirischen Erfahrungen stammen überwiegend aus Studien (auch Begleitforschungen und Evaluationsuntersuchungen) zum Strukturwandel in Nordrhein-Westfalen, aber auch Vergleichsstudien aus anderen Bundesländern (vorwiegend Niedersachsen und den „neuen" Bundesländern). Ein herausragendes Merkmal von regionalen Innovationssystemen ist ein ausgeprägter Netzwerkgedanke mit einer engen Vernetzung von Wirtschaft mit Hochschulen und Forschungseinrichtungen. Unter dem Paradigma der **„Kultur der Selbstständigkeit"** hat auch der Staat sein Steuerungsverständnis neu zu orientieren: Traditionelle interventionistisch-technokratische Steuerungsformen haben an Bedeutung verloren, während sich heute „weiche", partizipative, kommunikationsbasierte und kontextorientierte Steuerungsformen in der Strukturpolitik als Erfolg versprechender darstellen. Dieser Perspektivwechsel betont im Gegensatz zu klassischer Industriepolitik impulsgebende, moderative Förderpolitiken, die in ihrer regionalen Orientierung auf die **Aktivierung endogener Potentiale** setzen. Das Maß der regionalen Eigenverantwortlichkeit und Selbstständigkeit hat somit einerseits zugenommen, weil lokale Akteure besser über die Entwicklungsmöglichkeiten der Region informiert und näher an den Unternehmen sind und zweitens eine allgemeine Verlagerung von nationalen zu regionalen Produktions- und Innovationssystemen zu beobachten ist.

Aufgrund der jeweiligen spezifischen Bedingungen in den einzelnen Regionen ist es jedoch schwierig, verallgemeinerbare „best-practice-Lösungen" für eine erfolgreiche Netzwerkstrategie zu formulieren und umzusetzen. Um die wirtschafts- und beschäftigungspolitischen Impulse der verknüpften Technologien („Bündelungstechnologien") frühzeitig zu nutzen, hat sich auch die Richtung der Forschungspolitik in Deutschland gedreht.

Im Fokus steht nun - auch aufgrund des Benchmarking mit anderen erfolgreichen Ländern - die engere und schnellere Verbindung von Grundlagenforschung und anwendungsorientierter Technologieentwicklung. Zudem wird das regionale Umfeld in die Innovationsförderung integriert; Ziel ist der Aufbau regionaler Innovationssysteme mit spezifischen Wirtschaftsclustern. Dabei gerät vor allem die Beschäftigung in wissensintensiven, zukunftsfähigen Wachstumssektoren und die Gründungsthematik in das Visier der Politik. Politische Akteure stoßen (im Idealfall)

- die Verbesserung der unternehmerischen Wissensbasis an,
- liefern Möglichkeiten zur Verbesserung von Managementkonzepten,
- bieten Foren zur Vernetzung von Unternehmen,
- legen die Basis für regionale Lernprozesse
- und stellen Expertenwissen bereit.

Die beabsichtigten Ergebnisse einer solchen Struktur- und Innovationspolitik sind aber zumeist erst nach vielen Jahren sichtbar. Von Hoffnungen auf schnelle Anfangserfolge muss also Abstand genommen werden. Zudem bestehen erhebliche Unsicherheiten über zukünftige ökonomische Entwicklungen, so dass niemand verlässlich voraussagen kann, in welchen Clustern tatsächlich Chancen für den Aufbau von Beschäftigung liegen werden. Auch eine Strategie der reinen Nachahmung der Branchenorientierung erfolgreicher Regionen (z.B. Silicon Valley) scheint wenig Erfolg versprechend, wie es eine Reihe von Beispielen belegen. Produktionsstrukturen, wie sie in innovativen Clustern vorzufinden sind, sind nicht von vornherein „eins zu eins“ planbar, sondern stehen in Zusammenhang mit anderen Faktoren. Voraussetzung für den Erfolg des Dritten Italiens war bspw. die gewachsene Wirtschaftsstruktur mit kleinen und mittleren Unternehmen, im Silicon Valley war es die dichte Forschungs- und Hochschullandschaft, die die Keimzelle für die High-Tech-Produktion bildete. Gefragt sind – und dies gilt nicht nur die „altindustriellen“, sondern gerade auch für Vorzeigeregionen – neue Produkte und Dienstleistungen, die von den Potentialen und Kompetenzen einer Region Schubkraft bekommen, allerdings zur Umsetzung auch eine aktive politisch-institutionelle „Kultur des Lernens“ brauchen. Cluster lassen sich eben nicht politisch schnell inszenieren und „nicht im Konsens vereinbaren oder seitens des Landes oder des Bundes verteilen (etwa in Form von Masterplänen). Cluster können in etablierten Wertschöpfungsketten vorhanden sein oder nicht, dies ist eine empirische Frage und keine Frage des politischen Willens. Oder das Potential für Cluster kann vorhanden und entwicklungsfähig sein, auch dies lässt sich erkennen, wenn auch nicht immer sicher prognostizieren. Cluster können nicht aus dem Nichts heraus aufgebaut werden, zumindest nicht in marktwirtschaftlichen Gesellschaften, sondern werden von den Aktivitäten der Unternehmen getragen“ (Rehfeld 2005, 4).

Zudem braucht eine clusterorientierte Wachstumsstrategie passende Rahmenbedingungen. Während an strukturellen Charakteristika kurzfristig regionalpolitisch nur schwer anzusetzen ist, liegt das spezifische regionale veränderungsbezogene Entwicklungskapital in den **Akteurstrukturen**, die das Fenster („window of opportunity“) für eine derartige strategische Ausrichtung definieren und in ein professionelles Standortmanagement umsetzen müssen. Diese Fähigkeit divergiert über Regionen betrachtet ganz erheblich und bildet erst das Handlungspotential als institutioneller und räumlicher Verflechtungszusammenhang und Handlungskomplex. Gerade für strukturschwache Gebiete gewinnt die Strategie der Bündelung von Ressourcen und der akteurbasierten Geschlossenheit an Bedeutung, gleichwohl profilieren sich bislang gerade strukturschwache Räume (vgl. etwa in Ostdeutschland) durch den Clusteransatz kaum. Die „Akteurskonstellation“ und das regionale Technologie- und Förderregime ergänzen insbesondere regionalökonomische, wirtschafts- und sozialstrukturelle Komponenten, die Wirkungen auf das Innovationsgeschehen ausüben. Allerdings muss nicht nur konzeptionell die Vermittlung zwischen den verschiedenen „Welten“ gelingen, sondern sich auch in funktionsfähigen Projekten realisieren. Um ein positives Klima für Innovationen zu entwickeln, braucht man zudem neben den Infrastrukturen und den „harten“ Faktoren wie die Anbindung an Verkehrswege, Gewerbeflächen, Bildungseinrichtungen etc auch die „weichen“ Faktoren.

Allerdings muss darauf insistiert werden, dass erstens keine allgemein verbindliche Definition von Kompetenzfeldern vorzunehmen ist (da gerade aus der Verknüpfung von Branchen auch Innovationseffekte entstehen können) und zweitens diese Abgrenzungen nicht so missverstanden werden dürfen, dass in gewissen Regionen nur noch spezifische Kompetenzfeldprojekte explizit gefördert werden. Eine derartige Interpretation dieses strategischen Steuerungsinstruments würde die notwendige Offenheit struktur- und regionalpolitischer Prozesse empfindlich begrenzen und auch die zentrale Rolle von Führungspersönlichkeiten und anderen regionalen Netzwerkkonstellationen unterminieren.

Gerade anhand der Weiterentwicklung der verschiedenen Technologiefelder wird ein herausragendes Merkmal aller neuen regionalen Standortstrategien sichtbar: die enge Vernetzung der Wirtschaft mit Hochschulen und Forschungseinrichtungen. So können bspw. Unternehmen Produktideen durch Hochschularbeitsgruppen weiterentwickeln und zu Geschäftsideen werden lassen, während Hochschulangehörige ihre Forschungsergebnisse vorstellen, um diese dann von Unternehmen auf ihre Marktfähigkeit hin prüfen zu lassen. Solche Art von Vernetzungen zwischen Wirtschaft und Wissenschaft sind natürlich besonders spektakulär in den zentralen Hochtechnologiestandorten, aber auch in anderen Regionen gibt es Universitäten, Fachhochschulen und weitere öffentliche Institutionen sowie Unternehmen, die durchaus Potentiale und den Kern für innovative Cluster und Vernetzungen bieten können. Innerhalb der Hochschulen hat in den letzten Jahren schon ein Umdenken stattgefunden und es wurden zahlreiche Entrepreneurship-Professuren in Deutschland eingerichtet. 2005 gab es bereits über 50 solcher Professuren (mit einem gewissen Schwergewicht auf den Fachhochschulen), die die Förderung von Gründungen aus der Hochschule unterstützen sollen.

So wichtig solche Entrepreneurship-Professuren auch sind, das Thema Selbstständigkeit muss im Kontext von Leere und Forschung insgesamt aufgewertet werden, um hierüber die **Inkubatorfunktion** von Hochschulen zu stärken und Spin-off Gründungen zu ermöglichen. Gefordert sind in wachsendem Maße aber auch die Unternehmen, die noch stärker in Gründungsnetzwerke eingebunden werden müssen, um hierüber auch die Existenzgründungen aus Hochschulen zu stabilisieren. Allerdings muss nicht nur konzeptionell die Vermittlung zwischen den verschiedenen „Welten“ gelingen, sondern sich auch in funktionsfähigen Strukturen in den Regionen realisieren. Gerade neu gegründete Klein- und Mittelunternehmen sind auf ausgeprägte Kooperationsbereitschaften angewiesen, um sich auf dem Markt zu behaupten. Um ein positives Klima für Innovationen und Gründungen zu entwickeln, braucht man zudem neben den Infrastrukturen sowohl harte als auch weiche Faktoren; sie stellen den „Schlüssel“ zu einer erfolgreichen und wettbewerbsfähigen Region dar. Zu einer guten Verkehrsinfrastruktur mit Zugang zu einem internationalen Flughafen und einer unternehmerischen Kultur, die Forschung und Praxis in Kooperationen zu verbinden vermag, muss auch ein gutes politisches Standortmanagement kommen (vgl. auch Camagni 2003 und Ketels 2003).

5.2 Institutionelle Umfeldbedingungen für eine „Kultur der Selbstständigkeit“

Eine zentrale Rolle in allen Strategien zur Standortprofilierung spielt die Gründungsthematik und deshalb ist es auch nicht überraschend, dass im internationalen Vergleich das Angebot an Förderprogrammen in Deutschland durchaus hoch ist. Zusammenfassend werden die staatlichen Förderprogramme, die Gründer beim Weg in die Selbstständigkeit flankieren, im internationalen Vergleich auch positiv beurteilt: Komparative Stärken weist Deutschland insbesondere bei der Finanzierung junger Unternehmen, bei den staatlichen Förderprogrammen und den allgemeinen politischen Rahmenbedingungen auf. Überdurchschnittliche Beurteilungen erhalten die Potentiale der Technologie- und Gründerzentren, Inkubatoren sowie die Diversifität und (zielgruppenspezifische) Vielfalt der Programme. In den vergangenen Jahren ist zudem eine deutliche Aufwertung nichtfinanzieller Instrumente festzustellen. Diese werden insbesondere über die Bundesländer forciert. Anlass für Kritik ist regelmäßig die Transparenz und organisatorische Bündelung dieses Angebots. Auch die **bürokratischen Wege** bei der Bewilligung von Förderungen und eine unterschiedliche Qualität der zuständigen Personen bei den öffentlichen Stellen gehören zu den zentralen Kritikpunkten. Schließlich zählen auch die allgemeinen wirtschaftspolitischen Rahmenbedingungen - insbesondere die Steuerpolitik und die Stabilität und Kalkulierbarkeit politischer Entscheidung - zu den immer wieder vorgetragenen Problemfeldern (vgl. hierzu exemplarisch van Suntum 2006 sowie die Beiträge in Empter et al 2005).

Wenn auch zahlreiche politische Faktoren von nationaler bzw. europäischer Ebene beeinflusst werden, so verliert die Region – wie bereits gesagt – nicht an Bedeutung, vielmehr wird sie sogar (u.a. auch durch die Europäische Union) als neue politische Handlungsarena entdeckt. Ein wesentliches Element stellt auch im Gründungsprozess die Zusammenarbeit in akteurbasierten Netzwerken dar. Befragungen ergaben, dass die Mehrzahl der Akteure zunächst regional operiert. In diesen regionalen Handlungs- und Interaktionsbezügen ist die Rolle der intermediären Akteure als „Symbolträger“ und „Kulturkatalysatoren“, also als Vorreiter und Kommunikatoren einer Kultur der Selbstständigkeit, nicht zu unterschätzen. Räumliche und kulturelle **Nähe** spielt auch im Internetzeitalter eine Rolle, wenn mit Innovationsvorhaben große Unsicherheiten verbunden sind, was insbesondere in der Frühphase von Innovationen und bei Nutzung oder Forcierung völlig neuer technologischer Paradigmen der Fall ist. Auch bei der Notwendigkeit eines engen Austauschs von unternehmerischer und universitärer Forschung spielt die räumliche Nähe eine Schlüsselrolle, ebenso bei der Inanspruchnahme und Verbreitung von nicht kodifiziertem Wissen. Weniger zentral scheint die räumliche Nähe allerdings bei Innovationen mit geringem Unsicherheitspotential, bei der Anwendung standardisierter Techniken und beim Überwiegen von Prozessinnovationen zu sein. In einer primär auf **Wissen** und damit auf individuell gebundenen Ressourcen basierenden Wirtschaft gewinnt die räumliche Komponente hingegen deutlich an Bedeutung. Netzwerkbeziehungen stellen auch für Existenzgründungen ein „Sozialkapital“ dar und können ihnen Stabilität verleihen, was auch derzeit etwa in der Gesundheitswirtschaft und speziell der Biotechnologieszene zu beobachten ist. Obwohl für Existenzgründer die Netzwerkkooperation etwa mit Forschungseinrichtungen oder „key players“ in einem Wirtschaftscluster am Anfang zumeist nicht gleichberechtigt erfolgt und die Gefahr asymmetrischer Machtstrukturen sicherlich solchen Kooperationsbeziehungen inhärent ist, können hierüber neue Ressourcen (etwa Wissen und Marktzugänge) erschlossen werden.

Für eine **Innovationsstrategie**, vor allem wenn sie in Richtung von mehr Selbstständigkeit und eine „unternehmerische Bürgergesellschaft“ zielt, werden allerdings kreative Milieus benötigt. Die Fähigkeit, neue Geschäftsfelder und Märkte zu erschließen, ist die Grundlage der dynamischen Entwicklung unserer Wirtschaft. Dabei muss mit Wissen intelligent und wirtschaftlich nutzbringend umgegangen werden, da es keine konventionelle Ware ist, die in beliebiger Menge und Qualität durch geschicktes Einkaufsverhalten einfach zu erwerben wäre. Um aus Wissen wirtschaftlichen Nutzen zu ziehen, kommt es darauf an, relevante Wissensbestände zu identifizieren, sie sich anzueignen, miteinander in Wissensnetzwerken zu verknüpfen, dann zu Problemlösungen zusammenzuführen und sie für die Anwendung bereitzustellen und umzusetzen (vgl. hierzu einige interessante Beispiele in McKWissen H. 15/2005 sowie die Beiträge in Steinbrück/Machnig 2004).

Ein funktionierendes Innovationssystem, das ganz zentral über den Wissens- und Technologietransfer definiert ist („Wissensströme“), ermöglicht Effekte, die sich folgendermaßen charakterisieren lassen:

- Steigerung der Wissensproduktion in der Region; damit erhöhen sich die Chancen für die Diffusion des Wissens.
- Stärker innovationsorientiertere und technologieintensivere (allgemein: wissensintensivere) Unternehmenspopulation.
- Vergrößerung des Unternehmensbestands im Hinblick auf die Anzahl (Unternehmensgründungen).
- Vergrößerung der Unternehmenspopulation im Hinblick auf die Größe (Wachstumsprozesse).
- Verbesserung der Wettbewerbsfähigkeit der regionalen Unternehmensbasis.
- Verbesserte Bestandschancen (Verringerung von Insolvenzen) der regionalen Unternehmenspopulation.

Die Stärkung der Kompetenz- und Innovationsfähigkeit ist damit sowohl eine Frage des individuellen Handlungsvermögens als auch von Rahmenbedingungen, die dessen Entfaltung ermöglichen. Stimulierende Wirkungen auf den Gründungsprozess kann deshalb auch die Region entfalten. Sternberg (1999, 181f) geht von der Annahme aus, dass die Gründungswahrscheinlichkeit in einer Region ceteris paribus umso höher sei, „je mehr und größere Inkubatoreinrichtungen mit ausreichender Fertilität innerhalb dieser Region existieren, aus denen heraus gegründet werden kann....Im Rahmen eines selbstverstärkenden Prozesses (u.a. über Vorbildwirkungen erfolgreicher Gründungen und deren intraregionaler Vernetzung) kann es zur Herausbildung regionaler Gründungscluster kommen, in denen sich Gründungen aufgrund von Agglomerationsvorteilen und anderen mit räumlicher Nähe verbundenen positiven externen Effekten ökonomisch günstiger entwickeln als außerhalb dieser Cluster“. Deshalb sind inzwischen auch an zahlreichen **Hochschulstandorten** Aktivitäten zur Integration des Gründungsthemas in die Lehrpläne unternommen bzw. Entrepreneurship-Professuren geschaffen worden.

Die einzelnen Hochschulstandorte haben jedoch unterschiedliche Aktivitätsgrade entwickelt, wenn es um die allgemeine gründerfördernde Infrastruktur geht (vgl. Neitzel/Heinze 2002). Transferstellen und Verwertungsgesellschaften weisen zumeist das Selbstverständnis eines „Info-Brokers“ auf und nehmen insbesondere eine Lotsenfunktion war. Zwar bieten weiterhin sämtliche Hochschulen zumeist über Transferstellen oder Verwertungsgesellschaften die obligatorische Kurz-Beratung an – wobei generell hinterfragt werden sollte, ob dies wirklich schon als Beratung bezeichnet werden kann – und auch eine Vorlesungsreihe zum Thema Existenz- und Unternehmensgründung stellen die meisten Hochschulen zusammen, dann jedoch zeigen sich mitunter erhebliche Varianzen. Eine curriculare Verankerung des Themas „entrepreneurship“ wird an eher wenigen Hochschulstandorten angeboten. Dies mag auch mit der bislang in Deutschland relativ geringen quantitativen Bedeutung von Unternehmensgründungen aus den Hochschulen zusammenhängen. Auf Basis einer Untersuchung zur Interaktion zwischen Wissenschaft und Wirtschaft stellen dies Spielkamp et al (2002) heraus. Der Transferweg der Unternehmensgründung erfährt sowohl bei Universitäten (auch technischen Universitäten) als auch Fachhochschulen nur geringe Bewertungen. Studien zur Kooperationsreichweite von Unternehmen innerhalb von öffentlich geförderten Forschungsprojekten stellen ebenfalls heraus, dass Fachhochschulen stärker in einem näheren Umkreis Kooperationen mit Unternehmen unterhalten. In einer empirischen Studie im Ruhrgebiet zu dieser Thematik haben wir ähnliches ermittelt (vgl. Heinze et al 2002); die Kooperationsaktivitäten zwischen Wissenschaft und Wirtschaft sind allerdings vielfältiger Natur und ihre konkrete inhaltliche Ausgestaltung ist in hohem Maße fall- und fachspezifisch. Auf Basis der realisierten Befragung entfaltete der mit Abstand größte Anteil der Lehreinheiten im Bereich Wirtschafts- und Sozialwissenschaften, Ingenieur- und Naturwissenschaften an den betrachteten acht Hochschulen des Ruhrgebiets keine Aktivitäten im Bereich der Existenz- und Unternehmensgründung. Signifikante Unterschiede bestehen allerdings zwischen den einzelnen Hochschulen und ihren Gründungsaktivitäten. Die Hypothese, dass es einen signifikanten Zusammenhang zwischen dem Hochschultypus und den Gründungsaktivitäten gibt, wird gestützt: An Fachhochschulen ist das Thema präsenter, allerdings haben in den letzten Jahren alle Hochschulen erhebliche Anstrengungen übernommen, dieses Thema zu besetzen (auch ablesbar an den vielen neuen Entrepreneurship-Professuren). Dennoch bleiben auch in deutschen Hochschulstandorten innovative Unternehmensgründungen immer noch ein **seltenes** Ereignis.

Der formale Stellenwert des Themas ist allerdings – grob gesagt - in den Lehrveranstaltungen der Professoren äußerst gering, es dominieren illustrative, situative Elemente gegenüber systematischen, strategischen und dauerhaft angelegten Ansätzen. Wenn systematische Aktivitäten in den technischen Fachbereichen unternommen werden (so unsere Beobachtung an Hochschulen im Ruhrgebiet), zielen diese auf die Integration fachlicher Kenntnisse und gründungsrelevanter Elemente ab. Instrumente dazu sind Unternehmensplanspiele oder Ideenbörsen. Ausgangspunkt ist hier generell die fachliche Ausrichtung und damit zumeist die Ideenseite. Professoren vertreten das Thema in ihren Lehrveranstaltungen tendenziell nicht aktiv, sondern reagieren eher auf Anfragen von Studierenden (und Absolventen). Zu einem Dilemma wird diese Situation, weil Studierende eher auf Angebote warten und nicht selbst aktiv werden. Professoren fassen das Thema zumeist als technischen Akt auf (Verfassung des Business-Plans, Kostenkalkulation, Kapitalakquise etc), weniger wird das Thema Selbstständigkeit als ein bildungspolitisches **Kompetenzentwicklungs-Programm** verstanden. Neben persönlichkeitsbezogenen Faktoren und Mentalitätsfragen (Risikoneigung, Eigeninitiative, etc) finden sich materielle Hemmnisse in der Perspektive der Professoren insbesondere im Dienstrecht (Nebentätigkeitsverordnung) und an den Fachhochschulen insbesondere im hohen Lehrdeputat und der schlechteren Infrastruktur. Außerdem fehlt zumeist eine offene Kommunikation des Themas in den Fachbereichen. In der Perspektive der Studierenden werden die Organisation der Lehre, die ausgeprägte Abschottung der Fachbereiche und das Fehlen marktlicher Fragestellungen in den technischen Bereichen als hemmend angesehen. Weiterhin wirkte sich die positive Arbeitsmarkt-Situation in weiten Teilen der technischen Bereiche als tendenziell gründungshemmend aus. Eingefordert werden von den Professoren verstärkte Aktivitäten auf Ebene der einzelnen Lehreinheiten, Maßnahmen zur Schaffung mehr angebotsseitiger Transparenz und Einrichtung von Foren zum kooperativen Austausch von Gründern.

Die Ressourcen, die von Professoren im Gründungsprozess bereitgestellt werden, variieren in erheblichem Maße und sind nicht zuletzt vom Stadium der Unternehmensentwicklung abhängig. In der Stimulierungs- und Motivationsphase der Gründung dominieren spielerische Formen des Umgangs mit der Selbstständigkeit. Der Professor fungiert hier primär als Promotor. In der Planungsphase nimmt die fachliche Hilfestellung und die Vermittlung von Kontakten eine zentrale Rolle ein. Der Professor kann hier in die Rolle des Brokers oder in die des Coaches schlüpfen. In der konkreten Gründungsphase können die Gründer häufig auf Infrastrukturen der Hochschule zurückgreifen, die zumeist in Organisation der Lehreinheit bereitgestellt werden. Außerdem nimmt die Rolle des Professors als Marktöffner in dieser Phase eine Schlüsselstellung ein.

Die **Promotorenfunktion** von Hochschullehrern für Gründungsprozesse ist durch neuere empirische Studien bestätigt worden; es gibt eine nachweisbare Korrelation zwischen Unterstützungsaktivitäten der Hochschullehrer und Ausgründungen an Hochschulen. „Die Intensität der Unterstützung von Professoren steht in engem Zusammenhang zur eigenen Berufs- und Gründungserfahrung. Professoren, die bereits außerhalb der Hochschule beruflich tätig waren und/oder die selbst schon einmal in eine Gründung involviert waren, sind eher geneigt, Gründungen zu unterstützen als Kollegen ohne derartige Erfahrungen" (Isfan et al 2005, 359; vgl. auch Heil 2002 und Schulte 2002). Eine wichtige Funktion erfüllen sie im Gründungsprozess im Hinblick auf eine Stimulierung- und Motivationstätigkeit. Besondere Bedeutung erlangen sie dann insbesondere in der Planungsphase, wenn es um die Abschätzung von Marktchancen geht, dann jedoch auch in der Gründungs- und frühen Entwicklungsphase, wenn es um marktliche Positionierungen und die Akquise erster Kunden geht. Regionale Orientierungen von Kooperationsbeziehungen zwischen Wissenschaft und Wirtschaft sind insbesondere dann wichtig, wenn ein regionaler Branchenschwerpunkt mit einem Forschungsschwerpunkt der jeweiligen Lehreinheit zusammentrifft. Noch wenig verbreitet sind dezidiert branchenspezifische Ansätze der Gründungsförderung. Im Wesentlichen laufen die Kooperationen zwischen Wissenschaft und Wirtschaft über die einzelnen Lehreinheiten, während die Organisation in Kompetenzzirkeln eher selten zu finden ist (an einigen Standorten arbeitet man am Aufbau von **Inkubator-Zentren** und anderen „Treibhäusern").

Der Anreiz für Gründer, in der Startphase in einen Inkubator einzuziehen, wächst mit der Bereitstellung qualitativ hochwertigen, sehr spezifischen Wissens. Nicht zuletzt über einen **branchenzentrierten** Ansatz sind die Voraussetzungen, dieses Wissen vorhalten zu können, wesentlich besser als im Falle eines allgemeinen Inkubators, der damit eher einem klassischen Gründer- und Technologiezentrum gleicht. Auf der Basis einer breiten Befragung unter Professoren der Ruhrgebiets-Hochschulen ist festgestellt worden, dass es signifikante Unterschiede bezüglich der Gründungsaktivitäten zwischen den einzelnen Hochschulen des Ruhrgebiets gibt (vgl. Heinze et al 2002). Unterstützt wird dieses Ergebnis auch von qualitativen Analysen der gründerunterstützenden Infrastrukturen an den Hochschulstandorten, die ebenfalls unterschiedlich stark ausgeprägt sind. Es zeigt sich, dass die drei Hochschulen, deren Lehreinheiten die höchsten Aktivitätsgrade auf dem Feld der Existenz- und Unternehmensgründung aufweisen, auch ausgeprägte formelle Infrastrukturen und innovative Ansätze der Gründungsförderung vorhalten. Gleichzeitig bestehen an denjenigen Hochschulen, deren Lehreinheiten eher geringe Aktivitätsgrade aufweisen auch eher wenige oder noch nicht etablierte oder noch nicht etablierte formelle Infrastrukturen. Nicht nur in den nordrhein-westfälischen Regionen sind im Zuge der Gründungsoffensive des Landes regionale Gründungsnetzwerke implementiert worden, die sich als zentrale Koordinationsform der Gründungsförderung herauskristallisiert haben (vgl. auch die Beiträge in Achleitner et al 2005).

Die gefestigten Anbieter, insbesondere das traditionelle regionale und lokale „Förderregime", tun sich allerdings häufig schwer, neue Angebote zu akzeptieren und zu integrieren. Gleichzeitig haben die Akteure in vielen Regionen erkannt, dass organisationale Kooperationen zwingend notwendig sind, um den heterogenen Ressourcenbedarf von Gründungsunternehmen abzudecken und zielgruppenspezifisch agieren zu können. Zielgruppenorientierung ist nach wie vor eines der zentralen Anliegen der Gründungspolitik, da ein innovatives Technologieunternehmen grundsätzlich andere Bedarfe hat als eine einfache Dienstleistungsgründung z.B. im sozialen Dienstleistungssektor oder im Handel. Vergleiche verdeutlichen, wie unterschiedlich Organisationsformen, Leitlinien und Ziele von Gründungsnetzwerken trotz des einenden Selbstverständnisses, ein Netzwerk zu bilden, sein können. Die konkreten inhaltlichen Problemlösungskapazitäten bleiben jedoch insgesamt gering, die Bilanz fällt hinsichtlich der Situation im Ruhrgebiet zwiespältig aus: als problematisch zeigt sich der Abbau von Doppelangeboten. Benötigt werden generell eine höhere **Transparenz** des Leistungsspektrums und eine umfassendere Öffentlichkeitsarbeit für eine Kultur der Selbstständigkeit. Im Hinblick auf die Qualität der angebotenen Leistungen muss in vielen Netzwerken Nachholbedarf in der Weiterbildung und Qualifizierung der beratenden Akteure sowie in der Wirkungskontrolle festgestellt werden. Generell können die Qualitätsstandards gründungsfördernder Leistungen über Zertifizierungen und freiwillige Audits weiter verbessert werden.

Ein höherer Institutionalisierungsgrad scheint aber für die Zukunft als Verstetigung der Netzwerkstrukturen angezeigt: Das Modell des **„one-stop-shop"** kann dazu als ein sinnvolles Modell gelten, denn das netzwerkartige Arrangement sollte nicht isoliert von anderen Organisationsformen betrachtet werden. Vielmehr sind die spezifischen, häufig zeitlich begrenzten Funktionen von Netzwerken herauszuheben, ebenso wie ihre Ergänzungs- und Übergangsformen zu stärker institutionalisierten Organisationsformen. Integrierte „one-stop-shops" finden sich bisher nur in einigen Standorten. Im benachbarten Ausland finden sich aber sinnvolle Anregungen: So kann das Modell im niederländischen Utrecht als echter „one-stop-shop" bezeichnet werden, in dem sowohl Bürokratie- und Verwaltungsfragen geklärt, als auch qualifizierte Gründungsberatung aus einer Hand nachgefragt werden können (vgl. Schulte 2002). Die Diskussion um „one-stop-shops" ist in der deutschen Diskussion um effektive und effiziente Dienstleistungsvergabe an Gründer und junge Unternehmen nicht neu – allein eine stringente Umsetzung ist bis heute nur selten geleistet worden. Dies verwundert umso mehr, als dass die Einrichtung eines „one-stop-shop“ ein zentraler Baustein in der regionalen Standortprofilierung sein kann, sicherlich aussagekräftiger als manche Flächen- und Infrastrukturmaßnahme. Offensichtlich sind aber die institutionellen Widerstände erheblich, nicht zuletzt unter denjenigen Organisationen und Initiativen, die Gründer mit Dienstleistungen informieren und beraten, daraus ihre Daseinsberechtigung ziehen und von der häufig kritisierten Intransparenz eher profitieren.

Letztlich entsteht aus diesen Diskussionen jedoch eine **Handlungsempfehlung**, wie Gründungsförderung auf regionaler Ebene effizienter organisiert werden kann: Gründungsnetzwerke sind empfehlenswert, um ein Thema in einer Region zu platzieren, Akteure zu mobilisieren und sich breite Zugangsmöglichkeiten zu Ressourcen zu erschließen. Im Zeitablauf müssen aber Institutionalisierungen stattfinden, da die inhaltlichen Kapazitäten dieser Netzwerke offensichtlich begrenzt sind. Angezeigt ist die Einrichtung einer zentralen lokalen oder regionalen Anlaufstelle für Gründer, die neben Managementdienstleistungen auch die Bearbeitung bürokratischer Auflagen und Gesetze bündelt. Ein solches Modell ist deshalb nur im Zusammenspiel mit der kommunalen Verwaltung umsetzbar. Auch in diesem Stadium sollte das regionale Gründungsnetzwerk jedoch weiterhin mit einbezogen werden, allerdings in dem Wissen, dass die Bedeutung eher symbolischer Natur ist. Selektiv kann diese grundlegende Institutionalisierung über die Förderung zeitlich begrenzter Initiativen ergänzt werden, was insbesondere in Zeiten einer Erstarrung des Förderregimes aktivierende, innovationsinduzierende Wirkung haben kann. „Innovationen entstehen ganz überwiegend dort, wo verschiedene Forschungsfelder, aber auch unterschiedliche Branchen, zusammentreffen. Hier, an ihren Kontaktpunkten, ist das Klima für wirtschaftlich relevante Neuerungen besonders günstig, und zwar durch die Integration von Ergebnissen anderer Forschungsfelder oder auch durch die Adaption von Methoden und Technologien, die in einem anderen Bereich entwickelt wurden. Deshalb müssen Kommunikation und Austausch zentrale Elemente der politischen Innovationsförderung sein“ (Reimann 2004, 284; vgl. auch Meyer-Krahmer 2004 und Dohse et al 2005).

5.3 Kultur der Selbstständigkeit als Hoffnungsträger für den wirtschaftlichen und gesellschaftlichen Wandel

Beim Vergleich dynamischer Standorte wird durchgängig nicht nur auf die Existenz von innovativen Kooperationsstrukturen verwiesen, sondern auch auf die Bedeutung von regionalen Visionen. Profilierungsstrategien für einzelne Regionen müssen sich deshalb notwendigerweise mit kulturellen Milieus, der Bildungs- und Forschungsinfrastruktur und anderen Voraussetzungen auseinandersetzen. Im folgenden wird zunächst ein Überblick über die neuere Debatte zu einer „Kultur der Selbstständigkeit" gegeben, um darauf basierend die Rolle von regionalen Innovationssystemen herauszuarbeiten. Dabei stellt sich zunehmend ein Wettbewerb der Regionen bzw. Standorte heraus, der aufschlussreich hinsichtlich der zentralen Faktoren für Wachstum und Beschäftigung ist. Es geht allerdings nicht nur um Existenzgründungen im engeren Sinn, sondern um eine Individualisierung der Arbeitsregulation und neue Pfade in eine Gesellschaft der Selbstständigen, die sich von den traditionellen Arbeits- und Wirtschaftsregulierungen abgrenzen. „Die zentrale Prämisse individualisierter Arbeitsregulation, nämlich, dass die Arbeit von jedem Mitarbeiter so weit wie möglich selbst zu organisieren sei (im vorgegebenen Rahmen des jeweiligen Organisationskontextes, des Teams oder der Arbeitsgruppe), ganz so, als sei man selbst der Unternehmer, ist gänzlich inkompatibel mit den Prämissen und Normalitätsfiktionen, auf denen die deutsche Arbeitnehmergesellschaft beruht – etwa der Vorstellung von Arbeit als von oben zugewiesener Ausführung einer Aufgabe in einem hierarchisch gegliederten Betrieb" (Franzpötter/Renz 2002, 73; vgl. auch Franzpötter 2000, Reichwald/Baethge et al 2004 sowie Sauer 2005).

Einerseits werden also in der Wirtschafts- und Beschäftigungspolitik auf allen Ebenen Unternehmer gesucht, andererseits werden in den bestehenden Unternehmen (dies gilt sowohl für den Produktions- als auch für den Dienstleistungssektor, allerdings nicht bei einfachen, unqualifizierten Tätigkeiten) immer weniger die klassischen, konventionellen Arbeitnehmer nachgefragt, sondern eher „Unternehmertypen", die Verantwortung übernehmen und selbst organisiert arbeiten. Auf die Dimensionen dieser neuen Selbstständigkeitsanforderung in sämtlichen Teilbereichen der Gesellschaft wird im folgenden eingegangen, wobei das moderne Verständnis einer unternehmerischen Gesellschaft Selbstständigkeit nicht allein über die rechtlich selbstständige (Berufs-)Tätigkeit definiert, sondern fügt den Dimensionen des entrepreneurship das Gegenstück des intrapreneurship hinzu. Entrepreneurship gilt dann als unternehmerisches Handeln im Rahmen einer rechtlich-wirtschaftlichen Selbstständigkeit mit persönlicher Risikoübernahme und intrapreneurship als unternehmerisches Handeln primär in den Strukturen abhängiger Erwerbsarbeit.

Die politische Debatte ist weitgehend an der Forderung nach mehr selbstständigem Engagement und an einer Erhöhung der Zahl der Unternehmensgründungen orientiert. Insbesondere liegt das Augenmerk auf innovativen Unternehmensgründungen, da die erhofften volkswirtschaftlichen Effekte bei diesem Unternehmenstypus deutlich höher sind als bei durchschnittlichen Gründungsvorhaben. In den Diskussionen der Vergangenheit waren mit Blick auf Selbstständigkeit und unternehmerisches Engagement allerdings häufig Unkenntnis und Halbwissen dominant. Beispiel dafür ist die häufige Verwendung der Selbstständigenquote und Forderungen, die Selbstständigenquote müsse in der Bundesrepublik deutlich steigen. Dies aber entbehrt jeglicher inhaltlicher Grundlage: Entwicklungsstaaten weisen deutlich höhere Selbstständigenquoten auf als entwickelte Industrienationen, aber wohl kaum jemand argumentiert, dass deren gesamtwirtschaftliches Wohlfahrtsniveau wünschenswert sei. Vielmehr kommt es daher nicht auf die Quantität des selbstständigen unternehmerischen Engagements an, sondern auf die **Qualität**. Schließlich kann die Verwendung der Selbstständigenquote auf Grund der Definition u.U. ein starkes Ansteigen (oder auch Absinken) selbstständigen Engagements verdecken. Die Selbstständigenquote relativiert die Zahl der Selbstständigen an der Zahl der Erwerbstätigen. Wenn nun aber die Zahl der Erwerbstätigen innerhalb einer gewissen Periode erheblich steigt, gleichzeitig aber auch die selbstständige Erwerbsarbeit zunimmt, so schlägt sich dies nicht in der Selbstständigenquote nieder. Die Selbstständigenquote muss deshalb mit erheblicher Vorsicht benutzt werden; sie ist in keiner Weise Repräsentant für die unternehmerischen Handlungsorientierungen einer Gesellschaft. Aus dieser Überlegung ist für den politischen Diskurs entscheidend, dass die Zielsetzung nicht allein lauten darf, die Zahl der Gründungen oder die Selbstständigenquote zu erhöhen, sondern das gesellschaftliche Klima in dieser Frage zu verbessern. Zu warnen ist vor eindimensionalen Wachstumsmodellen: „Demnach sind gängige Formulierungen, nach denen eine Steigerung von Entrepreneurship oder beruflicher Selbständigkeit einen Wachstumsschub zeitigen, zwar populär, aber weder empirisch noch theoretisch zwingend argumentativ begründet" (Bögenhold/Fachinger 2004, 7). Nimmt man nur die Selbstständigenquote (Prozentanteil der Selbstständigen an der Summe aller Erwerbstätigen), dann liegen Länder im Ranking vorn, die ansonsten nicht gerade als hochattraktive Standorte gelten (vgl. Informationen zur Existenzgründung und -sicherung Nr. 1/2004):

- Griechenland (32,4 Prozent)
- Portugal (25,6 Prozent)
- Italien (23,2 Prozent)
- Spanien (16,8 Prozent)
- EU-Durchschnitt (14,7 Prozent)
- Deutschland (10,4 Prozent)

Man erkennt schon an dieser Tabelle, dass es eine Korrelation zwischen hoher Arbeitslosigkeit und Existenzgründungen gibt. Selbstständigkeit ist hier oft die einzige Alternative zur dauerhaften Arbeitslosigkeit und muss daher unterschieden werden von den Debatten in Deutschland. Hier ist die „Kultur der Selbstständigkeit“ in den letzten Jahren zu einem rhetorischen **Modebegriff** sowohl in den Medien als auch in der Politik geworden. Appelle und Aufrufe für mehr Existenzgründungen sind überall zu vernehmen; Gründerwettbewerbe und -tage finden an vielen Orten statt und haben sich in der Öffentlichkeit als ein Baustein der Förderung von Existenzgründungen mittlerweile fest etabliert. Bevor auf die zentralen Elemente einer Kultur der Selbstständigkeit und die spezifischen Stärken und Schwächen von regionalen Gründungs- und Innovationsnetzwerken eingegangen wird, sollen schlaglichtartig einige prominente Verwendungszusammenhänge einer in Deutschland noch nicht hinreichend etablierten Kultur der Selbstständigkeit benannt werden.

Der Aufruf zu mehr Selbstständigkeit und Eigenverantwortung durchzieht alle Regierungserklärungen der letzten Jahre. So betonte Bundeskanzler Gerhard Schröder in seiner viel beachteten Regierungserklärung zur „Agenda 2010“ vom 25. März 2004 die wichtige Rolle der Verbesserung der „Startchancen für innovative Unternehmen“ und für „leichteren Zugang zu Wagniskapital“ als zentrale Pfeiler einer „Erneuerungsstrategie“ der Bundesregierung. Und auch in der Regierungserklärung von Kanzlerin Merkel heißt es an zentraler Stelle: „Lasst uns mehr Freiheit wagen!“ Der damalige Bundespräsident Roman Herzog hat bereits im Jahre 1997 in seiner viel beachteten „Ruck-Rede“ die Dimensionen einer Kultur der Selbstständigkeit und Aktivierung besonders herausgestellt. In weiteren Manifesten und Erklärungen wurde in den letzten Jahren immer wieder explizit die Forderung laut, dass die deutsche Wirtschafts- und Gesellschaftspolitik eine Kultur der Selbstständigkeit als Leitbild wählen sollte. In einem Manifest zur „Renaissance der Selbstständigkeit“ in Deutschland wird mehr Selbstständigkeit als die zentrale Antwort zur Bewältigung der wachsenden Herausforderungen gesehen. In zahlreichen Enquete-Kommissionen finden sich ebenfalls Abschnitte zu einer Kultur der Selbstständigkeit und ein Aufruf zu mehr unternehmerischem Engagement. So hat die „Initiative Neue Soziale Marktwirtschaft“ ein Therapiekonzept gegen die „deutsche Krankheit“ der Öffentlichkeit vorgelegt, das sich über strukturelle Reformen auf dem Arbeitsmarkt hinaus für eine Verstärkung des Wettbewerbs auf den Produktmärkten ausspricht, um darüber neue Beschäftigung und Existenzgründungen aufzubauen. Und auch eine Initiative der Kommission der Europäischen Gemeinschaften zielt auf mehr „Unternehmergeist“ („entrepreneurship“) in Europa und will durch verschiedene Maßnahmen die Gründungsneigung der Menschen fördern, wobei von den „Besten gelernt“ werden soll. Drei Kernziele stehen im Mittelpunkt der Entrepreneurship-Agenda:

1. Hindernisse für Entwicklung und Wachstum von Unternehmen beseitigen.
2. Risiken und Ertrag des Unternehmertums ins Gleichgewicht bringen.
3. Eine Gesellschaft, die Unternehmergeist wertschätzt.

Exkurs: Unternehmerische Selbstständigkeit als Katalysator wirtschaftsstruktureller Wandlungsprozesse

Das vorherrschende Produktionsparadigma der frühen Nachkriegszeit, aber auch noch der 70er Jahre der „alten" Bundesrepublik, war neben der standardisierten Massenfertigung und der damit verbundenen Fokussierung auf Skaleneffekte das Streben nach Größe. Die an der industriellen Massenproduktion ausgerichtete strenge Arbeitsteilung zeigte Effekte auch auf die Individuen, deren routinierte Arbeitsabläufe Elemente von unternehmerischem Engagement, Kreativität und Innovationsfreude erstickte und den Erwerb von querschnittsbasierten Schlüsselqualifikationen erschwerte. Dieses Produktionsregime förderte nicht die Entwicklung zu einem „unternehmerischen" Beschäftigten, wie er heute aller Orten gefordert wird, und bedingte auch nicht autonomere Qualitäten der Ware Arbeit, wie sie unter dem Label des „Arbeitskraftunternehmers" verstanden werden. Großbetriebliche Strukturen und die Dominanz ganzer Wirtschaftszweige durch Großunternehmen, so die damalige Auffassung, führen zu optimalen Wohlfahrtseffekten. Aber der Glaube an die reine Kraft der Größe geriet zunehmend ins Wanken, als in den 80er Jahren eine kontroverse Debatte über die Bedeutung Kleiner und Mittlerer Unternehmen (KMU) entfacht und gezeigt wurde, dass es KMU sind, die positive Beschäftigungseffekte ermöglichen und nicht länger die traditionellen Großunternehmen. Das dominierende Paradigma der Massenproduktion bekam weitere Risse als die flexiblen Spezialisierungsstrategien kleiner und mittlerer Unternehmen deutlich wurden und darin ein Erfolgsfaktor für die Überwindung einschneidender Phasen ökonomischen Wandels und Umbruchs deutlich wurde (vgl. Piore/Sabel 1984).

In der Tat sind die strukturellen Wandlungstendenzen einschneidend. Die durchschnittliche Betriebsgröße stieg bis Mitte der 70er Jahre im internationalen Kontext kontinuierlich an, während die Selbstständigenquote abnahm. Immer größere wirtschaftliche Einheiten verlangten in den damals dominierenden industriellen Skalen-Märkten (Kohle und Stahl, Automobilindustrie) nach immer mehr Angestellten und Arbeitern. Im turbulenten weltwirtschaftlichen Umfeld mit seinen Strukturbrüchen (Branchenkrisen, Massenarbeitslosigkeit) und exogenen Schocks (Ölkrise) kehrte sich ab Mitte der 70er Jahre bis Ende der 80er Jahre dieser Trend um. Die durchschnittliche Betriebsgröße sank, die Selbstständigenquote stagnierte zunächst und stieg dann - unterschiedlich stark - an, so zum Beispiel in Deutschland, in den Niederlanden, aber auch in Italien oder Großbritannien. International zeigte sich eine asymmetrische Unternehmensgrößenklassenverteilung mit zunehmend ausgeprägtem Bias auf **kleine Unternehmen**. Diese Verteilung lässt sich eindrucksvoll an den Beschäftigungsentwicklungen und Beschäftigungsanteilen nach Betriebsgrößenklassen illustrieren: alle kleinen Unternehmensgrößenklassen konnten ihre Beschäftigtenanteile ausbauen. Auch ist in der Bundesrepublik Deutschland in den vergangenen Jahrzehnten der Anteil von Kleinstunternehmen ohne Beschäftigte (Mikrounternehmen) um 80 Prozent gestiegen.

Auch in den wirtschaftspolitischen Debatten wird dieser Trend bestätigt: während Großunternehmen Beschäftigte abbauen – und dies nicht nur aktuell (schon von 1996 bis 2001 ging die Zahl sowohl bei Unternehmen mit über 500 Mitarbeitern um 16,8 Prozent als auch bei mittleren Unternehmen (10 – 499 Beschäftigte) zurück. Deutschlands „Jobmaschinen" sind demnach eindeutig die Klein- und Mittelbetriebe; hier ist noch immer die Mehrzahl der Erwerbstätigen anzutreffen, wenngleich in den letzten Jahren auch hier Beschäftigungsabbau zu verzeichnen war. Wenn auch die beschäftigungspolitische Bedeutung der kleinen Unternehmen und damit auch von Neugründungen unumstritten ist, so gilt es doch, kurz auf den grundlegenden sozioökonomischen Wandel der Wirtschafts- und Erwerbsstrukturen in Deutschland hinzuweisen.

So reduzierte sich der Anteil Selbstständiger und mithelfender Familienangehöriger an den Erwerbstätigen von 1950 bis 2000 im früheren Bundesgebiet gravierend, während sich der Anteil der Angestellten und Beamten fast verdreifacht hat. Dieser langfristige Wandel liegt vor allem im Rückgang der Beschäftigtenzahlen im Landwirtschaftssektor begründet; im aufstrebenden Dienstleistungssektor dominiert der Angestellte. Im Mai 2000 waren nach ihrer Stellung im Beruf im „alten" Bundesgebiet nur noch 10,3 Prozent der Erwerbstätigen selbstständig (im Jahr 1950 waren es 15,6 Prozent). Der Anteil der Selbstständigen ist im früheren Bundesgebiet deutlich höher als in den neuen Bundesländern, wobei diese – wie bereits betont - raumstrukturell erheblich differieren und nach dem Gründungsboom zu Beginn der 90er Jahreinsgesamt eine nachlassende Gründungsintensität aufweisen (nimmt man einmal die besonders geförderten Gründungen aus der Arbeitslosigkeit heraus). Generell ist hinsichtlich der Innovationspotentiale ein Nord-Süd-Gefälle (wie auch in der „alten" Bundesrepublik) zu konstatieren: „Regionale Schwerpunkte innovativer Aktivitäten bilden neben Berlin und seinem unmittelbaren Umland vor allem sächsische und thüringische Raumordnungsregionen. Es ist also ein gewisses Nord-Süd-Gefälle der Innovationskraft zu konstatieren, wie es für Westdeutschland seit langem bekannt ist....Bedenklich stimmt jedoch, dass selbst die ostdeutschen Technologiezentren hinsichtlich der meisten Indikatoren nicht einmal den gesamtdeutschen Durchschnitt erreichen und dass die Dynamik des Aufholprozesses, die bis in die Mitte der neunziger Jahre spürbar war, inzwischen verloschen ist: Die Gründungsintensität in Ostdeutschland ist nicht mehr höher als im Westen, die Patent- und FuE-Anteile Ostdeutschlands stagnieren, und die New Economy ist in Ostdeutschland drastisch unterrepräsentiert" (Dohse 2004, 1; vgl. auch Heimpold 2005 sowie Jakszentis/Hilpert 2005).

Aber auch hinsichtlich des Geschlechts gibt es **Differenzen** bei den Gründungsaktivitäten. Der Anteil der Selbstständigkeit liegt bei den Männern im Westen etwa doppelt so hoch, wenngleich sich in den letzten Jahren die Zahl der (geförderten) Existenzgründerinnen erhöhte. Zwischen 1989 und 2000 hat sich – bei einer insgesamt beständigen Zunahme selbständiger Erwerbsarbeit – die Zahl insbesondere bei folgenden Gruppen erhöht:

- „bei Berufen in der Unternehmensleitung, -beratung und -prüfung und der Publizistik – und dies sowohl bei den Frauen als auch bei den Männern –,
- bei den sozialen Berufen – hier insbesondere bei den Frauen – sowie
- bei den Informatikern, bei denen sich die Anzahl selbständiger Männer bis 2000 erheblich erhöht hat.

In diesen Kategorien hat sich die Anzahl Selbständiger mehr als verdoppelt" (Bögenhold/Fachinger 2004, 48; vgl. auch die Beiträge in Bögenhold 2000).

Die Entwicklung hin zur kleinen Betriebsgröße korrespondiert eng mit dem Trend der **Tertiarisierung**, der mittlerweile ausführlich und eindrucksvoll belegt ist und sich anhand zahlreicher Indikatoren wie Verschiebungen im Beschäftigungssystem oder innerhalb der Unternehmenspopulation nachzeichnen lässt. In funktionaler Differenzierung beobachten wir entsprechend einen Trend weg von produzierenden, herstellenden Tätigkeiten hin zu planenden, forschenden, informierenden Tätigkeiten. Die Zunahme der Dienstleitungsarbeit ist mit der Genese einer neuen Unternehmenspopulation einhergegangen, die sich von produzierenden Unternehmen grundsätzlich unterscheidet. Unternehmen im Dienstleistungssektor sind tendenziell deutlich kleiner und häufig arbeitsintensiver als Betriebe des Verarbeitenden Gewerbes. Skaleneffekte können wegen des häufig hohen Individualitätsgrades und mangelhaften Standardisierungsspielraums - z. B. in den beratenden Tätigkeiten - wesentlich schwerer erzielt werden. Gleichzeitig sind die investiven Kapitalintensitäten tendenziell geringer als im Verarbeitenden Gewerbe. Im Durchschnitt ist deshalb die optimale Betriebsgröße in den Unternehmen des Dienstleistungssektors geringer als im Verarbeitenden Gewerbe. Die Markteintrittsbarrieren sind in vielen Branchen des Dienstleistungssektors zusammenfassend gering, was den Eintritt neuer wirtschaftlicher Einheiten begünstigt, gleichzeitig aber zu einer hohen Fluktuation und zu geringeren Überlebenswahrscheinlichkeiten beiträgt.

Eine in der Bundesrepublik zu beobachtende Renaissance der Selbstständigkeit wird damit quantitativ primär getragen von Ein-Personen-Unternehmen, insbesondere im Dienstleistungssektor. Diese These ist eher **unspektakulär** und ist deshalb in den öffentlichen Debatten nicht so oft zu finden; hier wird lieber von den Spin-Off-Gründungen aus Hochschulen gesprochen – und am ehesten in spektakulären Zukunftsfeldern wie der Biotechnologie. Allerdings werden derzeit in Deutschland nur rund 500 Unternehmen pro Jahr aus Hochschulen und außeruniversitären Forschungseinrichtungen gegründet – und solche „Bilderbuchausgründungen" sind nur eine **Minderheit**. „Doch stellt dieser 'Mustertyp`, wie ihn die vorwiegend betriebswirtschaftlich inspirierte Ausgründungsforschung gerne definiert, nicht die Regel dar. Im Bereich der außeruniversitären Forschung sind es in den letzten zehn Jahren weniger als 100 solcher Projekte gewesen, bei denen sich die Geschäftsmodelle sehr schnell als ökonomisch erfolgreich erwiesen haben und die projektierten Rückflüsse in Form von Lizenz- oder Renditeerträgen realisiert werden konnten" (Knie et al 2006, 40).

So gesehen müssen die großen politischen Hoffnungen auf die Effekte von Unternehmensgründungen relativiert werden: In Deutschland dominiert bei einer Gründung sehr deutlich die Rechtsform der Einzelunternehmung. Der Anteil beträgt über 75 Prozent; der mit Abstand größte Anteil der Gründer startet also ohne Personal und schafft damit unmittelbar bei Gründung keine Arbeitsplätze. Die Qualität der von Gründungsunternehmen geschaffenen Arbeitsplätze unterscheidet sich häufig von etablierten Unternehmen. Zunächst wird zumeist auf hoch flexible Arbeitsverhältnisse zurückgegriffen. Es dominieren flexible Erwerbsformen wie Teilzeitarbeit, freie Mitarbeit oder sozialversicherungsfreie Beschäftigungsverhältnisse. Viele dieser jungen und wenig beschäftigungsintensiven Betriebe sind zudem von einer **Insolvenz** betroffen; das Insolvenzrisiko neu gegründeter kleiner und relativ umsatzschwacher Betriebe hat sich in den letzten Jahren sogar noch weiter erhöht (vgl. Bundesverband deutscher Banken 2005). Von daher überrascht es auch nicht, dass die erhofften Beschäftigungseffekte geringer sind als politisch häufig geschätzt, nicht zuletzt, da weniger der Gründungszeitpunkt als vielmehr die Entwicklung der jungen Unternehmung entscheidend ist. Die Sterblichkeitswahrscheinlichkeiten sind aber hoch und daher sind die Arbeitsmarkteffekte gering. Zusammenfassend sollte der Beschäftigungseffekt in Gründungsprozessen aber auch nicht unterschätzt werden, da der Nettoeffekt des Arbeitsplatzschaffens in jungen Unternehmen insbesondere in Zeiten intensivierten Arbeitsplatzabbaus in bestehenden Unternehmen deutlich über dem Anteil dieser bestehenden Unternehmen liegt.

Es zeigen sich sektorale Differenzierungsmuster, wobei in der Summe das Verarbeitende Gewerbe Arbeitsplätze abbaut und gleichzeitig die Schaffung neuer Arbeitsplätze im **Dienstleistungssektor** erheblich ist. Nur der geringste Teil der Unternehmen sind allerdings die oft in der Literatur beschworenen herausragenden Spin-Off-Gründungen. Der mit Abstand größte Anteil der Gründungen in der Bundesrepublik kann nur sehr geringes Wachstum realisieren. Der substanzielle Arbeitsplatzbeitrag von Gründungsunternehmen ist im Wesentlichen auf die schnell wachsenden Betriebe beschränkt, die zumeist innovative, technologiebasierte Unternehmen sind.

Die mit Abstand häufigste Entwicklung dürften die Unternehmen des Typs sein, die eher niedriges Wachstum realisieren und deren Innovationsaktivitäten ebenfalls gering sind. Dieser Typus operiert häufig in zumeist traditionellen Branchen mit gesättigten Märkten. Es dominieren quantitativ die Stagnationsunternehmen oder gering wachsende Unternehmen, deren volkswirtschaftliche Effekte entsprechend niedrig sind. Hinzu kommt oft eine markante Eigenkapitalschwäche, die die Bilanz der Neugründungen in Deutschland trübt. „Betrachtet man nur die wirtschaftsaktiven Neugründungen, also solche, die – neben dem Gründer – mindestens einen weiteren neuen Vollerwerbsarbeitsplatz schaffen, dann entstanden im ersten Halbjahr 2005 insgesamt 64 000 neue Unternehmen – 4000 weiniger als im Vergleichszeitraum des Vorjahres. Legt man die Zahl der Arbeitsplätze zu Grunde, die mit einer wirtschaftsaktiven Neugründung erfahrungsgemäß im Durchschnitt verbunden sind, dann dürften im ersten Halbjahr 2005 deutschlandweit knapp 140 000 neue Arbeitsplätze durch Gründungen entstanden sein – das ist jedoch nur etwas mehr als die Hälfte der Jobs, die insolvenzbedingt weggefallen sind. Zwischen der Zahl der Arbeitsplätze, die mit insolventen Unternehmen vom Markt verschwinden, und der Beschäftigung, die in neu gegründeten Betrieben entsteht, klafft also nach wie vor eine beunruhigend große Lücke“ (Bundesverband deutscher Banken 2005, 5). Hieraus lässt sich eine gewisse Dilemmasituation wirtschaftspolitischer Strategien in der Gründungsförderung ableiten: Grundsätzlich stehen innovative, zumeist technologiebasierte Vorhaben im Mittelpunkt von Förderprogrammen und Unterstützungsmaßnahmen. Gleichzeitig aber ist der Anteil dieses Unternehmenstypus am gesamten Gründungsgeschehen sehr gering, vielmehr dominieren kleine, häufig nicht-innovative Vorhaben. Mit der Flexibilisierung der Arbeitswelt nehmen diese Vorhaben noch zu. Gründungspolitische Maßnahmen müssen daher zukünftig verstärkt auch diesen Typus ins Auge fassen, selbst dann, wenn sich hier Menschen erst einmal primär selbst einen Arbeitsplatz schaffen.

5.4 Selbstständigkeit aus der Arbeitslosigkeit heraus: Ernüchterungen

Erfolgreich sind all die Aufrufe und Masterpläne zur Ausbreitung einer Kultur der Selbstständigkeit und mehr Eigenverantwortung in den letzten Jahren zumeist nicht gewesen. Die Firmengründer sind in Deutschland trotz aller rhetorischen Beschwörungen „eine Spezies, die an Bedeutung verliert" (Steingart 2004, 72), obgleich das Medieninteresse oft das Gegenteil suggeriert und auch die Einsicht, dass hierüber neue Energien für den Standort Deutschland aufgebaut werden können und müssen, vorhanden ist. Ganz im Gegenteil: Derzeit steigt die Zahl der Insolvenzen stärker an als diejenige der Firmengründungen. Zahlenmäßig hohe Effekte kommen durch die **„Ich-AGs"** zustande, also Neugründungen im Miniaturformat. Die Ich-AG wurde auf Empfehlung der Hartz-Kommission als neues arbeitsmarktpolitisches Instrument zur Beschäftigung von Arbeitslosen und zum Abbau von Schwarzarbeit zusätzlich zum Überbrückungsgeld eingeführt. Im Wortlaut des Gesetzes wird die Förderung der Ich-AG, d.h. die Aufnahme einer selbstständigen gewerblichen oder freiberuflichen Tätigkeit, als Existenzgründungszuschuss bezeichnet. Bei Gründung einer Ich-AG werden bis zu drei Jahre steuerfreie Zuschüsse (so genannte Existenzgründungszuschüsse) gezahlt, sofern der ermittelte Gewinn 25.000 Euro nicht übersteigt. Die Förderung ist zeitlich degressiv gestaffelt und beläuft sich im ersten Jahr auf 600 Euro monatlich (360 Euro im zweiten und 240 Euro im dritten Jahr).Viele Kleinstgründungen werden in letzter Zeit eher aufgrund **mangelnder Alternativen** vorangetrieben und sind nicht einer Innovationswelle zuzuordnen.

Dass das Segment der selbstständigen Erwerbstätigkeit aus der Arbeitslosigkeit seit einigen Jahren in Deutschland expandiert, liegt neben der eher gießkannenförmigen Ich-AG-Förderung auch am Überbrückungsgeld. Das Überbrückungsgeld wurde bereits zum 1. Januar 1986 eingeführt. Nach den damaligen Vorschriften des § 55a Arbeitsförderungsgesetz (AFG) konnten Arbeitslose unter bestimmten Voraussetzungen ein Überbrückungsgeld sowie zusätzlich Zuschüsse zur Kranken- und Rentenversicherung erhalten. Im Jahre 2003 wurden durchschnittlich rd. 72.100 Personen mit Überbrückungsgeld gefördert. Insgesamt wagten allein 2003 - mit deutlicher Zunahme gegenüber dem Vorjahr – fast 250.000 Arbeitslose den Schritt in die Selbstständigkeit mit staatlicher Unterstützung; drei Fünftel mit Hilfe des Überbrückungsgeldes und der Rest mit der Gründung einer Ich-AG (vgl. Kritikos/Wießner 2004).

Da bei den Ich-AGs keinerlei Überprüfung der Geschäftsidee vorgenommen wurde, dürfte die Überlebenschance vieler solcher Neugründungen relativ **niedrig** sein. Die Erfolgsbilanz des Überbrückungsgeldes ist demgegenüber eher ermutigend. Nach einer Befragung des Instituts für Arbeitsmarkt- und Berufsforschung der Bundesanstalt für Arbeit schaffen rund 70 Prozent der Selbstständigen, die Überbrückungsgeld beziehen, einen erfolgreichen Start und sind noch nach drei Jahren auf dem Markt. Demnach sind die Zuschüsse für arbeitslose Existenzgründer eines der erfolgreichsten Instrumente der aktiven Arbeitsmarktpolitik. Nimmt man einen kürzeren Zeitraum von einem halben Jahr, dann sind sogar gut 90 Prozent der Empfänger des sog. Überbrückungsgeldes nicht wieder arbeitslos gemeldet. Bei anderen Maßnahmen (etwa Fort- und Weiterbildungsmaßnahmen) liegt die Erfolgsquote deutlich niedriger. Im Gegensatz zu dem erfolgreichen Instrument des Überbrückungsgeldes, wo eine dritte Stelle aus inhaltlicher und betriebswirtschaftlicher Sicht das Gründungskonzept bewertet, gibt es diese Regelung bei den Ich-AGs aber nicht (vgl. u.a. Wießner 2005).

Beispielhaft kann diese Problematik in Nordrhein-Westfalen anschaulich gemacht werden. So ist die Zahl der Selbstständigen seit Einführung der Ich-AG-Förderung deutlich gewachsen: Im Frühjahr 2005 gab es mit 787.000 Selbstständigen rund 10 Prozent mehr als im Jahr 2003. Parallel dazu stieg der Anteil der allein im Unternehmen tätigen Selbstständigen auf 54 Prozent. Wie problematisch viele der Ich-AGs sind, wird anhand der Scheiternsraten deutlich: von 2003 bis November 2005 brachen von den 54.500 Personen mit Existenzgründungszuschüssen 20.200 die Ich-AG-Förderung ab (vgl. NW v. 28.12. 2005). Auch in anderen Regionen wird davon berichtet, dass zwischen 30 und 40 Prozent der Ich-AGs vor Ablauf der dreijährigen Förderung aufgeben. Insgesamt wird die Zahl der Selbstständigen im Jahr 2006 nicht mehr so stark zunehmen, weil die Förderung der der Ich-AGs Mitte 2006 auslaufen bzw. mit dem relativ erfolgreichen Überbrückungsgeld zusammengelegt werden soll. In die gleiche Richtung argumentiert eine Studie, in der zwei „Gründerjahrgänge“ (aus den Jahren 2003 und 2004) von Arbeitslosen hinsichtlich der Beschäftigungsimpulse untersucht wurde (davon wurden rund die Hälfte unterstützt als Ich-AG oder über Überbrückungsgeld): fast drei Viertel sind Ein-Personen-Betriebe und die ausgewählten Branchen sind wenig kapitalintensiv und haben niedrige Eintrittsbarrieren (etwa unternehmensnahe Dienstleistungen wie Webdesign, Werbung oder im Handwerksbereich). Gerade weil die Hürden durch die Ich-AG-Förderung relativ niedrig sind, wagen (gerade auch in den neuen Bundsländern) einige Arbeitslose mit Unterstützung des Staates) den Sprung in die Selbstständigkeit (zumeist Männer zwischen 30 und 44 Jahren), ohne allerdings damit ein Wachstums- und Innovationspotential zu entfalten (vgl. FAZ v. 16.12. 2005). Durch die für Mitte 2006 vorgesehene Neustrukturierung der Förderung von Selbstständigkeit aus der Arbeitslosigkeit heraus dürften das Gießkannenprinzip und die Mitnahmeeffekte reduziert werden. Generell wird aber auch bei effizienterer Förderung nur ein kleiner Teil der ehemals Arbeitslosen den Weg in eine dauerhafte selbständige Existenz finden. Wenn auch bei vielen derartigen Existenzgründungen sicherlich keine großen Zukunfts- und dringend benötigte Beschäftigungspotentiale zu erwarten sind, so können sie dennoch ein wenig zur Überwindung der mangelnden Risikobereitschaft in Deutschland beitragen.

Obwohl die **Schlüsselrolle** von Unternehmertum für die Ökonomie und für die Beschäftigung inzwischen relativ breit anerkannt wird und sich auch alle politischen Parteien und Verwaltungen um die Förderung von mehr Selbstständigkeit bemühen, ist das Gründungsinteresse weiter „gedämpft". Insgesamt haben sich die Gründungsaktivitäten in Deutschland nach dem „Gründungsboom" Ende der 90er Jahre stark abgekühlt und die Gründungsaktivitäten haben abgenommen (rund 3,5 Prozent aller Erwachsenen versuchen derzeit, ein Unternehmen zu gründen). Im internationalen Vergleich zeigt sich, dass die Deutschen in dieser Frage ängstlicher sind als vergleichbare Bewohner anderer Länder. Deshalb ist es auch nicht überraschend, dass die öffentlichen Medien nach dem Platzen der Blase der „new economy" eher von Meldungen über Insolvenzen und „neue Pleiterekorde" beherrscht sind, als dass sie über positive Signale aus der Gründungsszene berichten. Die schwierige Situation von Neugründungen kann aber auch durch empirische Daten abgebildet werden: „Die durchschnittliche Bruttoumsatzrendite bei Klein- und Mittelunternehmen erreichte im Jahr 2001 ein Fünfjahrestief von nur noch 2,5%. Die schwierige Lage lässt sich darüber hinaus am Saldo von Neugründungen und Liquidationen ablesen, der mit Beginn des neuen Jahrtausends von 90.000 auf 60.000 zurückgegangen ist; die Fallzahlen der Zahlungsunfähigkeit nahmen von 1999 bis 2002 um 42% zu" (Eichhorst et al 2004, 20). Einige Best-Practice-Beispiele innovativer junger Unternehmen werden zwar gern von den verschiedenen Gründungswettbewerben, die sich in fast allen Städten und Regionen etabliert haben, vorgezeigt, allerdings hat sich die Gesamtsituation hinsichtlich des **Gründungsverhaltens** von Deutschland im internationalen Vergleich in letzter Zeit kaum gewandelt. Hinsichtlich der Beteiligung an Unternehmensgründungen (gemessen am Anteil der aktiven Gründer in Prozent der Erwachsenen) belegt Deutschland in den letzten Jahren einen Rang im hinteren Mittelfeld, während in dieser Reihung die angelsächsischen Länder führend sind (aber auch Dänemark), die in den letzten Jahren relativ betrachtet sogar den Vorsprung gegenüber Deutschland noch erhöht haben.

Diese nüchterne Diagnose trifft besonders ein klassisches Wirtschaftsland wie Nordrhein-Westfalen, das zudem noch einige Agglomerationsräume mit unterdurchschnittlichen Wachstumsraten und einen starken Strukturwandel in den letzten Jahrzehnten aufweist. Obwohl in einigen Teilregionen der Wandel hin zu wachstumsträchtigen und auch konkurrenzfähigen tertiären Sektoren schon gediehen ist, mangelt es an anderen Standorten an innovationsträchtigen Gründeraktivitäten. Deshalb ist es auch nicht überraschend, dass in einem Ranking der regionalen Gründungsdynamiken süddeutsche Regionen vorne liegen (danach folgen Hamburg, Gießen, Mittelfranken und Köln auf Platz vier) (vgl.

Wirtschaftswoche v. 1.4. 04 sowie Sternberg/Bergmann 2003). Auch wenn einige Regionen höhere Gründungsquoten ausweisen, so hat sich doch der viel beschworene „Gründervirus“ in Deutschland nicht in dem Maße verbreitet, wie es noch vor wenigen Jahren in der Boomphase der „New Economy“ angenommen wurde. Von den über 82 Millionen Deutschen sind weiterhin nur rund zwei Millionen selbstständig (mit Mitarbeitern), wenngleich sich durchaus weitaus mehr dem Typus Unternehmer zuordnen. Viele von diesen neuen Existenzgründern sind aber „Auftrags-Unternehmer“ oder es handelt sich um Nischenexistenzen, und sie sehen die Existenz als Kleinstunternehmer weniger als Chance denn als Schicksal.

Gerade zu den neu gegründeten Unternehmen, die ja auch so etwas wie kreative Labors für die Arbeitswelt von morgen sind, passt allerdings auch die institutionelle Verfassung des Arbeitsmarktes sowie das für innovative Wachstumsprozesse notwendige Zusammenspiel von Erst- und Weiterbildung, Arbeit und sozialer Sicherung immer weniger. Um das Überleben der jungen Unternehmen zu sichern und die Impulse der „digitalen Wirtschaft“ für eine gesellschaftliche Modernisierung zu nutzen, muss auch die Innovationspolitik umdenken und neue Wege bei der Mobilisierung der Wissenspotentiale (z.B. durch „Wissensbilanzen“ und Wissensnetzwerke) beschreiten. So muss es vorrangig darum gehen, die Rahmenbedingungen für Innovationen in Unternehmen und für Neugründungen zu verbessern. Genauso wichtig ist es aber auch, in dem gegebenen Regelrahmen das vorhandene Innovations- und Gründungspotential durch ein besseres Zusammenwirken der regionalen und lokalen Akteure freizusetzen. Hier gibt es an einzelnen Standorten auch positive Beispiele; es ist eine Reihe von kreativen Gründungsnetzwerken entstanden, die insgesamt auch die Gründungslandschaft vitalisiert haben. Solche Netzwerke benötigen allerdings mehr Unterstützung und vor allem ein besseres „Management“ als bisher angenommen. Und sie brauchen allgemein ein positives Gründungsklima, das durch Eigenschaften wie „Eigenverantwortung“ und „Selbstständigkeit“ befruchtet wird und das ein aktivierender Staat begünstigen kann.

Wenn man die aktuellen programmatischen Entwürfe der politischen Parteien, aber auch unterschiedlicher gesellschaftlicher Organisationen und auch der Kommissionen nebeneinander legt, dann ergibt sich durchaus eine gemeinsame politisch konzeptionelle **Schnittstelle**, die in Richtung Eigenaktivitäten und generell auf mehr Eigenverantwortung und Selbstständigkeit zielt. Hier deutet sich jenseits von „rechts“ und „links“ eine neue „Sozialvision“ für die zukünftige Gesellschaftsentwicklung an. Der ehemalige amerikanische Arbeitsminister Robert Reich spricht von zwei unterschiedlichen Persönlichkeiten, die eine zentrale Rolle im Innovationsprozess spielen: die „Tüftler“ und „Spürnasen“ (wobei sich „große“ Unternehmer dadurch auszeichnen, dass sie Tüftler und Spürnase in einer Person sind). „Unternehmerische Visionen hängen davon ab, die Erkenntnisse des Tüftlers über die Potentiale einer Sache mit den Intuitionen der Spürnasen über die Wünsche der Menschen zu verknüpfen“ (ders. 2002, 92). Die Nachfrage nach solchen Unternehmerpersönlichkeiten, aber auch kreativen Mitarbeitern, wird weiter ansteigen, da nur über sie Innovationen und damit die Sicherung ganzer Wirtschaftsstandorte möglich ist. „Je mehr sich der Wettlauf verschärft, umso stärker treibt er die Nachfrage nach den Dienstleistungen solcher kreativen Geister voran, deren Arbeit dann logischerweise immer besser honoriert wird“ (a.a.O., 108; vgl. auch die Beiträge in McK Wissen H. 07/2003).

Trotz einer vom rhetorischen her „aktivierenden“ Regierungspolitik auch in Richtung von mehr Selbstständigkeit hat sich der Reformstau auf dem Arbeitsmarkt noch nicht aufgelöst. Manfred G. Schmidt stellt in einer nüchternen Bilanz der rot-grünen Regierungspolitik im Bereich Arbeitsmarkt/Sozialpolitik fest, dass der alte Entwicklungspfad „einer anhaltend starren, beschäftigungsfeindlichen arbeitsrechtlichen Absicherung der Arbeitsplatzbesitzer“ nicht nur hingenommen, sondern durch die Neigung zu Detailregelungen und Bürokratismus Ineffizienzen hervorgerufen wurden, die Wirtschaftsexistenzen „zerstörte“ und den immer wieder propagierten Weg in wirtschaftliche Selbstständigkeit erschwerte (ders. 2003, 255).

Wenngleich die großteils kontraproduktiven Regelungen zur „ScheinSelbstständigkeit“ wieder aufgehoben wurden, haben die letzten Jahre – vom „Outcome“ her – nur wenige Fortschritte für das Gründungsgeschehen gebracht. Fast scheint die Dynamik unternehmerischen Handelns mittlerweile **rhetorisch** in die rigiden institutionellen Strukturen des deutschen Politikbetriebs eingepresst worden zu sein. Doch ob mit politischer Gestaltung oder ohne – Dimensionen einer Kultur der Selbstständigkeit werden die deutsche Gesellschaft zukünftig sehr nachhaltig prägen oder haben dies bereits getan. Das traditionelle deutsche Produktionsmodell, das auf diversifizierter Qualitätsproduktion beruht, muss seine Innovations- und Wettbewerbsfähigkeit vor dem Hintergrund globalisierter Märkte und einer in vielen Ländern besser realisierten Vernetzung zwischen Forschung und Umsetzung neu beweisen (vgl. Abelshauser 2003, Jürgens/ Sablowski 2000 sowie die Beiträge in Steinmeier/Machnig 2004). Trotz aller strukturellen Probleme des deutschen Produktionsmodells haben wir im Kern noch immer in vielen Sektoren die Fähigkeit zur strukturellen Innovation. Um diese Stärken zu erhalten und zu verbessern, gehört aber an erster Stelle, sich auf die globalisierte Wirtschaft und deren Dynamik voll einzustellen, nicht die erfolgreichen Modelle anderer Länder einfach kopieren, sondern sich kreativ auf die eigenen institutionellen Vorteile zu besinnen.

Der Wandel der Arbeitsmarktsituation, der ein Resultat der neuen, flexiblen Spielart des Kapitalismus und der Entgrenzung der Arbeit ist, zeigt sich nicht nur an der Zunahme diskontinuierlicher Berufskarrieren, sondern auch an dem individuellen Risiko, arbeitslos zu werden. Im Gegensatz zu den Beschäftigungskrisen der vergangenen Jahrzehnte, in denen weitaus häufiger gering oder überhaupt nicht qualifizierte Arbeitnehmer von Arbeitslosigkeit betroffen waren, kann heute keine Trennlinie mehr zwischen verschiedenen Qualifikationsniveaus gezogen werden. Von Arbeitslosigkeit ist das liberal-intellektuelle Milieu mit seinem hohen Anteil gut ausgebildeter Akademikerhaushalte – viele Angestellte und Führungskräfte – genauso betroffen wie das traditionelle Arbeitermilieu. Als Ausweg aus der Arbeitslosigkeit wird das Thema **Existenzgründung** und „selbstständig machen" für viele dieser, gerade auch älteren Arbeitnehmer, zu einer echten Alternative, um eine lang andauernde Arbeitslosigkeit zu vermeiden. Das schlägt sich auch in den neuen Gründerpersönlichkeiten nieder: Waren es noch vor kurzem relativ junge Leute, die etwa im Sektor „IT/Medien/Software" neue Firmen gründeten, so sind es jetzt zunehmend Erwerbstätige mittleren Alters mit Berufserfahrung, die diesen Schritt auch aus der Arbeitslosigkeit heraus unternehmen. Abhängig von den individuellen Voraussetzungen – insbesondere was Kenntnisse, Erfahrungen, Kontaktnetze und Unternehmergeist angeht – können damit realistische Erfolgschancen verbunden werden.

Allein aus der Zahl der Gründungen kann jedoch **kein Durchbruch** in Richtung auf einen grundlegenden Wandel und eine neue Kultur der Selbstständigkeit abgeleitet werden. Der seit 1999 in Deutschland zu konstatierende Abwärtstrend bzw. die Stagnation bei Gründungen hat sich noch nicht grundlegend gedreht. Während Anfang der 90er Jahre die Zahl der Gründungen um 500.000 schwankte (Höhepunkt war 1991 mit 531.000 Gründungen), sank die Zahl 1999 unter die halbe Million und stagnierte 2002 und 2003 bei gut 450.000. Von einer neuen Gründungsdynamik kann daher bei nüchterner Betrachtung nicht die Rede sein, aktuelle Studien bestätigen die noch immer weit verbreitete Risikoscheu hinsichtlich von Unternehmensgründungen. Trotz aller medialen Präsenz und verschiedener politischer Förderprogramme treten bei den „Gründungsoffensiven", die jedes Bundesland inzwischen propagiert, in der letzten Zeit eher Stagnationserscheinungen auf. Auch in Nordrhein-Westfalen ging die Zahl der Existenzgründer, die innerhalb des „GO!-Programms" Fördergelder beantragt haben, in den letzten Jahren etwas zurück. Und an den Universitäten und Fachhochschulen, die seit Mitte der 90er Jahre in Deutschland als „Talentschmieden" für Existenzgründungen entdeckt wurden, ist der „Gründergeist" noch nicht so entwickelt, dass Deutschland hinsichtlich der Gründungsdynamik im internationalen Vergleich erhebliche Fortschritte zu verzeichnen hätte. Nur jeder fünfte Student eines mathematisch-naturwissenschaftlichen Studienganges kann sich nach Befragungen des Fraunhofer-Instituts für Systemtechnik und Innovationsforschung vorstellen, ein eigenes Unternehmen aufzubauen (vgl. die Beiträge in Heinze/Schulte 2002 sowie in Achleitner et al 2005, bes. 291ff). Auch andere empirische Studien sehen die deutschen „Jungakademiker" im internationalen Vergleich als zurückhaltend, wenn es um Unternehmertum geht. Ausgeprägt ist eher ein **„Sicherheitsdenken"**, so dass man eher dazu neigt, sich unter das schützende Dach eines Großunternehmens zu begeben, denn hohe Risiken einzugehen und ein Unternehmen zu gründen. Hier muss weiterhin hart an der Vision einer „unternehmerischen" Hochschule gearbeitet, und vor allem müssen noch mehr positive Vorzeigebeispiele kommuniziert werden, um die gerade in Zeiten einer gebremsten ökonomischen Entwicklung vorhandenen Zweifel an Existenzgründungen zu relativieren.

Schaut man einmal andere Berufsgruppen im Hinblick auf ihre Gründungsneigungen an, dann stellt sich bspw. die Situation bei den Handwerkern besser dar; durch die „Meistergründungsprämie", die in NRW an Handwerksmeister vergeben wird, die sich selbstständig machen, wurden erfolgreich neue Existenzen aufgebaut, die auch nachhaltige Wirkungen auf die Beschäftigung haben. Die geförderten Handwerksmeister schaffen durchschnittlich 5,2 Arbeitsplätze, und von daher gibt es gute Gründe für das Land, diese Vorhaben weiter zu fördern. Gerade aus internationaler Sicht wird aber Kritik an der deutschen Handwerksordnung geübt, die sich auch als Hemmnis für Selbstständigkeit durch ihre Zugangsvoraussetzungen („Meisterbrief") interpretieren lässt. Aufgrund dieser regelmäßig wieder aufflammenden Debatten haben sich die Vertreter des Handwerks und auch der freien Berufe flexibel mit kleineren Zugeständnissen gezeigt und damit bislang ihre „Bastionen" relativ gut gesichert. Vieles spricht dafür, dass diese spezifisch deutsche Form der Überregulierung trotz der neuen Initiativen im Kern erhalten bleibt, während andere bürokratische Hürden bei der Gründung (so haben deutsche Gründer durchschnittlich fünf bis sieben Verwaltungsverfahren vor Beginn ihrer Tätigkeit zu durchlaufen) wohl abgeschliffen werden. Derzeit berichten weiterhin viele Jungunternehmer von hohen bürokratischen Hemmnissen, die manchmal durchaus zu einem „Spießrutenlauf durch Amtsstuben und Bittgängen bei Kreditinstituten" werden. Die Gründungsbürokratie (manche sprechen von einem „Dschungel") ist – auch nach einer kürzlich veröffentlichten Studie der Weltbank – in Deutschland immer noch im internationalen Vergleich viel zu stark und hemmt die Gründungsneigungen. Die Politik hat diese Bürokratisierung inzwischen auch erkannt und versucht, die „Gründungsfreundlichkeit" zu erhöhen. „Start-Up`s" werden langsam wieder zum Thema, sowohl wenn man sich in einzelnen lokalen Wirtschaftsräumen als auch in den Medien umsieht. Dass sie nicht mehr so spektakulär wie früher aufgegriffen und vermarktet werden, kann für die neu gestarteten Unternehmen nur gut sein und ein besseres Überleben garantieren, da von Anfang an die Risiken bewusster eingeschätzt werden.

5.5 Deutschland auf dem Weg zu einer unternehmerischen Gesellschaft?

In der Bundesrepublik Deutschland weisen nur gut 4 Prozent den formalen Status des unternehmerisch Selbstständigen auf, und sicherlich bei weitem nicht alle lassen sich über die unternehmerischen Eigenschaften charakterisieren. Die Zahlen illustrieren aber, dass Selbstständige zu einer gesellschaftlichen Minderheit gehören und deren Werte nicht auf einer breiten gesellschaftlichen Basis stehen, die Grundlage einer breiten kulturellen Institutionalisierung ist. Während das selbstständige unternehmerische Engagement in der Bevölkerung durchaus hohes Ansehen genießt, wird das Bild des Unternehmers eher kritisch und misstrauisch beäugt. Deutschland gilt eher als Arbeitnehmerland, nicht als Prototyp einer „**unternehmerischen Gesellschaft**". Allerdings werden sich Erwerbstätige zukünftig immer mehr zum „Unternehmer ihrer selbst" (oder „Arbeitskraftunternehmer") entwickeln müssen, um den Herausforderungen der Arbeitswelt und den Reorganisationsprozessen in der Wirtschaft aktiv begegnen zu können. „Die bisherigen Managementfunktionen der Arbeitssteuerung und Kontrolle werden gewissermaßen von den Arbeitenden selbst übernommen. Sollte sich diese Verlagerung des Transformationsproblems auf die Seite der Beschäftigten mit neuen Arbeitsformen ausweiten (und vieles deutet darauf hin), dürfte das nicht nur Folgen für einzelne Gruppen von Erwerbstätigen haben, sondern könnte (so unsere zentrale Annahme) eine Veränderung der generellen Verfassung von Arbeitsvermögen in unserer Gesellschaft nach sich ziehen. Bisher dominiert ein Typus von Arbeitskraft, der darauf ausgerichtet und dazu ausgebildet ist, seine Arbeitsfähigkeit pauschal nach genormten beruflichen Mustern einem Betrieb gegen Entgelt zur Verfügung zu stellen, um sich dort eher passiv Anweisungen und Kontrollen zu unterwerfen. Nunmehr beobachten wir eine regelrechte Umkehrung dieser Logik: immer weniger Erfüllung fremd gesetzter Anforderungen bei geringen Gestaltungsspielräumen und fixen Ressourcen, sondern aktive Selbststeuerung im Sinne allgemeiner Unternehmenserfordernisse, die oft erst im Detail definiert und für die nicht selten Ressourcen erst beschafft werden müssen" (Pongratz/Voss 2001, 44; vgl. auch Minssen 2006).

Der neue Typus „Arbeitskraftunternehmer", der nach dem Ende des Taylorismus als neue Leitfigur fungieren könnte, zeichnet sich nach dieser Argumentation durch folgende Merkmale aus:

- Selbst-Kontrolle (Planung, Steuerung und Überwachung der eigenen Tätigkeit)
- Selbst-Ökonomisierung (aktive Produktion und Vermarktung der eigenen Person im Betrieb und auf dem allgemeinen Arbeitsmarkt)
- Selbst-Rationalisierung („Verbetrieblichung" der alltäglichen Lebensführung und des beruflichen Verlaufs).

Auch wenn der empirische Status der Überlegungen zum „verbetrieblichten Arbeitskraftunternehmer" noch ungeklärt ist, hat diese These eine breite Resonanz in der Öffentlichkeit gefunden und dürfte von der Tendenz her den Trend von einer betrieblichen Fremdkontrolle hin zu einer wachsenden **individuellen Selbstkontrolle** richtig beschreiben. Strittig ist die Reichweite; bislang eignen sich die Beobachtungen eher für zukunftsträchtige Berufsfelder aus dem höheren Qualifikationssegment. „Vor Jahren wussten die meisten Menschen nicht, was sie auf dem freien Markt „wert" waren, da es für ihre Dienste kaum einen freien Markt gab. Sie arbeiteten als Beschäftigte in einer Organisation und waren geneigt, in dieser Organisation zu bleiben. Für sie kam es nicht in Frage, sich um Angebote von Konkurrenzfirmen zu bemühen, ebenso wie es anderen Unternehmen nicht in den Sinn gekommen wäre, Arbeitskräfte abzuwerben. Doch die Menschen wissen inzwischen weitaus besser, was sie auf dem Markt wert sind, weil sie „im Spiel" sind – ebenso wie ihre Kollegen" (Reich 2002, 221f).

Pauschale Aussagen über diesen Trend, sich selbst zu vermarkten, helfen hier nicht weiter, gefragt sind weitere empirische Forschungen, um das Spektrum näher auszuloten. Vor allem gilt dies für die betroffenen Qualifikationsgruppen; gilt die These nur für Anwälte, Journalisten, Hochschullehrer, Schauspieler, Mediziner etc? Und wenn für diese Personengruppen das Ende der traditionellen Beschäftigung schon Realität geworden ist, dann stellt sich die Frage der Auswirkungen auf die Gesellschaft und die Politik. Es dürfte unstrittig sein, dass „marktgelenkte" Personen eher bereit sind, sich aktiv in eine „Kultur der Selbstständigkeit" einzuordnen, doch diese Orientierung verlangt bspw. vom Familienleben einen hohen Preis. Nicht umsonst ist der „Schwund" oder die „Krise" der Familie nicht nur ein Thema für die Medien, sondern Familienpolitik gewinnt auch auf der offiziellen politischen Bühne an Bedeutung. „Sich selbst zu verkaufen, stellt unerbittliche Anforderungen an das eigene Leben und macht auch vor persönlichen Kontakten nicht halt. Wenn die eigene Haut zu Markte getragen wird, werden alle Beziehungen zu möglichen Geschäftskontakten. Werden jedoch Freunde, Verwandte und flüchtige Bekannte zu Vehikeln für den Verkauf des eigenen Selbst, dann ist keine Beziehung mehr frei von Hintergedanken" (Reich 2002, 238f; vgl. auch die Beiträge in Kronauer/Linne 2005).

Diese Auswirkungen auf andere Teilsysteme der Gesellschaft gehören zu einer Analyse der neuen Arbeitsformen und speziell der Tendenzen hin zu einem „Arbeitskraftunternehmer“. Unabhängig von der empirischen Reichweite hat diese These eine Reihe von Anstößen gegeben, die auch die Politik zwingen, sich mit neuen gesellschaftspolitischen Strategien zu beschäftigen. Die in diesen Debatten thematisierten Kategorien selbstständiger Arbeits- und Lebensführung sind in Deutschland jedoch nicht unproblematisch, wie Beispiele aus der beruflichen Selbstständigkeit illustrieren: Die **Angst** vor einem möglichen Scheitern ist im internationalen Vergleich in Deutschland sehr stark ausgeprägt, das Streben nach Sicherheit dominiert das Denken. Im Vergleich von 21 Nationen im Rahmen des Global Entrepreneurship Monitor 2000 liegt Deutschland mit der Angst zu Scheitern nur noch vor zwei ostasiatischen Ländern, in denen unternehmerisches Engagement generell sehr gering ausgeprägt ist (vgl. Sternberg et al 2001 sowie Sternberg 2002).

Deutsche Selbstzweifel und Selbstkritik sind charakterisierende soziokulturelle Merkmale. Hinzu kommt die vergleichsweise schlechte Wahrnehmung von Gründungschancen in Deutschland. Auf dem Weg in eine in der Öffentlichkeit und auch von der Politik gerade in den letzten Jahren immer wieder geforderte „Kultur der Selbstständigkeit“ sind wir – nimmt man die Daten aus dem neuesten „Global Entrepreneuship Monitor“ zur Hand – auch 2005 nicht weiter vorangekommen. „Insgesamt versuchten zum Zeitpunkt der Befragung knapp 5,4% der erwachsenen Deutschen aktiv ein neues Unternehmen zu gründen (werdende Gründer) oder sind Inhaber und Geschäftsführer eines Unternehmens, das noch nicht älter als 3,5 Jahre war (neue Gründer). Bei dieser Early-Stage Entrepreneurial Activity (Summe aus neuen und werdenden Gründern) belegt Deutschland Rang 23 unter 35 Ländern. Der Anteil der werdenden Gründer liegt bei 3,1 % aller Erwachsenen. Damit liegt Deutschland auf Rang 24 unter 35 Ländern. Die Quote der jungen Gründungen beträgt 2,7% - Rang 21. Gründer, die sich selbstständig machen, um eine Geschäftsidee umzusetzen („Selbstverwirklicher“, 3,76% aller Erwachsenen), sind auch in Deutschland zahlreicher als Gründer aus Mangel an Erwerbs alternativen („Existenzsicherer“, 1,55%). Das letztgenannte Gründungsmotiv wird allerdings in Deutschland verglichen mit anderen Ländern relativ häufig erwähnt - und es wird in Deutschland häufiger genannt als in den Vorjahren.. In Deutschland gibt es - im Unterschied zu vergleichbaren Ländern - extrem wenige Gründer, die die Erhöhung ihres Einkommens als wichtigstes Gründungsmotiv angeben; in Ostdeutschland sind sie noch seltener als im Westen“ (Sternberg et al 2006, 6).

Die Berichterstattung scheint sich allerdings seit 2004 zugunsten der Existenzgründer wieder etwas zu drehen. Hieran sind nicht nur die Ich-AGs schuld, deren Ausbreitung schon einige Beobachter überrascht hat. Allerdings sind die meisten – wie auch die empirischen Daten nachhaltig demonstrieren - aus einer

„Ökonomie der Not“ („Existenzsicherer“) entstanden und es handelt sich nicht gerade um **zukunftsträchtige** Klein- und Mittelunternehmen, wobei allerdings auch dann einkalkuliert werden muss, dass langfristig nur gut ein Viertel aller neu gegründeten Unternehmen überleben. Schaut man sich etwa die Hochschulszene und die Zahl der Studierenden an, dann kann man aufgrund der Grundvoraussetzungen, insbesondere die hohe formale Qualifikation, das Kontaktnetz und der Zugang zu Wissen als wichtige Gründungsressource, ein hohes theoretisches Gründungspotential konstatieren. Die Wirklichkeit sieht dagegen **anders** aus: Die konkrete Gründungsintensität bleibt - allen bisherigen Fördermaßnahmen zum Trotz - bis auf wenige Lehrstühle hinter dem Wünschenswerten und Vorstellbaren zurück. Die Potentiale für eine Gründungsdynamik auch in innovativen Branchen sind vielfach vorhanden, werden aber vergleichsweise nur bescheiden genutzt, was sicherlich auch daran liegt, dass im Vergleich in Deutschland die „größten Defizite bei der Vermittlung gründungsbezogener Kenntnisse durch Schulen und Hochschulen sowie bei Regulierungen und Steuern bestehen“ (Sternberg/Bergmann 2003, 7).

Hinzu kommt, dass sich die traditionellen Großunternehmen mit der expliziten Förderung von Existenzgründungen und jungen Unternehmen in vielen Fällen schwer tun. Nur wenn es jedoch gelingt, mehr **Projekte** zwischen den Groß- und Kleinunternehmen, Handwerksbetrieben, Gründern sowie den Hochschulen zu verankern, wird eine erfolgreiche Standortentwicklung möglich. Strukturpolitische Impulse können zwar von der Politik ausgelöst werden - die Ideen, Ressourcen und Wegbereiter von Entwicklungen sind jedoch vor Ort in den Unternehmen, aber auch Wissenschaftseinrichtungen etc zu finden. Zur Umsetzung Erfolg versprechender Maßnahmen bedarf es zusätzlich auch engagierter Führungspersönlichkeiten und Promotoren, die sich für bestimmte Entwicklungen in den Regionen engagieren und bestehende Hemmnisse und Barrieren überwinden.

Der Wandel einer institutionellen Regulationsstruktur zu einem flexiblen regionalen, von Elementen der Selbststeuerung geprägten Innovationssystem wird ganz wesentlich durch subjektive Momente (oft einzelne Persönlichkeiten) und die Dynamik von organisatorischen Lernprozessen bestimmt. Das bedeutet aber im Umkehrschluss nicht, dass sich solche Strukturen ohne Impulse aus der Politik und von der öffentlichen Hand insgesamt aufbauen lassen. Doch das Wissen um die Funktionsweise leistungsfähiger Innovationssysteme erfordert ein auf die jeweiligen zukunftsorientierten Kompetenzfelder abgestimmtes Herangehen und damit einhergehend eine Neuorientierung des Förderinstrumentariums. Ein positives Gründungsklima entsteht – wie bereits dargelegt – aus einem ausgewogenen Mix „harter“ und „weicher“ Standortfaktoren, die das Profil einer Region ausmachen. Neben den Hochtechnologieregionen mit hoher Gründungsintensität (nach aktuellen Studien zählen dazu vor allem München, Hamburg und der Rhein-Main-Raum), in denen die innovativen Rahmenbedingungen und das Gründungsmilieu für gute Gründungsvoraussetzungen sorgen, entwickeln sich aber auch oft im Verborgenen einzelne „Inseln" mit relativ gut funktionierenden Gründungs- und Innovationsnetzwerken.

Aber nicht nur bei Gründungen, sondern auch in anderen Feldern gelingt es den Deutschen offenbar nur unzureichend, sich auf die neuen Herausforderungen der globalisierten und wissensorientierten Wirtschaft aktiv einzustellen. Wenn sich die Wirtschaft von einem System stabiler Massenproduktion zu einem System schneller und dauerhafter Innovationen weiterentwickelt, was unstrittig sein dürfte, dann werden generell **Kooperationen** zwischen Unternehmen aber auch zwischen Hochschulen, Forschungseinrichtungen und der Wirtschaft immer bedeutsamer. Schaut man sich allerdings einmal zwischenbetriebliche Produktionsnetzwerke und andere Formen flexibler Zusammenarbeit in den Kernbereichen des Verarbeitenden Gewerbes in Deutschland an, dann arbeiten unter 10 Prozent der Betriebe in solchen zukunftsweisenden Strukturen zusammen. Vor allem Klein- und Mittelbetriebe gehen signifikant weniger Produktionskooperationen ein, obwohl gerade sie über diese Netzwerke ihre größenbedingten Nachteile nicht nur kompensieren, sondern auch neue Potentiale erschließen könnten. Die **„virtuelle Fabrik"** liegt in Deutschland noch in weiter Ferne.

Hinzu kommen aktuelle Probleme der deutschen Klein- und Mittelbetriebe, die gern als Rückgrat der deutschen Wirtschaft beschrieben werden, da sie die weitaus meisten Arbeitsplätze stellen. Aber schon seit den 70er Jahren nimmt die Zahl der kleineren Betriebe ab und gerade derzeit **schrumpfen** sie in der rauer gewordenen Luft der Globalisierung sowie neuer Bankenstrategien weiter zusammen. „Alle Branchen sind betroffen; offensichtlich ist der Schwund vor allem im Handel und Handwerk, wo einstmals von kleinen Handels- und Handwerksbetrieben geprägte städtische Wirtschaftslandschaften durch große Filialbetriebe besetzt werden. Hier wirkt sich häufig die mangelnde Rentabilität von Kleinstbetrieben aus….Die Lage der KMU ist schließlich auch durch die Änderungen in der Geschäftspolitik der Banken betroffen, sofern diese die Finanzierung von KMU nicht mehr unbedingt als gewinnträchtiges Geschäftsfeld betrachten. Vielen Banken erscheint es lukrativer, die KMU in größere Unternehmensverbünde zu überführen und hohe Provisionen zu kassieren, als sich mit mageren Kreditzinsen zufrieden zu geben" (Plumpe 2005, 21; vgl. zur aktuellen Situation der KMU Eichhorst et al 2004 sowie Berghoff 2004, 107ff und Mittelstandsmonitor 2005).

Empirische Indikatoren verdeutlichen ohne Zweifel, dass Kategorien einer Kultur der Selbstständigkeit zukünftig von herausragender Bedeutung sein werden – ob dies politisch nun wünschenswert erscheint oder nicht, und gleichgültig, ob dies die Wählerschaft positiv oder negativ beurteilt. International lässt sich der Wandel von einer „managed" zu einer „entrepreneurial economy" (Audretsch/Thurik 2000) nachzeichnen. Nationen wie die Niederlande entwerfen Zukunftsperspektiven, die sie unter dem Paradigma der „entrepreneurial society" subsumieren, in sämtlichen Funktionsbereichen gesellschaftlichen Lebens stoßen die Akteure auf die neuen Anforderungen, die immer mit Elementen einer verstärkten Selbstständigkeitsorientierung verwoben sind. Der Wandel der Arbeitswelt führt von der Kontrolle zur Eigenverantwortung, zu höherer Autonomie und Leistungsanforderung. Das neue Staatsverständnis bricht mit der traditionellen hierarchischen Steuerung und wird vom aktivierenden, stärker auf Selbstkoordination setzenden Staat abgelöst. Schließlich muss dem Wandel des Bildungssystems der Begriff der Selbstständigkeit als Paradigma der persönlichen Kompetenzentwicklung zugrunde liegen. Hinzu kommt der unaufhaltsame wirtschafts- und sozialstrukturelle Wandel.

Die erwerbswirtschaftlichen Implikationen einer **Kultur der Selbstständigkeit** eignen sich besonders gut, um strukturelle Wandlungstendenzen zu mehr Eigenverantwortung und Flexibilität nachzuzeichnen. Die „neuen Realitäten" lassen sich nicht verleugnen und im Gegenteil sogar relativ gut durch Zahlen unterfüttern, die zeigen, dass beispielsweise Mehrfachbeschäftigung erheblich zunimmt und darin insbesondere der Kombination aus selbstständiger und angestellter Tätigkeit herausragende Bedeutung zukommt („hybrid entrepreneurship"). Die Kombination dient entweder der latenten Ergänzung des angestellten Erwerbsverhältnisses oder aber bildet den ersten Schritt in die vollständige Selbstständigkeit. In diesem Sinne ist die Kombination ein Testfeld, ein Entdeckungsverfahren, im Rahmen dessen ausprobiert werden kann, ob das Vorhaben tragfähig ist oder nicht. Internationale Erfahrungen deuten aber darauf hin, dass solche Formen der Mehrfachbeschäftigung etwa zu gleichen Teilen erwünscht sind bzw. einer Notlage und damit einem Zwang entspringen. Die Akzeptanz hängt insbesondere vom Qualifikationsniveau ab, denn freiberufliche Ärzte und Anwälte akzeptieren diesen Status eher als tendenziell gering Qualifizierte, die einfache Dienstleistungstätigkeiten kombinieren müssen.

Eine erwerbswirtschaftliche Flexibilisierung, die zu einem Ansteigen selbstständiger Erwerbsformen führt, muss eine gewisse Tragfähigkeit dieser Selbstständigkeit beinhalten und eben keine „Nomaden der Arbeit" und entwurzelte Mehrfach-Job-Hobber produzieren, deren unternehmerisches Engagement dann eher als „Kind der Not" zu charakterisieren wäre. Die deutschen sozialen Sicherungssysteme, die sich nach wie vor primär am angestellten Normalarbeitsverhältnis orientieren, sind darauf aber in keiner Weise eingestellt. Deshalb sind Vorschläge mit Fokus auf deutliche Abgabenerleichterungen in der Anfangsphase der Selbstständigkeit richtig, aber die entscheidende Frage ist, ob das Vorhaben der Selbstständigkeit dauerhaft tragfähig sein kann und eine Rendite abwirft, aus der der Lebensunterhalt mittelfristig ohne zusätzliche Transfers bestritten werden kann. Verantwortungsbewusste Politik antizipiert diese erwerbswirtschaftlichen Realitäten und versucht, die Risiken zu reduzieren. Bislang existieren „nur nervöse Unterscheidungen, denen eine neue schlüssige Gesamtidee fehlt. Hier liegt womöglich der eigentliche Grund für das Repräsentationsdefizit der Politik. Im Wettbewerb der Parteien werden Gespensterideale beschworen, die mit den realen gesellschaftlichen Veränderungen kaum mehr etwas zu tun haben“ (Bude 2000, 127).

Das kennzeichnende Element selbstständigen unternehmerischen Engagements ist Unsicherheit über den Ausgang und Folgen dieses Handelns. Ein Unternehmer wird sich bemühen, Risiken so weit wie möglich zu reduzieren; es wird ihm aber niemals vollkommen gelingen. Wenn eine Nation auf dem Weg in eine „entrepreneurial society“ ist, dann lässt sich das Motiv der Unsicherheit auch auf die Individuen übertragen. Wandel heißt Unsicherheit und gerade der Pfad in die Wissensgesellschaft potenziert diese Unsicherheiten und Scheinsicherheiten. Aber auch wenn Wissen und Ungewissheit strukturell verkoppelt sind und demnach Handeln immer nur unter Risiken möglich ist, können diese Unsicherheiten ein Stück weit reduziert werden, wenn den Menschen neben der Vermittlung dieser strukturellen Zusammenhänge auch **Orientierungspunkte** geliefert werden. Leitlinie dazu kann das Verständnis einer Kultur der Selbstständigkeit als Kultur der Eigeninitiative und sozialen Verantwortung sein. Dies kann aber nicht heißen, eine Marktwirtschaft mit möglichst wenig Staat zu etablieren, wie es manche Vertreter eines Neoliberalismus mit ihren Forderungen nach Eigenverantwortung beabsichtigen. Eine „soziale“ Marktwirtschaft ist ohne einen Sozialstaat undenkbar, der dazu geeignet ist, „jene Risiken aushaltbar und zumutbar zu machen, die aus der technischen und ökonomischen Umwälzung der Lebensverhältnisse resultieren. Das geht nicht ohne staatlich garantierten Schutz im weitesten Sinne: Arbeitsschutz, betriebliche Mitbestimmung, gewerkschaftliche Interessenvertretung mit Tarifautonomie, Sicherung eines hohen Beschäftigungsstandes durch Wirtschafts- und Beschäftigungspolitik, Schutz gegen die typischen Arbeitnehmerrisiken wie Arbeitslosigkeit, Krankheit, Alter durch Sozialversicherungssysteme“ (Offe 2002, 42; vgl. auch die Beiträge in Schmidt 2001). Genauso richtig wie der Hinweis auf wohlfahrtsstaatliche Sicherungssysteme, die gerade in Zeiten raschen sozioökonomischen Wandels notwendig sind, weil diese Systeme ein **Netz** sozialer Sicherheit garantieren, das Basis für Innovationsprozesse ist, ist auch der Verweis darauf, dass genau diese herkömmlichen Methoden der Risikoabsicherung selbst riskant geworden sind. „Das Dilemma des Sozialstaats besteht heute genau darin, dass diese Institutionen, mit denen Unsicherheit eingedämmt wird, selbst unsicher geworden sind: Das ist Unsicherheit zweiter Ordnung“ (Offe 2002, a.a.O.). Ohne an dieser Stelle in eine Debatte über neue Wege wohlfahrtsstaatlicher Sicherung einsteigen zu können, ist sogar den Verteidigern des traditionellen Sozialstaats klar, dass aufgrund der veränderten Konstellationen und neuen Herausforderungen institutionelle Anpassungen erforderlich sind. Relativ unabhängig davon, wie stark der Markt als Steuerungsinstrument für eine Reform des Wohlfahrtsstaats eingesetzt wird, sind direkte Auswirkungen auf die Debatte um Selbstständigkeit und Eigenverantwortung zu erwarten.

Wenn sich etwa die sozialpolitische Option schrittweise durchsetzen ließe, über ein soziales Grundeinkommen als „bürgerrechtliche Rückversicherung" die unsicher gewordene klassische sozialstaatliche Absicherung verlässlicher zu machen, gäbe es auch mehr Spielräume für eigeninitiierte, nützlich erachtete Tätigkeiten, die zumeist aber wohl nicht gewerblich ausgerichtet wären. Aber auch ein Ausbau des an sozialer Kooperation und informellen Tauschbeziehungen orientierten Sektors hätte gravierende Auswirkungen auf das Maß sozialer Aktivität der Gesellschaft und könnte ebenfalls zu einer Belebung eigenverantwortlichen Handelns beitragen. Dies aber nur, wenn er nicht zu einer Armutsökonomie wird, wo sich primär die Verlierer der Arbeitsgesellschaft tummeln. Geht die strategische Entwicklung in der sozialen Sicherung jedoch markant in Richtung Vermarktung der Sozialpolitik und Deregulierung, wofür es viele Anzeichen gibt, dann wäre ebenfalls die Thematik Selbstständigkeit (bspw. Existenzgründungen im sozialen Dienstleistungssektor) direkt tangiert, allerdings würden diese Formen der Selbstständigkeit eher als Existenzsicherung an Bedeutung gewinnen.

Da sich die institutionellen wohlfahrtsstaatlichen Sicherungssysteme in Deutschland faktisch einerseits träge verhalten und ungern die eingeschlagenen Pfade verlassen, andererseits sich aber auch historisch an verschiedene politische Regimes flexibel angepasst haben, stellt sich die Frage nach der **aktuellen Lernfähigkeit**, die aufgrund der dynamischen Veränderung der Makrokonstellationen eine neue Brisanz erhalten hat. Blickt man auf die Bundesrepublik, so kann heute Parteien übergreifend ein Grundkonsens identifiziert werden, wenn es um die Förderung von Selbstständigkeit und neuen oder jungen Unternehmen geht. Ebenso kann sich fast jede Partei mit dem Terminus der „sozialen Marktwirtschaft" anfreunden. Die Förderung von Gründungen und jungen KMU stellt eine gestalterische wirtschaftspolitische Aktivstrategie zur Begleitung struktureller Wandlungsprozesse dar, während in anderen Politikfeldern häufig lediglich die undankbare Rolle des interventionistischen „Reparaturbetriebs" bleibt. Darin liegt bereits begründet, warum die Förderung von Gründungen über Parteigrenzen hinweg seit Mitte der 90er Jahre unterstützt wird.

Die Kultur der Selbstständigkeit zielt auf Individuen, die in sehr unterschiedliche lebensweltliche Milieus und Lebensstile eingepasst sind, aber sämtlich ähnliche zeitliche Phasen durchlaufen, denen allerdings wiederum ein außerordentlich hohes Maß an individueller Prägung inhärent ist. Schaut man bspw. auf Motivationsfaktoren, so sind Selbstverwirklichung und das Streben nach Unabhängigkeit die stärksten Motive für den Schritt in die berufliche Selbstständigkeit. Erheblichen Einfluss scheint die soziale Herkunft und das soziale Umfeld auf die Gründungsbereitschaft und den tatsächlichen Schritt in die Selbstständigkeit zu haben. Die kultursoziologisch geprägte protestantische Ethik Max Webers mit den Faktoren Erziehung und Religion verdeutlichte schon früh den Einfluss von Sozialisations- und Milieueffekten verbunden mit korrespondierenden Werten und Normen auch auf **unternehmerische Orientierungen**. Heute kann man nachzeichnen, dass ein Großteil der Selbstständigen aus Unternehmerfamilien stammt, in denen der Vater oder die Mutter im Sozialisationsprozess bereits als positive Rollenvorbilder gedient haben. Selbstständigkeit wird hier als der Normalfall angesehen und nicht wie in Angestellten- oder Arbeiterfamilien als Ausnahme (vgl. aus empirischer Sicht IZA 2005).

Generell wird dem familiären Umfeld und dem Freundeskreis eine Schlüsselposition sowohl bei der Entscheidung für oder gegen die Selbstständigkeit, als auch – nach Entscheidung für die Selbstständigkeit – im späteren Gründungsprozess eingeräumt. Neben der sozialen spielt auch die berufliche Herkunft eine nicht unerhebliche Rolle im Gründungsprozess: Der Großteil der Gründer hat bereits als Arbeitnehmer oder Selbstständiger Erfahrungen in der Gründungsbranche gesammelt. Kleinere und jüngere Firmen sind oft „Treibhäuser“ für Existenzgründer; hier können auch vielfältige Berufserfahrungen gemacht werden. „Die Anzahl der verschiedenen absolvierten Berufsfelder und erreichten beruflichen Abschlüsse steht in einem unmittelbaren Zusammenhang mit der Wahrscheinlichkeit einer Existenzgründung. Beschäftigte mit ‚Tausendsassa-Qualitäten’, also einer überdurchschnittlich breiten Kenntnis aus unterschiedlichen, für das Überleben und den Erfolg eines Unternehmens notwendigen Wissensbereichen, sind weit häufiger unter den späteren Existenzgründern anzutreffen“ (IZA 2005, 7).

Es gibt aber auch eine **negative Verkettung** sozialer und personenbezogener Faktoren unter Ergänzung einer regionalen Dimension, was etwa im Ruhrgebiet zu studieren ist und bereits thematisiert wurde. Großbetriebe erfüllen eben normalerweise nicht eine humankapitalbezogene Inkubatorfunktion. Die eher „negative“ Verbindung von Selbstständigkeit und gesellschaftlichen Leitbildern wird ebenfalls noch heute in der ehemaligen DDR massiv nachvollziehbar. Parallel zu der tief greifenden sektoralen Umstrukturierung und der raschen Übernahme des klassischen Entwicklungsmusters westlicher Gesellschaften in Richtung eines Anstiegs des Dienstleistungssektors vollzog sich auch in den neuen Bundesländern im Bereich der Unternehmensgründungen ein rascher Wandel. So sprossen in der Wendephase überall Kleinbetriebe in Form von Videoläden, Imbissständen, Autohandel etc aus dem Boden; es zeigte sich in der direkten Transformationsphase also eine enorme Gründungsdynamik. Gemessen an den historischen Ausgangsbedingungen (d.h. die umfassende Zurückdrängung von Selbständigen und die Diffamierungen in der DDR) sind die Neugründungszahlen in den Jahren 1990 und 1991 durchaus beeindruckend gewesen, allerdings konnten die meisten „neuen Selbständigen" sich nur kurzfristig eine Existenzgrundlage schaffen. Schon ab 1991 ging die Gründungsquote zurück, der Strohhalm eines neuen Gewerbes trug für die meisten nicht, oft war der Konkurs aufgrund eines Überschusses an illusorischen Vorstellungen in der Wendezeit geradezu vorprogrammiert. Eine wirkliche „Kultur der Selbstständigkeit" wurde jedoch nicht geschaffen. Gerade weil die Lage auf dem Arbeitsmarkt noch immer prekär ist, ist die **Neukonstituierung** einer ostdeutschen Kultur der Selbstständigkeit von großer Bedeutung für die weitere Wirtschaftsentwicklung. Verschiedene Studien kommen jedoch zum Ergebnis, dass es aufgrund der weit reichenden Deindustrialisierung, der nach wie vor bestehenden ökonomischen Unsicherheiten und keines selbst tragenden Aufschwungs für die „neuen Selbständigen" aber weiterhin außerordentlich schwierig ist, Fuß zu fassen. Das Segment privatwirtschaftlicher Selbständigkeit in Ostdeutschland bleibt nach dem vorübergehenden Boom klein und weist immer noch einen Rückstand gegenüber Westdeutschland auf (vgl. auch Rehfeld 2005). In vielen Regionen dürfte auch die weitere Entwicklung des neu konstituierten Mittelstandes prekär bleiben. Eine Stabilisierung des Arbeitsmarktes wird hierüber nur sehr langsam gelingen, dennoch dürften manche - nicht unbedingt für Existenzgründungen positive „realsozialistische" Sozialisationserfahrungen - durch den Generationenwandel zurückgehen und sich die Selbständigenquote westlichen Werten annähern.

6 Gesundheitswirtschaft als „Zukunftscluster"

Gemeinsamer Ausgangspunkt für die Neuausrichtung der Strukturpolitik in verschiedenen Wirtschaftsregionen ist der Aufbau regionaler Innovationssysteme in spezifischen, zukunftsfähigen Wirtschaftsclustern. Ein viel beachtetes Cluster ist die Gesundheitswirtschaft; hier orientiert man sich nicht mehr an der traditionellen Unterscheidung von Prävention, Kuration und Rehabilitation, sondern ordnet die Einrichtungen und Unternehmen der Gesundheitswirtschaft gemäß ihrer Stellung entlang der entsprechenden Wertschöpfungsketten. Und aus dieser Perspektive ergab sich auch das Ergebnis, dass in der deutschen Gesundheitswirtschaft bereits Mitte der 90er Jahre gut vier Millionen Menschen beschäftigt waren. Tatsächlich fand in den vergangenen Jahren auch ein Perspektivenwechsel sowohl in der Politik als auch der Wissenschaft statt, der neben den Kostenaspekten auch die **wirtschaftlichen Chancen** der Gesundheitswirtschaft betont. In seinem Sondergutachten „Gesundheitswesen in Deutschland: Kostenfaktor und Zukunftsbranche" schrieb der Sachverständigenrat bereits vor einigen Jahren hierzu: „Das Gesundheitswesen stellt einen erheblichen Wirtschafts- und Wachstumsfaktor in einer entwickelten Volkswirtschaft dar. Es dient nicht nur der Erhaltung, Wiederherstellung und Förderung der Gesundheit, sondern trägt mit seinen Dienstleistungen zu volkwirtschaftlichen Wertschöpfung mit den entsprechenden Wirkungen auf den Arbeitsmarkt bei. In anderen Bereichen des Wirtschaftslebens werden steigende Umsätze, Gewinne und Beschäftigungszahlen als Erfolgsmeldungen angesehen und kommen in die Schlagzeilen der Medien. Es überrascht daher, dass derartige Entwicklungen im Gesundheitswesen als personalintensiver Dienstleistungsbranche mit einem ausgeprägten Anteil an Hochtechnologieprodukten und mittelständischen Industriebetrieben in der Regel als Kostenexplosion und Überangebot wahrgenommen werden" (Sachverständigenrat 1997, 211).

Mit diesem **Perspektivenwechsel** wurde der produktive und Wert schöpfende Charakter der Gesundheitswirtschaft in den Mittelpunkt gerückt. Trotz der beeindruckenden Arbeitsmarktbilanz ist aber davor zu warnen, in Wachstum und Beschäftigung der Gesundheits- und Sozialwirtschaft Selbstläufer zu vermuten; vielmehr muss dieser Prozess durch entsprechend ausgerichtete Entwicklungsstrategien in der Gesundheitswirtschaft selbst und in der Gesundheitspolitik gefördert werden. Warnende Stimmen weisen zudem darauf hin, dass die Investitionen in Gesundheit – auch wenn sie in der jüngsten Vergangenheit beeindrukkende Zuwächse hatten – durch die wirtschaftliche und beschäftigungspolitische

Stagnationsphase in der Bundesrepublik negativ betroffen sein können. Andererseits gibt es genügend Hinweise, dass beispielsweise der „Seniorenmarkt" in Deutschland noch beträchtliche Expansionsmöglichkeiten hat, so dass positiv und negativ wirkende Einflussfaktoren abgewogen werden müssen.

Im folgenden wird die Gesundheitswirtschaft nach der Definition des Instituts Arbeit und Technik (Abtlg. Gesundheitswirtschaft und Lebensqualität PD Dr. Hilbert) dargestellt; das nachfolgende „**Zwiebel-Modell**" unterscheidet drei Bereiche der Gesundheitswirtschaft:

Struktur der Gesundheitswirtschaft

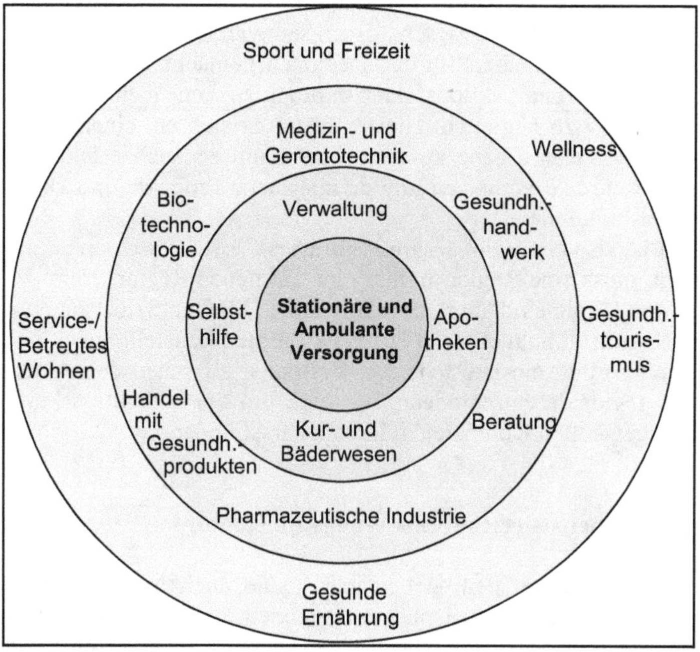

- Den Kernbereich der ambulanten und stationären Gesundheitsversorgung mit den personal- und beschäftigungsintensiven Dienstleistungsbereichen der Krankenhäuser, Vorsorge- und Rehabilitationseinrichtungen, den freien Arztpraxen, den Praxen nichtärztlicher medizinischer Berufe, Apotheken sowie den stationären, teilstationären und ambulanten Pflegeeinrichtungen.

- Die Vorleistungs- und Zulieferindustrien, die sog. Health Care Industries (Pharmazeutische Industrie, Medizin- und Gerontotechnik, Bio- und Gentechnologie), das Gesundheitshandwerk sowie den Groß- und Facheinzelhandel mit medizinischen und orthopädischen Produkten umfassen.
- Nachbarbranchen und Randbereiche des Gesundheitswesens, die die Kernbereiche der Gesundheitswirtschaft mit den Angeboten aus anderen Bereichen des Dienstleistungssektors (Gesundheitstourismus, Wellness oder gesundheitsbezogene Sport- und Freizeitangebote, Wohnen) wie des Produzierenden Gewerbes (Informations- und Kommunikationstechnologien, neue Werkstoffe, Analysetechnik) verknüpfen.

Um die optimistischen Prognosen des Wachstumsmarktes Gesundheitswirtschaft für den Arbeitsmarkt und die Beschäftigungsentwicklung zu realisieren, müssen allerdings die „Hausaufgaben" in den Regionen gemacht werden und das heißt zunächst, die Ziele und Aktionsfelder explizit zu benennen und den Umsetzungsprozess aktiv zu begleiten. Hierfür bietet es sich an, einen **strategischen Diskurs** auf regionaler Ebene zu inszenieren, um so auch effektiver die verschiedenen Akteure zu vernetzen und darüber neue Produkte und Dienstleistungen generieren zu können.

Gefragt ist also ein regionalwirtschaftliches Clustermanagement; um erfolgreich zu sein, muss eine Region immer eine „lernende Region" sein. Voraussetzungen für den Erfolg sind aber ein relativ hohes Maß an Selbststeuerungsfähigkeit in der Region (d.h. auch, sich auf neue Problemkonstellationen und Aufgaben einzustellen) und ein gewachsenes Vertrauen zwischen den Akteuren. Zudem werden regionale entrepreneurs benötigt, um die Innovationskraft der Regionen in ausgewählten Kompetenzfeldern zu erschließen.

6.1 Die Gesundheitswirtschaft als Wachstumsmotor

Trotz der Stagnation auf dem Arbeitsmarkt sind auch in Deutschland in den letzten Jahrzehnten neue Arbeitsplätze entstanden; und zwar primär im **Dienstleistungssektor**. Vor dem Hintergrund einer allgemein steigenden Erwerbstätigkeit in Westdeutschland waren verschiedene Sparten des tertiären Sektors die Beschäftigungsgewinner. So expandierten die Jobs in unternehmensnahen Servicebranchen von gut 550 000 auf 2,52 Millionen (also um das fünffache) und auch im Gesundheitswesen waren 2002 dreimal so viele Erwerbstätige aktiv wie 1976 (von 1,05 auf 3, 24 Millionen). Ebenfalls starke Wachstumsraten weisen die Sektoren Kreditinstitute/Versicherungen und Bildung/Wissenschaft auf.

Wenngleich der Trend zur Dienstleistungsökonomie oder die „Service-Gesellschaft“ weiter voranschreitet und bereits im Jahr 2003 rund 70 Prozent der gesamtwirtschaftlichen Wertschöpfung in Deutschland ausmacht (dies ist ein Plus von rund 8 Prozent gegenüber 1991!) ist der tertiäre Sektor nicht der alleinige Wachstumsträger, weil viele Dienstleistungen weiterhin mit industriellen Aktivitäten **verkoppelt** sind. Dies demonstrieren sowohl Branchen wie die Logistik (die sich inzwischen zu einer erfolgreichen „Jobmaschine“ in Deutschland entwickelt hat), aber auch die Wachstumsdynamik der Finanz- und unternehmensnahen Dienstleistungen.

Allerdings muss beachtet werden, dass die reale Bruttowertschöpfung des Dienstleistungssektors – sowohl aufgrund der allgemeinen wirtschaftlichen Stagnation, aber auch durch die Globalisierung der Informations- und Kommunikationstechnologien – seit Ende 2001 fast auf der Stelle tritt und auch im Blick auf die Beschäftigungsausweitung an Zugkraft verloren haben. Vor allem das globale Datennetz schafft neue Mobilitäten, so dass einerseits Unternehmen aus dem tertiären Sektor Teile des Unternehmens in das Ausland verlegen und von dort die deutschen Kunden versorgen (etwa Banken und Versicherungen), andererseits schafft das Internet aber auch neue Handlungsoptionen und Markt- und Beschäftigungschancen für hochwertige Dienstleistungen (etwa Gesundheitsberatung/Telemedizin). Ein exemplarisches Beispiel für die innovative Vernetzung des Dienstleistungs- und Industriesektors ist die Medizintechnik. „Auf dem Krankenhausinvestitions- und dem ambulanten Medizinmarkt existiert ein Milliardennachfragevolumen für Medizinprodukte, das zukünftig vor allen Dingen durch die Entwicklung neuer Diagnose- und Operationsverfahren deutlich steigen wird. Für die Industrie ist die Medizintechnik zu einer hochinteressanten Branche geworden. Die Ausgaben für Medizintechnik wachsen weltweit schneller als das Weltbruttosozialprodukt. Die kreative Verbindung von alter Technik und moderner Technologie ist eine Herausforderung für die Medizin und die europäische Forschungs- und Entwicklungslandschaft“ (Grönemeyer 2001, 8; vgl. auch ders. 2005).

Generell schneiden in Deutschland hinsichtlich der Beschäftigungsentwicklung die distributiven und staatlichen Dienstleistungen in den letzten Jahren eher schlecht ab, wobei dies bei den staatlichen Diensten vor allem die sinkenden öffentlichen Mittel sind, die die Beschäftigungsentwicklung abbremsen. Bei den distributiven Diensten ist das vergleichsweise bescheidene Bild sowohl einer sinkenden Kaufkraft der Bürger als auch der Technisierung des Handels geschuldet. Als eine Ursache für die oft konstatierte „Dienstleistungslücke“ in Deutschland, die sich etwa im internationalen Vergleich am Anteil des Dienstleistungssektors an der Gesamtbeschäftigung zeigt, wird das spezifische institutionelle Ordnungsgefüge der Bundesrepublik angeführt, welches stärker als in anderen Ländern am Industrialismus orientiert ist und den Ausbau der Dienstleistungswirtschaft erschwert.

Der Strukturwandel hin zu Wohlfahrtsmärkten spiegelt sich besonders gut an verschiedenen Segmenten der Gesundheits- und Seniorenwirtschaft wider, die in den letzten Jahren ein beeindruckendes Wachstum zu verzeichnen hatten und von vielen Experten als Zukunftsbranchen gesehen werden. Es geht „also um mehr als nur über die medizinische Versorgung des Systems: Einerseits über das Gesundheitswesen mit der Verpflichtung, gute Lebensqualität für die Menschen zu schaffen bzw. zu erhalten und andererseits über die vielen assoziierten Medizinbranchen wie Medizintechnik, Wellness, Telekommunikation, Ernährung usw., die dieses erst ermöglichen. Zusätzlich werden Arbeitsplätze erhalten und viel mehr noch: Ein ungeheures Potential an neuen Arbeitsplätzen, Produktionsstätten und Exportartikeln tut sich auf" (Grönemeyer 2005, 6; vgl. auch Fretschner et al 2002, Oberender et al 2002). Bereits Mitte der 90er Jahre waren – wie bereits betont - in diesem Sektor (man könnte auch von einem Wertschöpfungsnetzwerk sprechen) gut vier Millionen Menschen beschäftigt; der Anteil an der Gesamtbeschäftigung betrug damit über 11 Prozent.

Die Branchen der Gesundheitswirtschaft beschäftigen gegenwärtig rund 4,5 Millionen Mitarbeiterinnen und Mitarbeiter. Damit liegt der Anteil an der Gesamtbeschäftigung bei über **12 Prozent**. Insgesamt wurden im deutschen Gesundheitswesen im Jahre 2001 10,9 Prozent des Bruttoinlandsprodukts ausgegeben, das entspricht rund 225 Milliarden Euro. Die Pro-Kopf-Ausgaben für Gesundheit bezogen auf die Bevölkerung in Deutschland beliefen sich auf 2 740 Euro im Jahre 2001, das entspricht einer Steigerung von 35 Prozent gegenüber 1992. Zudem sind Immer mehr Menschen bereit, privat Geld für mehr Gesundheit auszugeben – zusätzlich zu ihren Ansprüchen an die öffentlich garantierte Gesundheitsversorgung. Und dies gilt insbesondere für ältere Menschen; so wird folgerichtig als ein Teil der Gesundheitswirtschaft im weiteren Sinn oft die **Seniorenwirtschaft** thematisiert und dafür gibt es auch gute Gründe – nicht zuletzt der Ausbau der wohlfahrtsstaatlichen Sicherungssysteme. „So reduzierte sich der Anteil der über 65-Jährigen, die in Armut leben, zwischen 1959 und 2003 von 35 auf zehn Prozent. Haushalte, die von Bürgern über 55 Jahren geführt werden, verfügen über den **größten Wohlstand**" (Kreye 2006/Hervorhebung: RGH; vgl. zusammenfassend auch Cirkel et al 2004 und Gerling et al 2004). Die Ausgabenstruktur der Rentnerhaushalte verdeutlicht beispielsweise, dass Ältere einerseits über eine hohe Kaufkraft verfügen und andererseits einen Schwerpunkt bei Gesundheits- und Körperpflegedienstleistungen sowie Reisen aufweisen. In den nächsten Jahren werden die Marktanteile dieser – allerdings ebenfalls heterogen zusammengesetzten Altersgruppe – weiter wachsen. Hinsichtlich einer statistischen Betrachtung nach Wirtschaftsbranchen ist eine Zuordnung der Wachstumsmärkte schwierig, da sich „Vermischungen“ zwischen verschiedenen klassischen Abgrenzungen entwickelt haben (etwa Freizeit, Wellness und Gesundheit oder Tourismus). Da genau diese neue Verknüpfungen aber aus ökonomischer und wirtschaftssoziologischer Sicht bedeutsam sind, wird vom Cluster „Gesundheitswirtschaft“ gesprochen (vgl. Hilbert/Naegele 2002). Dazu zählen dann auch: Medizintechnik, Pharmawirtschaft, „Life Sciences“, Biotechnologie, Umweltmedizin, Gesundheitsurlaub, Naturkost, betriebliche Gesundheitsförderung, Gesundheitspädagogik, Telemedizin/medizinische Ratgeber (in Presse, Funk und Fernsehen) etc.

Als positive Einflussfaktoren für eine Expansion der Gesundheitswirtschaft wirken ganz allgemein weiterhin:

- Der **demographische Wandel**: Die steigende Lebenserwartung der Bevölkerung wird zu einer weiter wachsenden Nachfrage nach sozialen und gesundheitsbezogenen Dienstleistungen und Produkten führen. Der demographische Faktor wurde auch als Erfolgsfaktor für einen Boom in der Gesundheitswirtschaft ausgemacht. Zunehmend werden Ältere auch hinsichtlich ihrer wirtschaftlichen und sozialen Potentiale betrachtet und geraten als Konsumenten in das Visier verschiedener Wirtschaftsbranchen und damit auch des Marketings. Tatsächlich besaßen historisch betrachtet Ältere noch nie eine größere **Marktmacht** als heute. Auch neueste empirisch abgesicherte Studien über die Einkommenslagen, die -dynamik sowie Vermögen und Verschuldung beschreiben diese Zielgruppe als eine wirtschaftlich relevante Gruppe, deren materielles Gewicht sich zudem in den nächsten Jahren schon aufgrund des demographischen Wandels erheblich erhöhen wird. Zusammenfassend kann man feststellen, dass die materielle Lage im Alter allgemein stabil ist und durchaus eine Vielzahl von Haushalten mit relativ hohem Einkommen und Vermögen vorhanden ist (vor allem in Westdeutschland). Durch das Wachstum der Zahl älterer Menschen ergeben sich deshalb erhebliche Marktpotentiale. Das Geldvermögen der Älteren liegt im Durchschnitt deutlich über dem Niveau aller Haushalte. So gesehen überrascht es auch nicht, dass bspw. die Wellnessbranche, Banken oder Tourismusunternehmen, aber auch die Gesundheitswirtschaft diese Nachfragergruppen entdecken. Experten schätzen, dass mehr als die Hälfte des gesamten Nettogeldvermögens bei den gut versorgten älteren Haushalten liegt, den Woopies“ („Well off older people“) oder den „Best Agers“, deren Kaufkraft auf 90 Milliarden Euro geschätzt wird. Diese Gruppe ist natürlich für den Konsum von großem Interesse, so dass das Ende der traditionellen „Generationenschablonen“ inzwischen auch schrittweise erkannt wird.

- Der **soziale und kulturelle Wandel**: Mit zunehmender Frauenerwerbstätigkeit geht eine steigende Beschäftigung im Bereich der personenbezogenen Dienstleistungen (und damit auch in den Berufen der Gesundheits- und Sozialwirtschaft) einher. Die derzeit zu beobachtenden Individualisierungs- und Pluralisierungstendenzen, gestiegene Mobilitätsanforderungen und der Strukturwandel der Familie unterstützen diesen Trend zusätzlich.
- Der **medizinisch-technische Fortschritt**: Als eine weitere Wachstumsquelle erwiesen sich in den vergangenen Jahren medizinisch-technische Innovationen. Durch Produktinnovationen wurde eine Leistungsausweitung in den Bereichen Prävention, Diagnostik, Therapie und Rehabilitation ausgelöst (etwa neue endoskopische Operationsweisen, die Mikrotherapie oder bildgesteuerte Therapieverfahren). Prozessinnovationen hingegen steigerten die Effizienz und Qualität bereits vorhandener Versorgungsangebote (etwa durch telemedizinische Vernetzungen und medizinische Online-Dienste).
- Wachsendes **Konsumenteninteresse an Lebensqualität**: In den letzten Jahren zeigt sich, dass die Menschen mehr Zeit und private Mittel aufwenden, um es sich körperlich und geistig gut gehen zu lassen (schon heute investieren mit wachsender Tendenz rund zwei Drittel der Bevölkerung regelmäßig in Gesundheitsvorsorge). Deutlicher Ausdruck dieses zugenommenen Interesses an Lebensqualität ist bspw. der schon geschilderte rasante Anstieg von Wellness- und Fitnessanbietern (vgl. Heinze/Helmer-Denzel 2004).
- Der Trend zur **Eigenverantwortung**: Der Perspektivwechsel wird unterstützt durch die Debatten um mehr individuelle Vorsorge im Bereich der Gesundheit. Trotz der Passivierungstendenzen des traditionellen deutschen Wohlfahrtsstaates scheint sich die Haltung der Bevölkerung zu grundlegenden Reformen der sozialen Sicherungssysteme – glaubt man empirischen Umfragen - zunehmend in Richtung von mehr Eigenverantwortung zu entfalten. „Die Deutschen wollen nicht nur Selbstbestimmung im Privatleben: sie sind auch bereit, die Herausforderungen des Umbaus des Sozialstaats mit Eigenverantwortung zu meistern….Die Selbstbestimmung kann sich nicht nur in Freizeit oder Beruf, sondern auch als stärkere Eigenverantwortung der eigenen Daseinsvorsorge äußern“ (Meulemann 2004, 8).

Inzwischen ist die Gesundheitswirtschaft auch zu einem Lieblingsthema der regionalen Strukturpolitik geworden; viele Wirtschaftsregionen und ganze Bundesländer (etwa Bayern, Mecklenburg-Vorpommern und Schleswig-Holstein, aber auch Nordrhein-Westfalen) verkaufen sich derzeit als **„Gesundheitsregionen“**. Und auch Kommunen sind aktiv geworden, um an dem „Megatrend“ Gesundheit und den rosigen Aussichten der Gesundheitswirtschaft zu partizipieren.

In Deutschland ist das Thema Gesundheits- und auch im besonderen die Seniorenwirtschaft in den letzten Jahren als ein wichtiges, integriertes Gestaltungsfeld der Sozial- und Wirtschaftspolitik erkannt worden. Im Hinblick auf konkrete Initiativen und Aktivitäten zur Entwicklung dieses Bereichs nimmt das Bundesland Nordrhein-Westfalen eine Vorreiterrolle wahr, was auch auf die beschäftigungspolitische Bedeutung dieses Sektors zurückzuführen ist. In einem „klassischen" Industrieland wie Nordrhein-Westfalen wies der Dienstleistungssektor in den vergangenen Jahrzehnten die höchsten Steigerungsraten beim Beschäftigungswachstum auf. So zählt die Gesundheitswirtschaft inzwischen zu den größten Wirtschaftsbranchen in NRW. Bereits Ende der 90er Jahre arbeiteten hier knapp eine Million Beschäftigte (derzeit etwa 1,1 Millionen) – und die Branche kann auf eine außerordentlich **positive Beschäftigungsentwicklung** zurückblicken: Zwischen 1985 und 1998 gab es bereits eine Wachstumsrate von rund 22,4 Prozent und von 1999 bis 2003 wuchs die Beschäftigung um 7,1 Prozent (vgl. MGSFF 2004 sowie Hilbert/Naegele 2002, Fretschner et al 2002 und Hilbert/Fretschner 2004). Im neuen Masterplan Gesundheitswirtschaft NRW der Landesregierung wird von einem Beschäftigungswachstum in diesem Sektor von rund 200.000 in den nächsten zehn Jahren gesprochen. Und dieser positive Beschäftigungstrend gilt sogar in einer traditionellen Industrieregion wie dem Ruhrgebiet: hier sind bereits heute 15,6 Prozent der sozialversicherungspflichtig Beschäftigten in der Gesundheitswirtschaft tätig (in Regionen wie Berlin oder Hamburg werden ähnliche Beschäftigungsquoten registriert). In den letzten Jahren ist ein breites Netzwerk von Akteuren entstanden, das sich bspw. mit der Seniorenwirtschaft befasst. Es reicht von der Wirtschafts- und Sozialpolitik, der freien Wohlfahrtspflege, der Landesseniorenvertretung über Handwerks-, Industrie- und Handelsorganisationen bis hin zu Verkehrs- und Touristikanbietern. Die hohe Akzeptanz geht darauf zurück, dass viele Akteure sich davon überzeugt haben, dass dieses Thema sozialpolitisch wichtig und wirtschafts- und beschäftigungsmäßig viel versprechend ist.

Wohnen im Alter wurde in diesem Zusammenhang zu einem wichtigen Thema – sowohl für die Wohnungswirtschaft und die Kommunen als auch für das Handwerk. Die NRW-Handwerksorganisationen haben beispielsweise eine Kompetenz-, Beratungs- und Qualifizierungsstelle „Wohnen im Alter" aufgebaut, deren Dienstleistungen von Handwerksunternehmen in Anspruch genommen werden. Ein wesentlicher Teil der Arbeitsplatzverluste der letzten Jahre könnte – so die These - durch eine offensive Strategie des Handwerks im Handlungsfeld „Wohnen im Alter" wieder abgefangen werden, allerdings müssten sich auch die Qualifikationsstrukturen der Handwerker und ihre Zugänge zum Markt („Seniorenmarketing") verändern. Während der „Handwerker von heute" Fenster einbaut und Fliesen verlegt, muss der „Handwerker von morgen" ebenfalls ein Energieexperte sein sowie auf die Wünsche und Bedürfnisse der Senioren eingehen. Und in diesem Zusammenhang spielt immer mehr die selbständigkeitserhaltende bzw. – fördernde Gestaltung der Wohnung eine zentrale Rolle. Eine dementsprechend gestaltete Wohnung kann dazu beitragen, Hilfe- und Pflegebedürftigkeit zu vermeiden oder zumindest aufzuschieben, wobei Ansatzpunkte für eine seniorenorientierte Gestaltung nicht nur Geräte, Einrichtungsgegenstände und Installationen selbst bieten, sondern auch deren Anordnung im Innenbereich über die Gesamtarchitektur der Wohnung bis hin zur Wohnumfeldgestaltung (aktive Nachbarschaft/Bürgerhäuser als Anlaufstellen auch für Senioren etc).

> „Die altengerechte Umgestaltung der individuellen Wohnung eröffnet insbesondere dem Handwerk neue Betätigungsfelder. Die Gestaltungsmöglichkeiten sind außerordentlich groß: Barrieren werden aus dem Wege geräumt, Stolperfallen und Ausrutschmöglichkeiten beseitigt, die Bäder breiter und schwellenarm gestaltet und mit zusätzlichen Haltegriffen und Stützmöglichkeiten versehen. Rollläden werden per Knopfdruck bedient und Wege werden durch Fernbedienung eingespart. Intelligente Haustechnik erleichtert nicht nur die Alltagsorganisation, sie vermindert darüber hinaus auch Risiken, die z.B. durch den Umgang mit elektrischen Geräten entstehen. Die moderne Computertechnologie ermöglicht sogar „intelligente Häuser", in denen nicht nur ein Großteil der Wohnungssteuerung (Licht, Klima, Sicherheit) automatisch erfolgt, sondern in denen auch Unterstützungsleistungen für ältere und beeinträchtigte Bewohner geboten werden - z.B. akustische Signale für Blinde und optische Orientierungsmöglichkeiten für Hörbeeinträchtigte, Gedächtnishilfen oder Sicherheitstechnik. Technisch ist bei der altenorientierten Modernisierung von Wohnungen sehr viel möglich. Bislang jedoch ist es den anbietenden Branchen jedoch noch nicht gelungen, auf breiter Basis den Zugang zu den Kunden zu finden. Dies liegt keineswegs daran, dass die potentiellen Kunden den Angeboten grundsätzlich reserviert gegenüberstehen, sondern auch daran, dass sich die Wirtschaft schwer tut, die vorhandenen Chancen auch tatsächlich aufzugreifen. Viele Unternehmen aus dem Handwerk wissen weder, welche technischen Möglichkeiten bestehen, noch verfügen sie über das notwendige Wissen über die Bedarfe älterer Menschen und über das Marketing-Know-how, um Kunden für solche Angebote zu interessieren. Mit Blick auf die neuen Chancen, die die Informations- und Kommunikationstechnologien bieten, ist darüber hinaus zu bemerken, dass bei den zurzeit laufenden Entwicklungs- und Erprobungsarbeiten vor allem das technisch Machbare im Vordergrund steht und der Abgleich mit dem, was ältere Menschen wünschen und was ihren Alltag zu vertretbaren Kosten schnell und nachhaltig erleichtert, zu kurz kommt" (Cirkel et al 2004, 61; vgl. auch Franke/Wilde 2005 und FFG/IAT/RUB 2006).

Hinzu kommt, dass die meisten Produkte dieser Kategorie den Status von Komfortausstattungen haben, wenig bekannt und nachgefragt sind und die Marktdurchdringung aufgrund des hohen Preises relativ gering ist. Zahlreiche Wohnungsunternehmen beschäftigen sich ebenfalls inzwischen mit neuen Wohnkonzepten, um auf die demographische Entwicklung aktiv einzugehen. Nachgewiesen wurde inzwischen auch, dass die **Seniorenwirtschaft** im engeren Sinne eindeutig Beschäftigung schafft. So sind etwa in der ambulanten, teilstationären und stationären Pflege viele zusätzliche Arbeitsplätze entstanden. Dies verdeutlicht, dass

- das Altern der Gesellschaft ein wichtiger Beschäftigungsmotor ist,
- die größte Schubkraft wahrscheinlich aus dem Pflegebereich kommt und
- neben der Pflege in anderen Bereichen in signifikanter Größenordnung weitere seniorenwirtschaftliche Arbeitsplätze entstehen können.

Die wachsende Zahl zu Hause lebender Älterer macht die **haushaltsnahen Dienstleistungen** sicherlich zu einem Gestaltungsbereich mit guten Aussichten, skeptisch stimmt allerdings, dass es bislang nur in sehr wenigen Ausnahmefällen gelungen ist, hier sich selbst tragende Dienstleistungsangebote dauerhaft zu etablieren. Experten skizzieren das durch die Alterung der Gesellschaft bedingte Beschäftigungswachstum auf eine Größenordnung von rund 400.000 Arbeitsplätzen (vgl. auch Augurzky/Neumann 2005). Allerdings wird es darauf ankommen, diese potentiellen Wachstumsfelder zu **aktivieren**. Scheinbar ist es in anderen vergleichbaren Ländern leichter, Mittel und Ressourcen für die Weiterentwicklung innovativer Ansätze zu mobilisieren, was gerade für die „Megatrends“ Gesundheit und Wellness, die sich schon als Wachstums- und Investitionsmotoren erwiesen und weiterhin gute Zukunftsaussichten haben, besonders problematisch wäre. Beispiele dafür, dass dadurch große Chancen für den Wirtschafts- und Sozialstandort verspielt werden, sind sowohl in der Medizintechnik als auch in der Telekommunikation (z.B. beim Faxgerät) zu finden. Vor diesem Hintergrund ist es zu begrüßen, dass Themen aus den Life Sciences in den letzten Jahren sowohl in der Öffentlichkeit als auch in der Politik vermehrte Aufmerksamkeit erhielten, so dass in Zukunft mit besseren Umsetzungsbedingungen für Innovationen gerechnet werden kann.

Durch den Ausbau der gesundheitsbezogenen und sozialen Dienstleistungen in den letzten Jahrzehnten hat sich die Gesundheitswirtschaft zu einem beschäftigungsintensiven und innovationsträchtigen Wirtschaftsbereich gewandelt, der auch eine ausgeprägte Zukunftsorientierung bietet. Die „Jobmaschine“ Gesundheitswirtschaft und die neuen technologischen Optionen sind jedoch an bestimmte Bedingungen gebunden. Hierzu zählt neben der **Vernetzung** und der Koordinierung der Tätigkeiten auch ein kontinuierlicher Wissensaustausch der zentralen Akteure aus Wirtschaft, Politik und Wissenschaft sowie eine gemeinsame Definition und Koordination der angestrebten Ziele und Vorgehensweisen. Zuallererst muss dafür die Debatte im Gesundheitswesen in eine offensive Richtung gewandelt werden: Wer nur eine Kostendebatte führt, verkennt die innovativen Potentiale und die Wachstumsperspektiven.

6.2 Die wirtschafts- und beschäftigungspolitischen Potentiale des demographischen Wandels

Die Ausführungen zur Gesundheitswirtschaft haben deutlich gemacht, dass sich die voranschreitende Alterung und die zunehmende kulturelle Differenzierung der Gesellschaft auch auf das gesamtgesellschaftliche Konsumentenverhalten auswirken. Die (neuen) Konsumentengruppen und Märkte betreffen vor allem die zukünftig stark anwachsende Gruppe der Senioren, die jedoch heterogen ist. Die sozialökonomischen Differenzierungen zwischen den Alten werden zukünftig sogar wachsen (vgl. Niejahr 2004). Der Gedanke, die in der Vergangenheit stark gewachsene Wirtschaftskraft Älterer und die zunehmende Heterogenität ihrer Konsumwünsche und -bedürfnisse zum Ausgangspunkt ökonomischer Initiativen zur Nutzung des demographischen Wandels zu machen, ist keineswegs neu. Ausgehend von Überlegungen, dem Negativszenario „Demographische Belastung“ etwas entgegenzusetzen, wird darin - unter explizitem Bezug auf Vorbilderaktivitäten z.B. in den USA und Japan, wo jeweils der „silver market“ längst entdeckt ist - nach Wegen gesucht, wie man zum einen die Lebensqualität älterer Menschen erhöhen und zum anderen gleichzeitig mehr Impulse für wirtschaftliches Wachstum und neue Arbeitsplätze durch neue „demographiesensible“ Produkte und Dienstleistungen geben kann. Heute können wir gleichsam „evidenzbasiert“ davon ausgehen, dass die Seniorenwirtschaft eine Zukunftsbranche ist, die es zu entdecken und zu bearbeiten lohnt; und zwar in beiderseitigem Interesse – dem der Älteren wie dem unterschiedlicher Wirtschaftsakteure. Dafür sprechen u.a. folgende Gründe:

- Private Kaufentscheidungen sind nicht etwa nur von der Zahl der Nachfrager/innen abhängig, wie im demographischen Krisenszenario unterstellt. Vielmehr werden sie zumeist im Haushaltskontext getroffen. Zu beachten ist dabei, dass einer rückläufigen Bevölkerungszahl eine deutlich wachsende Zahl an Haushalten, insbesondere kleinerer Haushalte, gegenübersteht.
- Ältere Menschen sind eine sehr heterogene Bevölkerungsgruppe mit differenzierten Konsumwünschen und -bedürfnissen. Die Gruppe der älteren Menschen umfasst die sogenannten „jungen Alten“, hochaltrige Personen, einkommensschwache und einkommensstarke Gruppen. Hinzu kommen un-

terschiedliche zeitgeschichtliche Hintergründe und Sozialisationen sowie stark differierende Konsum- und Technikerfahrungen. Auch innerhalb einer einzigen Seniorengeneration differenzieren sich Lebenslagen und -stile immer weiter aus.

- Speziell ältere „Kunden/innen" wurden lange Zeit auf privaten Konsumgüter- und Dienstleistungsmärkten vernachlässigt, wofür u.a. der weitgehend negativ besetzte Begriff „Alter" sowie die daran anknüpfenden, gängigen Altersklischees verantwortlich waren. Allenfalls als Zielgruppe für soziale Dienstleistungen wurden sie ernst genommen.
- Ältere Menschen sind in wachsendem Maße konsuminteressiert. Die Zeit der „dankbaren" Nehmer/innen primär öffentlich bereit gestellter Güter und sozialer Dienste ist endgültig vorbei.
- Vor allem die nachrückenden Kohorten älterer Menschen sind hinsichtlich ihrer Konsuminteressen und -bedürfnisse zugleich anspruchsvoller und kritischer.
- Auf der individuellen Präferenzskala älterer Menschen rangieren neben dem Gesundheitszustand und der sozialen Einbindung insbesondere Wünsche nach Erhöhung von Lebensqualität und Erhaltung der Selbständigkeit an der Spitze.
- Damit gibt es zugleich eine wachsende Interessenidentität zwischen älteren Verbrauchern und privaten Anbietern mit „win-win"-Effekten für beide Seiten.
- Ältere Menschen verfügen über z.T. beträchtliches ökonomisches Potential. Empirische Studien haben gezeigt, dass sie eine kaufkräftige Gruppe geworden sind. So sind nach einer im Rahmen der Landesinitiative Seniorenwirtschaft durchgeführten und repräsentativen Studie zur Einkommensverteilung und –verwendung älterer Menschen in NRW (die Grundgesamtheit umfasste rund 5000 Haushalte mit mindestens einer Person zwischen 55 und 80 Jahren) die Haushaltseinkommen im Alter (trotz nach wie vor starker Unterschiede) als überwiegend gut zu beurteilen. Das durchschnittliche Einkommen der befragten Haushalte beträgt ca. 2.500 € im Monat. Die Bedeutung des Einkommens jenseits der Rente wächst und Seniorenhaushalte verfügen über erhebliche Bar- und Sachvermögen (vor allem Immobilien) (vgl. Reichert/Born 2004).

Generell ist die gestiegene Lebenserwartung gekoppelt an ein größeres Interesse von Senioren an Wellnessprodukten, Dienstleistungen und Präventionsmaßnahmen im Gesundheitsbereich. Ältere Menschen möchten länger gesund und körperlich fit bleiben und sind auch bereit, in diesem Sektor entsprechend Geld auszugeben. Des Weiteren besteht aufgrund der steigenden Lebenserwartung und dem prognostiziertem Anstieg an pflegebedürftigen Hochbetagten ein großes Potential im gesamten pflegerischen Marktsegment. Unterscheidet man Nutzungszusammenhänge in den beiden Kategorien „wellnessorientierte Dienstleistungen“ und „gesundheitsorientierte Dienstleistungen“, können bezogen auf die verschiedenen Altersgruppen folgende Aussagen getroffen werden: Deutlich unterdurchschnittlich gesundheitsorientiert sind Personen unter 40 Jahren; diese nehmen vorrangig Wellnessangebote wahr. Die Wellnessorientierung nimmt mit zunehmenden Alter ab; gesundheitsorientierte Dienstleistungen rücken in den Mittelpunkt des Interesses und werden in der Altersspanne zwischen 40 und 70 Jahren am intensivsten genutzt. Da die allgemeine Lebenserwartung in Deutschland beständig gestiegen ist und die Anzahl der Menschen, die über 60 Jahre alt sind, in den nächsten Jahren weiter zunimmt, öffnet sich für diese Altersgruppe (hier insbesondere auch für die über 70 Jährigen) möglicherweise eine Dienstleistungslücke in der Primär- bzw. Sekundärprävention, die durch kommerzielle Gesundheitsdienstleistungen geschlossen werden könnte.

Je älter ein Mensch wird, desto mehr Zeit verbringt er in der eigenen Wohnung. Der Bereich **Wohnen** nimmt daher im Alter eine zentrale Position der täglichen Lebensführung ein, in dem Kommunikation, soziales Leben und Freizeit erlebt wird. Die Wohnung wird zunehmend zum Lebensmittelpunkt. Damit verbunden steigen aber auch gerade im Alter die Anforderungen und Ansprüche an die eigene Wohnqualität vor allem im Bereich Sicherheit und Komfort. Gestiegene Ansprüche bedeuten in diesem Falle auch eine marktwirtschaftliche Chance - nicht nur für Wohnungsunternehmen - z.B. durch barrierefreie Wohnungen, Wohnungen mit angebundenen Dienstleistungen oder neue Wohnformen wie Seniorenresidenzen. Die verschiedenen derzeit am Markt befindlichen Wohnangebote für ältere Menschen werden z.T. von unterschiedlichen Altersgruppen genutzt. Von den Sonderwohnformen wie der stationären Altenhilfe aber auch Angeboten des Betreuten Wohnens ist bekannt, dass sie überwiegend von hochaltrigen Menschen in Anspruch genommen werden. Alternative Wohnangebote richten sich z.T. übergreifend an verschiedene Altersgruppen (z.B. Wohngemeinschaften), werden vielfach jedoch eher von den jungen Alten genutzt. Die die Selbständigkeit im Alter unterstützenden haushaltsnahen Dienste werden von unterschiedlichen Altersgruppen in Anspruch genommen.

Exkurs: Fitness und Wellness als Wachstumsfelder

Bereits im Jahr 2002 gaben die Deutschen 28,5 Milliarden Euro für private Gesundheitsleistungen aus und investierten zusätzlich 61,5 Milliarden Euro für Wellness; im Jahr 2004 lagen die Umsätze nach Erwartungen des deutschen

Wellnessverbandes bei knapp 69 Milliarden Euro. Aus diesen positiven ökonomischen Trends ziehen einige „Gesundheitregionen“ schon seit einiger Zeit Profit und haben sich als „Gesundheitsregionen“ profiliert. Im Bugwasser der prozessualen Veränderungen entwickeln sich verschiedene Bereiche der Gesundheits- und Freizeitwirtschaft positiv, die durch zwei gemeinsame Merkmale gekennzeichnet sind: Zum einen verbindet sie das Ziel, die Gesunderhaltung des menschlichen Körpers zu unterstützen und zum anderen wächst die private Nachfrage außerhalb des staatlichen Gesundheitssystems. Die Gesundheitsfelder erstrecken sich dabei von der Anwendung neuer Heilungs- und Präventionsmethoden bei „Volkskrankheiten“ über neue Operations- und Therapieverfahren bis hin zur Telemedizin. In allen Segmenten des Gesundheitsmarktes lassen sich Bereiche identifizieren, deren private Nachfragepotentiale wachsen. Selbst der Kernbereich der ambulanten und stationären Versorgung, der bislang überwiegend durch private und gesetzliche Krankenversicherungen abgedeckt wurde, erfährt z. B. durch privat bezahlte Schönheitsoperationen eine marktliche Öffnung. Für die Nachbarbranchen des Gesundheitsmarktes ergibt sich ebenfalls ein positives Bild an privaten Nachfragepotentialen. Die **Verknüpfung** von gesundheitsbezogenen Dienstleistungen mit Tourismus hat sich beispielsweise zum boomenden Markt entwickelt. Insbesondere in den Altersgruppen zwischen 40 und 69 Jahren, die mit höheren Einkommen ausgestattet sind, avanciert der privat bezahlte Gesundheitsurlaub zu einer Ergänzung der jährlichen Urlaubsreise. Auf diesem Gebiet hat mittlerweile bereits eine Ausdifferenzierung in verschiedene Urlaubsarten stattgefunden (Health-Care; Anti-Aging; Wellness-, und Beautyurlaub) (vgl. Institut für Freizeitwirtschaft 2003 sowie Eisele/Helmer-Denzel 2005).

Ein gesellschaftliches Freizeitverständnis, das auf Konsum, Mobilität und Lebensgenuss gründet, hat die **Freizeitbranche** zu einem boomenden Wirtschaftsfaktor reifen lassen, in dem inzwischen rund 5 Millionen Menschen arbeiten. Nicht nur die Freizeitindustrie befindet sich (z. B. mit der Herstellung von Sportgeräten) im Aufwind. Vor allen von den Freizeitdienstleistungen werden zukünftig Umsatz- und Beschäftigungszuwächse erwartet. Fitness und Wellness sind die Zauberwörter, mit denen in den letzten Jahren eine Vielzahl von Produkten und Dienstleistungen aus vertriebsstrategischen Überlegungen etikettiert wurden. Inspiriert wurde dieser Trend durch die Entwicklungen auf dem amerikanischen Markt, der als Referenzmarkt für die Entwicklungen auf dem deutschen Freizeitmarkt gilt. Dort sind in den letzten Jahren sogenannte „Hospital Fitness Center“ entstanden, die mit einer Mischung aus traditioneller Medizin, Fitness und Wellnessangeboten private Nachfrage aktivieren und sowohl präventive als auch kurative Angebote für die Nachfrager(innen) bereithalten. Für diese „Mischung” aus freizeitbezogenen und personenbezogenen Dienstleistungen steht bislang allerdings kein Analyseraster zur Verfügung. Unter das breite Dach des Begriffes der konsumorientierten Dienstleistungen werden von Häußermann/Siebel (1995) haushaltsbezogene, personenbezogene und freizeitbezogene Dienstleistungen zusammengefasst. Als freizeitbezogene Dienstleistungen werden nach dieser Definition Dienstleistungen bezeichnet, die nicht eine traditionelle Verpflichtung (z. B. Hausarbeit) ersetzen, sondern neuartige Betätigungen ermöglichen. Dies sind Dienstleistungen aus dem Bereich der Bade- und Körperkultur, Unterhaltung und Urlaub sowie Dienste aus dem Bereich Fitness und Sport. Eine klare Abgrenzung der einzelnen Dienstleistungskategorien ist problematisch, da sich Verbunddienstleistungen aus einzelnen Diensten der Unterkategorien zusammensetzen und **neue Dienstleistungscluster** bilden. Insbesondere die Verquickung von Sportdiensten mit therapeutischen Diensten stellt eine Mischung von personenbezogenen und freizeitbezogenen Diensten dar. Eng verknüpft mit dem definitorischen Problem ist die Datenlage: Konsumnahe Dienstleistungen können sowohl auf der Ebene der Unternehmen als auch der Beschäftigtenstatistik einer Vielzahl von Wirtschaftszweigen bzw. Berufsgruppen zugeordnet werden. Einer systematischen Erfassung aller freizeitbezogenen Dienstleistungen bzw. Beschäftigungsverhältnisse sind daher enge Grenzen gesetzt. Unstrittig ist jedoch, dass konsumnahe Dienstleistungen in Deutschland erheblich an Bedeutung gewonnen haben.

Trotz der Wachstumsraten, die im Bereich der konsumorientierten Dienstleistungen in den vergangenen Jahren und Jahrzehnten erzielt wurden, werden im arbeitsmarktpolitischen Kontext in allen drei Unterkategorien (haushaltsbezogene, personenbezogene und freizeitbezogene Dienstleistungen) weiterhin zusätzliche Beschäftigungspotentiale vermutet. Es spricht einiges für die These, dass der Bedarf an konsumorientierten Dienstleistungen vorhanden ist, sich aber erst bei Bestehen entsprechender finanzieller Spielräume in eine reale Nachfrage auf dem Arbeitsmarkt transformiert. Im folgenden werden einige Strukturdaten zur **Fitness-Branche** präsentiert, die im Rahmen der Studie „Beschäftigungspotentiale im Dienstleistungssektor" ermittelt wurden (vgl. ausführlich Eisele/Helmer-Denzel 2005, Eichener/Heinze 2005 sowie Heinze/Helmer-Denzel 2004). Während in den Anfängen der Fitnessbewegung in Deutschland Sportstudios eher als ergänzendes Sportangebot für Saisonsportler wie Skifahrer oder Tennisspieler außerhalb der eigentlichen Spielsaison dienten, setzte seit gut fünfzehn Jahren ein neuer „Nachfrageschub" ein. Als Folge wuchs zum einen der Frauenanteil in deutschen Fitness-Studios von 15 auf über 40 Prozent, zeitgleich entdeckte eine ältere Klientel das Interesse an qualifiziertem **Gesundheitstraining**. Verminderte körperliche Beanspruchung im Alltag bei oft zunehmender psychosozialer Belastung, das in westlichen Industriegesellschaften verbreitete „Schlankheitsideal" sowie die zunehmende Konzentration auf gesunde Lebensführung und das erhöhte Maß an Freizeit werden als zentrale Gründe angeführt, warum sich Menschen vermehrt Sportaktivitäten zuwenden.

Die Anzahl der Mitglieder in kommerziellen Fitnessstudios hat sich im Zeitraum von 1990 bis 2002 mehr als verdreifacht. Mittlerweile trainieren in den ca. 6.500 deutschen Fitnessstudios über fünf Millionen Menschen und geben pro Jahr mehr als drei Milliarden Euro für ihren Sport aus. Aber auch innerhalb der Fitness-Branche lassen sich Trends konstatieren, die gravierenden Einfluss auf die Branchenentwicklung haben. Die deutsche Fitnesslandschaft ist traditionell durch viele einzelne lokale Studioanbieter geprägt. International tätige Unternehmen drängen erst in jüngster Zeit zunehmend auf den deutschen Markt. In Deutschland hatten Ende 2001 die elf größten Anbieter lediglich einen Marktanteil von rund 11 Prozent bezogen auf die Gesamtmitgliederanzahl. Sowohl der britische als auch der amerikanische Fitnessmarkt weisen eine weit höhere Konzentration auf. Der deutsche Markt befindet sich derzeit in einer **Konsolidierungsphase**. Sportstudioketten und Franchise-Clubs konnten in den vergangenen Jahren deutlich höhere Wachstumsraten erzielen als die kleinen und unabhängigen Anbieter; dieser Trend wird sich in Zukunft noch verstärken.

Vor dem Hintergrund der demographischen Entwicklung ist es interessant zu erfahren, ob die Bevölkerung im Zeitverlauf „sportlicher" geworden ist und dadurch ein erweitertes Potential auch für Beschäftigung entsteht. In der Regel lässt die sportliche Aktivität mit zunehmendem Alter nach. Allerdings kann inzwischen konstatiert werden, dass die älteren Bevölkerungsgruppen im Zeitverlauf „sportlicher" werden und ein größerer Anteil einer Alterskohorte regelmäßiger (mindestens einmal in der Woche) Sport treibt, als dies noch vor 25 Jahren üblich war (vgl. Eisele/Helmer-Denzel 2005). Hier wächst der Fitnessbranche ein Nachfragepotential zu, dass jedoch aktiv beworben werden muss und dessen gesundheitsorientierte Bedürfnisse in das Dienstleistungsangebot der Anbieter integriert sein wollen. Zusammenfassend kann festgehalten werden, dass im Bereich der Gesundheits- und Sportaktivitäten **Nachfragepotentiale** vorhanden sind, die sich jedoch nicht „automatisch" erschließen.

Die Beschäftigtenzahlen im Fitnessbereich haben sich in den letzten Jahren positiv entwickelt. Neben Vollzeit- und Teilzeitarbeitsplätzen zeichnet sich jedoch eine hohe Bedeutung der „400-Euro-Beschäftigung" ab. Die Fitnessbranche ist eine „ungeregelte" Branche geblieben: im Durchschnitt beschäftigen die Fitnessunternehmen zusammengenommen mehr Honorarkräfte und 400-Euro-Beschäftigte als sozialversicherungspflichtig Teilzeit- und Vollzeitbeschäftigte. Bezogen auf die Tätigkeitsbereiche fällt auf, dass die Beschäftigung im Service- und Reinigungsbereich gleichauf mit den eigentlichen Trainertätigkeiten dominieren. Immerhin hat rund ein Drittel der Unternehmen Beschäftigte im Bereich Ernährungsberatung, während sich Felder wie Physiotherapie und Massagen personell noch nicht durchgesetzt haben. Dies dürfte sich zukünftig ändern, **gesundheitsbezogene** Angebote werden eine größere Rolle spielen. Die Zeit der „schlichten Muckibude" wird auf immer weniger Fitnessanbieter zutreffen. Die von einigen bereits durchgeführten und geplanten Kooperationen mit Krankenkassen, Unternehmen und Schulen vorwiegend im Gesundheitssport weisen auch in diese Richtung. Die konsequente Ergänzung des Angebots wird allerdings bislang nur in Einzelfällen vollzogen. Der Großteil der Einzelanbieter baut bislang noch auf die sportliche Freizeitbeschäftigung und hat sich noch nicht darauf eingestellt, die Angebotspalette durch Gesundheitsdienstleistungen zu ergänzen.

Nach Ansicht von Experten dürfte sich der Anbietermarkt in den nächsten Jahren spalten. Während insbesondere Fitnessketten eher den „langen finanziellen Atem" haben, differenzierte Gesundheitsdienstleistungen in bestehende Anlagen einzugliedern bzw. an Subunternehmen zu vergeben, werden die Einzelanbieter ihr Glück künftig eher in den Nischen suchen müssen, um sich erfolgreich am Markt behaupten zu können. Die zukünftige Nischenpolitik kann sich mit einem Blick auf die us-amerikanische Entwicklung auf Zielgruppen wie „Familien mit Kindern", „Übergewichtige", aber auch Ältere und „individuelles Fitnesstraining" richten. Insgesamt steht die Fitnessbranche in mehrfacher Hinsicht vor einem **Umbruch**. Es findet eine Konsolidierung des Anbietermarktes statt und abhängig von der Gesundheitspolitik wird ein Schub in die gesundheitliche **Prävention** erfolgen. Wird dieser Trend von den Fitnessunternehmen nicht aufgegriffen, wird dieses Marktsegment zunehmend von Kliniken erschlossen werden, die in Pilotprojekten nicht nur Nachsorge für Patienten betreiben, sondern auch stärker Angebote aus den Bereichen Bewegung, Entspannung und Ernährung für Interessierte bereithalten.

Zusammenfassend kann man festhalten: Insgesamt bilden sich gesundheitsorientierte Nachfragepotentiale heraus. Unternehmen treten vermehrt als Nachfrager auf und wollen für ihre Mitarbeiter neue Formen des „Betriebssports" einsetzen und last not least wird **Prävention** in der deutschen Gesellschaft zukünftig eine wichtige Rolle spielen, da die Bevölkerung zum einen altert und zum anderen die Verantwortung für die Gesundheit immer weiter auf das Individuum verlagert werden wird. Zusammengenommen eröffnen sich dadurch **Marktpotentiale**, die bislang jedoch nur zögerlich ausgeschöpft werden.

6.3 Aktivierende Innovationspolitik im Wachstumsfeld Gesundheit und Soziales

Die beeindruckende Beschäftigungsdynamik des Dienstleistungssektors und vor allem das Wachstum des „schlafenden Riesen" der Gesundheitswirtschaft haben einen Imagewandel dieser Dienste zur Folge. Die sozialen und gesundheitsbezogenen Dienste wurden früher aufgrund ihrer Arbeitsintensität und ihrer Rationalisierungsresistenz eher als Belastung für den Standort Deutschland interpretiert. Durch die positive Beschäftigungsentwicklung rücken nun jedoch auch ihre wirtschaftlichen Wachstumspotentiale stärker in den Mittelpunkt der Aufmerksamkeit und werden inzwischen von vielen Regionen und Städten als „die" Wachstumsvision angeboten. Soziale, konsum- und freizeitbezogene Dienste gelten demnach nicht nur als Element zur Steigerung der Lebensqualität, sondern auch als **neue Impulsgeber** für Wachstum und Beschäftigung.

Die Gesundheitspolitik vermittelt zwar immer wieder den Eindruck, sie sei der wichtigste und ausschlaggebende Bereiche für die Zukunftsfähigkeit der Gesundheitswirtschaft, jedoch übersieht dies, dass die für den Ausbau der Leistungen, für Wachstum und Beschäftigung erforderlichen Innovationsleistungen „vor Ort" in den Gesundheitsregionen erbracht werden müssen. Und dies gilt auch im Hinblick auf den Ausbau gesundheitsbezogener Angebote in den Nachbarbranchen des Gesundheitswesens (Sport, Freizeit, Tourismus). Hier scheint Zusammenarbeit eine viel versprechende Perspektive zu sein; zum Beispiel liegen in der Verknüpfung von Wohnen und Gesundheitsleistungen interessante Wachstumsfelder. Insgesamt hat sich sowohl aus sozial- wie auch aus arbeitsmarktpolitischer Sicht das Themenfeld „Lebensqualität" zu einem Wachstums- und Beschäftigungsmotor entwickelt, der nun auch strukturpolitisch funktionalisiert wird.

Besondere Potentiale werden in einem relevanten Segment des Gesundheitsclusters, der Seniorenwirtschaft, gesehen (vgl. Hilbert 2003). Dieser neue Blick auf die wachsende Gruppe der Senioren und deren wirtschaftliche Potentiale überrascht manchen Beobachter, was auch daran liegt, dass in der Öffentlichkeit aufgrund unseres klassischen Bildes, das Alter mit Hilfebedürftigkeit gleichsetzt, nicht erkannt wird, dass unter 5 Prozent der Personengruppe der über 65-Jährigen in Heimunterkünften leben. Die allermeisten Älteren möchten so lange es geht in ihrer Wohnung oder ihrem Haus verweilen und deshalb ist es auch leicht nachzuvollziehen, dass die Ausgaben für Wohnungsinstandsetzungen und -anpassungen sowie spezielle Dienstleistungen aufgrund der veränderten Ansprüche und Bedürfnisse an das Wohnen im Alter deutlich ansteigen. Wohnen im Alter ist also ein Wachstumsmarkt in vielen Dimensionen, der zudem noch andere interessante technologische Innovationen (wie die Telemedizin) zur Anwendung bringen kann (sh. Kap. 6.6).

Die Entfaltung der Potentiale der Gesundheitswirtschaft erfordert aber auch ein Umdenken in der Arbeitsorganisation sowie der Aus- und Weiterbildung: „Die empirischen Ergebnisse zu Arbeit und Qualifizierung verweisen allerdings auf zentrale Problemlagen, welche die eigentlich positiven Entwicklungsaussichten der Branche aktuell und in Zukunft auszubremsen drohen. Hier entsteht dringender Handlungsbedarf: Wenn die Hoffnungen auf mehr Lebensqualität und Beschäftigung eingelöst werden sollen, ist auch nach neuen Wegen in der Qualifizierung, der Arbeitsorganisation sowie der Arbeits(platz)gestaltung und der Fachkräftegewinnung zu suchen" (Evans/Hilbert 2006, 205). Generell braucht die Aufwertung des Wachstumsfeldes Gesundheit als neuer wirtschafts- und beschäftigungspolitischer Fokus gewisse Voraussetzungen, um erfolgreich zu sein. Sie ist nur dann handlungsfähig, wenn die korporativen Akteure aktiv mitarbeiten, es zu tragfähigen Projekt- und Innovationsnetzwerken kommt und auch die Führungspersönlichkeiten und –strukturen stimmen. Der Faktor Kooperation und Netzwerkmanagement als zentrale Erfolgsvoraussetzung und „Lebenselexier" gilt auch für diese spezielle Wirtschaftsbranche. Eine der Schlüsselherausforderungen für die Zukunft der Gesundheits- und Sozialwirtschaft wird sein, ob es gelingt, über die öffentlichen und halböffentlichen Mittel (aus den Sozialversicherungen) hinaus zusätzlich private **Kaufkraft** zu aktivieren. Von ausschlaggebender Bedeutung ist diese Fragestellung zum einen, weil viele traditionelle Anbieter große Schwierigkeiten haben, sich entsprechend am Markt zu bewegen und Unterstützung durch Orientierungswissen und Kooperationsangebote brauchen. Noch viel entscheidender ist die Herausforderung der privaten Mittel aber unter Aspekten der sozialen Gerechtigkeit, da die Gefahr wachsender sozialer Ungleichheit droht. Auf die Gesundheits- und Sozialpolitik kommt vor diesem Hintergrund eine große **Verantwortung** zu. Sie muss die anstehende Gesundheitsreform so gestalten, dass die Spielräume für die Aktivierung zusätzlicher privater Mittel für gesundheitsbezogene Angebote steigen und gleichzeitig sicherstellen, dass ein anspruchsvolles (und ehrgeizig dynamisiertes) Basisversorgungsangebot und damit eine grundlegende Basisabsicherung für alle gewährleistet bleibt.

Um den Wachstums- und Beschäftigungstrend der Gesundheitswirtschaft weiter aktiv zu unterstützen, wird aber auch eine Wirtschafts- und Beschäftigungspolitik verlangt, die sich an den Bedürfnissen kleiner, gerade erst gegründeter Unternehmen orientiert, die sich oft am Rande der Lebensfähigkeit durchbeißen. Hier zeigt sich ein spezielles Manko in Deutschland: die noch immer stark industrialistisch geprägte Wirtschafts- und Arbeitskultur bewertet sowohl Dienstleistungstätigkeiten generell als auch spezifische Innovationen (etwa in der Gesundheitswirtschaft) viel niedriger als ihre reale Bedeutung ist. Dies führt zu einem entsprechend niedrigem Niveau an Gründungsaktivitäten auch in diesem Handlungsfeld. Bürokratische Regulierungen erschweren zudem noch immer das Leben (wenn nicht sogar das Überleben) vieler kleiner Unternehmen, obwohl gerade sie wachstums- und beschäftigungsfördernde Innovationen – auch in der Gesundheitswirtschaft - umsetzen. Hier liegt eine zentrale Aufgabe einer systematischen Innovations- und Sozialpolitik. Sie muss dafür sorgen, dass soziale Sicherungssysteme nicht nur auffangen, sondern auch neue Aktivitäten im Beschäftigungssystem auslösen. Dazu gehört eine Aufgeschlossenheit gegenüber den Wandlungsprozessen auf dem Arbeitsmarkt und neuen Beschäftigungspotentialen, die aber eine Überwindung der über Jahrzehnte entstandenen Verkrustungen im deutschen Beschäftigungssystem verlangen (vgl. Heinze/Streeck 2000, 2003). Es gilt zudem, den Wohlfahrtsstaat nicht nur als Last, sondern als **soziale Investition** zu begreifen, wobei der „Markt des Lebens" (also die Gesundheitswirtschaft) zukünftig eine zentrale Rolle spielt.

Für ein weiteres Wachstum des „schlafenden Riesen" der Gesundheitswirtschaft muss aber auch die Politik vom Prinzip der Statuskonservierung umorientiert werden in Richtung auf eine bessere Nutzung der „Wissensströme" und Innovationspotentiale, wobei vor allem eine Fokussierung in Richtung auf Kompetenznetzwerke zu empfehlen ist. Generell gilt aber weiterhin, dass sowohl in diesem wirtschafts- und sozialpolitisch interessanten Handlungsfeld aber auch in anderen Wirtschaftbranchen der **Innovationsattentismus** in Deutschland überwunden werden muss. Die Umsetzung der Innovationen gestaltet sich in den einzelnen Bereichen unterschiedlich, wobei gerade in der Verschränkung von unterschiedlichen Technologien (bei der Telemedizin etwa Kommunikationstechnik und Medizin) sich neue interessante Wachstumsfelder abzeichnen. Am Beispiel der Telemedizin wird noch diskutiert, wie sich ganze Wirtschaftsbranchen, aber auch nicht marktlich strukturierte Versorgungssysteme (etwa im Gesundheitssystem) neu definieren bzw. redefinieren und zu innovativen Wertschöpfungsnetzwerken werden können.

6.4 Regionale Standortprofilierung durch Gesundheitswirtschaft

Anknüpfend an die Aussichten der Gesundheitswirtschaft versuchen mittlerweile zahlreiche Regionen, sich als Gesundheitsregionen zu profilieren, was auch bereits an Standorten wie München oder auch dem Ruhrgebiet exemplarisch gezeigt wurde. Ziel dabei ist es, die Wachstumspotentiale der vorhandenen Gesundheitsunternehmen zu identifizieren und auszubauen und sich darüber hinaus als idealer Standort für innovative bzw. innovationsfreudige Unternehmen von außen anzubieten. Anhand von verschiedenen positiven Beispielen erfolgreicher Regionalentwicklung kann studiert werden, wie wichtig die enge Kooperation zwischen den Akteuren in der Gesundheitswirtschaft sowie die Bildung von Vertrauen ist, die stabile Netzwerkbeziehungen entstehen lässt. In den letzten Jahren sind in verschiedenen Regionen innovative Netzwerke in der Gesundheitswirtschaft entstanden. Betrachtet man jedoch die Leistungspotentiale, dann können diese in einer aktiven Zukunftsstrategie noch besser entfaltet werden. Die Differenzen zwischen den verschiedenen Gesundheitsregionen liegen vor allem in den eingeschlagenen Entwicklungspfaden und den spezifischen Schwerpunktsetzungen begründet. Hier sind insbesondere folgende Ansätze zu erkennen:

- Regionen setzen darauf, ihr medizinisches und gesundheitswirtschaftliches Know-How zu identifizieren und so aufzubereiten, dass es auch als Exportgut angeboten werden kann. Die Folge ist vor allem ein Ausbau von Qualifizierungs-, Management- und Beratungsdienstleistungen.
- Vorhandene Gesundheitseinrichtungen werden (auch auf dem Wege des Gemeinschaftsmarketings) stärker nach außen vermarktet. Wegen der bestehenden Werbungsbeschränkungen sind entsprechende Initiativen inhaltlich noch sehr begrenzt, gleichwohl ist das Werben um Kunden aus anderen Regionen oder aus dem Ausland eine der wichtigsten Maßnahmen zum Ausbau von Gesundheitsregionen.
- In den traditionellen Gesundheitsregionen, nämlich den Kur- und Bäderregionen, die seit langem insbesondere ältere Menschen als Zielgruppe haben, sind vor dem Hintergrund schrumpfender traditioneller „Märkte“ Aktivitäten zum Aufbau neuer Geschäftsfelder zu beobachten. Diese reichen von Wellnessreisen für ältere Menschen bis hin zu Bemühungen, neue Verzahnungen zwischen stationären und ambulanten Rehabilitationsdienstleistungen aufzubauen.

Sichtbar wird, dass die guten Wachstumsaussichten der Gesundheitswirtschaft Anbieter im Gesundheitswesen und in den vor- und nachgelagerten Bereichen motiviert haben, hier zu investieren. Auch von der Regional- und Strukturpolitik ist dieser Trend erkannt und aufgegriffen worden. Der **Wettbewerb** um die Märkte und Zukunftschancen hat längst eingesetzt; auf die Perspektiven der Gesundheitswirtschaft in „Metropolregionen“ wie München, Hamburg oder Berlin wird dabei vielfach eingegangen. Etwas unbeachtet ist dieses struktur- und beschäftigungspolitische Feld bislang in den neuen Bundesländern geblieben, obwohl gerade hier in einzelnen Regionen große Potentiale liegen. Im folgenden sollen deshalb explizit die wirtschaftlichen Potentiale der Gesundheitswirtschaft in einem östlichen Bundesland vorgestellt werden, das aufgrund der sozioökonomischen Veränderungen in den letzten Jahren (speziell den erheblichen Schrumpfungen der Beschäftigung in anderen Wirtschaftssektoren) hier potentiell Wachstumschancen hat, wenn es gelingt, dieses zentrale Handlungsfeld auch standortpolitisch zu profilieren.

6.4.1 Mecklenburg-Vorpommern auf dem Weg zum Gesundheitsland

Es ist bereits darauf hingewiesen worden, dass in den Rankings der Bundesländer Mecklenburg-Vorpommern (MV) immer hinten landet und als Standort erheblich unter Druck steht. Dies zeigt sich auch hinsichtlich des Wirtschaftswachstums im Jahr 2005, das in MV – wie auch den meisten anderen neuen Bundesländern - mit 0,2 Prozent stagnierte. Bei genauerem Hinsehen hat aber auch dieses Bundesland durchaus Standortstärken und deshalb sollten die negativen Nachrichten über Dauerarbeitslosigkeit, Verarmung und Abwanderungen nicht zur Resignation führen, sondern als Aufforderung verstanden werden, noch intensiver über günstigere Rahmenbedingungen für die Wirtschafts- und Arbeitsmarktentwicklung nachzudenken (etwa durch zukunftsfähige Cluster und neue Leitprojekte), um die vorhandenen Potentiale zu profilieren (zum Wirtschaftsstandort MV vgl. Dybe 2003, 232ff, zur Arbeitsmarktsituation Schmid 2001). Mecklenburg-Vorpommern hat bspw. gute Ausgangsbedingungen, um sich in der expandierenden Gesundheitswirtschaft weiter zu entfalten, wobei als Rückgrat die staatlich anerkannten Kur- und Erholungsorte mit ihrer Struktur- und Servicequalität zu nennen sind. Das Land verfügt allgemein über eine gute Infrastruktur und beste Umweltbedingungen: eine intakte und Natur geprägte Landschaft, ein mildes Ostseeklima und eine im Hinblick auf Gesundheit kompetente und leistungsfähige Agrar- und Ernährungsindustrie. Das Bundesland ist inzwischen eine der führenden deutschen Urlaubsdestinationen in Deutschland und verfügt über gute Angebote für den wachstumsträchtigen Markt des **Gesundheitstourismus**. Gleiches gilt für die Rehabilitation: auch hier ist eine neue, gut ausgebaute Angebotsstruktur vorhanden, die nach Zahl der Reha-Plätze pro Kopf der Bevölkerung in Deutschland führend ist.

In Mecklenburg-Vorpommern arbeiteten schon im Jahr 2003 über 86.000 Menschen in der Gesundheitswirtschaft, davon geht der größte Anteil mit 86 Prozent einer sozialversicherungspflichtigen Beschäftigung nach, etwa 6 Prozent sind selbstständig und 8 Prozent arbeiten als geringfügig Beschäftigte. Annähernd 61.000 (70 Prozent) der Beschäftigten in der Gesundheitswirtschaft arbeiten in der stationären, teilstationären oder ambulanten Versorgung. Von beschäftigungsrelevanter Bedeutung sind weiterhin die Bereiche Verwaltung/Versicherung mit etwa 10.100 (12 Prozent), Gerontotechnik/Gesundheitshandwerk mit fast 4.000 (4,5 Prozent) sowie Gesundheitstourismus mit immerhin 3.300 (4 Prozent) Beschäftigten. Im Vergleich zum Bund ist erkennbar, dass die Beschäftigtenanteile Mecklenburg-Vorpommerns in der stationären Altenhilfe um vier Prozentpunkte und in der ambulanten Versorgung um zwei Prozentpunkte nach unten abweichen. Dagegen nimmt der Gesundheitstourismus mit einem Beschäftigtenanteil von fast 4 Prozent eine deutlich über dem Bundesdurchschnitt liegende Position ein.

Im Vergleich mit anderen Bundesländern liegt MV hinsichtlich der Anteile an der Gesamtbeschäftigung im oberen Drittel; führend ist Schleswig-Holstein und auch Niedersachsen liegt knapp vor MV. Bei der Interpretation dieses Indikators muss jedoch auch die Höhe der Gesamtbeschäftigung mitberücksichtigt werden, denn eine geringe Gesamtbeschäftigung beeinflusst diesen Indikator maßgeblich mit. Gleichwohl werden bei Betrachtung der folgenden Grafik zwei Aspekte deutlich: Zum einen wird die **beschäftigungspolitische Dimension** der Gesundheitswirtschaft für das Land MV sichtbar. Dies gilt für die personalintensiven Bereiche, die besonders in der Versorgung und Pflege, aber auch in den gesundheitsrelevanten Randbereichen zu finden sind. Zum anderen ist klar zu erkennen, dass die gesundheitsbezogenen Randbereiche, also die Bereiche Gesundheitstourismus, Wellness und Fitness, eine überdurchschnittliche Bedeutung im Ländervergleich aufweisen.

Abbildung 2: Anteil der sozialversicherungspflichtig Beschäftigten in der Gesundheitswirtschaft an den Gesamtbeschäftigten nach einzelnen Bereichen, Bundesländervergleich 2004.

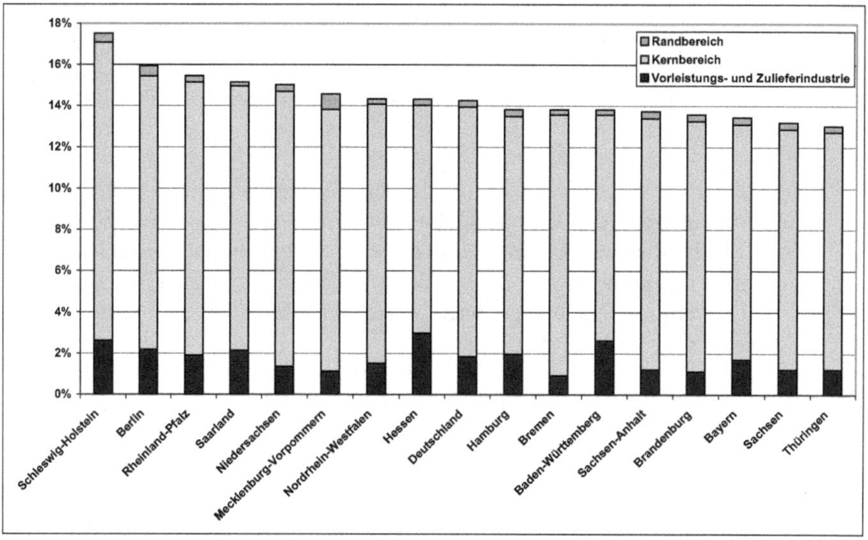

Quelle: RD NRW der BA, Statistisches Bundesamt, Berechnung und Darstellung: Institut Arbeit und Technik, Gelsenkirchen, ©IAT

In Mecklenburg-Vorpommern bietet sich aufgrund der vorhandenen Potentiale das Cluster „Gesundheitswirtschaft“ mit all seinen Facetten als zukünftiger Wachstumsschwerpunkt an. Hier verfügt das Land bereits über erhebliche Stärken und ist für die Zukunft gerüstet: intakte Naturlandschaften und verstreut über das Land verschiedene Tourismusregionen, die alle in den letzten Jahren einen Boom erlebt haben (seit Anfang der 90er Jahre hat sich die Zahl der Übernachtungen verdreifacht). Zudem ergänzen sich – im Sinne eines Clusters - Tourismus und Ernährungswirtschaft, aber auch andere Segmente aus der Medizin, der Umwelt- und Energietechnik etc in der „Gesundheitswirtschaft“.

Allerdings liegt nach den vorliegenden Untersuchungen zur Gründungsdynamik MV im Vergleich der Bundesländer eindeutig im unteren Segment. Hier besteht Handlungsbedarf, weil durch eine verbesserte „Kultur der Selbstständigkeit“ auch besser die Potentiale der Gesundheitswirtschaft entfaltet werden können. Wenn mehr Gründungen realisiert und publik gemacht werden, werden nicht nur bessere Chancen für Wirtschaft und Beschäftigung, sondern auch Anreize für den „Sozialstandort MV“ gegeben. Hierüber können junge Leute bewegt werden, im Land zu bleiben oder ggf. zurückzukehren. Eine solche wirtschaftliche Dynamik zu entfalten, und wenn es auch erst in einigen regionalen Kompetenzfeldern gelingt, verbreitert auch mental eine „gute Stimmung“ und kann den grassierenden Pessimismus ein Stück weit überwinden.

Wenngleich viele Regionen diesem Trend folgen, so ist aufgrund der natürlichen und geographischen Voraussetzungen und der vorhandenen Potentiale noch genügend Raum für eine weitere Profilierung Mecklenburg-Vorpommerns als Gesundheitsland:

- MV hat sich bereits in den letzten Jahren als Tourismusland profiliert und war nach Angaben des Europäischen Tourismusinstitutes in den Sommerferien 2003 bundesweit erstmals das beliebteste Ferienland in Deutschland. Nach allen Prognosen wird dieser Wirtschaftsbereich weiter wachsen, was zu einer weiteren Nachfrage nach Arbeitskräften in allen Sparten dieses Sektors führen wird.
- Im Bereich Wellness, aber auch in den Heilbädern und Kurorten gibt es im Land inzwischen Topeinrichtungen, die auch einen hohen Privatgästeanteil (dieses Teilsegment wird immer zentraler innerhalb der Gesundheitswirtschaft) haben.
- Im Ernährungssektor verfügt das Land sowohl über regionale Spezialitäten als auch eine wachsende Ökolandwirtschaft sowie Verflechtungen mit der prosperierenden Tourismusbranche.
- Hinsichtlich der Kompetenzen im Bereich Wissenschaft/Forschung sind in der Gesundheitswirtschaft in den letzten Jahren mehrere „Leuchtturmprojekte“ etabliert worden (bspw. das „BioCon Valley“ in der Biotechnologie). Aber auch allgemein ist sowohl der Bildungs- und Weiterbildungsbereich für die Gesundheitswirtschaft gut aufgestellt als auch die Universitäten und Fachhochschulen mit neuen gesundheitswirtschaftlichen Studiengängen und Forschungsschwerpunkten. Was allerdings noch fehlt, ist eine Konzentration auf herausragende Projekte sowie effizientere Vernetzungen zwischen den verschiedenen Akteuren. Innovationsprojekte in der Gesundheitswirtschaft müssen zudem weitaus besser verzahnt werden mit arbeitsmarktpolitischen Förderstrategien.

Wenn auch die Gesundheitswirtschaft in den letzten Jahren zu einem wichtigen Baustein in der Wirtschafts- und Strukturpolitik geworden ist, so gilt es nun, diese Potentiale zu bündeln, **strategisch** zu positionieren und zu vermarkten. Eine strategische Positionierung muss sich ihrer inneren Logik nach auf Bereiche stützen, in denen genügend Substanz vorhanden ist, um im Wettbewerb mit anderen Regionen bestehen zu können, und sie müssen ihrer ökonomischen Bedeutung und Nachhaltigkeit nach gewichtet sein. Als Schwerpunkte können definiert werden (vgl. Masterplan Gesundheitswirtschaft Mecklenburg-Vorpommern 2006):

Neue Medizin: Wenn heute von Gesundheit die Rede ist, wird dabei zumeist an die konventionelle Medizin gedacht, die ihren Schwerpunkt darin hat, aufgetretene Krankheiten zu heilen oder zu lindern. Unter Experten herrscht allerdings kein Zweifel daran, dass in Zukunft eine „Neue Medizin" an Stellenwert gewinnen wird, die „Gesunderhaltung" vor das Heilen und Lindern stellt. Was unter einer Gesund erhaltenden Medizin genau zu verstehen ist, darüber gibt es noch vielfältige Diskussionen und Unsicherheiten. Wichtige Eckpunkte dieser Zukunftsdebatte lassen sich wie folgt umreißen: Ein Konsens herrscht unter den verschiedenen Ansätzen über mehr Bewegung, eine bessere Ernährung sowie Entspannung und Wohlbefinden als unerlässliche Schlüsselvoraussetzungen für die Vorbeugung von Krankheiten. Auch in der „Komplementärmedizin" gewinnen ostasiatische Ansätze zur Gesunderhaltung, wie Ayurveda und die traditionelle chinesische Medizin, zunehmend an Aufmerksamkeit und Anerkennung. Eine Renaissance erleben ebenfalls traditionelle europäische Ansätze der Gesunderhaltung und Heilung. In diesem Zusammenhang geht es dann etwa um die Heilkraft des Wassers, die positiven Wirkungen salzhaltiger Luft oder um die positiven Effekte von Bädern oder Packungen auf Basis besonders mineralhaltiger Böden oder Steine. Viele Ansätze zur Gesunderhaltung machen Menschen auch Spaß und deshalb werden in diesem Zusammenhang einschlägige Angebote oft mit dem Begriff „Wellness" charakterisiert. Sofern eine solide medizinisch-wissenschaftliche Fundierung besteht, ist „medical wellness" die präzisere Bezeichnung. Eine der wichtigsten Voraussetzungen für die Etablierung der gesundheitsfördernden „Neuen Medizin" ist, sie vom Makel eines „Modetrends" zu befreien. Zudem bestehen in der Fachöffentlichkeit wie in der Bevölkerung Vorbehalte hinsichtlich der Wirksamkeit und Unbedenklichkeit mancher Angebote. Um diese Vorbehalte zu überwinden, aber auch um unseriöse Angebote auszugrenzen, ist es unerlässlich, dass die „Neue Medizin" wissenschaftlich weiter fundiert wird.

Mecklenburg-Vorpommern hat gute Chancen, sich als eine Kompetenzregion für die neue, auf Gesunderhaltung zielende Medizin zu etablieren. Zum einen spricht dafür, dass es hier bereits heute eine überdurchschnittliche Dichte von Angeboten aus diesen Bereichen gibt. Zum anderen bestehen von den Umfeldbedingungen her gute Voraussetzungen. Gerade die Verknüpfung von medizinisch indizierter Rehabilitation und medical wellness und die damit anvisierte Zusammenarbeit zwischen Reha-Kliniken und Hotels sind wichtige Bausteine für die zukünftige Entwicklung des Gesundheitstourismus in MV.

Rehabilitation: In Deutschland hat der Rehabereich traditionell einen Versorgungsauftrag. Erst seit kurzer Zeit erfährt der Bereich „Medical Wellness" hier eine gesteigerte Aufmerksamkeit. Mit seinen 63 Vorsorge- und Rehaeinrichtungen verfügt Mecklenburg-Vorpommern über eine lange Tradition. Aufgrund der gesundheitspolitischen Rahmenregelungen werden in den nächsten Jahren weitere Veränderungen auf die Rehaeinrichtungen zukommen. Für sie besteht hier Anpassungsbedarf, etwa verstärkt Kooperationen mit Akutkliniken zu knüpfen. Da abzusehen ist, dass der Bereich Prävention in Zukunft weiter an Bedeutung zunehmen wird und immer mehr Menschen bereit sind, in ihre Gesunderhaltung zu investieren, erscheint es sinnvoll, die Angebote auch auf diesen Markt hin auszubauen. Einige Kliniken bestreiten bereits diesen Weg, Prävention und Rehabilitation anzubieten. Besonders in Zeiten verstärkten Wettbewerbs ist es erforderlich, den Kunden nicht nur eine hohe Qualität der Serviceleistungen anzubieten, sondern mit der guten Qualität offensiv nach außen zu treten und diese für potentielle Kunden sichtbar zu machen.

Auch wenn regionalökonomische Analysen auf die Potentiale der Gesundheitswirtschaft in MV explizit hinweisen, so darf daraus nicht abgeleitet werden, dass eine im Prinzip auf Wachstum programmierte Branche wie die Gesundheitswirtschaft als „Selbstläufer" zu betrachten ist, vielmehr ist ein aktives, regionales Standortmanagement notwendig. Dazu gehört es vor allem, den (wissenschaftlich gestützten) Dialog über regionale und branchenspezifische Trends und Entwicklungen zu organisieren und zu moderieren, Leitprojekte zu entwikkeln sowie die Kommunikation nach innen und außen zu organisieren. Primär geht es darum, **Allianzen** von Akteuren zu formieren, die gemeinsam oder komplementär gesundheitliche Produkte und Dienstleistungen auf den Markt bringen. Der kritische Engpass liegt dabei oft in der Kommunikation zwischen den verschiedenen Akteurswelten von Wissenschaftlern, Unternehmern und administrativen Instanzen, einschließlich der Verbände. Um sich nachhaltig als Gesundheitsstandort zu profilieren, ist es unbedingt erforderlich, die Qualität der angebotenen Produkte und Dienstleistungen zu sichern und ständig weiterzuentwikkeln. Für eine optimale Versorgung der Gesundheitstouristen aber auch der Bevölkerung vor Ort ist neben einer hochwertigen und modernen „hardware" qualifiziertes und motiviertes Personal unbedingte Voraussetzung. Dabei sind nicht nur fachliche Qualifikationen, sondern auch darüber hinausgehende soziale Kompetenzen für die Dienstleistungsqualität entscheidend.

6.5 E-Health und Telemedizin als Innovationspotentiale für Lebensqualität und Wirtschaft

Anhand der Gesundheitswirtschaft kann studiert werden, wie sich eine Redefinition von Wirtschaftsbranchen und gesundheitlichen Versorgungssystemen vollzieht, und besonders interessant wird es, wenn es mit neuen Produkten und Dienstleistungen gelingt, den Ruf Deutschlands als Innovationsstandort wieder aufzupolieren und zugleich Beschäftigung zu schaffen. Als exemplarische Innovationsfelder für neue Wertschöpfungsallianzen können explizit die Medizintechnik und die Telemedizin skizziert werden. Die Medizintechnik ist – wie bereits gezeigt - ein interessantes Anwendungsfeld für eine Vielzahl neuer Technologien und auch die Telemedizin ist ohne die Verbreiterung der innovativen informations- und kommunikationstechnischen Ansätze nicht denkbar. Durch die technischen Innovationen sind sowohl neue Wege in der Diagnostik und der Therapie als auch der Prävention und der Rehabilitation eröffnet worden.

Dass die Gesundheitswirtschaft zu den wachstumsstärksten Sektoren gehört, zeigt sich schon seit einigen Jahren und alle Experten gehen aufgrund der schon diskutierten Impulse (Alterung der Bevölkerung, mehr individuelle Ausgaben für den Gesundheitsbereich etc) von einem weiteren Marktwachstum aus, das in Deutschland auf vier bis fünf Prozent pro Jahr geschätzt wird. Erst wenn man die Verflechtungen des Gesundheitssystems mit anderen Wirtschaftssektoren sieht, wird der produktive Charakter der Gesundheitswirtschaft richtig deutlich. Gerade in den politischen Debatten der letzten Jahre und auch heute noch findet dieser Aspekt zu wenig Beachtung und rückt erst langsam in das Blickfeld sowohl gesundheits- und sozialpolitischer als auch strukturpolitischer Debatten, ohne dass wir es in der Bundesrepublik bislang geschafft hätten, die Verflechtungen systematisch für einen Beschäftigungsausbau zu nutzen. Vielmehr besteht die Gefahr, dass Deutschland als einstmaliges Zentrum medizinischen Fortschritts und medizintechnischer Pionierarbeit im internationalen Massstab zurückfällt. Um auf diesem Zukunftsmarkt schnellstens wieder eine führende Position einzunehmen, müssen alle verantwortlichen Akteure einen Innovationsschub bewirken, der sowohl die medizinische Qualität erhöht als auch neue Beschäftigungsmöglichkeiten in der Gesundheitswirtschaft schafft. Dies bedeutet aber auch, neue strategische **Wertschöpfungsallianzen** zu schmieden, was allerdings Innovation und Kreativität bei den Akteuren für solch ein „Kontingenzmanagement" erfordert (vgl. Gross 2003).

Besondere Marktpotentiale werden u.a. in der **Telemedizin** erwartet; sie steht für die Nutzungsmöglichkeit des Computers und der Telekommunikation zur Verbesserung und Rationalisierung von gesundheitsbezogenen Angeboten und Leistungserstellungsprozessen. Dabei ist an mehrere unterschiedliche

Einsatzbereiche gedacht: Verbesserung in der Versorgung durch Ferndiagnose und -behandlung, neue telekommunikationsgestützte Dienstleistungen wie etwa Koordinations-, Betreuungs- oder Infoangebote oder die bessere Erfassung, Systematisierung und den erleichterten Austausch medizinischer Daten. Anhand dieses sowohl strukturpolitisch wie auch medizinisch und hinsichtlich der Lebensqualität von Patienten interessanten Handlungsfeldes soll die These exemplifiziert werden, dass gerade die **Verknüpfung** von Kommunikations- und Informationstechnologien mit dem Gesundheits- und Wohnbereich neue Märkte und damit auch neue Beschäftigungsmöglichkeiten eröffnet.

Die ersten medizinischen Tätigkeiten, die heute unter den Begriff „Telemedizin" eingeordnet werden, liegen ungefähr 100 Jahre zurück, als an der Universität Lund Elektrokardiogramme über ein Telekommunikationsnetzwerk gesandt wurden. 1922 wurden erstmals medizinische Informationen zwischen Schiffen und Stationen an der Küste ausgetauscht. In den 50er Jahren wurde die Fernsehtechnik auch für die Medizin eingesetzt und ebenfalls als Telemedizin bezeichnet. Ende der 60er Jahre begann der weitere Austausch von EKG-, EEG-Daten sowie erste Übermittlungen von Röntgenbildern. In den weiteren Jahren war Telemedizin im Rahmen der entstehenden audiovisuellen Möglichkeiten für Anwendungen in der Medizin vorgesehen. Heute werden schon Patienten per Internet betreut; auch in Deutschland wird sich in den nächsten Jahren die „virtuelle Visite" verbreiten (erste Versuche laufen bereits).

Schon zu Beginn der 80er Jahre waren weitere telemedizinische Anwendungen wie die Übertragung einfacher Daten über Leitungen (z.B. einzelne Bilder über Telefonleitung) hinzugekommen und in einer Reihe von Einzugsgebieten von Spezialkliniken routinemäßig für das Management von Notfallpatienten verwendet worden. In den vergangenen fünf bis zehn Jahren hat die Entwicklung der Mikroelektronik neue technische Disziplinen wie die Telematik, komplexe digitale Bildverarbeitung und Mikrosystemtechnik angeregt. Damit gewann auch die Telemedizin neue Bedeutung und bezeichnet inzwischen die Gesamtheit der Informationsübertragung in allen Bereichen der Gesundheitsfürsorge. Durch das **Internet** begann eine neue Entwicklungsstufe für die Telemedizin; hinzu kommen andere technische Innovationen (intelligente und miniaturisierte Sensoren und Funkchips, drahtlose Netzwerke etc). „Behalten die Visionäre der Medizintechnik Recht, werden wir in wenigen Jahren in unseren Wohnungen nicht nur ein Home-Entertainment-Center haben, das uns drahtlos mit Filmen und Musik berieselt. Ein Netzwerk aus Sensoren am Körper, in der Kleidung oder an Möbeln wird uns diskret auf den Zahn fühlen, ohne Unterlass Daten über unser Wohlbefinden sammeln, aufbereiten und im Notfall direkt an eine medizinische Einrichtung senden" (Boeing 2006).

Vor dem Hintergrund der im November 2005 wieder stattgefundenen weltgrößten Medizinmesse „Medica" in Düsseldorf wurde einmal mehr explizit auf die wachsende Bedeutung der Telemedizin hingewiesen; Experten sehen hier eines der wichtigsten Zukunftsfelder, wobei insbesondere der „Telekardiologie" enorme Potentiale zugeschrieben werden. Vor allem das versprochene Einsparpotential im Gesundheitswesen lässt die Telemedizin zu einem allseits beachteten Wachstumsfeld werden. Auch wenn das „Tele-Health-Care-Monitoring" (oder Home-Monitoring") in Deutschland noch am Anfang steht, dennoch zeigen die schon heute realisierten Fernbetreuungen von Patienten (etwa nach einer Herzklappenoperation) sowohl eine Steigerung der Lebensqualität der Patienten als auch ökonomische Einsparpotentiale (vgl. Körtke et al 2005). Der Branchenverband VDE Deutschland rechnet bei Herz- und Kreislauferkrankungen mit einem Einsparpotential von bis zu 30 Prozent durch Telemedizin. Das Sparpotential realisiert sich durch effizientere Abläufe (Daten werden schnell und lükkenlos erfasst, Kosten treibende Doppeluntersuchungen vermieden etc) und von daher kann der hohe Standard der medizinischen Versorgung aufrechterhalten und gleichzeitig Kosten eingespart werden.

Diese „doppelte" Wirkung wurde nicht nur in empirischen Studien (im In- und Ausland) belegt, sondern auch Studien der Krankenkassen zeigen, dass Telemedizin-Patienten weniger Klinikeinweisungen vorzuweisen haben und auch weniger Facharztbesuche (vgl. FTD vom 17.11.2005). Vor diesem Hintergrund steigen auch die ersten Krankenversicherungen in die telemedizinische Betreuung als Kassenleistung ein und es werden weitere telemedizinische Angebote über Herz- und Kreislauferkrankungen hinaus erprobt. Pointiert könnte man also sagen: die schon länger bestehenden telemedizinischen Potentiale sind endlich in der bundesrepublikanischen Realität angekommen und werden sich Schritt für Schritt fortentwickeln und auch **neue Handlungsfelder** erschließen. Mit der Ausbreitung wird sich auch die Telemedizin aus dem Expertenkreis lösen und weitere Akteure mit in die integrierten Versorgungssysteme einbeziehen (hier könnte dann auch das „Wohnen im Alter" unter Einschluss der Wohnungswirtschaft eine prominente Rolle spielen). Wenn es auch gelingt, telemedizinische Betreuungen als Kassenleistungen anzubieten (immerhin sind in Deutschland rund 90 Prozent der Bürger gesetzlich krankenversichert), dann scheint eine optimistische Sichtweise angebracht. Allerdings gibt es noch immer „Stolpersteine" hinsichtlich der flächendeckenden Umsetzung der Telemedizin, die im folgenden auch thematisiert werden sollen. Hinsichtlich der Einbeziehung des Wohnumfeldes in die telemedizinische Leistungserstellung besteht auf konzeptioneller Ebene kein Widerspruch, allerdings fehlt es noch an der Umsetzung konkreter Geschäftsmodelle, so dass auch in diesem Feld noch „Best-Practice-Erfahrungen" gemacht werden müssen. Und last but not least muss noch bedacht werden, dass trotz aller euphorischen Einschätzungen auch die Telemedizin von einem **Umfeld** abhängig ist, das sich in Deutschland eben nicht als gut integriert vorstellt, vielmehr dominiert im deutschen Gesundheitswesen noch immer eine relativ ausgeprägte Segmentierung. Dies gilt insbesondere auch für das Verhältnis von Pflegediensten und der Wohnungswirtschaft. Gebraucht wird aber auch in der Telemedizin eine Sektor übergreifende **Koordination** aller am „Homecare-Prozess" beteiligten Akteure.

Im folgenden werden kurz konkrete Anwendungsfelder vorgestellt und Optionen aufgezeigt. **Telemedizinische Dienstleistungen** bezeichnen – wie bereits gesagt – den Einsatz von Informations- und Kommunikationstechnologien innerhalb der Erbringung von Gesundheitsdienstleistungen, um durch den Austausch von Informationen für Diagnose, Therapie und Prävention von Krankheiten und Verletzungen räumliche und/oder zeitliche Distanzen zwischen den zur Lösung des medizinischen Problems involvierten Leistungserbringern und Patienten zu überwinden. In einer neuen Studie von Ernst und Young (2005) wird Telematik/Telemedizin folgendermaßen definiert: „Telematik im Gesundheitswesen ist ein Sammelbegriff für gesundheitsbezogene Aktivitäten, Dienste und Systeme, die über eine Entfernung hinweg zum Zweck globaler Gesundheitsförderung, Krankheitskontrolle und Krankenversorgung sowie für Ausbildung, Management und Forschung mit Mitteln der Informations- und Kommunikationstechnologie ausgeführt werden. Hierbei werden medizinische Daten, also Texte, Tabellen, Befunde sowie Bilder elektronisch ausgetauscht bzw. versendet, um eine diagnostische oder therapeutisch Interaktion zu ermöglichen".

Die **praktische Umsetzung** telemedizinischer Verfahren scheiterte in Deutschland in den letzten Jahren oft daran, dass die Infrastruktur im Gesundheitswesen nicht auf dem neuesten internationalen Stand war und großteils weiterhin nicht ist. Beispielsweise gibt es in skandinavischen Ländern oder auch in Großbritannien kaum noch eine Arztpraxis oder Internetanschluss, während in Deutschland noch immer die Mehrzahl (55 Prozent aller Allgemeinmediziner) „offline" arbeiten. Und nur rund 6 Prozent der deutschen Allgemeinmediziner nutzen den PC für den Austausch von Patientendaten. Hinzu kommt die nicht vorhandene Vernetzung zwischen ambulanten und stationären Einrichtungen, wie sie sich bspw. an dem schon seit Jahren bestehenden Streit zwischen Kassen, Ärzten und Apothekern um die Details der Gesundheitskarte zeigt (vgl. zum aktuellen Stand Deutsches Ärzteblatt H. 45 v. 11.11. 2005, S. A3129ff sowie den von A. Jäckel herausgegebenen „Telemedizinführer Deutschland"/ 7. Ausgabe 2006).

Insgesamt liegt im deutschen Gesundheitssystem die Nutzung der Informationstechnologie „weit unter dem Durchschnitt aller Industrie- und Dienstleistungsbereich" (Ernst & Young 2005). Dennoch wird die Telemedizin und Telematik in den nächsten Jahren enorm an Bedeutung auch in Deutschland **gewinnen**, weil die neuen Informationstechnologien und intelligenten Software-Entwicklungen sich rasch ausbreiten werden. Durch diese technologischen Entwicklungsprozesse werden auch die Akteure im Gesundheitswesen „getrieben" und werden sich wandeln „müssen". In der schon erwähnten Studie zur Gesundheitsversorgung 2020 wird folgendes Szenario als realistisch angesehen: „Die verbliebenen niedergelassenen Ärzte verfügen analog der großen Einheit im deutschen Gesundheitswesen über eigene Homepages. Neben Informationen bieten viele Ärzte eine virtuelle Praxis. Damit lassen sich Arztbesuche auch online abwickeln, d.h. Patienten konsultieren einen Arzt von Hause via Internet. Für die Mediziner wiederum existiert eine Vielzahl von Wissensdatenbanken und Expertensystemen. Durch eine intelligente Verknüpfung von Wissensdatenbanken mit der elektronischen Patientenkarte sind Expertensysteme in der Lage, Mediziner z.B. bei der medizinischen Diagnose zu unterstützen oder als kritische Prüfung medizinischer Entscheidungen bzgl. der Therapie zu dienen. Sie ermöglichen einen raschen Zugriff auf die neuesten Forschungsergebnisse, die in die aktuellen Therapieplanungen einbezogen werden können. Durch das „Mehr" an Wissen fallen häufig unnötige Untersuchungen weg… Ergänzend haben Unternehmen dieses Umfeld entdeckt, um ihrerseits den Leistungserbringern als externer Dienstleister ein entsprechendes Angebot zu offerieren… Besonders bei der Betreuung chronisch kranker Patienten sind diese neuen Techniken zum Standard für die Gesundheitsvorsorge geworden. Die so genannten **Home-Care-Systeme** ermöglichen eine gute medizinische Überwachung des Patienten in seinem **gewohnten Umfeld**, indem sie ständig Vitalwerte messen. Sofern die Werte nicht in Ordnung sind, wird automatisch Alarm ausgelöst und der zuständige Arzt umgehend informiert. In nicht lebensbedrohlichen Situationen baut sich eine Videokonferenz auf, in der der Arzt dem Patienten erste Anweisungen erteilen und das weitere Vorgehen absprechen kann. Installiert werden diese Systeme bei risikogefährdeten Patienten von niedergelassenen Ärzten, Arztgemeinschaften, Pflegediensten oder Krankenhäusern" (a.a.O., S. 74ff/Hervorh.: RGH).

Allgemein lassen sich die **Ziele**, die mit telemedizinischen Anwendungen verfolgt werden, folgendermaßen charakterisieren: Zum einen soll eine ortsunabhängige, gleich bleibende Versorgungsqualität gesichert, die Verfügbarkeit von Patientendaten verbessert und medizinische Dienstleistungen durch bessere Patienteninformation effektiver gestaltet werden. Darüber hinaus soll unnötige Verwaltungsarbeit, wie Mehrfachdatenerfassung und Aufgabenverteilung bei verschiedenen Leistungserbringern reduziert und Sicherheitsstandards erhöht werden und zudem ein leichterer Zugriff auf medizinisches Fachwissen vor allem in der Prävention stattfinden. Durch die neuen Möglichkeiten der elektronischen Dokumentation in medizinischen Informationssystemen ist es nun relativ einfach geworden, einmal erfasste medizinische Angaben flexibel für verschiedenste Zwecke zusammen- und darzustellen. Quasi „auf Knopfdruck" können so die aktuellen Diagnosen, Probleme und Anordnungen sowie deren Durchführungsstatus auf einen Blick dargestellt und somit rasch überblickt werden. Damit steht als Lösungsbaustein ein patientenbezogenes medizinisches „Informationscockpit" zur Verfügung, welches medizinisches Handeln durch eine hohe, effektive und zeitnahe Informationstransparenz unterstützt und von dem aus auf weitere Detailinformationen und Dokumente bzw. neue Anordnungen zugegriffen werden kann.

Obwohl seit Jahren in Deutschland an telemedizinischen und telematischen Lösungskonzepten gearbeitet wird, um die Versorgungsqualität zu erhöhen und die Gesundheitsausgaben zu senken, gibt es bislang – wie bereits gesagt - keine flächendeckende interoperable Infrastruktur (Telematikplattform). Expertengruppen und Gutachten kommen einstimmig zu der Annahme, dass die Gesundheitstelematik in Deutschland ein großes Potential aufweist, einheitliche Standards und rechtliche Rahmenbedingungen bislang aber fehlen. Die geplante **elektronische Gesundheitskarte** (die wahrscheinlich – nach mehreren Verzögerungen – erst Anfang 2007 kommt) wird den Umsetzungsprozess aber beschleunigen. Ein weiterer Grund für die fehlende breite Umsetzung von erfolgreichen Telemedizin-Anwendungen liegt in der Tatsache, dass vielfach die technischen Voraussetzungen auch in großen Versorgungszentren noch nicht geschaffen wurden; eine bidirektionale Kommunikation zwischen Krankenhäusern und die weitere Einbindung von Zuweisern (Praxen) war und ist in der Regel nicht vorhanden. Seit einigen Jahren wird auch in Deutschland jedoch mit Nachdruck an der Entwicklung und Verbreitung von telemedizinischen Lösungen gearbeitet, um die medizinische Leistungserbringung effizienter zu gestalten und dabei auch für eine bessere Prävention bei den wachsenden „Verschleißerkrankungen" (etwa im Herz- und Kreislaufbereich) zu sorgen. Bei der Bereitstellung von verbesserten Informationsangeboten (sowohl für Bürger als auch für Ärzte und andere Akteure der Gesundheitswirtschaft) konnten in dieser Zeit Erfolge erzielt werden. Aber auch bei den anderen Einsatzfeldern (Teleambulanz und -visite, digitale Netzwerke etc) können schon heute messbare Fortschritte verzeichnet werden. Aber noch immer liegen hier Innovationspotentiale brach; vor allem gilt dies hinsichtlich der Erschließung dieser neuen Märkte durch Netzwerkstrategien.

Die Zielgruppen für telemedizinische Angebote sind vielfältig sowohl aufgrund der individuellen Risikoprofile, der allgemeinen demographischen Entwicklung sowie der gestiegenen Bedeutung von Prävention. Im einzelnen kommen v.a. folgende Zielgruppen in Frage: Patienten mit bereits erkannten gesundheitlichen Beeinträchtigungen oder Risiken, aber auch an Gesundheit und Sicherheit interessierte Menschen, die ihren körperlichen Zustand oder ihren Trainingsfortschritt regelmäßig und aktivitätsbegleitend überwachen und coachen lassen wollen. „Die Auswirkungen auf das Gesundheitswesen werden sich indes nicht auf Telepflege und bessere Diagnosen beschränken. Der elektrische Gesundheitskokon wird der im Streit um die Gesundheitsreform oft verschworenen Vorbeugung von Krankheiten erhebliche Bedeutung geben" (Boeing 2006). Bereits heute gibt es einige Krankenkassen, die bei Risikopatienten oder in der Phase nach schweren Krisen oder Eingriffen die Kosten für eine telemedizinische Betreuung übernehmen. Da erste klinische Studien zu dem Ergebnis kommen, dass die Telemedizin sowohl hilft, Gesundheitskosten zu sparen, als auch einen positiven Einfluss auf die Lebensqualität von Patienten hat, ist mittelfristig damit zu rechnen, dass solche Dienste zu einem Standardangebot werden (vgl. Körtke et al 2005).

6.6 Wohnen im Alter als Zukunftsbranche

Alle Untersuchungen zu Wohnwünschen älterer Menschen zeigen, dass die ganz überwiegende Mehrheit der älteren Menschen ihren Lebensabend in einer ganz normalen Wohnung – und am liebsten in der eigenen bzw. im angestammten Quartier verbringen möchte (neuere Umfragen sprechen von rund 85 Prozent). Dennoch ziehen auch ältere Menschen einen Umzug in Erwägung, wenn die vorhandene Wohnung nicht (mehr) den Bedürfnissen entspricht oder aber ein attraktives Alternativangebot bereitsteht. So nannten über 80 Prozent der in empirischen Untersuchungen im Jahr 2005 befragten Mieter über 65 Jahre als „Wohnwunsch" die ganz normale (Miet-)wohnung und weitere 5 Prozent das Einfamilienhaus. Die restlichen 15 Prozent wünschen sich eine spezielle altersgerechte Wohnform, wobei das „betreute Wohnen" mit über 6 Prozent auf die größte Resonanz stößt. Die Nachfrage nach **altersgerechten Wohnungen** nimmt mit steigendem Alter deutlich zu: bei den über 80jährigen sind es bereits 20 Prozent, die sich wünschen, in einer altersgerechten Wohnform zu leben. Besonders stark wird hier das „betreute Wohnen" präferiert (12 Prozent aller Hochbetagten) (vgl. FFG/IAT/RUB 2006).

Die selbstständigkeitserhaltende bzw. – fördernde Gestaltung der Wohnung gilt in Expertenkreisen als zentrales Merkmal von Wohnqualität. Eine adäquat gestaltete Wohnung kann – im Sinne eines präventiven Technik- und Dienstleistungseinsatzes – dazu beitragen, Hilfe- und Pflegebedürftigkeit zu vermeiden oder zumindest aufzuschieben. Und wie bereits erwähnt, eröffnen neue technologische Optionen auch neue Betreuungsmöglichkeiten im heimischen Umfeld: „Dieselbe Infrastruktur, mit deren Hilfe Heizungen ferngesteuert, elektrische Geräte automatisch abgeschaltet oder Eindringlinge aufgespürt werden sollen, lässt sich auch anders einsetzen….Kontaktsensoren an der Hausapotheke können signalisieren, ob Medikamente wie vorgeschrieben eingenommen oder vergessen wurden. Möglich wird dies nur dadurch, dass eine Software die Messdaten mit typischen Aktivitätsmustern vergleicht. Ist eine nicht mehr ganz rüstige, aber allein wohnende Großmutter im Wohnzimmer hingefallen und kommt nicht mehr auf die Beine, könnte das System rechtzeitig eine SMS an Familienangehörige oder Pflegepersonal abschicken“ (Boeing 2006; vgl. auch Franke/Wilde 2005).

Die altengerechte Umgestaltung der individuellen Wohnung schafft nicht mehr nur individuelle **Sicherheit** und Lebensqualität, sondern eröffnet – wie bereits thematisiert - insbesondere dem Handwerk neue Betätigungsfelder. Zwar hat sich im Wohnungsbestand in den letzten Jahren baulich einiges verändert, dennoch gibt es noch immer Anpassungsschwierigkeiten gerade im Bereich des Wohnens im Alter. Fast 40 Prozent wohnen in Wohnungen aus den 50er und 60er Jahren, weitere 30 Prozent in Wohngebäuden, die 1972 und später errichtet wurden. Das Baujahr der Gebäude ist insofern ein wichtiges Kriterium für die Beurteilung der Wohnqualität, als die einzelnen Baualtersklassen von Architektur- bzw. Baustilen dominiert werden. So handelt es sich bspw. bei einer Vielzahl der Mietwohnungsgebäuden aus den 50er Jahren um drei- bis viergeschossige Zeilenhäuser mit Halbgeschossen und Hochparterre. Die Wohnungen sind meist als kleine Zwei- bis Drei-Zimmer Wohnungen konzipiert mit kleinem Bad und Kochküche. Für ältere Menschen mit eintretenden Bewegungsbeeinträchtigungen eignen sich diese Wohnungen aufgrund der geringen Bewegungsflächen innerhalb der Wohnungen nur bedingt. Da diese Gebäude meist nicht über Aufzüge verfügen, stellen Treppen eine weitere Barriere dar.

Auch die seit den 70er Jahren insbesondere im Umfeld der Ballungszonen entstandenen Einfamilien-Reihenhäuser entsprechen den Anforderungen an die Barrierefreiheit nicht. Geht man von einem durchschnittlichen Einzugsalter in diese Siedlungen von ca. 35 bis 40 Jahren aus, so erreichen die Eigentümer in den nächsten Jahren genau das Alter, in dem die ersten altersbedingten physischen Einschränkungen auftreten. Angesichts der Homogenität dieser Einfamilienhaus-Gebiete entsteht auf kommunaler Ebene erheblicher Handlungsbedarf. Mieterbefragungen kommen zu dem Ergebnis, dass rund ein Drittel des Wohnungsbestandes **aller** Wohnungen von der Zielgruppe als nicht geeignet angesehen wird. Sowohl für das Handwerk als auch die Wohnungswirtschaft besteht an dieser Stelle weiterer Handlungsbedarf, nicht zuletzt auch, um Mieter im Bestand zu halten bzw. Wohnraum mit Hilfe entsprechender Modernisierungen attraktiv zu machen.

Wohnen ist ein wichtiger Bestandteil der eigenen Lebenswelt – für Senioren umso mehr, da sie aufgrund körperlicher Eingeschränktheiten mehr Zeit in den eigenen vier Wänden verbringen. Aber auch für die jüngere Bevölkerung dürfte nach Ansicht vor Trendforschern aufgrund der wachsenden Mobilität und wirtschaftlichen Dynamik das „Zuhause" immer mehr an Bedeutung gewinnen – und hier werden auch viele Elemente der „intelligenten Häuser" (etwa hinsichtlich der Vernetzung aller elektronischen Geräte, aber auch telemedizinische Überwachungen etc) zur Anwendung kommen.

Obwohl technisch und handwerklich bei der altenorientierten Modernisierung der Wohnungen viele Möglichkeiten bestehen, ist die Umsetzung bei den potentiellen älteren Kunden noch nicht adäquat gelungen. Dies ist aus seniorenwirtschaftlicher Perspektive insofern problematisch, als die finanziellen Mittel bei der älteren Generation in den allermeisten Fällen durchaus vorhanden sind; empirische Studien zeigen hinsichtlich der Einkommenssituation älterer Menschen durchaus Spielräume (vgl. Reichert/Born 2004). Auf Grund der Alterung der Gesellschaft wird die Bedeutung von älteren Menschen für die **Konsumnachfrage** in den kommenden Jahren noch weiter ansteigen (nach Prognosen wird sich die Quote von Haushalten mit über 75-Jährigen bis zum Jahr 2050 verdoppeln). Laut Mikrozensus 2004 wächst die Zahl der Privathaushalte, während gleichzeitig die durchschnittliche Haushaltsgröße in Personen sinkt. Mit anderen Worten: Es leben immer weniger Menschen in immer mehr Wohnraum. Die klassische Haushaltsform der Zwei-Generationenfamilie als eindeutig dominante Wohnform wurde von einer Vielzahl verschiedener Formen des Zusammenlebens abgelöst. Dazu gehören insbesondere die Einpersonen- oder Singlehaushalte, die mit einem Anteil von über 37 Prozent an allen Haushalten zur führenden Haushaltsgröße herangewachsen sind. Auch im zunehmenden Alter stellt das Wohnen im Einpersonenhaushalt eine weit verbreitete Wohnform dar. In der Altersgruppe der 80 bis 99-Jährigen leben nur etwa 31 Prozent in einem Paarhaushalt, während 64 Prozent der älteren Menschen in einem Einpersonenhaushalt wohnen. Gegenseitige Hilfeleistungen der Partner bei einfachen Verrichtungen des Alltags können also nicht geleistet werden.

Bereits Mitte der 90er Jahre wurde in einer empirischen Untersuchung festgestellt, dass ein Großteil der befragten 55 bis 75jährigen davon ausgehen, in Zukunft eine Vielzahl von hauswirtschaftlichen und anderen sozialen Dienstleistungen nachzufragen (vgl. Heinze et al 1997). Das Spektrum der gewünschten Dienstleistungen reichte von Reinigungsdiensten für Wohnung und Wohngebäude über die Unterstützung beim Einkaufen, Mahlzeitendienste und Körperpflege bis hin zu Freizeitdienstleistungen. Nur ein Bruchteil der damals Befragten nahm jedoch solche Dienstleistungen bereits tatsächlich in Anspruch. Nennenswerte Quoten erreichten lediglich hauswirtschaftliche Dienstleistungen wie Reinigungs- und Winterdienste. Zudem wurden die für Dienstleistungen vorhandenen finanziellen Spielräume als relativ gering eingeschätzt.

Aktuelle Befragungen zu Wohnwünschen und Dienstleistungsbedarfen zeigen, dass Mieter zwar gern auf ein umfangreiches Dienstleistungsangebot zurückgreifen möchten, die **Zahlungsbereitschaft** jedoch weit unter den für einen rentablen Betrieb erforderlichen Größen bleibt. Die Bereitschaft, für Erleichterung oder Abhilfe schaffende bauliche Anpassungsmaßnahmen in der Wohnung, Geld auszugeben ist nur gering. Über 70 Prozent der Mieter würden für eine solche Anpassungsmaßnahme keinerlei Mieterhöhungen in Kauf nehmen. Anpassungsbedarfe werden insbesondere im Bereich der Sanitärräume genannt (Einbau von Duschen, Haltegriffen etc) sowie in der Beseitigung von Schwellen innerhalb des Wohngebäudes (Einbau von Aufzügen). Ähnliche Werte wurden auch für den Bereich „wohnbegleitende Dienstleistungen“ ermittelt. Nur rund 30 Prozent aller Befragten äußerten Bedarfe im Bereich haushaltsnaher Dienstleistungen und nur rund die Hälfte hat bereits eine solche Dienstleistung in Anspruch genommen. Von den grundsätzlich Interessierten sind allerdings über 60 Prozent nicht dazu bereit, Dienstleistungen monetär zu entgelten. Andererseits äußern rund 20 Prozent der Interessenten Zahlungsbereitschaften von über 100 Euro. Es sind im übrigen wiederum vor allem hauswirtschaftliche Tätigkeiten, für die Interesse gezeigt wird. Freizeit- und Kulturdienstleistungen landen weit abgeschlagen auf den hinteren Plätzen. Sehr aufgeschlossen für Dienstleistungen zeigen sich ältere Singles über 75 Jahren.

Experten sind sich zudem schon seit geraumer Zeit einig darin, dass die Alten von morgen verstärkt technische Geräte zur Erleichterung ihres Alltags benutzen werden. Manches, was in diesem Zusammenhang noch vor einigen Jahren als reine Vision belächelt wurde, ist inzwischen Realität. Und dies liegt vor allem daran, dass sich die Technik immer stärker den Menschen anpassen kann und deshalb erscheint die These gerechtfertigt, dass in etwa 20 Jahren die gesamte Kommunikations- und Informationstechnik „seniorenleicht“ sein wird. Für die Wohnungswirtschaft, die bei der Bereitstellung von Wohnungen in größeren Zeitabständen denken muss, heißt dies: heute müssen die entscheidenden Weichen hinsichtlich der technologischen Infrastruktur in den Wohnungen gestellt werden, um auf die Herausforderungen von morgen eingestellt zu sein. Innovation in der Immobilienwirtschaft heisst also, aus dem etablierten Markt heraus neue Bedürfnisse, die bspw. der demographische Wandel mit sich bringt, mit neuen technischen Lösungen zu verknüpfen und daraus ein **innovatives Servicekonzept** entstehen zu lassen. Solche Einschätzungen mögen für manche visionär klingen, allerdings zeigen auch empirische Untersuchungen (die bereits vor rund zehn Jahren durchgeführt wurden), dass ältere Menschen neuen Kommunikationstechnologien gegenüber nicht ablehnend eingestellt sind: „Die befragten Personen zwischen 60 und 90 Jahren sind durchaus noch bereit und fähig, sich mit neuen Technologien auseinanderzusetzen und kompetent mit innovativen Geräten und Systemen umzugehen. Insbesondere solchen technischen Geräten gegenüber sind sie positiv eingestellt, die einen überzeugenden Effekt für ihre selbständige Lebensführung haben" (Meyer et al 1997, 136; vgl. ausführlich Franke/Wilde 2005).

Die alternde Gesellschaft schafft also durchaus **Nachfrage** in beträchtlichem Ausmaß, so insbesondere nach sozialen Dienstleistungen und speziell im Bereich Wohnen und im häuslichen Umfeld. Zukunftsstudien sprechen vom Wohnen als zentralem Lebensinhalt und von einer wachsenden Nutzung des Wohnraumes. Schon heute geben die Älteren fast 40 Prozent ihrer Konsumausgaben für das Wohnen aus, während dies bei den Jüngeren nur gut 30 Prozent ausmacht. Allerdings müssen auch die Angebote auf die Bedürfnisse der Zielgruppen zugeschnitten sein; Alt ist immer weniger gleich alt, was sich beispielhaft anhand der gewünschten Wohnformen im Alter zeigen lässt. Dem großen Bedarf an geeigneten Wohnformen für Ältere stehen derzeit in Deutschland zu wenig attraktive Angebote gegenüber und dementsprechend ist der Markt für Seniorenimmobilien in vielen Regionen unterentwickelt.

Die Wohnungswirtschaft muss sich zukünftig den neuen Entwicklungen im Bereich der Haushaltsstrukturen und den Wohnwünschen älterer Menschen anpassen. Als entscheidender Faktor für Produkte und Dienstleistungen im Bereich Wohnen/Immobilien hat sich zudem herausgestellt, dass das gesamte Wohnumfeld (die lokale Umgebung) mit in die Betrachtung einbezogen werden muss. „Wohnen im Alter" darf und wird sich deshalb künftig nicht mehr nur auf die Anpassung des unmittelbaren Wohnraumes beschränken können. Vielmehr gilt es, umfassende Konzepte zu entwickeln, die auch eine Anpassung des Wohnumfeldes, der quartiersbezogenen Infrastruktur sowie der Versorgung mit Einkaufs- und sonstigen Dienstleistungsangeboten auf Stadtteilebene einschließen. Damit bieten sich viele Möglichkeiten für seniorengerechte Produkte auf dem Wohnungsmarkt, die sowohl für die Wirtschaft und soziale Dienstleistungsanbieter interessant sind als auch zu einer Verbesserung der Lebensverhältnisse älterer Menschen beitragen. Weitere Optionen ergeben sich im Feld der alternativen Wohnmöglichkeiten, insbesondere an den Schnittstellen zwischen Wohnen, Gesundheit und Technik. Wenn es um das **lokale Umfeld** geht, heißt dies auch, dass die Bewohner aktiviert werden müssen.

Exkurs: Aktivierung von „Sozialkapital" im Wohnumfeld

In der in den letzten Jahren pulsierenden Debatte um die Bürgergesellschaft bzw. das bürgerschaftliche Engagement wurde versucht, sowohl das breite Spektrum der gesellschaftlichen Selbstorganisation anzusprechen als auch den Bürgerinnen und Bürgern vermehrte und verbesserte Möglichkeiten der Einflussnahme auf öffentliche Politik zu geben. Dabei wird oft auf auch das Konzept des „Sozialkapitals" verwiesen. Im Vergleich zu Kapitalformen wie Geld- und Sachkapital lässt sich das Sozialkapital als „öffentliches Gut" auffassen; in Abgrenzung zum Humankapital betrifft es nicht personale Eigenschaften, sondern die Qualität interpersonaler Beziehungen. Das soziale Kapital einer Region oder einer Nation bemisst sich am Grad des generalisierten Vertrauens, der Aufmerksamkeit, die Individuen für soziale Belange entgegenzubringen und dem Grad und der Verteilung von Mitgliedschaften in „sekundären Assoziations-Mustern", die sich von Familienstrukturen einerseits, aber auch den formalisierten Strukturen politisch-strategischer und ökonomisch-kommerzieller Organisationen unterscheiden. Hierzu zählen Verbände, Kultur- und Sportvereine aber auch Wohlfahrtsorganisationen, also die Institutionen, die auch als zivilgesellschaftliche Akteure oder als „soziales Kapital" verstanden werden. Das soziale Kapital stützt das individuelle Wohlbefinden der Menschen gerade in schwierigen sozialökonomischen Lebenslagen. Angesichts des vielfach belegbaren Wandels der Motivationen und Formen freiwilligen Engagements taucht allerdings verstärkt die Frage auf, ob sich mit dem geringeren Grad an persönlicher Verpflichtung und Bindung auch die Qualität des sozialen Kapitals verringert. Von manchen Zeitbeobachtern wird ein wachsender Bedarf konstatiert (man denke etwa an die stadtteilbezogenen Projekte), gleichzeitig aber auf ein langsames **Versiegen** dieser nichterneuerbaren Ressource hingewiesen.

Notwendig ist also gerade auch bei Themen wie „Wohnen im Alter" oder Gesundheits- oder Seniorenwirtschaft die aktive **Förderung** von Bürgerengagement. Ziel staatlicher Politik sollte eine Aktivierung der in der Gesellschaft und auch in den traditionellen Institutionen schlummernden Wohlfahrtspotentiale sein. Das neue Staatsverständnis darf sich nicht darin begrenzen, den „schlanken" Staat nur noch als Dienstleistungsunternehmen zu sehen. Leitbild sollte nicht ein Aufgaben- und Ressourcenabbau um jeden Preis sein, also ein „abgemagerter" Staat, vielmehr sollte eine neue **Kooperationskultur** und eine Modernisierung der traditionellen Verwaltungsstrukturen vorangetrieben werden. „Erfolgreiches Regierungshandeln ist tatsächlich auf entgegenkommende sozialethische Dispositionen einer Bürgergesellschaft angewiesen, die der staatlichen Politik nicht alles zutraut oder alles abverlangt, was an problemlösenden Bewältigungen des aktuellen sozialen, politischen und ökonomischen Wandels und seiner Konfliktfolgen ansteht“ (Offe 2001, 195; vgl. auch die Beiträge in Heinze 2001).

Längsschnittuntersuchungen beobachten **eine wachsende Engagementbereitschaft** in Deutschland in allen Dimensionen; seit Mitte der 80er Jahre zeigt sich dieses Wachstum. Betrachtet man den großen (und auch unübersichtlichen) Sektor des freiwilligen Engagements, dann kann allerdings von einem schrumpfenden Engagement in den klassischen Wohlfahrtsorganisationen gesprochen werden (aber auch den Gewerkschaften sowie den politischen Parteien). Säkularisierung und Individualisierung haben das Potential klassischer ehrenamtlicher Arbeit in den sozialen Verbänden verringert. Klassische ehrenamtliche (z.B. ältere, nicht erwerbstätige Frauen) werden immer seltener; das Ehrenamt mit dem „goldenen Helferherz“ stirbt aus (vgl. die Beiträge in Heinze/Olk 2001 sowie Gensicke 2006). Gleichzeitig zeichnet sich andererseits ein Anstieg der Zahl der Engagierten in Initiativen, Netzwerken und Selbsthilfegruppen ab, wobei die Bandbreite des bürgerschaftlichen Engagements in den letzten Jahren beträchtlich gewachsen ist. Ein wesentliches Merkmal des freiwilligen sozialen Engagements, das sich zunehmend von traditioneller, verbandsgebundener Ehrenamtlichkeit unterscheidet, sind neue Motivlagen. An die Stelle der bedingungslosen Hingabe an die soziale Aufgabe unter Verzicht auf die Befriedigung eigener Bedürfnisse und Interessen ist der Wunsch nach einem Engagement getreten, das sich zeitlich den eigenen sonstigen Bedürfnissen und Interessen anpassen lässt. Offensichtlich kann man also von einem **Strukturwandel** des Ehrenamtes sprechen.

Das alte Ehrenamt ist in überkommene Sozialmilieus eingebunden und durch gesellschaftliche Zentralwerte legitimiert, die an Bedeutung verlieren (christliche Nächstenliebe, Klassensolidarität etc). Demgegenüber ist das neue Ehrenamt eher durch eine Verbindung von sozialer Gesinnung, persönlicher Betroffenheit, Selbstverwirklichungsmotiven und politischem Veränderungswillen geprägt. Die Belohnung für das Engagement muss sich auch unmittelbar aus der Tätigkeit selbst ergeben. Starre Hierarchien und Vorgaben werden von den Engagierten nicht als Hilfestellung, sondern als Hemmnis bei der Verwirklichung ihrer Ideen wahrgenommen. Die neuen Motive können sich am besten in überschaubaren, lokalen Zusammenhängen (etwa auf Stadtteilebene und im Wohumfeld). Zudem braucht das neue Engagement die biographische Passung, die entsteht, wenn Motiv und Gelegenheit zu freiwilligem sozialen Engagement in einer bestimmten Lebenssituation zusammentreffen. Bestimmte Formen des Engagements werden gewählt, weil in einer spezifischen Lebensphase neue Kontakte gesucht und Netzwerke aufgebaut werden müssen. Bürgerschaftliches Engagement braucht deshalb **Dispositionsmöglichkeiten**. Die Struktur der Aufgabe muss Raum für Kreativität und Spontaneität zulassen. Das Engagement verträgt keine unbegrenzte Verpflichtung mehr, vielmehr muss der inhaltliche und zeitliche Umfang der Aufgabe variabel gestaltbar sein. Trotz aller politischen Beteuerungen, wie wichtig das Bürgerengagement sei (was in Zeiten knapper öffentlicher Kassen auch leicht nachvollziehbar ist) und auch empirischer Daten, die von einer relativ hohen Engagementbereitschaft ausgehen, stellt sich die Frage, ob die zweifellos vorhandenen **Zeitpotentiale** auf lokaler Ebene real genutzt werden (vgl. auch Braun 2005).

Untersuchungen sprechen davon, dass trotz aller Debatten um neue Zeitverwendungsmuster, „Sozialkapital", Zivil- oder Bürgergesellschaft die Möglichkeiten einer am Gemeinsinn orientierten bürgerschaftlichen Zeitnutzung weiterhin nur begrenzt aufgegriffen werden. Es gibt eine hoch **selektive** soziale Nutzung, die einerseits zu der ökonomisch irrational zu nennenden Brachlegung von Potentialen gesellschaftlicher Wohlfahrt und mithin auch zu einem geringeren Versorgungsniveau führt. Und gerade diejenigen Bevölkerungsgruppen, bei denen ungenutzte, aber nutzbare Zeitressourcen verfügbar und die aufgrund ihrer allgemeinen Versorgungslage am dringlichsten darauf angewiesen wären, diese verfügbare Zeit auch in „Gebrauchswerte" umzusetzen, scheinbar dazu nicht in der Lage sind. Die „Bürgergesellschaft" kann also die sozialen Ungleichheiten nicht kompensieren; gerade die „neuen Formen des sozialen Kapitals" (wie Selbsthilfeinitiativen etc) „erweisen sich so als exklusiv" (Brömme/Strasser 2001, 14; vgl. bereits Offe/Heinze 1990).

Bislang konnten sich noch keine geeigneten institutionellen Formen der „gemeinschaftlichen" Vergesellschaftung durchsetzen, die das soziale und ökonomische Problem der strukturellen Unterauslastung des gesellschaftlichen Arbeitsvermögens lösen. Die individualistische Privatisierung der Lebens- und Konsumweise ist eher weiter fortgeschritten und damit werden auch Versuche einer **produktiven Zeitnutzung** noch schwieriger. Zudem hat sich durch die Öffnung der Grenzen gen Osten und die generelle Globalisierung auch ein neuer Raum ergeben, der alle Formen nicht-monetärer gesellschaftlicher Zeitnutzung zurückdrängt, da nun viele Tätigkeiten auch im haushaltsnahen Umfeld und bei den sozialen Dienstleistungen durch die Konkurrenz mit dem billigen Arbeitsangebot der Schwellenländer zunehmend in der Schattenwirtschaft oder sogar legal erledigt werden. Damit sind allerdings auch manche Hoffnungen auf den Aufbau von Dienstleistungsbeschäftigung im „legalen" Markt geschwunden.

Zudem darf die politische Debatte über die Rolle des bürgerschaftlichen Engagements für die Belebung des Gemeinwesens **nicht instrumentell** geführt werden. Das Verständnis von Freiwilligen als Ressource, die es aus Gründen der Kosteneffizienz zu aktivieren gelte, geht an den Motiven und vielfach auch der Lebenslage der Engagierten vorbei. Bürgerengagement kann sich nur in einem freiwilligen Rahmen entfalten. Hinzu kommt, dass Eigenverantwortung ohne eine gemeinsame Verantwortung nicht aufgebaut werden kann; „Eigenverantwortung ist nur in einem Raum gemeinsamer Verantwortung zu erlangen, ja sie realisiert sich in gemeinsamer Verantwortung“ (Nullmeier 2005, 3).

Bereits ein flüchtiger Blick auf die einschlägigen Debatten belegt allerdings, dass das aktuelle gesellschaftliche und politische Interesse am bürgerschaftlichen Engagement in seinen Intentionen als **ambivalent** zu bewerten ist. Auf der Positivseite steht die Erkenntnis, dass ein lange Zeit verdrängtes und an den Rand der Aufmerksamkeit abgeschobenes Thema einen zentralen Platz im gesellschaftlichen Diskurs zugewiesen bekommt. Das neue Interesse an bürgerschaftlichen Aktivitäten birgt aber auch Risiken. Einmal aus dem Schatten des Minderheiten- und Expertendiskurses herausgetreten, steht es nun in der Gefahr, als kostengünstiger Lückenbüßer für minimalstaatliche Sparstrategien instrumentalisiert zu werden. Soziologische Analysen können hier mithelfen, neue sozialpolitische Mythenbildungen zu thematisieren und vielleicht auch ein Stück weit diese Instrumentalisierungsstrategien zu begrenzen. In diesem Prozess der gesellschaftlichen und politischen Transformation des traditionellen Sozialstaats und des Übergangs zu Wohlfahrtsmärkten kann die Soziologie durchaus eine relevante Rolle spielen, die über den Status des „Beobachten von Beobachtungen“ hinausgeht. „In ihrem Kern erfolgt durch diese Transformation eine Ausweitung der Märkte und eine Entscheidungsverlagerung von der Politik zu Märkten als Mechanismen der Koordination. Damit werden viele bedeutende Fragen für die Soziologie erneut aufgeworfen. Die Liberalisierung von Märkten hat weit reichende Auswirkungen auf die Möglichkeit der Politik, Ressourcen für Umverteilungszweck zu generieren. Fragen kultureller Identität stellen sich neu“ (Beckert 2002, 24; vgl. auch Heinze 2002).

Langsam orientiert sich zwar die Politik auch in Deutschland vom Prinzip der Statuskonservierung um in Richtung auf mehr Eigenverantwortung. Der Umbau des bundesrepublikanischen Sozialstaates sollte sich jedoch nicht an minimalistischen Versionen orientieren, sondern muss – basierend auf seinen Stärken – neue Innovationsschwerpunkte (etwa in der Gesundheitswirtschaft) kreieren, die sowohl sozial integrierend als auch beschäftigungsfördernd sind. Wenn die Wirkungen des soziodemographischen Wandels in Deutschland thematisiert werden, so muss auch konstatiert werden, dass sich insbesondere die **personenbezogenen Dienste** zu wichtigen Beschäftigungsfeldern profiliert haben. Ihr Wachstum geht auf gesellschaftliche Wandlungs- und Differenzierungstrends zurück, die zu einer Auslagerung von Diensten aus dem familiären und häuslichen Bereich geführt haben. Angesicht der zunehmenden Pluralisierung und Individualisierung der Gesellschaft reflektieren viele Theorien des Wohlfahrtsstaates nicht hinreichend die enorme Vielfalt der Orte der Wohlfahrtsproduktion. Soziale Sicherung wird weder allein vom Staat noch allein von privaten oder gesellschaftlichen Institutionen gewährleistet, hinzu kommt ganz zentral in den letzten Jahren die Tendenz zu Dienstleistungs- oder Wohlfahrtsmärkten. Auf diesen **Sozialmärkten** wird allerdings aus dem traditionellen Klienten in wachsendem Maße ein Verbraucher oder Kunde, was auch weitgehende Veränderungen für die staatliche Sozialpolitik impliziert (bspw. neben der Reform der weiterhin bedeutsamen Sozialleistungssysteme eine Marktförderungs- und Regulationspolitik aufzubauen).

Innerhalb des neu gestalteten wohlfahrtsstaatlichen Arrangements muss gewährleistet werden, dass sich die Stärken und Schwächen der verschiedenen Träger sozialer Dienstleistungen optimal ergänzen, anstatt sich nieder zu konkurrieren. Der zukünftige Sozialstaat kann dementsprechend nicht alternativ als Frage des Etatismus oder der Privatisierung diskutiert, sondern muss als Problem der **innovativen Vermischung** aufgefasst und politisch gesteuert werden. Die Frage nach Kooperation, Vernetzung und mehr Wettbewerb und Management sozialer Dienstleistungen auf kommunaler Ebene wird eine der Schlüsselfragen werden. Die bisher separaten, nebeneinander stehenden Einrichtungen müssen so vernetzt werden, dass Reibungsverluste verhindert und Ressourcen gebündelt werden. In diesem Prozess spielt der Staat weiterhin eine wichtige Rolle, aber eher als Aktivator und Regulator, der zudem die Infrastruktur zur Nutzung von mehr eigen initiierten und selbst organisierten Spielräumen bereithält. Gleichzeitig müssen die öffentlichen Institutionen (also auch massiv die Wohlfahrtsverbände) im Sinne eines neuen Managements sozialer Sicherheit einen Paradigmenwechsel von bürokratischer Organisation und Planung hin zu einer Rolle als Vernetzungsinstanz und Koordinatoren (auch im Bereich des Wohnens) vollziehen.

6.7 „Flickenteppich" Dienstleistungssektor als Beschäftigungsreservoir? Deutschlands schwieriger Weg zur Öffnung der Arbeitsmärkte

Innerhalb des globalen Trends zur Dienstleistungsgesellschaft erleben auch in Deutschland Felder des tertiären Sektors einen Aufschwung (etwa in der Gesundheitswirtschaft). In Teilsegmenten der freizeit- und gesundheitsbezogenen Dienstleistungen wurden die Beschäftigungspotentiale diskutiert, wobei einerseits die Dynamik dieses Sektors, andererseits aber auch die Abweichungen vom klassischen „Normalarbeitsmodell" hervorzuheben sind. Die Beschäftigungsexpansion dürfte aufgrund der sozialstrukturellen Wandlungsprozesse und der neuen technologischen Optionen anhalten. Trotz aller positiven Entwicklungschancen ist die Gesundheitswirtschaft jedoch auch mit **Wachstumshemmnissen** konfrontiert. Um den derzeitigen Boom langfristig zu festigen, müssen einerseits die Einkommen zukünftiger Rentnergenerationen gesichert sein und andererseits strukturelle Reformen im Gesundheitswesen durchgesetzt werden, damit die Effizienz des Gesundheitswesens insgesamt erhöht wird und auch Spielräume für effektive Präventionsmaßnahmen genutzt werden können. Außerdem sind weitere wachstumshemmende Faktoren auf der Angebotsseite virulent, die mit den Stichworten „Qualifizierungsprobleme“, „verkrustete Professionsstrukturen“ und „Marketingdefizite“ erfasst werden können. Eine generelle „Achillesferse“ der Dienstleistungsbeschäftigung und somit auch der Gesundheitswirtschaft ist die Abhängigkeit von sozialstaatlichen Regelungen und vor allem der **mangelnden Öffnung** der deutschen Arbeitsmärkte.

Obwohl sich der Dienstleistungssektor zum größten Beschäftigungsreservoir auch in Deutschland entwickelt hat, konzentrieren sich die Programme etwa der Wirtschafts- und Strukturpolitik nach wie vor auf den industriellen Sektor. „Für das deutsche Modell bedeutet dies, dass sich die auf die Bedürfnisse der Industrie zugeschnittenen Regulierungen zunehmend zum Nachteil der deutschen Wirtschaft und Gesellschaft insgesamt entwickeln. Zwar sind wir noch immer Exportweltmeister und profitieren von der positiven Leistungsbilanz. Allerdings geht in allen Ländern – auch bei uns – der Anteil der Industriebeschäftigten an der Gesamtbeschäftigung zurück. Im Hinblick auf andere Wirtschaftssektoren sind jedoch unsere Institutionen viel weniger geeignet, um auf die Globalisierung und den Strukturwandel in Richtung Dienstleistungsökonomie zu reagieren“ (Hassel 2006, 37).

Auch im internationalen Beschäftigungsvergleich wird deutlich, dass die klassische Industriepolitik durch eine aktivierende Dienstleistungspolitik ergänzt werden sollte, um die potentiellen Dienstleistungsmärkte zu erschließen (vgl. die Beiträge in Hartmann/Mathieu 2002 und Steinmeier/Machnig 2004). Die Agenda einer aktivierenden Dienstleistungspolitik umfasst notwendigerweise eine Vielzahl von Maßnahmen und Strategien, die den jeweiligen Besonderheiten der einzelnen Gestaltungsfelder angepasst werden müssen. Im Unterschied zur traditionellen Politik, die ganze Branchen und Wirtschaftszweige nach dem ‚Gießkannenprinzip' förderte, folgt eine aktivierende Dienstleistungspolitik dem Motto ‚Stärken stärken'. Nimmt man die verschiedenen Studien zur Beschäftigungsentwicklung im Dienstleistungssektor ernst, dann scheint die Gesundheitswirtschaft eine „Zukunftsbranche“ zu werden, die nicht nur für mehr Lebensqualität, sondern auch für spürbare Beschäftigungsimpulse sorgen kann. Allerdings orientieren sich diese nicht immer am „Gehäuse“ der klassischen Erwerbsarbeit und deshalb sind komplementäre politische Maßnahmen (etwa eine Reform der Sozialabgaben) notwendig, um eine effektive und „sozialverträgliche“ Beschäftigungsexpansion zu erzielen.

Inzwischen ist auch ein Kurswechsel insbesondere in der Arbeitsmarktpolitik festzustellen (durch die „Agenda 2010“). „Hartz IV (wirkt) wie eine gesellschaftspolitische Revolution von oben. Sie verlangt von den Bürgern nicht weniger als eine radikale Änderung ihrer bisherigen Erwartungen und Verhaltensweisen, ohne dass dieser Bewusstseinswandel durch aufklärende und begründende öffentliche Diskurse vorbereitet und legitimiert wurde. Das musste politische Rückwirkungen haben. Die Verunsicherung und Enttäuschung, Verängstigung und Verbitterung der (potentiell) Betroffenen war zu erwarten. Trotzdem: Die mit den Hartz-Reformen eingeleitete Umorientierung vom Bismarck'schen Sozialtransferstaat zu einem „aktivierenden Sozialstaat“ war unvermeidbar, auch wenn man sich stärkere positive Arbeitsanreize und eine Schonung vorhandener Altervorsorge gewünscht hätte“ (Scharpf 2006, 31).

Wenn auch in den vorhergehenden Abschnitten über eine Relativierung staatlicher Steuerungsmöglichkeiten diskutiert wurde, so heißt dies nicht den Abschied von staatlicher Politik, vielmehr nur den Abschied von einer spezifischen „Staatsformation“, konkret vom passivierenden deutschen Wohlfahrtsstaatsmodell. Vielmehr erfordert gerade eine **Strategie der differenzierten Spezialisierung in Zukunftsbranchen** eine aktivierende Politik. „Sektorale Spezialisierung erfordert im Gegenteil eine integrierte, auf den Ausbau vorhandener komparativer Vorteile hin maßgeschneiderte nationale Wirtschafts-, Struktur-, Sozial- und Bildungspolitik. Sie verlangt ferner angepasste institutionelle Regelwerke, etwa für den Arbeitsmarkt, die eine optimale Nutzung der nationalen Ressourcen zugunsten der jeweiligen Kernsektoren ermöglichen. So beruhte der Strukturwandel der Niederlande in den letzten beiden Jahrzehnten zum logistischen Zentrum des europäischen Kontinents auf dem Ausbau des Amsterdamer Flughafens und des Rotterdamer Hafens, der Förderung einer hoch leistungsfähigen Speditionswirtschaft, einer dienstleistungsfreundlichen Tarif- und Steuerpolitik und nicht zuletzt auf hohen bildungspolitischen Aufwendungen zur Erhaltung der Vielsprachigkeit der Bevölkerung. Ähnlich politisch gewollt war die rapide Umwandlung der irischen Volkswirtschaft in eines der wichtigsten Produktionszentren der amerikanischen mikroelektronischen Industrie, um derentwillen wohl auch das unlängst eingeführte Rauchverbot in irischen Pubs eingeführt worden sein dürfte. In diesen und anderen Fällen wird das Instrumentarium des Nationalstaats dazu genutzt, einheimische Sektoren mit komparativen Vorteilen zu identifizieren und ihren Wettbewerbsvorsprung mit oft einschneidenden politischen Maßnahmen zu verteidigen“ (Streeck 2004a, 7f).

Der Hinweis auf beschäftigungspolitisch erfolgreichere Länder zeigt, dass es der Arbeitsmarkt- und Beschäftigungspolitik vorrangig darum gehen müsste, eine vergleichbare Beschäftigungsdynamik im Dienstleistungssektor und anderen wettbewerbsfähigen Wirtschaftsbranchen freizusetzen, wie es etwa auch von der EU vorgeschlagen wird. Eine Expansion der Beschäftigung im Dienstleistungssektor könnte bspw. zu einem erheblichen Teil durch Überführung der Schwarzarbeit in die formelle Ökonomie gespeist werden. Durch eine Beschäftigungsausweitung – vor allem im Niedriglohnbereich - ließen sich zudem elementare Prinzipien der Beteiligungsgerechtigkeit realisieren, denen das derzeitige deutsche Beschäftigungssystem immer weniger gerecht wird. Zu diesen Prinzipien gehört zuallererst, dass jeder Bürger Zugang zu der privaten Autonomie und den sozialen Bindungen haben sollte, die in einer Gesellschaft wie der unseren über bezahlte Erwerbsarbeit vermittelt werden. „Bürgerarbeit" ist ebenso wenig ein Ersatz für bezahlte Erwerbsarbeit wie Beschäftigung in einem künstlich am Leben gehaltenen „zweiten Arbeitsmarkt" oder gar eine noch so hohe Arbeitslosenunterstützung. Hohe Arbeitslosigkeit verletzt das Prinzip der Beteiligungsgerechtigkeit ebenso wie eine niedrig gehaltene Erwerbsquote von Frauen oder das Herausnehmen von Menschen aus dem Arbeitsmarkt durch Frühverrentung. Eine niedrige allgemeine Erwerbsquote, und insbesondere ein niedriges Beschäftigungsniveau im Bereich der personenbezogenen Dienstleistungen, führt zum **Ausschluss** gering qualifizierter Arbeitnehmer nicht nur aus Beschäftigung, sondern tendenziell aus der Gesellschaft insgesamt.

Eine entscheidende **Barriere** gegen eine Expansion der Dienstleistungsbeschäftigung sind die Arbeitskosten und deshalb muss an dieser „Baustelle" beschäftigungspolitisch primär gearbeitet werden. So wurde in den Debatten zur Kostenkrankheit des Dienstleistungssektors seit Jahren darauf hingewiesen, dass infolge des unvermeidlich geringeren Produktivitätswachstums im Dienstleistungssektor im Vergleich zur Industrie bei annähernd gleichem Wachstum der Löhne die realen Preise von – notwendig personalintensiven – Dienstleistungen schneller steigen müssen als die von immer kapitalintensiver produzierten Industriegütern. Zugleich gilt, dass die Nachfrage gerade nach personen- und haushaltsbezogenen Dienstleistungen in hohem Maße preisabhängig ist: sind die Preise zu hoch oder steigen sie, so werden Dienstleistungen, die ansonsten am Markt gehandelt werden könnten, entweder nicht mehr nachgefragt, im Haushalt in Eigenleistung erstellt, in Schwarzarbeit produziert oder, in Deutschland, in die 400-Euro-Zone abgedrängt. Der in Deutschland dynamisch wachsende Sektor der Schattenwirtschaft hat die gigantische Größe von „bis zu 300 Mrd. Euro erreicht. Dieses Volumen ist der Steuer- und Sozialversicherungslast entzogen. In Deutschland existieren rund fünf Millionen Vollzeitstellen in der Illegalität. Im Bereich der privaten Haushaltshilfen stehen rund 40.000 gemeldete ca. 3,3 Mio. tatsächliche Beschäftigungsverhältnisse gegenüber" (Hartz-Kommission 2002, 40; vgl. auch Schneider 2003).

Das Argument der Kostenkrankheit gilt weniger für hoch qualifizierte produktionsnahe und zunehmend exportierbare Dienstleistungen; in diesem Bereich ist das Beschäftigungsniveau in Deutschland auch vergleichsweise hoch und wird darüber hinaus wahrscheinlich statistisch unterschätzt. Die insgesamt dennoch niedrige deutsche Erwerbsquote lässt dann jedoch eine Auseinandersetzung mit den wirtschaftlichen Voraussetzungen von Beschäftigungswachstum bei einfachen, personenbezogenen und geringproduktiven Dienstleistungen umso dringlicher erscheinen. Letztere sind im Übrigen genau die Tätigkeiten, in denen gering qualifizierte Arbeitnehmer angesichts des von der Industrie irreversibel eingeschlagenen Rationalisierungspfades „nach oben“ noch am ehesten Arbeit finden könnten. Will man den Dienstleistungssektor als Vehikel für eine Politik der Beschäftigungsexpansion nutzen, so muss man die relativen Preise *von* – beschäftigungsintensiven – Dienstleistungen senken. Dies geht grundsätzlich auf zweierlei Weise: durch Senkung der auf Dienstleistungen erhobenen Verbrauchssteuern oder der bei der Produktion von Dienstleistungen anfallenden Arbeitskosten. Letzteres wiederum kann sowohl durch Senkung der Bruttolöhne der im Dienstleistungssektor Beschäftigten geschehen, was zu einer größeren gesamtwirtschaftlichen oder intersektoralen Lohnspreizung führt, oder durch Senkung der Sozialversicherungsbeiträge auf niedrige Einkommen bzw. auf die Einkommen von Arbeitnehmern in ausgewählten beschäftigungsintensiven Bereichen des Dienstleistungssektors, mit der Folge einer größeren Spreizung, nicht der Löhne, sondern der Arbeitskosten.

Eine Expansion des öffentlichen Sektors und der öffentlichen Beschäftigung, einschließlich des „zweiten Arbeitsmarkts“, bietet als solche **keinen Ausweg**. Auch die öffentlichen Dienstleistungen leiden unter der Kostenkrankheit des Dienstleistungssektors; dies ist der Grund für den heute in allen europäischen Ländern wirksamen Zwang zur Haushaltskonsolidierung und zur Privatisierung weiter Bereiche der Infrastruktur. Auch deshalb gibt es, wenn das Ziel darin besteht, das Niveau der Beschäftigung zu erhöhen, zu einer Politik der Förderung des privaten Dienstleistungssektors keine Alternative. Gerade in Deutschland wird es wegen der schon dramatisch zu nennenden **Staatsverschuldung** sowie der Bindung der Fiskalpolitik an den europäischen Stabilitätspakt keine Möglichkeit geben, eine Lösung der Beschäftigungskrise durch Ausweitung der Staatstätigkeit und der öffentlichen Beschäftigung zu erreichen. Im Gegenteil hat in Deutschland die öffentliche Beschäftigung in den letzten Jahren abgenommen und wird mit Sicherheit weiter abnehmen. In einer Reihe von Gemeinden im Osten Deutschlands werden lebenswichtige Funktionen der kommunalen Versorgung nur noch durch Inanspruchnahme von öffentlicher Beschäftigung wahrgenommen, d.h. von Arbeitslosen, deren Leistung im wesentlichen durch die Beiträge nicht arbeitsloser Arbeitnehmer an die Arbeitslosenversicherung finanziert werden. Diese Situation wird nicht dadurch weniger absurd, dass sie mittlerweile zur Normalität geworden ist.

Diese Feststellung sollte jedoch nicht so verstanden werden, dass in der Arbeitsmarktpolitik nicht auch entscheidende Weichen für die Ausweitung der Dienstleistungsbeschäftigung liegen und diese bislang in Deutschland nicht optimal genutzt wurden. Mit der Zusammenlegung von Arbeitslosen- und Sozialhilfe wurde ein entscheidender Schritt getan, allerdings scheint das Anreizproblem bei der sozialen Mindestsicherung noch nicht effektiv zu greifen. „Der wichtigste Schritt zur Senkung des Akzeptanzlohnniveaus bestünde in der Einführung des so genannten „Workfare-Konzepts". Der Begriff „Workfare" ist abgeleitet von der englischen Wortzusammenziehung „Welfare-to-Work", was etwa soviel bedeutet wie „Arbeit statt Sozialhilfe". Er meint, dass der Anspruch auf die soziale Grundsicherung für Erwerbsfähige grundsätzlich nur noch dann gewährt werden sollte, wenn sie im Gegenzug dazu bereit sind, eine sozial nützliche Beschäftigung aufzunehmen. Ohne dass die Betroffenen Abstriche bei der Grundsicherung hinnehmen müssen, sorgt dies dafür, dass marktentlohnte Tätigkeiten im unteren Einkommensbereich deutlich attraktiver werden als bisher. Wenn für die Grundsicherung gearbeitet werden muss, ist jeder Job interessant, bei dem mehr verdienen kann als in der Grundsicherung. Im Vergleich zu einer Situation, wo die Grundsicherung ohne Gegenleistung gewährt wird, eröffnet sich für die Betroffenen damit ein beachtliches Tätigkeitsspektrum, denn ohne Gegenleistungsforderung ist der Anspruchslohn nach vorliegenden Modellrechnungen unter Umständen doppelt so hoch wie der Unterstützungsanspruch" (Schneider 2006, 67; vgl. auch Wilde 2006).

Ein Versuch, die relativen Preise arbeitsintensiver Dienstleistungen durch eine selektive Senkung der Verbrauchsteuern zu senken, ist neben anderen europäischen Staaten Ende der 90er Jahre auch von der französischen Regierung unternommen worden. Dabei wurde der Mehrwertsteuersatz für die Instandhaltung von Gebäuden und Wohnungen von 20,5 auf 5,5 Prozent reduziert. Eine Erhöhung der Nachfrage nach Arbeit, die in diesem Sektor der Natur der Sache nach zu einem großen Teil gering qualifizierte Arbeit sein wird, kann allerdings nur dann eintreten, wenn die Steuersenkung an die Kunden weitergegeben und als Folge die abgesetzte Menge an Dienstleistungen vergrößert wird. Dies setzt aber ein Mindestmaß an Wettbewerb und freiem Marktzugang voraus. In Deutschland wäre deshalb als flankierende Maßnahme an eine Lockerung der Handwerksordnung zu denken, was in einzelnen Bereichen auch schon eingeleitet wurde.

Im folgenden sollen kurz die Möglichkeit diskutiert werden, die Beschäftigung gerade niedrig produktiver Arbeitnehmer durch eine Reform der **Sozialabgaben** zu verbessern. Hier liegt eine zentrale Ursache für die dauerhafte deutsche Beschäftigungsstagnation und deshalb ist die Bearbeitung dieses seit Jahren von der Politik vor sich her geschobenen Problems von absoluter Dringlichkeit für jede zukunftsorientierte Reformpolitik. Hartz IV war sicherlich notwendig (wenngleich viele handwerkliche Fehler zu verzeichnen waren, die mitverantwortlich für die geringe Akzeptanz sind), gefordert sind nun aber weitere konkrete Reformschritte und der Aufbau von realen Beschäftigungsmöglichkeiten auf dem „ersten" Arbeitsmarkt. „Das soziale Sicherungssystem in Deutschland subventioniert nach wie vor die Untätigkeit und bestraft die Arbeitsaufnahme. Daran hat sich im Prinzip durch die Hartz-Gesetze wenig geändert, und die verbesserten Hinzuverdienstmöglichkeiten für AlG-II-Empfänger, die insbesondere die Annahme eines Minijobs attraktiver werden lassen, werden die Probleme weiter verschärfen. Völlig übersehen wird, dass auf der Arbeitsnachfrageseite eine falsche Abgrenzung der Solidargemeinschaft dafür sorgt, dass einfache Arbeit in Deutschland einen Preis hat, der über der Wertschöpfung liegt, zu der diese Arbeit fähig ist" (Schöb/Weimann 2005, 34; vgl. ausführlich dies. 2004 sowie Heinze/Streeck 2003 und Scharpf 2005, 2006).

Die in Frage kommenden Handlungsfelder sind diskutiert worden, nun sind Strukturreformen gefragt, die auch den „schwächeren" Erwerbstätigen einen Einstieg in das Beschäftigungssystem erlauben. Als Alternative zu einer Senkung der Bruttolöhne steht, vor allem in Ländern wie Deutschland, in denen die staatlich verordneten Lohnnebenkosten besonders hoch sind, eine **Senkung der Sozialversicherungsbeiträge** auf niedrige Einkommen an sich zur Verfügung. Die dadurch zu erreichende selektive Senkung der Lohnnebenkosten kann die Kosten einfacher Arbeit stark genug vermindern, um die Kosten der Produktion von Dienstleistungen und damit, bei Wettbewerb, die relativen Preise derselben beschäftigungsfördernd zu senken, ohne dass zugleich eine Senkung der Bruttolöhne erforderlich wäre. Reformen des Sozialstaats, insbesondere der Art und Weise seiner Finanzierung, können insofern zur Verbesserung der Beschäftigungsfähigkeit der Volkswirtschaft beitragen. Von Mitgliedern der Arbeitsgruppe Benchmarking ist vorgeschlagen worden, die ohnehin geplante teilweise Umstellung der Finanzierung der sozialen Sicherung von Beiträgen auf Steuern, deren Ziel eine Senkung der Lohnnebenkosten ist, statt zu einer linearen zu einer selektiven Senkung der Sozialversicherungsbeiträge zu nutzen. Mit dem Aufkommen der Ökosteuer, die zu einer allgemeinen Senkung der Sozialversicherungsbeiträge genutzt wurde, wäre es bei entsprechender Ausgestaltung möglich gewesen, alle Arbeitnehmereinkommen bis rd. 750 Euro pro Monat von Sozialversicherungsbeiträgen freizustellen und eine Progressionszone einzurichten, in der der Beitrag allmählich auf das Normalniveau gestiegen wäre. Maßnahmen dieser Art wären selbstverständlich auch bei den geplanten weiteren Schritten zur Beitragsentlastung mit Hilfe steigender Energiesteuern möglich gewesen; die Grenzwerte für Freibetrag und Progressionszone lassen sich je nach Umfang der zur Verfügung stehenden Mittel festsetzen (vgl. Fels et al 1999, 41 ff sowie

Eichhorst et al 2001). Auf jeden Fall haben die bislang umgesetzten marginalen linearen Senkungen der Beiträge nicht zu zusätzlicher Beschäftigung geführt.

Eine selektive Senkung der Sozialversicherungsbeiträge auf niedrige Einkommen würde zu einer wünschenswerten Spreizung der Arbeitskosten ohne gleichzeitige Spreizung der Nettoeinkommen führen. Im Gegenteil würden die Nettolöhne von Geringverdienern wegen des Wegfalls der vom Arbeitnehmer zu entrichtenden Sozialversicherungsbeiträge wahrscheinlich zunehmen, auch wenn die Entlastung teilweise an die Nachfrageseite durchgereicht würde. Ebenso wie bei einer Senkung der Einkommenssteuer auf niedrige Einkommen oder bei einer Senkung der Unternehmenssteuern würde es sich bei einer am unteren Ende des Einkommensspektrums konzentrierten selektiven Entlastung von Sozialversicherungsbeiträgen nicht um ein Förderprogramm für „Problemgruppen" handeln, bei dem es um „Zielgenauigkeit" und um die Verhinderung von „Mitnahmeeffekten" zu gehen hätte. Vielmehr ginge es um eine langfristige Veränderung der Rahmenbedingungen für die Nachfrage nach einfacher Arbeit bzw. den Zugang von gering qualifizierten Arbeitnehmern zu bezahlter Beschäftigung im **ersten Arbeitsmarkt**. Diese Vorschläge wurden – wie bereits gesagt - vor einigen Jahren von der Benchmarking-Gruppe beim „Bündnis für Arbeit" vorgelegt. Nun kommt die Debatte um ein Freibetragsmodell bei den Sozialabgaben wieder auf die **politische Tagesordnung** und es werden auch ausgereifte konzeptionelle Vorschläge zur Diskussion gestellt: „Ähnlich wie bei der Einkommenssteuer hätte ein Freibetrag bei den Sozialabgaben den Vorteil einer überproportionalen Entlastung der unteren Lohngruppen und der einfachen Arbeitsplätze. Überdies wäre der Vorschlag legislativ und administrativ leicht umzusetzen, wenn im Übrigen weder die Tarife noch die paritätische Verteilung zwischen Arbeitgebern und Arbeitnehmern verändert würden und der Bund den Sozialkassen die entgangenen Beitragsanteile ersetzte. Die Entlastung von Arbeitnehmerbeiträgen, besonders in den unteren Lohngruppen käme der Inlandsnachfrage (und zugleich der Bekämpfung der Armut und der Schwarzarbeit) zugute, während die Senkung der Arbeitskosten bei den besonders preisempfindlichen einfachen Dienstleistungen besonders hohe Beschäftigungseffekte erwarten ließe" (Scharpf 2006, 34; vgl. auch ders. 2004).

Trotz der vielen fehlgeschlagenen Versuche mit Reformen am Arbeitsmarkt, die zum Teil sogar kontraproduktiv waren, lassen sich als Alternative zu einem inzwischen immer weiter auch illegal und „halblegal" geformten „Niedriglohnsektor" eine Expansion der Beschäftigung und eine Steigerung der Partizipationsrate in der formalen Ökonomie durch eine solche Senkung der Sozialabgaben erreichen. Dies wäre ein entscheidender **Schritt** auf dem Weg von einer Arbeitskraft still legenden zu einer aktivierenden Arbeitsmarktpolitik, wie sie sich in allen vergleichbaren Ländern Westeuropas in den letzten Jahren herauskristallisiert hat. Zielgruppenspezifische Programme und Sozialhilfe für die Schwächsten der Gesellschaft würden dabei nicht überflüssig. Aus- und Weiterbildungsmaßnahmen der aktiven Arbeitsmarktpolitik könnten jedoch viel mehr als bisher an bestehende Arbeitsverhältnisse und die von den Beschäftigten in ihnen gemachten Erfahrungen anknüpfen, was den besonderen Bedürfnissen gerade der Gruppe der Geringqualifizierten entgegenkommen würde. Und die Verfügbarkeit von offenen Stellen würde es Arbeitsamt und Sozialverwaltungen ermöglichen, ebenso wie in den sozialdemokratisch geprägten Ländern Skandinaviens die Bereitschaft zur Annahme zumutbarer Arbeit durch den Lackmus-Test eines realen Stellenangebots auf die Probe zu stellen. Eine die unteren Einkommen begünstigende redistributive Umgestaltung des Sozialstaats mit dem Ziel einer Erhöhung des Beschäftigungsniveaus im Rahmen einer aktivierenden Arbeitsmarktpolitik steht insbesondere in den Ländern auf der Tagesordnung, in denen wie in Deutschland niedrige Erwerbsquoten mit hoher Arbeitslosigkeit und hohen Lohnnebenkosten zusammenfallen. Maßnahmen dieser Art werden auch in den beschäftigungspolitischen Leitlinien der Europäischen Union vorgeschlagen.

Ob eine solche die Bezieher niedriger Einkommen begünstigende und das Beschäftigungsniveau insbesondere zugunsten gering qualifizierter Arbeitnehmer und Einsteiger in die Erwerbsarbeit erhöhende Reform der Finanzierung der sozialen Sicherung in Deutschland eine Chance bekommt, wird sich in naher Zukunft zeigen. In der Regierungserklärung der neuen Bundesregierung vom November 2005 wurde eine Initiative der Bundesregierung hinsichtlich von Kombilöhnen bzw. des „Niedriglohnsektors" (und auch von Mindestlöhnen) angekündigt; es soll um eine Lösung der schon länger diskutierten Frage gehen, wie „einfache Tätigkeiten im Lande gehalten werden (können) und nicht aufgrund von Billigangeboten aus anderen Ländern vollkommen wegfallen" (so Bundeskanzlerin Merkel in der FAZ v. 21.12. 2005). Zu diesem Thema hat es in den letzten Jahren erbitterte Diskussionen gegeben und man hatte oft den Eindruck, dass Sachargumente zugunsten ideologischer Kriterien zurückgedrängt und damit Spaltungslinien in der deutschen Stagnationsgesellschaft sogar verfestigt wurden. Es wäre sicherlich für die neue Bundesregierung ein großer Erfolg, wenn sie aus dieser Blockadesituation herauskäme und endlich das nachholen würde, was in vielen vergleichbaren Ländern längst gelungen ist: der Aufbau neuer Beschäftigung auch bei einfachen Tätigkeiten. Ob dies gelingt, muss bezweifelt werden. Gerade von wissenschaftlicher Seite wird die derzeitige Arbeitsmarktpolitik zumeist als „Stückwerk" und symbolische Politik kritisiert; einige Beobachter warnen vor einem „Kombi-Hohn" (Niejahr) und verweisen auf die zahlreichen Kombilohnmodelle und Modellversuche, die es in den letzten Jahren gegeben hat und die alle nicht gerade erfolgreich waren und deshalb zumeist ausgelaufen sind. Mit dem vorgestellten allgemeinen Freibetrag bei den Sozialabgaben der niedrig entlohnten Erwerbstätigen könnten die oft formulierten Probleme mit Kombilöhnen (wie hohe Kosten, Abgrenzung der Zielgruppen, Lohndumping etc) produktiv überwunden und Beschäftigung aufgebaut werden. Wenn es zur Einführung eines Kombilohnes kommt, müssen die schon jetzt bestehenden Möglichkeiten, staatliche Zuschüsse und eigenes Einkommen zu kombinieren (sei es durch Minijobs oder „EinEuroJobs“ etc) in die Neuregelung mit einbezogen werden, ohne dass der bürokratische Aufwand – der die deutsche Arbeitsmarktpolitik schon seit Jahrzehnten prägt – wieder einmal sehr hoch ist. Gefordert sind **einfache Regelwerke**, die nachvollziehbar sind und sich am Grundsatz orientieren müssen, neue Anreize für mehr Beschäftigung im unteren Einkommenssegment zu geben. Andere Länder, die niedrig bezahlte Erwerbsarbeit durch Zuschüsse ergänzen, werden gern von den Politikern zitiert, die für die Einführung von Kombilöhnen werben, allerdings ist dieser Vergleich durchaus zu hinterfragen, weil bspw. Kombilöhne in den USA die nicht vorhandene soziale Grundsicherung ersetzen. Von daher ist der Hinweis richtig, dass die Übertragung von Kombilöhnen „in ein System mit hohem Grundsicherungsniveau, wie es in Deutschland nach wie vor besteht, mehr Probleme (schafft) als er löst“ (Schneider 2006, 70; vgl. auch Steingart 2004, 268ff sowie zur aktuellen Debatte u.a. Berthold 2006, Hank 2006 und Walwei 2006).

Ob es der Arbeitsmarkt- und Sozialpolitik gelingt, diese strukturellen Probleme zu lösen, kann angesichts der Erfahrungen mit Hartz IV zu Recht bezweifelt werden. Derzeit wird das Thema Kombilöhne zumeist eher aufgeregt und hektisch debattiert, oft verknüpft mit der Frage von Mindestlöhnen, allerdings ist bislang nicht absehbar, wie die berechtigten Einwände (Mitnahmeeffekte, hoher finanzieller Aufwand, Fragen nach dem generellen Niveau der Grundsicherung in Deutschland etc) in einem strategischen Diskurs abgeklärt werden. Für die „Regierungsfähigkeit“ der großen Koalition wird es eine ganz entscheidende Frage sein, die nur zum Teil mit dem Topos „Kombilöhne“ angerissene Thematik der **strukturellen Öffnung** der Arbeitsmärkte, mit einer schlüssigen und auch kommunikativ nachvollziehbaren Reformstrategie endlich aktiv eines der Dauerprobleme des Wirtschafts- und Sozialstandortes anzugehen. Wenngleich Tempowechsel „durchaus Teil der Strategie“ sein können, so hat man derzeit (Frühsommer 2006) nicht den Eindruck, dass die Bundesregierung die „Balance aus Reform und Ruhe“ als „Bedingung zur Mobilisierung von Mehrheiten“ (Korte 2005, 17) bereits gefunden hat, eher breiten sich die aus der rot-grünen Regierungsära allseits bekannten Politikblockaden in dieser Frage wieder aus, die doch durch die neue Sachlichkeit überwunden werden sollten.

Nur über eine schlüssige Strategie für den Aufbau von Beschäftigung (gerade im unteren Einkommenssegment) und eine angemessene Reformkommunikation kann der schon bei der Umsetzung der „Agenda 2010" deutlich gewordene Verlust an Gestaltungsfähigkeit vermieden werden. Die aktuellen Streitigkeiten über Kombi- und Mindestlöhne haben einen Vorteil gegenüber den Debatten um „Hartz IV": das Lagerdenken und die damit verbundene sattsam bekannten Organisationsreflexe sind ein Stück weit einem offeneren öffentlichen Diskurs gewichen, der allerdings noch im Regierungsalltag in ein konsistentes Reformprogramm umgesetzt werden muss. Es ist bereits darauf hingewiesen worden, dass eine Mehrheit der Deutschen durchaus für Reformen im sozialen Sicherungssystem zu gewinnen ist, weil der Zustand der Systeme kritisch eingeschätzt wird. „Nur fünf Prozent der Deutschen meinen, bei der Renten-, Kranken- und Arbeitslosenversicherung sei im Großen und Ganzen alles in Ordnung; mehr als die Hälfte sieht hingegen größere Probleme, und fast vier von zehn Befragten sehen die sozialen Sicherungssysteme sogar ´vor dem Zusammenbruch`. Mit der zunehmenden Wahrnehmung der Probleme wächst auch die Sorge der Deutschen um den Verlust ihres Wohlstandes: Nahmen im Jahr 2000 noch 73 Prozent der Befragten an, unsere Gesellschaft lebe im Wohlstand, sind es heute nur 62 Prozent. Doch auch unter diesen Befragten sehen wiederum 61 Prozent den Wohlstand gefährdet" (Bundesverband deutscher Banken 2005a, 5; vgl. auch Meulemann 2004). Diese Zahlen weisen auf ein Fundament für Reformen in der Bevölkerung hin, allerdings werden auch gewisse Widersprüche bzw. eine Kluft zwischen eigener Meinung und Fremdwahrnehmung sichtbar (so halten 50 Prozent Kürzungen im Sozialbereich für notwendig, jedoch glauben nur 16 Prozent, dass die Mehrheit damit einverstanden wäre). Hier liegt unbestritten eine große Aufgabe für das geforderte **problemlösende Regieren**.

Eine breite öffentliche Diskussion über dynamisch wachsende Wirtschaftsbereiche könnte auch den grassierenden Pessimismus in der Bevölkerung lindern. Es reicht nämlich nicht, immer wieder gebetsmühlenartig zu wiederholen, dass Deutschland Exportweltmeister ist, der Aktienindex wieder erheblich angestiegen ist und die Unternehmergewinne (jedenfalls in vielen Branchen) sprunghaft nach oben gegangen sind, sondern es fehlen positive Nachrichten über den nach wie vor guten **Innovationsstandort Deutschland** (auch wenn er in aktuellen Benchmarkingstudien eher als „Absteiger" und nur noch im hinteren Mittelfeld gesehen wird). Allerdings muss auch eingestanden werden, dass Wachstumsraten von drei und mehr Prozent (wie sie in anderen Ländern – vor allem im asiatischen Raum an der Tagesordnung sind) in Deutschland so nicht erreicht werden können. Aber auch wenn die Wachstumsdynamik insgesamt geringer ist und auch die individuellen „Gründungsfähigkeiten" sich zwar in den letzten Jahren verbessert haben, aber dennoch im internationalen Vergleich hinterherhinken, so wurde doch an mehreren Beispielen aufgezeigt, dass es auch in Deutschland interessante Wachstumsmärkte gibt (etwa in der Energietechnik, der

Logistik, dem Automobilbau, der Gesundheitswirtschaft und bei den neuen Informationstechnologien), die sowohl für die gesellschaftliche Zukunftsfähigkeit als auch konkretes Beschäftigungswachstum stehen. Dass auch ein hoch entwickelter Wohlfahrtsstaat aktiv die Herausforderungen meistern kann, zeigt (sicherlich in einem kleineren Maßstab) Finnland. Dort wird stark in Bildung und auch Gesundheitsversorgung bzw. Prävention investiert und daraus hat sich – in Kombination mit innovativen Unternehmen – ein Positivkreislauf ergeben. Man setzt zentral auf den Ausbau von Kreativität und die Ausbreitung einer unternehmerischen Kultur und darüber „werden wir das Geld erwirtschaften, um den Wohlfahrtsstaat weiter zu finanzieren – und dies wiederum schafft die Grundlage dafür, dass unter nachhaltigen sozialen Bedingungen neue Innovatoren nachwachsen können“ (Himanen 2005, 75).

7 Über den Inkrementalismus hinaus: Neue politische Strategien für den Umgang mit Risiken

Ausgangspunkt der Argumentation war, dass die organisierte, korporatistisch verfasste Gesellschaft der Bundesrepublik in einen Zustand der wachsenden Desorganisation und Zerfaserung geraten ist. Es verblasst nicht nur das deutsche Modell der diversifizierten Qualitätsproduktion, sondern auch das Normalarbeitsverhältnis verfällt als anerkanntes Sozialmodell und insgesamt zerbröselt die sozialintegrative Kraft des Parteien- und Verbändestaates. Expertenkommissionen und „Runde Tische" sind derzeit nicht mehr Signale für Reformen, sondern Symptome des „Patienten Deutschland", der an einer Reformphobie leidet und deshalb wurde aus manchen runden Tischen, die an sich Verkrustrungen aufbrechen sollten, eher „**lange Bänke**". Aus dieser Sicht war die politische Problembearbeitung eher reaktiv und in vielen Fällen auch konzeptlos; aus politikwissenschaftlicher Perspektive könnte man dies als Inkrementalismus bezeichnen (Lindblom). „Inkrementalismus betreibt keine aktive und vorausschauende Sondierung von zukünftigen, noch latenten Entscheidungsproblemen. Die Akteure lassen Probleme auf sich zukommen, agieren also reaktiv. Entscheidungsprobleme werden er-wartet. Genauer gesagt: Die Akteure hoffen, dass der Kelch möglichst lange an ihnen vorübergeht und sie nichts zu tun brauchen – selbst dann noch, wenn das Problem unübersehbar geworden ist" (Schimank 2005, 240).

Offensichtlich tun sich viele gesellschaftspolitische Akteure in Deutschland schwer damit, Zukunft als etwas konkret Gestaltbares aufzufassen und dementsprechend aktiv zu handeln. Zunächst werden viele Herausforderungen nur zögerlich wahrgenommen, dann zumeist ausgiebig in verschiedenen Runden und in den Medien ausdiskutiert, ohne jedoch strategische Antworten zu entwickeln und vor allem umzusetzen. Das Umsetzungsdefizit durchzieht die Literatur zum Scheitern der Reformpolitik in Deutschland seit Jahren. Hinzu kommt das Phänomen der Übersteigerung von Risiken (manche sprechen ja auch davon, dass Deutschland „Apokalypseweltmeister" sei), was sich etwa in der BSE-Erregung oder Anfang 2006 auch bei der Vogelgrippe zeigt. Anstatt einer nüchternrationalen Problemabwägung neigt die deutsche Öffentlichkeit eher zu **panischen Diskursen**, die einen gewissen Zeitraum laufen und dann wieder fast vollständig von der Oberfläche verschwinden. Dies liegt sicherlich auch an der Macht der Medien, die vor allem bei Risikothemen schon durch ihre Bilder nicht nur enorme Wirkung erzeugen, sondern auch irrationalen Elementen in an sich notwendigen rationalen Diskursen Auftrieb geben können.

Ein kleiner Wandel ist jedoch seit Bestehen der großen Koalition hinsichtlich der politischen Interessenvermittlung zu beobachten: die geballte Kraft der Lobbyisten wird zunehmend kritisch in der Öffentlichkeit bewertet und auch die Regierungspolitik kann von den organisierten Interessen aufgrund der Überwindung der traditionellen politischen Lager nicht mehr in der gleichen Weise wie in der rot-grünen Regierungsära unter Druck gesetzt werden. Dies hat auch die Bundesregierung registriert; der gerade in der Endphase der Kanzlerschaft von Gerhard Schröder ausufernde Lobbyismus und die Dominanz des St.Florian-Prinzips (zunächst sollen die anderen mit Reformen beginnen, ehe meine eigenen Privilegien angetastet werden) wird inzwischen explizit kritisiert und nach anderen Strukturen der Problembearbeitung gesucht. „Politik und Verwaltung laufen auf ausgetretenen Pfaden, die wir um der Zukunft unseres Landes willen endlich verlassen müssen. Seien wir ehrlich: manche wollen nicht, manche können nicht und manche trauen sich nicht, neue Wege zu gehen. Einige haben sich wohnlich eingerichtet und fürchten sich vor dem Neuen, und viele bangen – zu Recht oder zu Unrecht – um ihre gewohnten kleinen oder großen Privilegien" (Steinbrück 2006).

Der bei vielen zentralen Akteuren noch immer gern kommunizierte Hinweis auf die eigene Organisationsstärke darf nicht darüber hinweg täuschen, dass auch das „soziale Kapital" spätestens dann erschöpft ist, wenn es den verantwortlichen Akteuren in Politik und Wirtschaft nicht gelingt, den massiven Herausforderungen auf dem Arbeitsmarkt und in der sozialen Sicherung aktiv zu begegnen. Eine Umsteuerung könnte also auch im Interesse der etablierten Akteure liegen. Allerdings gibt es hierfür bislang kaum gelungene Vorzeigebeispiele, demgegenüber ist in vielen Organisationen eher ein Riss zwischen den „Modernisierern" und den „Bewahrern" zu erkennen. Zudem sind die dominierenden Eigeninteressen und das Beharrungsvermögen der sozialpolitischen Akteure, von den staatlichen Einrichtungen über die Verbände bis hin zu den Berufsorganisationen, einzukalkulieren, die nach allen Erfahrungen einer Umstrukturierung reserviert gegenüber stehen.

Die Gefahr besteht durchaus, dass der Wohlfahrtsstaat inhaltlich und legitimatorisch ausblutet, ohne dass sich die Wiederherstellung einer **Prosperitätskonstellation** unter den gegebenen weltwirtschaftlichen Wettbewerbsbedingungen konkret abzeichnet. Noch immer dominieren der Immobilismus der Apparate und Innovationspatts; die meisten der etablierten politischen Akteure sind gefangen in alten Klischees und Rollenspielen. Klar scheint nur zu sein, dass die Einigkeit über eine Konsensstrategie zur Sicherung des Sozialstaats, wie sie jahrzehntelang in der Bundesrepublik unausgesprochen akzeptiert wurde, zerbrochen ist. „Der statussichernde Wohlfahrtsstaat des „deutschen Modells" unterstützte den Zusammenhalt der betrieblichen Produktivitätskoalitionen, und in späteren Jahren insbesondere der betrieblichen Bündnisse, indem er sich zur sozialen Abpufferung eines beschleunigten wirtschaftlichen Strukturwandels in Dienst stellen ließ. Heute, da die Unternehmen über ihre Ressourcen nach Maßgabe und zur Optimierung ihrer individuellen Marktlage selber disponieren wollen, sind sie jedoch immer weniger bereit, sich an der Finanzierung hoher Sozialausgaben zu beteiligen. Unklar bleibt dann aber, was an die Stelle der korporatistischen Gefahrengemeinschaft treten soll, die gerade den Arbeitgebern bisher eine weitgehende Externalisierung der betrieblichen Risiken wirtschaftlichen Wandels ermöglicht hat. Im übrigen gehörte auch der Wohlfahrtsstaat in seiner traditionellen Form zu jenen Mechanismen der Erzeugung von Erwartungs- und, vor allem, Einkommenssicherheit, die im Nachkriegsmodell der Industriegesellschaft Voraussetzung der Teilnahme breiter Massen an wachsendem Konsum und damit des Wachstums einer konsumgetriebenen modernen Volkswirtschaft waren. Sein Umbau in einen „aktivierenden", also ebenso „fordernden" wie „fördernden", investiven statt konsumtiven Wohlfahrtsstaat könnte ebenso wie der Vormarsch kontingenter Entlohnung zu den Ursachen jener Konsumzurückhaltung gehören, die mit dem Übergang zu einer neuen, weniger egalitären und stärker marktbestimmten Sozialstruktur einherzugehen scheint" (Streeck 2005a, 19f).

Allerdings liegt es auch in der Logik der Sache, dass politische Abstimmungs- und Lernprozesse generell langsamer verlaufen als ökonomische Entscheidungsprozesse, da sich die ökonomischen Akteure nicht um das Gemeinwohl und die Legitimität ihrer Entscheidungen kümmern müssen. Es bedarf deshalb schon einer erhöhten Risikobereitschaft und der „Kunst" der politischen Führung bei den zentralen Akteuren, um die politisch-institutionellen Lähmungen zu überwinden. Expertenkommissionen sind jedenfalls **kein Hoffnungsträger** mehr für grundlegende politische Reformen. Auf dem Weg zu einer strukturellen Konsolidierung des Wohlfahrtsstaates sind auf jeden Fall noch mehrere Stolpersteine zu überwinden und es ist fraglich, ob die politischen Spitzenakteure vor dem Hintergrund knapper Mehrheiten, ständiger Wahlkämpfe und vielen Vetospielern diese überwinden können. Und noch eines kommt hinzu: die Politiker in der Bundesrepublik müssen sich von der für viele zunächst erschreckenden Einsicht trennen, dass Reformvorhaben bis ins Detail geplant werden können. Dies ist in komplexen und dynamischen Systemen generell nicht mehr möglich (was allerdings nicht einen Verzicht auf strategische Positionierung und „Learning by Monitoring" (Sabel) beinhaltet).

7.1 Zwischen aktivierender und rhetorischer Politik

Staatliche Politik, die auf eine Eindämmung sozialer Desintegration zielt, benötigt Ressourcen und diese sind angesichts der wachsenden Ausdifferenzierung der Gesellschaft und verschiedenartiger sozioökonomischer Zersplitterungen und der enormen Staatsverschuldung immer schwerer zu organisieren. Es ist bereits auf den schleichenden **Zerfall** kollektiver Arrangements und einen „erschöpften„ Staat verwiesen worden, der nicht nur Deutschland, sondern in allen vergleichbaren westlichen Gesellschaften zu beobachten ist und neue Trennungslinien (etwa zwischen Migranten und einheimischer Bevölkerung) produzierte. Hinzu kommen neue wirtschaftlich-soziale Verunsicherungen und Gefährdungen, die in die „Mitte“ der Gesellschaft eingesickert sind und auch schon unter dem Begriff sozialer Exklusion thematisiert wurden. „Es geht um Gefährdungslagen und Verwundbarkeitszonen, die quer durch unsere Gesellschaft .verlaufen. Es gibt Armut trotz Beschäftigung, Mutlosigkeit durch Abhängigkeit vom Sozialstaat und soziale Verwahrlosung aufgrund von kollektiver Indifferenz“ (Bude 2006). In solch einer **auseinanderdriftenden Gesellschaft** fällt es Politik sehr schwer, eine Klammer zu finden, um die Fliehkräfte wieder neu zusammen zu führen und Unterstützung für einen solidarischen Umgang mit marginalisierten Gruppen zu finden. Gerade die Mittelschichten, die ganz zentral die finanziellen Ressourcen für wohlfahrtsstaatliche Programme zur Verfügung stellen müssen, fühlen sich selbst verunsichert und sind auch in unseren Nachbarländern nicht mehr ohne weiteres bereit, den klassischen Solidaritätsvorstellungen zu folgen. Manche sehen sich schon in der Rolle als „Zahlmeister“ für bestimmte Klientelgruppen der Sozialpolitik, was aber nicht nur an der kulturellen Diversität liegt, sondern an den auseinanderwirkenden Interessendeutungen. „Wenn Solidarität im Sozialstaat auf der Perzeption gemeinsamer Interessen gründet, weil alle Menschen dieselben Risiken tragen, dann ist die Frage berechtigt, ob die Menschen heutzutage ihre Chancen im Leben noch immer auf diese Weise deuten“ (Bos 2005). Und in bezug auf die niederländische Gesellschaft wird diese Frage konkret dahingehend beantwortet, dass „es immer schwerer werden dürfte, die Menschen mit besserer Bildung davon zu überzeugen, für kollektive Arrangements zu bezahlen, die nicht mehr allen gemeinsam zugute kommen, sondern vor allem denjenigen mit geringer Bildung“ (a.a.O).

Wenn man sich derzeit die westlichen Gesellschaften anschaut, dann gibt es viele Belege, dass gerade die Solidaritätsbereitschaft der Mittelschichten schwindet und wie schwer es der Politik fällt – auch vor dem Hintergrund der per saldo zumeist nicht gelungenen Integration von Randgruppen -, klassische soziale Sicherungen und Lebenschancen sowie Bürgerrechte zu bewahren. Auch die in den letzten Jahren umgesetzten Reformen am Arbeitsmarkt und in der sozialen Sicherung sind kein Beleg für eine sozialintegrierende Politik in Deutschland und eine **strukturelle Konsolidierung** des wohlfahrtsstaatlichen Systems, vielmehr sind es nur erste Schritte in dieser Richtung, wobei in vielen Fällen die „Schadenswirkungen" bei den ohnehin schlechter Gestellten stärker anfallen. Allerdings gibt es gerade auch in der deutschen Gesellschaft noch durchaus Finanzierungsreserven für eine soziale Grundsicherung bei den bislang durch die Reformen eher begünstigten Bevölkerungsgruppen. „Was die Finanzierung der sozialen Sicherheit durch Steuern statt durch Beiträge angeht, so bestehen bei den Einkommen zwar nicht der Körperschaften und Personengesellschaften, aber doch bei der oberen Mittelschicht der Einkommensbezieher Spielräume, auf deren Nutzung die Politik der Agenda 2010 rätselhafterweise konsequent verzichtet. Statt den Angehörigen dieser Schicht auch nur ernsthafte Studiengebühren für die akademische Ausbildung ihres Nachwuchses aufzubürden, verweist das bestehende Steuerrecht sie ohne Ende auf die Suche nach Abschreibungsobjekten und Verlustzuweisungen. Aber auch die Erhöhung der indirekten Steuern (und nicht nur derjenigen auf Energie und Tabak) für Zwecke der sozialen Sicherung wäre geeignet, die Lasten breiter zu streuen und deswegen die Beitragsbelastung der Arbeitskosten mehr als proportional zu senken" (Offe 2003, 817; vgl. auch ders. 2005b).

Aufgrund der besonderen Situation eines jeden Landes sind internationale Vergleiche nur bedingt hilfreich, allerdings sollte man über den Tellerrand hinaus schauen, um dort Anregungen für den Umbauprozess hierzulande zu bekommen. Gerade die noch immer existierenden Unterschiede und Ungleichzeitigkeiten machen aus den westlichen Wohlfahrtsstaaten zugleich ein **Laboratorium**. Dieses Laboratorium genauer zu betrachten trägt nicht nur zu einem besseren Verständnis der eigenen Strukturen bei, sondern erweitert ebenfalls die Vorstellungen darüber, was politisch möglich ist. In die institutionellen Besonderheiten der jeweiligen Modelle sind auch kulturelle Faktoren wie Leitbilder sowie gemeinschaftliche Vorstellungen von Gleichheit und Gerechtigkeit verwoben. Zudem gibt es hinsichtlich der **Reichweite** nationalstaatlicher Politik generell Zweifel; angesichts der Einflussgrößen wie etwa der Investitionsentscheidungen von Großunternehmen und generell der Dynamik von Finanzmärkten wird die Politik sicherlich eher vom Marktgeschehen getrieben. Trotz dieser „ausgezehrten Staatsgewalt" und der Erschöpfungen in der Politik sind aber Pfadwechsel und neue institutionelle Designs auch in Deutschland möglich.

Wenn man bspw. über die **Innovationspolitik** in skandinavischen Länder spricht, denkt man einerseits an die PISA-Erfolge im Bildungswesen und zum anderen an das erfolgreiche Wirken einzelner Unternehmen, speziell die Innovationsfähigkeit und die Produktentwicklung, aber auch die Unternehmenskultur. Der wirtschafts- und beschäftigungspolitische Erfolg etwa von Finnland liegt –

so die gängige Forschung - sowohl an der Bildungs- und Wissenschaftspolitik als auch an den innovativen Clustern (etwa den informationstechnologischen Clustern, die sich dort im vergangenen Jahrzehnt entwickelt haben). Grundlage dieser erfolgreichen Wirtschaftsentwicklung ist die enge Symbiose zwischen international wettbewerbsfähigen Technologiekonzernen und einer staatlichen Politik, die sich intensiv um die Bildung sowie Forschung und Entwicklung kümmert (nicht umsonst liegt Finnland weltweit an der Spitze der staatlichen Ausgaben für Forschung und Entwicklung!). Ein Zitat von Lipponen (MP in Finnland von 1995 bis 2003) mag verdeutlichen, dass eine Umkehr der Staatsverschuldung möglich ist: „Zur Konsolidierung des Staatshaushalts sparten wir vier Milliarden Euro ein, damals (1995/RGH) mehr als vier Prozent unseres Bruttosozialprodukts. Um gleichwohl unsere Wettbewerbsfähigkeit zu steigern, erhöhten wir trotz Einsparungen die Forschungs- und Entwicklungsausgaben von 2,2 Prozent des Bruttosozialprodukts auf 3,5 Prozent. Die Bildungsausgaben stiegen zwischen 1995 und 2003 real sogar um 16 Prozent, und wir bauten die Kindertagespflege kräftig aus“ (in: Die Zeit vom 18.8. 2005). Demgegenüber kann in Deutschland von einer nachhaltigen **Haushaltskonsolidierung** noch immer nicht gesprochen werden.

Deutschland steht zwar im internationalen Vergleich hinsichtlich der Gesamtausgaben für Forschung und Entwicklung nicht schlecht da (leicht über dem Durchschnitt der OECD-Länder), liegt aber hinter den skandinavischen Ländern **zurück**. Hervorzuheben ist der relativ hohe Anteil der privaten Unternehmen an den Ausgaben für Forschung und Entwicklung, ohne dass allerdings hierüber in letzter Zeit große Innovationserfolge, die sich auch auf dem Arbeitsmarkt niedergeschlagen hätten, zu verzeichnen sind. Für Finnlands Erfolge sind nicht nur die staatlichen Aufwendungen etwa in der Bildung und Forschung verantwortlich, was auch treffend vom ehemaligen MP Lipponen formuliert wird: „Geld ist nicht allentscheidend. Finnlands Wettbewerbsfähigkeit stützt sich auf ein wirksames Innovationssystem. Erst das hohe Bildungsniveau der gesamten Gesellschaft ermöglicht unserer Wirtschaft die hochwertige Produktion. Offenheit und Zusammenarbeit in der Innovationskette von Universitäten, Unternehmen und Verwaltung steigern die Wirksamkeit des eingesetzten Geldes“ (in: Die Zeit v. 18.8. 2005).

Auf Basis der guten **Bildung** und der engen **Netzwerke** zwischen Bildungs- und Forschungseinrichtungen sowie den Unternehmen lassen sich also auch international anerkannte Standorterfolge feiern. Dadurch wird empirisch die bereits vorgetragene These bestätigt, dass es nicht mehr die relativ isolierten Schlüsseltechnologien sind, die die neue Topographie der Arbeit schaffen, sondern die Zukunft in Kompetenznetzen (bspw. der Medizintechnik, effizienten Energie- oder Telekommunikationssystemen etc) liegt. Gemeinsamer Ausgangspunkt für die Neuausrichtung der Strukturpolitik in verschiedenen Wirtschaftsregionen im In- und Ausland ist einerseits eine intensivere **Nutzung** des Potentials von ansässigen Forschungs- und Hochschuleinrichtungen und andererseits eine bessere partnerschaftliche Kooperationskultur zwischen öffentlichen und privaten Akteuren. Der Standortvergleich bestätigt nicht nur die Bedeutung solcher Netzwerke, sondern verweist auch auf die Förderung von Innovationen und Visionen. Die Regionen werden in der globalisierten Ökonomie bestehen können, die wettbewerbsfähige Produkte und Dienstleistungen in Zukunftsfeldern anbieten und eine **Balance** zwischen wirtschaftlicher Leistungsfähigkeit und sozialer Absicherung realisieren können. Gefragt sind also sowohl strukturelle Reformen im traditionellen sozialen Sicherungssystem als auch Strategien, die den wohlfahrtsstaatlichen Sektor selbst als Innovations- und Wachstumspotential sehen.

Nicht nur in der Innovationspolitik, sondern auch in der Beschäftigungspolitik können wir hiervon lernen: Im Gegensatz zu den skandinavischen Ländern sind bei uns kaum mehr ein Drittel der Bevölkerung im Alter zwischen 55 und 64 Jahren beschäftigt (dort liegt die Quote über 50 Prozent). In anderen Ländern kann man – auch ohne große Aufregungen in der Medienöffentlichkeit und dem Großteil der sozialpolitischen Interessenorganisationen zu produzieren – über die Verlängerung der Lebensarbeitszeit diskutieren. Die Zahlen sollen verdeutlichen, dass ein entwickelter Wohlfahrtsstaat (wie in Skandinavien), in dem auch Mitbestimmung herrscht und damit in dieser Hinsicht ein soziales Modell ähnlich dem „rheinischen Kapitalismus" dominiert, durchaus in der Lage ist, die Beschäftigungskrise zu mildern und auch die wohlfahrtsstaatlichen Grundlagen zu erhalten (vgl. zur sozialintegrativen Rolle der Mitbestimmung auch Pries 2005). Insbesondere gilt dies für Finnland, das Anfang der 90er Jahre in einer tiefen wirtschaftlichen Krise war (primär aufgrund des Zusammenbruchs der ehemaligen Sowjetunion), diese aber bewältigten, ohne den Preis einer höheren sozialen Ungleichheit zu entrichten (wie etwa in den USA). Dort ist es gelungen, die Charakteristika des eigenen sozialen Produktionssystems in komparative Wettbewerbsvorteile umzuwandeln und zugleich die soziale Kohäsion zu bewahren. Auf Basis stabiler Arbeitsbeziehungen hat man es geschafft, flexible unternehmerische Strategien auf innovativen Märkten zu entwickeln (vgl. Sengenberger 2005). Ein ausgebauter Wohlfahrtsstaat braucht also nicht zwangsläufig der Weiterentwicklung der Wirtschaft im Wege stehen.

Die skandinavischen Länder haben in den letzten Jahren das erreicht, was auch Deutschland jahrzehntelang gelang, aber derzeit schwer fällt: sich in innovativen Wachstumsmärkten zu etablieren und dynamisch zu wachsen. Die lebendige internationale Diskussion um einen grundlegenden Umbau des Sozialstaats ist daher unmittelbar **verkoppelt** mit den Szenarien zur Dienstleistungsgesellschaft und neuen Innovationsschwerpunkten. Trotz bestehender Unterschiede gibt es Gemeinsamkeiten, die sich zu einem sozialinvestiven und damit **zukunftsfähigen Sozialstaatsprojekt** zusammenfügen. Dazu gehören unter anderem die Stabilisierung der sozialen Grundsicherung, begleitet von einem Ausbau der privaten Eigenvorsorge, stärkerer Steuerfinanzierung von Sozialleistungen sowie einer präventiven und aktivierenden Ausrichtung der Arbeitsmarktpolitik. Damit einher geht das Bekenntnis, auch atypische Beschäftigungsverhältnisse zu fördern anstatt sie zu bürokratisieren. Trotz neuer sozialer Risiken bieten sich mit solchen Strategien Möglichkeiten, mehr Menschen in Beschäftigung zu bringen, ohne sich von solidarischen Standards zu verabschieden. „Die Skandinavier mussten dazu weder den Preis sozialer Ungleichheit entrichten, den das kalifornische Vorbild zu fordern scheint, noch sich der autoritären politischen Mittel bedienen, die Singapur und andere südostasiatische ‚Tiger-Staaten" anwenden, um im Wettbewerb der globalen new economy zu bestehen. Es ist ihnen im Gegenteil gelungen, die Charakteristika des eigenen sozialen Produktionssystems in komparative Wettbewerbsvorteile umzuwandelnDer Sozialstaat muss nicht zwangsläufig der Weiterentwicklung der Neuen Wirtschaft im Wege stehen. Er kann eher im Gegenteil auch neue Märkte öffnen, wie das finnische Beispiel der Verbindung von Gesundheitswesen und Informationstechnologie zeigt. So sehr aber auch Finnland und Deutschland sich im Muster des sozialen Produktionssystems ähnlich sind, so sehr unterscheiden sie sich in anderer Hinsicht. Finnland hat seinen Aufstieg in die Weltspitze der Informationstechnologie mit einem Cluster von 3000 IT-Unternehmen und zwei veritablen Weltunternehmen – Nokia und Linux – im vergangenen Jahrzehnt aus der Position absoluter Rückständigkeit und relativer Armut zuwege gebracht. Deutschlands Problem liegt dagegen eher im Mangel an ökonomischen Anreizen zu Reformen, der aus saturiertem Wohlstand und Besitzstandsdenken resultiert. Die Voraussetzungen für Reformen sind jedenfalls gegeben" (Abelshauser 2004a, 71f; vgl. auch Castells/Himanen 2002 und Sengenberger 2005).

7.1.1 Regionale Kompetenzbildungen und internationale Unternehmensstrategien

In den letzten Abschnitten wurde sowohl konzeptionell als auch anhand von regionalen Beispielen aufgezeigt, wie durch eine Kompetenzfeldstrategie Standortprofilierung betrieben wurde. Gefragt sind demnach **fruchtbare Allianzen** zwischen Wirtschaftsunternehmen, der Politik und Verwaltung sowie der Wissenschaft. Insofern folgt die Standortpolitik dem strukturellen Wandel der Weltwirtschaft, die nach der Erosion des kooperativen Kapitalismus flexiblere Steuerungsformen präferiert, die sich kompatibel zu den relativ offenen Unternehmensstrukturen verhalten. Gerade die hybride Organisationsform der neuen Unternehmen verlangt nach einer „Einbettung" in die öffentliche Infrastruktur und die Vernetzung mit andern Institutionen. Regionale Innovationsvarianten müssen sich jedoch stärker als früher dem Maßstab der Wettbewerbsfähigkeit unterordnen. Globalisierung, die Betonung der Produktionsseite und die Anforderungen an innovative Milieus transformieren damit auch den Anspruch der Politik. Sie konzentriert sich nun primär auf die Aufgabe der Sicherung von Wettbewerbsfähigkeit. Für die Chancen von Regionen, im wachsenden Standortwettbewerb gute Positionen zu erarbeiten, ist neben dem Branchenmix und anderen „harten" Faktoren zunehmend die Handlungsfähigkeit über Akteursbeziehungen ein entscheidendes Kriterium.

Zielvorstellung in den meisten regionalpolitischen Strategien war es, eine Transformation der Wirtschaftsstrukturen aktiv zu unterstützen und dafür wurde eine Abkehr von der Gießkannenpolitik zugunsten einer „clusterorientierten" Standortpolitik eingeleitet. Eine solche Neuausrichtung hat auch in manchen deutschen Wirtschaftsregionen durchaus Früchte getragen und zu einer Kompetenzprofilierung geführt. In der Beschäftigungsentwicklung hat es sich nicht in dem Maße niedergeschlagen; der deutsche Arbeitsmarkt befindet sich weiterhin in einer Stagnationsphase und zum anderen haben die regionalen Standortprofilierungen räumliche Differenzierungsprozesse eher verstärkt. Im Ergebnis haben sich die **regionalen Disparitäten** nicht verringert, sondern durch den insgesamt intensiver gewordenen internationalen Standortwettbewerb sind die Zukunftsaussichten mancher Regionen (etwa in altindustriellen Sektoren oder in peripheren ländlichen Räume im Osten Deutschlands) noch düsterer geworden. Dies heißt keineswegs, Abschied zu nehmen von regionalen Cluster- oder Kompetenzfeldstrategien, allerdings sollte man sich über die Handlungsmöglichkeiten und -grenzen einer solchermaßen ausgerichteten Strukturpolitik im klaren sein und verstärkt versuchen, nicht nur auf die „Metropolregionen" zu schauen, sondern vielmehr auch interessante Kooperationsprojekte in den „normalen" Wirtschaftsregionen umzusetzen.

Auf die zukünftige Entwicklung regionaler Wirtschaftsräume kommt allerdings ein strukturelles Problem zu, das sich schon heute zeigt und in letzter Zeit massiv an Bedeutung gewonnen hat. Die Umsteuerung des deutschen Kapitalismusmodells (eines sozial geordneten und regional am Ausgleich orientierten Modells) in Richtung eines angloamerikanischen Weges bedeutet letztendlich, dass **Renditen** mehr zählen als Beschäftigung und auch regionale Bindungen. Schon heute wird diese Abkehr von regionalen Kompetenzen (auch wenn sie jahrzehntelang bestanden haben und in den letzten Jahren durch Modernisierungsmaßnahmen neu profiliert wurden) anhand verschiedener Firmenabwanderungen oder Teilverlagerungen deutlich. Es geht in vielen aktuellen Standortentscheidungen eben nicht mehr um Löhne und Flexibilitäten allein, sondern auch noch so gepflegte regionale Kompetenzen werden mit dem Übergang zum shareholder-Kapitalismus **aufgegeben**. Diese Abkehr vom deutschen Modell ist einerseits kategorial im Rahmen der Debatte um „Varieties of Capitalism" leicht einzufangen, andererseits führen gerade diese Prozesse zu einer Vertiefung der sozialen Unsicherheiten in Deutschland auf mentaler Ebene. Wenn auch inzwischen von den Arbeitnehmern anerkannt wird, dass Betriebe in anderen Ländern produzieren und es auch in Deutschland bei der Globalisierung „Gewinner" gibt, so ratlos stehen sie vor den „neuen" Investitionsstrategien größerer Unternehmen.

Diese Verunsicherung ist auch der Grund, warum die – nicht gerade professionell vorbereitete und emotional geprägte – „Heuschreckendebatte" im Jahr 2005 in Deutschland solche Wellen zeitigte. Und diese strukturellen Verunsicherungen und damit ausgelöste bzw. verstärkte sozialen Abstiegsängste werden sich weiter ausbreiten und die „deutschen Zustände" noch stärker beschäftigen, weil sich diese stark an kurzfristigen Renditen orientierten Strategien nicht auf einzelne Produktionsbereiche beschränken, vielmehr in einem hohen Maße auch zudem schrittweise den deutschen Wohnungsmarkt beherrschen. Hier wird nach jahrzehntelanger „Ruhe" durch das Aufkaufen vieler traditioneller Wohnungsunternehmen durch angloamerikanische Investmentgesellschaften eine neue Situation geschaffen, die viele Mieter verunsichert, die gewohnt waren, in alten Eigentümerstrukturen (möglichst kostengünstig) leben zu können. Nun kommen international agierende Unternehmen, deren Spitze persönlich nicht bekannt ist und die sich auch um regionale und kommunale Besonderheiten nicht kümmern. Soziale Verpflichtungen (auch hinsichtlich der Stadtgestaltung, gegenüber kulturellen Anliegen etc) werden ausschließlich durch eine renditeorientierte Betrachtung gesehen. Wenn auch manche Formulierungen etwas überzogen scheinen, etwa die vom Stadtsoziologen Häußermann, der davon spricht, dass „das Wohnhaus zur Kampfarena" wird (in: Die Zeit v. 5.1. 2006), so müssen die mit der Abkehr vom „rheinischen Kapitalismus" auch in sozial sensiblen Bereichen wie dem Wohnen verbundenen Desintegrationstendenzen ernst genommen werden. Insgesamt führen sie zu einer Vertiefung sozialer Zersplitterung (bspw. sind die relativ privilegiert lebenden Eigenheimbesitzer von diesen Renditekalkülen international agierender Kapitalgesellschaften) kaum betroffen.

Indirekt werden durch die Aufkündigung klassischer Schutzrechte im Arbeits- als auch im Wohnbereich auch regionale Standortstrategien strukturell vor neue Hürden gestellt und stellen neue Anforderungen an ein regionales Standortmanagement, wobei nicht von der Hand zu weisen ist, dass soziale Inklusions- zugunsten Exklusionsprozessen abgelöst werden. Und bislang sieht es auch nicht danach aus, dass etwa durch staatliche Regulierungen dieser Flexibilisierungsprozesse **eingedämmt** werden könnten. Die Hoffnungen auf einen aktivierenden Sozialstaat, der soziale Risiken eingrenzen kann, der sowohl von manchen Politikern und Wissenschaftlern beschworen als auch von betroffenen Arbeitnehmer- oder Mietergruppen gefordert wird, sind bislang enttäuscht worden. Vor dem Hintergrund des auf politisch-institutioneller Ebene sich ebenfalls zerfasernden Wohlfahrtsstaates sind derartige Wünsche zwar verständlich, aber basieren auf überholten Annahmen und sind deshalb folgenlos und teilweise „blauäugig". Damit wird aber das Vertrauen in die Steuerungskraft der Politik **weiter erschüttert** und andererseits muss die etablierte Politik aufpassen, dass manche Parolen angesichts der bislang (und wohl auch in naher Zukunft) nicht zu stoppenden „angloamerikanischen" Investitionsstrategien nicht zu rhetorischen Floskeln werden.

Die Frage, die sich nun am Schluss stellt, ist die, warum trotz aller erfolgreichen Vorbilder und einer schon seit mindestens 10 Jahren geführten Diskussion um den Standort Deutschland, um ein Benchmarking und vieler anderer Rankings es trotzdem nicht gelungen ist, den „Teufelskreis" einer stagnierenden Gesellschaft zu überwinden. Dies liegt zum einen sicherlich an dem schleichenden Prozess des sozioökonomischen Umbruchs, der oft nicht spektakulär verläuft, sondern schrittweise manche Wirtschaftssektoren und Regionen zusammengeschrumpft hat. Zum anderen haben sich die **Erfolge** des „Modell Deutschland" in der Kultur und den Mentalitäten der Bevölkerung festgesetzt und man hat sich mit den korporatistischen Regulierungen der Arbeitsbeziehungen und einen ausgebauten Wohlfahrtsstaat gerade gut arrangiert und sich oft in eine „heile Welt" zurückgezogen. Gerade die Arbeitnehmer hören dann auch nicht gern davon, dass auch andere Länder Qualitätsprodukte herstellen können – und dies zumeist kostengünstiger. „Das Problem ist, dass die meisten Menschen nicht begeistert davon sind, in einer Welt zu leben, die sich derart rasant wandelt. Die meisten Menschen sind Gewohnheitstiere; sie sehnen sich nach Vorhersehbarkeit. Die deutschen Arbeiter, die hochwertige Werkzeugmaschinen herstellen, sind stolz auf ihr Handwerk, und sie wollen es nicht hören, wenn man ihnen erklärt, dass dieselbe Arbeit in Polen oder der Slowakei deutlich billiger geleistet werden kann. Italien wurde lange Zeit weltweit um seine Arbeiter in der Bekleidungsindustrie beneidet. Diese Facharbeiter wollen nicht gesagt bekommen, dass sie sich nun, da China hochwertige Leichtindustrien wie die Schneiderei an sich zieht, zu Fremdenführern für die unausbleiblichen Horden chinesischer Touristen mittleren Einkommens umschulen lassen sollen" (Rogoff 2005).

Vor diesem Hintergrund der sicherlich etwas überspitzten Schilderungen des Widerstands gegen den Wandel, der auch nach Wirtschaftssektoren und sozialen Kategorien zu differenzieren wäre (bspw. dürfte das Alter eine zentrale Rolle spielen), ist jedoch nachvollziehbar, warum sich jede Politik mit aktiver

Steuerung des sozioökonomischen Wandels schwer tut, zumal **immer mehr** Bevölkerungsgruppen gar nicht mehr zur aktiven Erwerbsbevölkerung zählen. Hinzu kommt, dass gerade in Deutschland viele Erwerbstätige im Staatssektor oder in „halbstaatlichen" Einrichtungen (wie Wohlfahrtsverbänden etc) tätig sind, die ähnliche soziale Schutzwälle errichtet haben. Derjenige Teil der Bevölkerung, der im direkten **Wettbewerb** steht, ist in den letzten Jahrzehnten zusammengeschrumpft, während gerade in den politischen Parteien eher die Beamten und Ruheständler das Wort führen. Die Gefahr einer Reformparalyse ist also ohne Zweifel vorhanden; zudem fehlt es in der deutschen Regierungspolitik der letzten Jahre (wenn nicht Jahrzehnte) an einem **strategischen Clearing** über die zentralen Reformvorhaben und deren Priorisierung und Vernetzung. Dies gilt gerade auch für die große Koalition, die zwar einige strukturelle Reformen angekündigt hat, aber bereits im Frühsommer 2006 in die Gefahr gerät, eher die deutsche Stagnation zu perpetuieren denn den Reformmotor neu zu beleben. Und wenn man sich in einen aktiven Politiker „hineindenkt", dann wird es auch schwierig, der Bevölkerung zu verkünden, warum nur durch eine Umsteuerung und Richtungsänderung der Politik der weitere Weg zu noch mehr Stagnation verhindert werden kann. „Gewählt wurde in der Regel derjenige, der den bunteren Traum vorgaukelte. Wer sagte, er könne alle Leiden mit einer Aspirintablette heilen, bekam die Stimmen" (Miegel 2005, 66; vgl. auch Geyer et al 2005).

Da wir in Deutschland nach dem Zweiten Weltkrieg eine über Jahrzehnte andauernde Prosperitätsphase mit relativ hohen und egalitär ausgerichteten Löhnen und Einkommen sowie anderen Formen sozialer Absicherung hatten, ist die Erinnerung an diesen – historisch betrachtet – relativ „kurzen Traum immerwährender Prosperität" (Lutz) in den „Köpfen" der Menschen immer noch präsent. Damit bleibt es fraglich, ob überhaupt noch eine Mehrheit von einer grundlegenden Richtungsänderung überzeugt werden kann, zumal die Alternative nur die Bedingungen für eine neue Prosperitätskonstellation umreißen und **nicht** bereits die „Früchte" präsentieren kann. Gerade weil der traditionelle Sozialstaat erhebliche „Drogenwirkungen" (Offe 1995) hat, fühlen sich viele in diesem Sozialmodell noch wohl, verspüren allerdings schon (nicht nur durch Hartz IV), dass der Wind rauer geworden ist und die sozialen Errungenschaften zerbröseln. Hinzu kommt, dass die Dynamik des ökonomischen Wandels nicht aufzuhalten ist und damit immer mehr Bestandteile der traditionellen Wirtschaftsstruktur und -kultur sowie sozialen Absicherung geopfert werden. Die Abwendung vom traditionellen deutschen Kapitalismus (der „Deutschland AG") impliziert ja auch eine Höherbewertung von Renditen gegenüber Beschäftigung - und damit werden die erwerbsarbeitszentrierten Sicherungssysteme weiter ausgehöhlt, ganz zu schweigen vom Verlust der klassischen Sozialstaatsbürgerschaft. „Der Beschäftigungsstatus bildete den Sockel dieser Zugehörigkeit zu einer Bürgerschaft und garantierte eine enge Verbindung von Rechten und Sozialleistungen (Arbeitsrecht und Sozialversicherungssystem). Seit dem in den siebziger Jahren einsetzenden großen Wandel ist zu beobachten, dass diese Verbindung – wir wollen versuchen, die Worte sorgsam abzuwägen – brüchig wird, erodiert, nicht jedoch kollabiert, wie es unheilschwanger in manchen Abhandlungen heißt“ (Castel 2005, 115f; vgl. auch die Beiträge in Berger 2005 und Miller 2005).

Sicherlich sorgen schon die Konstruktionsprinzipien der sozialen Sicherungssysteme und auch das „Interesse des Staates an sich selbst“ für eine gewisse **Modifizierung** und „kleine“ Reformen, um den Herausforderungen wenigstens ein Stück weit zu begegnen (sh. „Riester-Rente“ oder die Debatten um „kleine Kopfpauschalen“ und Fondslösungen in der Gesundheitspolitik, die im Frühsommer 2006 aufscheinen), aber noch sind keine großen positiven Aufbrüche zu registrieren. Trotz aller Potentiale, die zweifellos den Standort Deutschland noch immer auszeichnen, bleibt das Klima „ängstlich“ und es fehlt scheinbar die Kraft zu Reformen. Dies liegt sicherlich auch daran, dass jede Reformpolitik sich im „Dschungel“ organisierter Interessen behaupten muss. Noch haben diejenigen, die ihren Status verteidigen, von denen viele allerdings nicht wahrhaben wollen, dass damit insgesamt die Zukunftsfähigkeit des Wirtschafts- und Sozialstandortes weiter gefährdet wird, die politische Mehrheit. Es gibt aber auch Hoffnung, dass der status-quo orientierte Weg, der in die Sackgasse einer politisch-ökonomisch und sozialen Stagnationsphase geführt hat, auch in eine neue Richtung gelenkt werden kann. Die Hinweise auf die verstärkte Eigenvorsorge bei den Renten, die Zusammenlegung von Arbeitslosen- und Sozialhilfe oder die „kleinen Kopfpauschalen“ in der Gesundheitspolitik ähneln sich in einem Punkt: sie **weichen strukturell** vom klassischen, konservativen Wohlfahrtsstaatsmodell deutscher Prägung ab und insofern sind sie Zeugen für einen „heimlichen“ Systemwechsel, der sich schrittweise eingeschlichen hat.

Aus organisationssoziologischer Sicht sind die Blockaden in der Politik nicht überraschend und zeichnen auch andere Großorganisationen aus, was auch impliziert, dass es nicht nur Sackgassen hinsichtlich der Problemlösungsfähigkeit gibt, sondern auch improvisierte Handlungsstrategien, die als „**Bastelpolitik**“ zu verstehen sind. Andere sprechen von angewandtem Inkrementalismus, der wenigstens die Entscheidungssituationen für die politischen Akteure offen hält und unter günstigen Umständen sogar Gestaltungskraft entwickeln kann. Inkrementalistische Entscheidungsprozesse können aber auch politische Blockaden perpetuieren und damit politische Legitimationsverluste produzieren. Die optimistische Sichtweise hinsichtlich eines intensiven Inkrementalismus ist dann angebracht, wenn über die schrittweise erzielten Verlässlichkeiten positive Gestaltungseffekte erfolgen. „Wenn viele Entscheidungen auf vergleichsweise geringem Rationalitätsniveau erledigt werden, schafft das sowohl freie Kapazitäten als auch Erwartungssicherheit, um wenige, aber besonders wichtige Entscheidungen auf höherem Rationalitätsniveau angehen zu können“ (Schimank 2005, 444).

7.2 Strategische Diskurse und Innovations-Monitoring als Steuerungsmedien

Eine gestaltungsorientierte Regierungspolitik legt Wert darauf, sowohl Kooperation in offenen Akteurssystemen zu organisieren als auch in Zweifelsfällen (wenn etwa Stillstand durch Interessenblockaden droht) gegen organisierte „Vetospieler“ anstehende Entscheidungen durchzusetzen. In den vorhergehenden Abschnitten wurde kurz begründet, dass eine strategisch ausgerichtete Politik sowohl aus sozialwissenschaftlicher Perspektive als auch aus Sicht der politischen Akteure immer schwieriger wird und auf die eingespielten sowie neu inszenierten Netzwerke nicht unbedingt Verlass ist. Ganz generell gilt: Die Umwelten sind für den Staat immer **turbulenter** geworden und damit werden auch die klassischen Planungshorizonte obsolet. „Die gesellschaftliche Umwelt des politischen Systems hat sich dank der Dynamik des globalen Wirtschaftssystems, dank der täglichen Neuigkeitenproduktion der Massenmedien, aber auch dank der vermehrten Dotierung der Bevölkerung mit anspruchsvollen, langjährig verdienten Bildungsabschlüssen destabilisiert. Die Politik kann ihre Umwelt nicht mehr nur im Schema festliegender Interessen wahrnehmen. Die Umwelt wird als chaotisch, als bestimmt durch nichtlineare Dynamiken und unberechenbare Wechselwirkungen erfahren. Folglich muss man auf unvorhergesehene Konstellationen schnell reagieren können. Außerdem ist das System selbst durch eine Vielzahl von teilnehmenden Organisationen endogen unruhig. Es gibt nicht mehr nur den letztzuständigen Staat, der nur darauf achten muß, durch seine Politik in der Bevölkerung keine Unruhen auszulösen. Eine Vielzahl anderer politischer Organisationen, von politischen Parteien, politisch agierenden Wirtschafts- und Berufsverbänden bis zur politischen Presse sorgen für ein unkoordinierbares Wirrwarr von Impulsen, die Reaktionen herausfordern. Das System produziert unter diesen Bedingungen eine ständig wachsende Zahl restriktiver Regulierungen, die ihrerseits als Problemlösungen zu Problemen, als Output zum Input werden. Allein das mag inzwischen genügen, um eine Eigendynamik zu erzeugen, die sich mehr und mehr von der ohnehin nicht kontrollierbaren Umwelt ablöst und selbstläufig Politik treibt“ (Luhmann 2000, 142f; vgl. auch Schimank 2002 und Mayntz/Scharpf 2005).

Die strukturellen Unsicherheiten können auch nicht dadurch aufgefangen werden, dass sich die Regierungspolitik an Programmen orientieren und auf die Fähigkeit der in einer repräsentativen Demokratie vorgesehenen **Willensbil-**

dungskanäle vertrauen könnte. Zum einen sind die Wahlprogramme der größeren Volksparteien zu unspezifisch, um im Regierungsalltag damit konkrete Politik zu machen und zum anderen leidet die Handlungs- und Entscheidungsfähigkeit der politischen Parteien unter den gleichen Rahmenbedingungen. Auch sie sind nicht mehr im eigentlichen Sinn „Volksparteien", sondern laufen ebenfalls den gesellschaftlichen Wandlungsprozessen **hinterher**, was jedoch nicht heißen darf, diese vorschnell als strategische Größen in der Politikformulierung abzuschreiben (vgl. die Beiträge in Schmid/Zolleis 2005). Die Erfahrungen der letzten Jahre lehren aber, dass auf **konsistente Entwürfe** der Parteien oder der Verbände und Gewerkschaften kaum zu hoffen ist, umso mehr als es diesen politischen Organisationen aufgrund der sich auch innerorganisatorisch niederschlagenden sozialökonomischen Zersplitterungen und der relativen Machtlosigkeit der Führungen außerordentlich schwer fällt, einen hohen Grad an Konsens in ihren reformpolitischen Strategien zu erzielen.

Inzwischen wird die Planung politischer Entscheidungsprozesse oft als Zeit der „Planungsillusion" charakterisiert. Dies soll ausdrücken, dass die meisten Ansätze zur Planung mehr oder weniger gescheitert sind bzw. keine durchschlagenden, die Entwicklung prägenden Wirkungen hatten (vgl. die Beiträge in Behrens et al 2005 und insbes. Heinze et al 2005). Ein anderer Strang der Modernisierungsdebatte kann mit dem Stichwort „Mehr Effizienz" beschrieben werden; er suggerierte, mit neuen betriebswirtschaftlichen Ansätzen ließen sich öffentliche Dienste und politische Prozesse kostengünstiger, transparenter und wirkungsvoller gestalten. Diese Konzepte waren eine Reaktion auf die Finanzkrise der öffentlichen Haushalte; zum Teil waren sie auch Reflex auf das Scheitern der Planungsansätze und sollten mit betriebswirtschaftlichen Instrumenten den Staat reorganisieren. Allerdings lässt sich heute sagen, dass der **große Traum** von mehr Effizienz, der die Debatte um eine Modernisierung des öffentlichen Sektors einmal prägte, ebenfalls ausgeträumt ist. Sicherlich wurden viele Detailfortschritte erzielt, der erhoffte Durchbruch zu einer nachhaltigen Steigerung der Leistungsfähigkeit von Politik und Verwaltung blieb allerdings aus.

Stattdessen wird nun daran gearbeitet, Komponenten der einzelnen Ansätze programmatisch miteinander zu vermischen und so quasi inkrementalistisch und mit langem Atem die Bewegungs- und Gestaltungsspielräume für einen auf Aktivierung zielenden Staat auszutesten. Damit dieses aber inhaltlich überschaubar, halbwegs konsistent und politisch legitimierbar bleibt, muss eine Begleitung des Innovationsgeschehens erfolgen, die ein „Learning by monitoring" (Sabel 1994) möglich macht. Vor dem Hintergrund der Erfahrungen sollte ein lernorientiertes Monitoring auf Kommunikation und Kooperation, auf Reflexion sowie Lernfähigkeit und Transparenz als Medien politischer Innovation setzen. In diesem Sinne stellt das **strategische Innovations-Monitoring** eine paradigmatische

Wende in der politischen Steuerung komplexer und dynamischer Handlungsprogramme und Entscheidungsprozesse zwischen den verantwortlich handelnden Akteuren in Politik, Gesellschaft, Wirtschaft und Verwaltung dar. Allerdings ist nicht nur die strategische Planung unter den Bedingungen von „Hyperkomplexität" in der klassischen Form nicht mehr zu realisieren und durch eine strategische Positionierung und Monitoringsysteme zu ersetzen, sondern auch ganz allgemein wird die klassische Sicht auf den Staat als geordnetes, verlässliches System gerade von steuerungstheoretisch ambitionierten Theoretikern radikal in Frage gestellt. „Neuere Organisationsarchitekturen betonen flache Hierarchien, Netzwerke, verteilte Systeme, heterarchisch gekoppelte Center und selbständige Geschäftseinheiten, teilautonome Gruppen, Einbindung externer Partner etc. Alle diese Modelle meinen damit nicht Strukturlosigkeit und Chaos, sondern eine Verlagerung der Merkmale der Organisation auf Flexibilität, Geschwindigkeit, Klientenorientierung und Innovation" (Willke 2003, 304).

Die verschiedenen Versuche einer strategischen Politikformulierung stehen somit vor einer strukturellen Bewährungsprobe und müssen belegen, dass sie in der Lage sind, die aktuellen Herausforderungen meistern zu können. Ohne begleitende strategische Clearing- und Monitoringprozesse wird dies aber nicht gelingen. Wenn auch die in Expertenkommissionen und Beiräte etc. gesetzten Hoffnungen auf strategische Politiksteuerung sich bislang kaum erfüllten, wird man sich von diesem „Format" nicht ganz verabschieden. Sie sind aber kein Hoffnungsträger mehr für grundlegende politische Reformen. Zudem muss man bedenken, dass Deutschland inzwischen reich ist an solchen Gremien („Berliner Räterepublik") und auch an Memoranden und Forschungsberichten. Beispiele sind etwa die Berichte des Sachverständigenrates zur Begutachtung der gesamtwirtschaftlichen Entwicklung, die Stellungnahmen des Sachverständigenrats im Gesundheitswesen, die Altenberichte der Bundesregierung, Benchmarkingberichte, Standortvergleiche usw. Oft zeichnen sich diese Berichte dadurch aus, dass sie gründlich erarbeitet sind, anspruchsvolle Ziele setzen und dennoch **politisch folgenlos** bleiben. Die Gründe für die praktischen Wirkungsdefizite sind nicht systematisch analysiert und vielfältig. Eine große Rolle spielt sicherlich, dass viele der gemachten Vorschläge so grundlegend und ambitioniert sind, dass ihre Umsetzung zwar wünschbar, aber dennoch unrealistisch ist. In der Gesamtsicht stellt die Vielzahl der Expertisen, Berichte und Zukunftspapiere ein unübersichtliches **Kaleidoskop** von Lageanalysen, Krisenszenarien und Gestaltungsherausforderungen dar. Im Grundsatz ist eine derartige Unübersichtlichkeit in demokratisch und föderalistisch verfassten politischen Systemen allerdings kaum zu vermeiden. Der Nutzen der oft mühevoll erarbeiteten Beiträge für die strategische Politikentwicklung könnte deutlich höher liegen, wenn eine Integration und Priorisierung gelänge. Um hier eine Wende zum Besseren zu erreichen, sollten die Expertisen „verantwortlicher" geschrieben und durch ein systematisches Umsetzungscontrolling begleitet werden.

Moderne Sozialwissenschaft könnte durchaus Verantwortung für ein solches strategisches Clearing und Monitoring übernehmen. Übernimmt sie die Regierung, werden die Ergebnisse im normalen politisch-administrativen Alltag wieder schnell zerrieben. Zwar gibt es auch Schwierigkeiten im Umgang mit Wissenschaftlern (wie etwa die Detailverliebtheit oder die hohen personellen Diskontinuitäten); jedoch ließen sich diese lösen, wenn einerseits Regierung und Verwaltung bereit wären, ihre Organisationsverantwortung abzugeben und andererseits entsprechend ausgestattete Wissenschaftseinrichtungen den Mut zur Verantwortung hätten. Erfolgreich kann ein solches Engagement aber nur sein, wenn es finanziell und personell nachhaltig angelegt ist und wenn es in einen organisierten Dialog mit Vertretern aus Gesellschaft, Wirtschaft und Politik eingebunden ist. Hinzu kommen muss eine nachvollziehbare **Reformkommunikation** durch die politische Führung, denn gerade Einschnitte bei sozialen Leistungen erfordern eine spezifische politische Legitimation, die nicht nur als Vollzug ökonomischer Notwendigkeiten interpretiert werden darf. „Zu den Erfolgsbedingungen einer Mehrheitsbildung gehört eine in sich schlüssige Reformkommunikation. Gesucht wird ein übergeordneter Begründungszusammenhang, der die Abfolge politischer Prozesse und damit die weiteren Reformschritte in verständlicher Sprache, glaubwürdig und nachvollziehbar kommuniziert und die Sachschritte in eine übergeordnete Zielperspektive orientierend einordnet" (Korte 2005, 17). Genau an dieser Form der Kommunikation mangelte es allerdings bislang in Deutschland und es bleibt abzuwarten, wie der neue Regierungsstil der „nüchternen Ehrlichkeit" auch zu einer neuen Qualität des Regierens führen kann.

Strategisch ausgerichtete Politik muss jedoch nicht nur im Dickicht organisierter Interessen und vor dem Hintergrund einer rasant beschleunigten Kommunikation in der Mediengesellschaft realisiert werden, sondern auch vor dem Hintergrund strategischer Probleme (manche Autoren sprechen sogar von Selbstblockaden) in den Parteien selbst. Klassische Führungskompetenzen müssen also ergänzt werden um **Strategie- und Kommunikationskompetenzen**, um anspruchsvolle strukturelle Reformen in Deutschland umzusetzen. Dafür wird ein „Personal" benötigt, „bei dem sich Machtorientierung noch mit Überzeugungsstärke und Reformengagement verbinden. Genau diese Verbindung aber, diese Position zwischen Gesinnungspolitik und prinzipiellem Opportunismus, wird rar" (Raschke 2002, 238; vgl. auch die Beiträge in Mayntz/Streeck 2003). Dies wird insbesondere am fehlenden Führungsnachwuchs in den politischen Parteien und Verbänden sichtbar. Ein Blick in das Organisationsleben zeigt in fast allen politischen Großorganisationen in Deutschland ein relativ **hohes Alter** der Mitglieder und **fehlendes Engagement** bei jüngeren Leuten. Diese massiven Organisationseinbrüche bei der jüngeren Generationen können nicht nur allgemein mit der Parteienverdrossenheit und der unsicheren sozioökonomischen Situation in Deutschland erklärt werden (wenngleich sich die Berufsaussichten für die jüngere Generation massiv verschlechtert haben), sondern liegen auch in der Organisationsstruktur und den prägenden Verhaltensmustern. Nicht nur empirische Untersuchungen über das Innenleben der Parteien und Verbände, sondern schon ein oberflächlicher Blick genügen, um festzustellen, wie zerrissen die politischen Organisationen sind und deshalb auch nach außen durch diese Vielstimmigkeit und permanenten Auseinandersetzungen zwischen verschiedenen Flügeln es nicht attraktiv erscheinen lassen, sich dort zu engagieren.

Interne „Grabenkämpfe" führen zudem zu einer relativen **Machtlosigkeit der politischen Führung** in Deutschland, die noch unterstützt wird durch den Föderalismus und die vielen Vetokräfte, die die Formierung einer einheitlichen Strategie erheblich erschweren. Deshalb sind auch die Reformerfolge der letzten Jahre im internationalen Vergleich eher in kleinen Ländern (wie Dänemark, Schweden, Finnland oder partiell auch den Niederlanden) gelungen. Durch die Globalisierungsprozesse und die wachsende Bedeutung „freier" Märkte lösen sich zudem die klassischen „sozialpartnerschaftlichen" Integrationsmuster der bundesdeutschen Konsensgesellschaft auf. Parallel zu dieser Erosion wächst aber nicht das Problemlösungspotential bei den steuerungsrelevanten politischen Akteuren; man hat oft eher den Eindruck, dass Deutschlands Politik in den letzten Jahren von einer **Angststarre** befallen ist.

Realistisch erwartbar sind vor diesem Hintergrund nicht die großen Entwürfe, die sich ohnehin nicht umsetzen lassen und in der Gefahr stehen, dass die latente Enttäuschung über die Regierungspolitik der letzten Jahre manifest wird. Die große Koalition allerdings wird den Weg des geringsten Widerstands nicht durchhalten können, weil sich die großen Herausforderungen (etwa auf dem Arbeitsmarkt oder in den sozialen Sicherungssystemen) nicht mehr verdrängen lassen. „Die schwarz-rote Politik der kleinen Schritte steht beständig in der Gefahr des Surrealen, weil das, was sie tut, unproportional wirkt zu den großen Strömungen unserer Zeit. Trotz aller vertrauensbildenden Verlässlichkeitsästhetik dürfte sich auf mittlere Sicht der Eindruck einstellen, als sollte da ein Waldbrand mit Wasserpistolen gelöscht werden" (Ulrich 2006, 3). Statt vieler Worte über „Good Governance", die in vielen Fällen nur ablenken sollen von der Delegation von Verantwortung an die Bürger oder andere Akteure, steht die Bundesregierung vor der Aufgabe, eine strukturelle Reformpolitik hinsichtlich der Bearbeitung der Kardinalprobleme umzusetzen. Die strategische Bearbeitung der realen Probleme (von denen es zur Zeit in Deutschland mehr als genug gibt!) wird aber nur gelingen, wenn sich die beteiligten Akteure ihrer gesamtgesellschaftlichen Verantwortung bewusst sind. Dies gilt auch für die Wissenschaft. Vor dem Hintergrund begrenzter politischer Steuerungsstrategien ist generell eine Offenheit für alternative Vorschläge zu empfehlen, unter denen in einem strategischen Diskurs gewählt werden muss (vgl. auch Wiesenthal 2003).

In den letzten Jahren haben sich Benchmarkingstudien in verschiedenen Politikfeldern etabliert. Vielfach wurde Benchmarking allerdings verkürzt verstanden als ein Ranking zwischen unterschiedlichen Akteuren, seien es nun Nationen oder Regionen. Über diese Rankings hinaus müssen aber Lernprozesse in den jeweiligen Handlungsfeldern eingeleitet und moderiert werden, auch um zwischen den Beteiligten Erfahrungen auszutauschen und Verbesserungsmöglichkeiten zu identifizieren. Beide Ansätze des Benchmarking – das Ranking und die **Suche nach Verbesserungen** – bieten Möglichkeiten, Anstöße zu geben und eine organisierte Entwicklung anzustoßen. Für eine Reformstrategie in Deutschland wäre es gut, wenn diese Anregungen dort verstärkt zur Anwendung gelangen würden, wo sich Reformblockaden gebildet haben und status-quo orientierte Politikstrategien weiter dominieren. Angesichts der wachsenden Distanz gegenüber der Politik ist ganz entscheidend der Aspekt des öffentlichen Vertrauens, der mit einem offenen strategischen Monitoring einhergeht. Damit könnte ein gutes Stück verloren gegangenen Terrains in der Öffentlichkeit und bei den Beteiligten im politischen Prozess zurück gewonnen werden. Es geht jedoch nicht nur darum, den Staatsapparat selbst zu modernisieren, sondern es kommt darauf an, gesellschaftliche Initiativen zu ermuntern und ihnen neue Entfaltungsmöglichkeiten zu geben.

Der „point of no return“ für eine strategisch ausgerichtete Reformpolitik ist allerdings schon **überschritten**: Politik und Verwaltung sind selbst in Bewegung geraten und auch die Verweigerungshaltungen schwächen sich langsam ab. Ein Aufbrechen der strukturellen Blockaden durch institutionelle Reformen wird erfolgen (müssen); darüber sind sich alle Beteiligten und Betroffenen mittlerweile einig, denn sonst droht die Sklerose und konkret die massive Zuspitzung der **Finanzkrise** der öffentlichen Haushalte. Die Folgekosten der Untätigkeit sind schon heute an bedrohliche Grenzen gekommen, allerdings demonstrieren die Auseinandersetzungen um die Föderalismusreform, wie schwierig an sich von allen geteilte Reformvorhaben umzusetzen sind. Die **große Koalition** könnte theoretisch die politisch-institutionelle Folie sein (ein „window of opportunity“), um neue Reformwege einzuschlagen, was sich aber durch die institutionellen Machtdefizite der Führung schon nach wenigen Monaten als schwierig erweist.

Eine systematisch angelegte Reformpolitik – etwa nach dem „Strickmuster“ in skandinavischen Ländern – erfordert in der Bevölkerung eine **mentale Grundhaltung,** die man als optimistisch und zukunftsgewandt umschreiben könnte. Genau dies scheint aber schwierig in einem Land, das gern Grundsatzdiskussionen über beklagenswerte Zustände führt und zumeist sich dadurch in der Blockadehaltung noch verstärkt. Wenn aber nicht mehr auf neue große Lösungen gewartet wird und die Chancen, die durch das geöffnete „window of opportunity" wahrgenommen werden, dann können sich auch optimistische Grundhaltungen ausdehnen, die es möglich machen, die alten Kontroversen durch ein neues Licht konstruktiv zu überwinden. Eine schon laufende Prosperitätswelle durch politische Reformen zu unterstützen (wie in den 60er und 70er Jahren) ist ohne Zweifel leichter als aus einigen Innovationskernen eine **neue Prosperitätswelle** loszutreten, die zudem tief sitzende soziale Verunsicherungen produktiv überwinden muss. Auch hier sei ein Vergleich zum Fußball gestattet, der von manchen Beobachtern als ein Lehrstück über die Reformfähigkeit Deutschland gesehen wird. Und ähnlich wie in der Politik sind hier die Versuche mit Reformen sehr schwierig – auch wenn man die Leistungen der Nationalmannschaft im Frühjahr 2006 nicht gleich mit dem Scheitern der „Agenda 2010" gleichzusetzen braucht.

Sowohl die Verbands- und Vereinsbürokratie im Fußball als auch die jetzige Generation politischer Regierungsakteure ist groß geworden in einer Gesellschaft des stetigen Wachstums, die **rationale Steuerung** von Schrumpfungs- oder sogar Neugründungsprozessen haben sie nicht gelernt. Und auch die derzeitigen gesellschaftlichen Diskurse werden gerade bei Risikothemen eher durch panische Diskurse denn durch konstruktive Gestaltungsentscheidungen geprägt. Allerdings lehrt uns der Blick in vergleichbare Länder, dass sich die Regierungspolitik nicht zu sehr auf die Verteidigungsposition des status-quo beschränken darf, gefragt sind vielmehr positive Szenarien für eine neue Landkarte „positiver Wohlfahrt". Das heißt auch anders mit Risiken umzugehen; die traditionellen Sicherheitsversprechungen sind nicht mehr zu halten und es gibt keine Sicherheiten mehr ohne Risiken. „In einer sich schnell bewegenden Umgebung (ist es) wichtig, ob Menschen in der Lage sind, sich auf Veränderungen einzustellen und sogar den Wandel aktiv für ihre Zwecke zu nutzen. Diese Aussage trifft auf Arbeitnehmer genauso zu wie auf Unternehmer; sie trifft genauso zu für Menschen, die eine Scheidung oder andere soziale Übergänge erleben, wie für die Welt der Ökonomie. Der kreative Umgang mit Risiken bedeutet jedoch nicht die Abwesenheit von Sicherheit – ganz und gar nicht! Zu wissen, dass Hilfe zur Verfügung stehen wird, wenn die Dinge schief gehen sollten, kann oft die Bedingung dafür sein, dass Menschen überhaupt ein Risiko einzugehen bereit sind" (Giddens 2006, 28).

Dies erfordert eine mutige Regierungspolitik, denn sie muss die **paradoxe Situation** überwinden, dass einerseits politische Experimentierfreude gefordert ist, um die Reformfähigkeit Deutschlands zu erhöhen, andereseits das dafür notwendige Grundvertrauen in die Regierungspolitik bei der Bevölkerung kaum vorhanden ist. Gerade hinsichtlich der zentralen Herausforderung der Beschäftigungskrise sind jedoch Vorschläge unterbreitet worden, wie die Reformfähigkeit erhöht werden kann. Es gilt nicht nur intelligente arbeitsmarktpolitische Instrumente aktiv einzusetzen, sondern eine der zentralen Prämissen – gerade in Anlehnung an die erfolgreichen skandinavischen Länder - muss sein, dass die **„Sicherung der sozialen Sicherung"** hohe Beschäftigungsquoten erfordert. Der bereits zaghaft eingeschlagene Weg mit der Abschaffung von Frühverrentungen muss ergänzt werden um die Beseitigung von Hindernissen, die Frauen auf dem Weg in den Arbeitsmarkt behindern. Das Ziel der Inklusion in den Arbeitsmarkt gelingt nur über intelligente arbeitsmarkt- und sozialpolitische Instrumente, die am Prinzip der Aktivierung ansetzen und sich damit deutlich vom traditionell passiv-kompensierenden Wohlfahrtsstaat deutscher Prägung verabschieden. Trotz aller politischer Versprechungen und auch einzelner Reformschritte sind wir allerdings in Deutschland in der Arbeitsmarktpolitik noch nicht hier angekommen. Ohne höhere Anpassungsfähigkeit wird es aber nicht gelingen, wieder Sicherheit zu gewinnen.

Dass es auch für die Wünsche nach Beschäftigung Realisierungsmöglichkeiten gibt, ist an verschiedenen Beispielen aufgezeigt worden (etwa in der Gesundheitswirtschaft und bei sozialen Diensten); weithin unbemerkt haben sich auch in Deutschland Wachstumsfelder entfaltet, denen allerdings durch unzureichende politische Regulierungen oft noch Fesseln angelegt sind. Wenn allerdings statt einer grundlegenden Reformpolitik Vertrautes nicht aufgegeben und Sicherheitsdenken verstärkt wird, dann werden sich die Modernisierungsbemühungen **festfahren**, obwohl der Wirtschafts- und Sozialstandort Deutschland durchaus noch das Potential hat, soziale Sicherheit und gleichzeitig Beschäftigung zu gewährleisten. Derzeit dominiert im Kontext einer Regierungspolitik der Sanierung der öffentlichen Haushalte ein Trend zur Verschiebung der Verantwortung auf die Bürger und eine generelle Anspruchssenkung. Zudem haben sich durch die große Koalition die noch unter rot-grüner Regierungsägide heftig tobenden Auseinandersetzungen etwa über den richtigen Weg in der Arbeitsmarkt-, Renten oder Gesundheitspolitik zunächst verflüchtigt und die Harmoniesehnsucht der Deutschen wird wieder erfüllt. Angesichts der beschränkten Reichweite von nationalstaatlicher Regierungspolitik durch externe Einflüsse von Finanzmärkten und anderen kaum zu kontrollierenden Erfordernissen (etwa durch die EU) kann eine solche Politik der „Unterforderung" – auch wenn sie erfolgreich ist – allerdings auch die eigene Regierungsfähigkeit unterminieren, weil sich die Bürger zurückziehen und die politischen Strategien der **Inszenierung** eher als Zuschauer denn als Akteur wahrnehmen. Wenn man sich vergegenwärtigt, dass der „Durchschnittsdeutsche" rund 220 Minuten pro Tag vor dem Fernseher verbringt (vgl. Dörner 2006) und andererseits die Partizipation in nahezu allen gesellschaftspolitischen Organisationen (von den politischen Parteien bis hin zu Berufsverbänden, Kirchen und Gewerkschaften) schrumpft, dann werden hier Entfremdungs- und Abkehrerscheinungen manifest, die das traditionelle Bild politischer Willensbildung weiter untergraben.

Beobachter der deutschen politischen Szene sehen den „Durchschnittsbürger“ in Deutschland im internationalen Vergleich ohnehin nicht so gut informiert und nicht so stark an Sachentscheidungen interessiert, allerdings deutlich pessimistischer als Bürger vergleichbarer Länder. Manche konstatieren sogar eine kollektive **Gleichgültigkeit**, die durchaus gekoppelt sein kann mit der Sehnsucht nach „großen“ politischen Lösungen. Die große Koalition würde so gesehen den (gesunkenen) Wünschen in der Bevölkerung nach einer geordneten und einvernehmlichen Problembearbeitung nachkommen (und darauf deutet ja auch das oberflächlich positive Stimmungsbild in Deutschland hin), ohne allerdings die Herausforderungen zu bewältigen. Die Politiker achten demnach darauf, „was die Bürger als Antwort auf ihre jeweiligen Alltagssorgen verstehen können und wollen, sie also das unterlassen, was tatsächlich eine Antwort auf die Probleme der Bürger wäre, aber nicht verstanden werden kann. Daher die Kurzatmigkeit und die Kurzsichtigkeit der politischen Entscheide; daher auch die vielen Maßnahmen, die sachlich falsch sind, aber für den Uniformierten richtig scheinen“ (Kirsch 2006, 42).

Manche Systemtheoretiker glauben, dass es in der Politik (aber auch in der Bevölkerung) nicht mehr um die Lösung von Problemen geht, sondern „um einen möglichst intelligenten Umgang mit ihnen“ (Baecker 2006, 84; vgl. auch ders. 2004). Wie lange eine solche „Schönwetterperiode“ für die Regierung anhält, ist schwer abzuschätzen, zumal die positive Stimmung (die „gefühlte Lage“) auf die Ökonomie ausstrahlt, worauf Konjunkturforscher explizit hinweisen. Und auch wenn ausländische Kommentatoren durchaus nachvollziehbar vor zu viel Optimismus hinsichtlich der Überwindung der deutschen Stagnation warnen (etwa der Economist: „Waiting for a wunder“), so kann dies über die sozialpsychologischen Entlastungswirkungen der großen Koalition erklärt werden. Vor dem Hintergrund nur **eingeschränkter Steuerungsoptionen** der Politik können positive Stimmungslagen die Handlungsmöglichkeiten der Regierungspolitik kurzfristig erweitern, da sie den Glauben an Steuerungskompetenz nähren, die faktisch wie auch bei Wirtschaftsunternehmen zur Fiktion geworden ist. Fraglich bleibt nur, wie lange das positive Stimmungsbild bleibt, wenn die erhofften Aufbruchreaktionen nur die (Groß)Unternehmen weiter beflügeln und nicht den Arbeitsmarkt und damit die sozialen Integrationsinstanzen dieser Gesellschaft beleben.

Die fundamentalen Verunsicherungen und die damit verbundenen Ängste in der Bevölkerung sind durch die Politik bislang nicht produktiv angegangen worden, auch weil die Politik keine adäquaten und in den politischen Organisationen konsensfähige Antworten formuliert hat. Wenn auch realistischerweise - vor dem Hintergrund sozioökonomischer und politischer Zersplitterungen und damit korrespondierender Führungsdefizite – nur auf politische „Patch-Work-Strategien", die eher „Beipässe" denn große politische Entwürfe präferieren, gehofft werden kann, so werden damit die unübersehbaren Niedergangsphänomene des „Modell Deutschland" höchstens verlangsamt. Um eine neue sozioökonomische Prosperitätsphase einzuleiten, ist aber weitaus mehr an **politischen Innovationen** notwendig. Pauschale Diskurse in primär kulturellen Fragen (etwa in der Form „Deutschland stirbt aus" oder „Rentenkürzung für Kinderlose") sind sicherlich nicht unwichtig, angesichts der strukturellen Herausforderungen sollte aber die Regierungspolitik endlich „Reformgröße zeigen" und nicht die seit Jahren ungelösten Strukturreformen weiter verzögern. Je später man beginnt, die Kardinalprobleme des Wirtschafts- und Sozialstandortes Deutschland nicht nur rhetorisch zu bearbeiten, desto stärker werden die Einschnitte sein, um sowohl eine wirtschaftliche Dynamik einzuleiten als auch das soziale Sicherungsniveau zu erhalten. Schon die ersten Schritte zu durchgreifenden und nachhaltigen Veränderungen haben jedoch die institutionalisierte Macht der Partikularinteressen und deren Lobbyisten bewiesen, so dass inhaltliche Kompetenz und Führungsstärke auf den „Reformbaustellen" gefragt sind. Die fundamentalen Verunsicherungen können nicht anders gelöst werden und wenn es der großen Koalition nicht gelingt, die Beharrungskräfte zurückzudrängen und ein eigenes Profil zu entwickeln, wird sich auch keine neue Prosperitätsphase entfalten.

Literaturverzeichnis

A

Abelshauser, W., 2003: Kulturkampf. Der deutsche Weg in die Neue Wirtschaft und die amerikanische Herausforderung, Berlin

Abelshauser, W., 2004: Deutsche Wirtschaftsgeschichte seit 1945, München

Abelshauser, W., 2004a: Die Innovationsmaschine der korporativen Marktwirtschaft: hopp oder topp?, in: F.-W. Steinmeier/M. Machnig (Hg.), Made in Germany '21, a.a.O., S. 63ff

Abelshauser, W., 2005: „Der Clash der Kulturen". Interview, in: Der Spiegel (H. 51) v. 17.12. 2005, S. 86ff

Achleitner, A.-K./Klandt, H./Koch, L.T./Voigt, K.-I. (Hg.), 2005: Jahrbuch Entrepreneurship 2004/05. Gründungsforschung und Gründungsmanagement, Berlin/Heidelberg

Adamaschek, B./Pröhl, M. (Hg.), 2003: Regionen erfolgreich steuern. Regional Governance - von der kommunalen zur regionalen Strategie, Gütersloh

Alemann, U.v./Marschall, S. (Hg.), 2002: Parteien in der Mediendemokratie, Wiesbaden

Allmendinger, J./Ebner, C., 2006: Bildung, Bildung, Bildung!, in: Die Zeit v. 5.1. 2006, S. 69

Allmendinger, J./Leibfried, S., 2004: Bildungspolitik als Sozialpolitik, in: F.-W. Steinmeier/M. Machnig (Hg.), Made in Germany 21, a.a.O., S. 515ff

Altenhof, R., 2002: Die Enquete-Kommissionen des Deutschen Bundestages, Wiesbaden

Altvater, E., 2006: Das Ende des Kapitalismus, wie wir ihn kennen, Münster

Amend, E./Bogai, D., 2005: Regionale Arbeitsmärkte in Ostdeutschland (IAB Kurzbericht Nr. 25 v. 27.12. 2005), Nürnberg

Augurzky, B./Neumann, U., 2005: Ökonomische Ressourcen älterer Menschen – Regionalwirtschaftliche und fiskalische Effekte, Essen (RWI)

Audretsch, D.B./Thurik, A.R., 2000: Capitalism and democracy in the 21.century: from the the managed to the entrepreneurial society, in: Journal of Evolutionary Economics 20/2000, S. 17ff

B

Bach, H.-U./Gaggermeier, C./Klinger, S., 2005: Sozialversicherungspflichtige Beschäftigung – Woher kommt die Talfahrt?. IAB-Kurzbericht Nr. 26 v. 28.12. 2005, Nürnberg

Backes, G.M., 2005: Alter(n) und Geschlecht: Ein Thema mit Zukunft, in: Aus Politk und Zeitgeschichte (H. 49-50/2005), S. 31ff

Baecker, D., 2004: Das innovative Unternehmen im 21. Jahrhundert: Ein Szenario, in: F.-W. Steinmeier/M. Machnig (Hg.), Made in Germany ′21, Hamburg, S. 261ff

Baecker, D., 2006: Interview, in: Der Spiegel, Nr. 9/2006, S. 84

Baethge, M./Bartelheimer, P., 2005: Deutschland im Umbruch, in: Soziologisches Forschungsinstitut et al, a.a.O., S. 11ff

Bartelheimer, P./Wieck, M., 2005: Arbeitslosigkeit und Unterbeschäftigung, in: SOFI et al (Hg.), Berichterstattung zur sozioökonomischen Entwicklung in Deutschland, a.a.O., S. 271ff

Beck, U., 2005: Europäisierung – Soziologie für das 21. Jahrhundert, in: Aus Politik und Zeitgeschichte (B 34-35/2005), S. 3ff

Beck, U., 2006: Afrika ist überall. Aufstand der Überflüssigen am Rande von Europas Metropolen, in: Erziehung und Wissenschaft H. 1/2006, S. 2

Becker, W., 2005: Stellenwert und Bedeutung von Innovationsnetzwerken für Unternehmensgründungen, in: A.-K- Achleitner et al (Hg.), Jahrbuch Entrepreneurship, a.a.O., S. 299ff

Beckert, J., 2002: Das Beobachten von Beobachtungen ist nicht genug, in: Frankfurter Rundschau v. 8.10. 02

Behrens, F. /Heinze, R.G./Hilbert, J./Stöbe, S./Walsken, E.-M. (Hg.), 1995: Den Staat neu denken, Berlin

Behrens, F./Heinze, R.G./Hilbert, J./Stöbe-Blossey, S. (Hg.), 2005: Ausblicke auf den aktivierenden Staat, Berlin

Benz, A./Fürst, D., 2003: Erfolgsbedingungen für „Regional Governance“ – Resümee, in: B. Adamaschek/M. Pröhl (Hg.), Regionen erfolgreich steuern, a.a.O., S. 189ff

Berger, J. (Hg.), 2005: Zerreißt das soziale Band?, Frankfurt

Berger, J., 2005a: Einleitung, in: ders. (Hg.), Zerreißt das soziale Band?, a.a.O., S. 9ff

Berger, P.A., 1996: Individualisierung. Statusunsicherheit und Erfahrungsvielfalt, Opladen

Berger, P.A., 2005: Deutsche Ungleichheiten – eine Skizze, in: Aus Politik und Zeitgeschichte (B 37), S. 7ff

Berghoff, H., 2004: Moderne Unternehmensgeschichte, Paderborn

Berlin-Institut für Weltbevölkerung und globale Entwicklung, 2004: Deutschland 2020 – die demographische Zukunft der Nation, Berlin (Kurzfassung „Kreise und Städte im Test“, als Beilage in: GEO H. 5/2004)

Berlin-Institut für Bevölkerung und Entwicklung (Hg.), 2006: Die demographische Lage der Nation. Wie zukunftsfähig sind Deutschlands Regionen?, München

Bertelsmann Stiftung (Hg.), 2004: Internationales Standort-Ranking 2004, Gütersloh

Bertelsmann Stiftung (Hg.), 2005: Die Bundesländer im Standortwettbewerb 2005, Gütersloh

Bertelsmann Stiftung (Hg.), 2006: „Deutschland im aktuellen Standort-Check“ (1/2006), Gütersloh

Berthold, N., 2006: Wenn Feuer mit Benzin gelöscht wird. Warum Kombi- und Mindestlöhne weder gegen die Arbeitslosigkeit noch gegen die Armut helfen, in: Süddeutsche Zeitung v. 14.3. 2006

Beyer, J., 2005: Pfadabhängigkeit ist nicht gleich Pfadabhängigkeit! Wider den impliziten Konservatismus eines gängigen Konzepts, in: Zeitschrift für Soziologie H. 1/2005, S. 5ff

Beyer, J. (Hg.), 2003: Vom Zukunfts- zum Auslaufmodell?. Die deutsche Wirtschaftsordnung im Wandel, Wiesbaden

Birg, H., 2003: Dynamik der demographischen Alterung, Bevölkerungsschrumpfung und Zuwanderung in Deutschland, in: Aus Politik und Zeitgeschichte (B 20), S. 6ff

Bittner, J./Niejahr, E., 2004: Die Berater-Republik, in: Die Zeit v. 5.2. 04

Bögenhold, D. (Hg.), 2000: Kleine und mittlere Unternehmen im Strukturwandel - Arbeitsmarkt und Strukturpolitik, Frankfurt

Bögenhold, D./Fachinger, U., 2005: Konsummuster im Kontrast: Die Entwicklung von Einkommensverwendungsmustern bei verschiedenen Haushaltstypen im zeitlichen Wandel, Bremen (ZeS-Arbeitspapier 2-2005)

Böhnke, P., 2005: Teilhabechancen und Ausgrenzungsrisiken in Deutschland, in: Aus Politik und Zeitgeschichte (B 37), S. 31ff

Boeing, N., 2006: Big Doctor is watching you, in: Die Zeit v. 2.2. 2006, 42

Bölsche, J., 2006: Verlassenes Land, verlorenes Land. Spiegel online v. 14. 3. 2006

Bogumil, J., 2005: Verwaltungsreformen und Macht. Unter welchen Bedingungen gelingen (umfassende) Reformprojekte? MS Antrittsvorlesung RUB, Bochum

Boltanski, L./Chiapello, E., 2003: Der neue Geist des Kapitalismus, Konstanz

Boltanski, L./Chiapello, E., 2005: Die Rolle der Kritik für die Dynamik des Kapitalismus: Sozialkritik versus Künstlerkritik, in: M. Miller (Hg.), Welten des Kapitalismus, a.a.O., S. 285ff

Bonß, W., 2004: Zwischen Verwendung und Verwissenschaftlichung. Oder: Gibt es eine 'Lerngeschichte` der Politikberatung?, in: Zeitschrift für Sozialreform, H. 1-2/2005, S. 32ff

Bos, W., 2005: Wir dürfen nicht in Deckung gehen, in: Berliner Republik H. 1/2005

Boss, A./Christenesen, B./Schrader, K., 2005: Anreizprobleme bei Hartz IV: Lieber ALG II statt Arbeit?, Kieler Diskussionsbeiträge 421, Institut für Weltwirtschaft Kiel

Braczyk, H.-J./Cooke, P./Heidenreich, M. (Hg.), 1998: Regional Innovation Systems, London/Bristol

Braun, S., 2005: Bürgergesellschaft und sozialer Zusammenhalt. Theoretische Überlegungen und empirische Befunde zu den Integrationsleistungen von freiwilligen Vereinigungen, in: K. Birkhölzer/A. Klein/E. Priller/ A. Zimmer (Hg.), Dritter Sektor/Drittes System, Wiesbaden, S. 131ff

Brautzsch, U., 2005:Arbeitsmarktbilanz Ostdeutschland: „Arbeitsplatzlücke“ kaum verringert, in: Wirtschaft im Wandel H. 12/2005, S. 380ff

Brinkmann, U./Dörre, K./Röbenack, S./Krämer, K./Speidel, F., 2006: Prekäre Arbeit. Ursachen, Ausmaß, soziale Folgen und subjektive Verarbeitungsformen unsicherer Beschäftigungsverhältnisse, Bonn (Friedrich-Ebert-Stiftung)

Brömme, N./Strasser, H., 2001: Gespaltene Bürgergesellschaft?, in: Aus Politik und Zeitgeschichte, (B25-26), S. 6ff

Bude, H., 2004: Das Phänomen der Exklusion, in: Mittelweg 36. Zeitschrift des Hamburger Instituts für Sozialforschung, H. 4/2004, S. 3ff

Bude, H., 2005: Auf der Suche nach einer öffentlichen Soziologie, in: Soziale Welt, H. 3/2005, S. 375ff

Bude, H., 2006: Vom Rand in die Mitte, in Frankfurter Rundschau v. 4.1.2006

Buhr, P., 2004: Armut und Armutsentwicklung in Deutschland. Status quo und mögliche Folgen der Reformpolitik, Zentrum für Sozialpolitik (ZeS-Arbeitspapier Nr. 4/2004), Universität Bremen

Bullmann, U./Heinze, R.G. (Hg.), 1997: Regionale Modernisierungspolitik. Nationale und internationale Perspektiven, Opladen

Bundesverband deutscher Banken (Hg.), 2005: Unternehmensinsolvenzen: Noch keine Entwarnung, in: Interesse. Informationen-Daten-Hintergründe H. 7/2005, S. 4f

Bundesverband deutscher Banken (Hg.), 2005a: Die Zukunft der Sozialen Marktwirtschaft, in: Interesse. Informationen-Daten-Hintergründe, H. 11/2005

Burawoy, M., 2005: 2004 Presidential Address: For Public Sociology, in: American Sociological Review 70, S. 4ff

C

Camagni, R., 2003: Regional Clusters, Regional Competencies and Regional Competition, MS (Cluster Conference Dusiburg)

Castel, R., 2005: Die Stärkung des Sozialen. Leben im neuen Wohlfahrtsstaat, Hamburg

Castells, M./Himanen, P., 2002 The Information Society and the Welfare State. The Finnish Model, Oxford

Cirkel, M./Hilbert, J./Schalk, C., 2004: Produkte und Dienstleistungen für mehr Lebensqualität im Alter, Expertise (IAT/DZA), Gelsenkirchen/Berlin

Cooke, P/ Heidenreich, M./ Braczyk, H.-J. (Hg.), 2004: Regional Innovation Systems: The role of governance in a globalized world (2nd edition), London/New York

Crouch, C., 2005: Die Bedeutung von Governance für Vielfalt und Wandel im modernen Kapitalismus, in: M. Miller (Hg.), Welten des Kapitalismus, a.a.O., S. 101ff

Crouch, C./Le Gales, P./Trigilia, C./Voelzkow, H., 2001: Local Production Systems in Europe. Rise or Demise?, Oxford

Crouch, C./ Le Gales, P./ Trigilia, C./ Voelzkow, H., 2004: Changing Governance of Local Economies, Oxford/New York

Crozier, M., 1970: La société bloquée, Paris

Czada, R./Zintl, R. (Hg.), 2003: Politik und Markt, PVS-Sonderheft, Wiesbaden

D

Dahrendorf, R., 2005: Interview zum Thema „Deutsche Illusionen", in: Die Zeit v. 27.1. 2005, S. 5

Danielzyk, R., 2005: Strukturwandel und Reorganisation der Metropolregion Rhein-Ruhr, in: H.J. Kujath (Hg.), Knoten im Netz, a.a.O., S. 481ff

Deutschmann, C., 2005: Postindustrielle Industriesoziologie. Theoretische Grundlagen, Arbeitsverhältnisse und soziale Identitäten, Weinheim/München

Dierkes, K., 2002: AutoVision – eine Herausforderung für die Wolfsburg AG und die ganze Region, in: Neues Archiv für Niedersachsen H. 1/02, S.47ff

Diller, C., 2002: Zwischen Netzwerk und Institution. Eine Bilanz regionaler Kooperationen in Deutschland, Opladen

DIW (K. Hornschild et al), 2005: Die Medizintechnik am Standort Deutschland – Chancen und Risiken durch technologische Innovationen, Auswirkungen auf und durch das nationale Gesundheitssystem sowie potentielle Wachstumsmärkte im Ausland, Berlin

Dörner, A., 2006: Politik als Fiktion, in: Aus Politik und Zeitgeschichte (B 7/2006), S. 3ff

Dörre, K., 2005: Prekarisierung contra Flexicurity. Unsichere Beschäftigungsverhältnisse als arbeitspolitische Herausforderung, in: M. Kronauer/G. Linne (Hg.), Flexicurity, a.a.O., S. 53ff

Dörre, K./Brinkmann, U., 2005: Finanzmarkt-Kapitalismus: Triebkräfte eines flexiblen Produktionsmodells?, in: P. Windolf (Hg.), Finanzmarkt-Kapitalismus, a.a.O., S. 85ff

Dohse, D., 2004: Regionale Verteilung innovativer Aktivitäten in Ostdeutschland. Kieler Diskussionsbeiträge, Institut für Weltwirtschaft Kiel

Dohse, D./Laaser, C.-F./Schrader, J.-V./Soltwedel, R., 2005: Raumstruktur im Internetzeitalter: Tod der Distanz? Eine empirische Analyse. Kieler Diskusssionsbeiträge/Institut für Weltwirtschaft Kiel (Nr. 416/417)

Dybe, G., 2003: Regionaler wirtschaftlicher Wandel, Münster

E

Eberlein, B./Grande, E., 2003: Entscheidungsfindung und Konfliktlösung, in: K. Schubert/N.C. Bandelow (Hg.), Lehrbuch der Politikfeldanalyse, München, S. 175ff

Egle, Ch./Ostheim, T./Zohlnhöfer, R. (Hg.), 2003: Das rot-grüne Projekt. Eine Bilanz der Regierung Schröder 1998-2002, Wiesbaden.

Eichener, V./Heinze, R.G. (Hg.), 2005: Beschäftigungspotenziale im Dienstleistungssektor, Düsseldorf.

Eichhorst, W. et al, 2001: Benchmarking Deutschland: Arbeitsmarkt und Beschäftigung, Berlin/ Heidelberg

Eichhorst, W. et al, 2004: Benchmarking Deutschland: Arbeitsmarkt und Beschäftigung, Berlin/Heidelberg

Eichhorst, W./Thode, E., 2003: Jüngere Arbeitsmarktentwicklungen. Benchmarking Deutschland Aktuell. Gütersloh

Eichhorst, W./Zimmermann, K.F., 2005: Wirtschaftspolitische Bilanz der rot-grünen Bundesregierung, in: Aus Politik und Zeitgeschichte (B 43), S. 11ff

Eisele, B./Helmer-Denzel, A., 2005: Freizeit, Gesundheit, Wellness, in: V. Eichener/R.G. Heinze (Hg.), Beschäftigungspotenziale im Dienstleistungssektor, a.a.O., S. 55ff

Empter, S./Frick, F./Vehrkamp, R. (Hg.), 2005: Auf dem Weg zu moderner Regulierung, Gütersloh

Erlinghagen, M., 2005: Die mobile Arbeitsgesellschaft und ihre Grenzen, in: M. Kronauer/G. Linne (Hg.), Flexicurity, a.a.O., S. 31ff

Erlinghagen, M./Knuth, M., 2002: Kein Turbo-Arbeitsmarkt in Sicht. IAT-Report 04-2002, Gelsenkirchen

Ernst &Young, 2005: Gesundheitsversorgung 2020 – Konzentriert. Marktorientiert. Saniert, Eschborn/Frankfurt

Esping-Andersen, G., 2003: Social Foundations of Postindustrial Economies, Oxford

Esping-Andersen, G., 2004: In Kinder investieren: Für die Wissensgesellschaft, in: F.-W. Steinmeier/M. Machnig (Hg.), Made in Germany 21, a.a.O., S. 501ff

Esser, J., 2005: Eine linke Agenda. Reflexionen über eine Neuordnung der Alterssicherung, des Arbeitsmarktes und des Gesundheitswesen, in: FR v. 21.12. 2005 (Dokumentationsteil)

Evans, M/Hilbert, J., 2006: Die Gestaltung von Arbeit und Qualifizierung: Schlüsselherausforderung und Achillesferse für die Zukunft der Gesundheitswirtschaft, in: J. Pundt (Hg.), Professionalisierung im Gesundheitswesen, Bern, S.193ff

F

Fels, G./Heinze, R.G./Pfarr, H./Streeck, W., 1999: Möglichkeiten zur Verbesserung der Beschäftigungschancen gering qualifizierter Arbeitnehmer, Berlin (hg. vom Presse- und Informationsamt der Bundesregierung)

Fernandez Sanchez, N./Rehfeld, D., 2003: Potenzialanalyse OWL - Branchen. Kompetenzen. Perspektiven, Detmold/Bielefeld (hg. von der Initiative für Beschäftigung OWL/Bezirksregierung Detmold)

FFG/IAT/RUB (Naegele/Heinze/Hilbert), 2006: Wohnen im Alter (Seniorenwirtschaft in Deutschland), Trendreport für das BMfFSFJ, Dortmund

Franke, A./Wilde, D.P., 2005: Die Not zur Tugend machen! Gestaltungsoptionen im Demografischen Wandel am Beispiel alternativer Wohnformen älterer Menschen, Diplomarbeit an der Ruhr-Universität Bochum

Franzpötter, R., 2000: Der unternehmerische Angestellte - Ein neuer Typus der Führungskraft in entgrenzten Interorganisationsbeziehungen, in: Minssen, H. (Hrsg.): Begrenzte Entgrenzungen: Wandlungen von Organisation und Arbeit, Berlin, S.163ff

Franzpötter, R./Renz, C., 2002: Organisatorische Restrukturierung und Wandel der Arbeitsbeziehungen. Arbeitsbericht der Akademie für Technikfolgenabschätzung, Stuttgart

Fraunhofer Institut, 2002: Systemtechnik und Innovationsforschung: Die „virtuelle Fabrik“ in weiter Ferne. Mitteilungen aus der Produktionsinnovationserhebung Nr. 25, Karlsruhe

Fretschner, R./Grönemeyer, D./Hilbert, J., 2002: Die Gesundheitswirtschaft – ein Perspektivenwechsel in Theorie und Empirie, in: IAT-Jahrbuch 2002, Gelsenkirchen, S. 33ff.

Fretschner, R./Hilbert, J./Micheel, B., 2002: Dienstleistungen im Ruhrgebiet – Eine Geschichte ohne Happy End?, in: IAT-Jahrbuch 2000/2001, Gelsenkirchen, S. 143ff.

Friedrich-Ebert-Stiftung, 2004: Die neue SPD, Bonn

Fuchs, G., 2003: Spannungsfeld Regionalisierung - Globalisierung, in: Akademie für Technikfolgenabschätzung in Baden-Württemberg (Hg.), TA-Informationen 1/2003, S. 14

G

Gammelin, C./Hamann, G., 2005: Die Strippenzieher. Manager, Minister, Medien – wie Deutschland regiert wird, Berlin

Geis, .A./ Strecker, D. (Hg.), 2005: Blockaden staatlicher Politik, Frankfurt/New York

Gensicke, T., 2006: Bürgerschaftliches Engagement in Deutschland, in: Aus Politik und Zeitgeschichte (B 12), S. 9ff

Gerling, V./Naegele, G./Scharfenorth, K., 2004: Der private Konsum älterer Menschen – „Wirtschaftskraft Alter“ als ein neues Feld für Konzeptualisierung und Weiterentwicklung der These von der „Altersproduktivität“, in: Sozialer Fortschritt H. 11-12/2004, S. 293ff

Geyer, M./Kurbjuweit, D./Schnibben, C., 2005: Operation Rot-Grün. Geschichte eines politischen Abenteuers, München/Hamburg

Giddens, A., 1994: „Schöne neue Welt.“ Der neue Kontext von Politik, in: Berliner Journal für Soziologie H. 4, S. 449ff

Giddens, A., 2005: „Durchwachsene Bilanz“. Interview, in: Mitbestimmung H. 3/2005, S. 48ff

Giddens, A., 2006: Die Zukunft des Europäischen Sozialmodells, in: Berliner Republik H. 1/2006, S. 20ff

Glaab, M., 2003: Akzeptanzschwäche und Partizipationsdefizit korporativer Interessenvermittlung in Deutschland, in: J. Lange (Hg.), Klüngel oder Bürgerwille? Der gesellschaftliche Milieuwandel und die Zukunft korporativer Interessenpolitik, Rehburg-Loccum, S. 15ff

Glaab, M./Sesselmeier, W., 2005: Experimentierfeld Deutschland? Reformstrategien in der Sozialpolitik auf dem Prüfstand, Bonn (FES)

Glassmann, U./Voelzkow, H., 2004: Restructuring Duisburg: A New Local Production System Substitutes an Old Steel Plant, in: C. Crouch et al, Changing Governance of Local Economies, a.a.O., S. 139ff

Göbel, J./Krause, P./Schupp, J., 2005: Mehr Armut durch steigende Arbeitslosigkeit, in: Wochenbericht des DIW, Nr. 10/2005, S. 175ff

Gottschall, K., 2005: Gender: Erwerbsbeteiligung von Frauen und Verdienermodell des Haushalts, in: SOFI et al (Hg.), Berichterstattung zur sozioökonomischen Entwicklung in Deutschland, a.a.O., S. 71ff

Gottschall, K./Voß, G.G. (Hg.), 2003: Entgrenzung von Arbeit und Leben. Zum Wandel der Beziehung von Erwerbstätigkeit und Privatsphäre im Alltag, München

Grabher, G., 2002: Cool Projects, Boring Institutions: Temporary Collaboration in Social Context, in: Regional Studies (Vol. 36), S. 205ff

Greven, M.T., 1999: Die politische Gesellschaft. Kontingenz und Dezision als Probleme des Regierens und der Demokratie, Opladen

Gretschmann, K. et al., 1989: Neue Technologien und soziale Sicherung. Antworten auf die Herausforderungen des Wohlfahrtsstaats, Opladen

Grönemeyer, D.H.W., 2001: Medizin in Deutschland. Standort mit Zukunft, Berlin

Grönemeyer, D.H.W., 2005: Gesundheitswirtschaft. Die Zukunft für Deutschland, Berlin

Gross, P., 2003: Das Paradoxon der Moderne, in: McK Wissen H. 07, S. 98ff.

Grote Westrick, D./Rehfeld, D., 2002: Clusterentwicklung und Kompetenzfelder – ein Vergleich. Eindrücke aus drei Regionen in NRW, MS IAT Gelsenkirchen

Grözinger, G./Maschke, M./Offe, C., 2006: Die Teilhabegesellschaft. Für einen neuen Sozialkontrakt mit Zukunftsperspektive, MS Berlin (Heinrich Böll Stiftung (gekürzte Fassung in: FR v. 12.1. 2006/(Dokumentationsteil)

Grünhagen, M./Koch, L.T../Saßmannshausen, S.P., 2005: Kooperation in EXIST-Gründungsförderungsnetzwerken – eine explorative Untersuchung zur Bedeutung von Promotorenfunktionen, in: A.-K. Achleitner et al (Hg,), Jahrbuch Entrepreneurship, a.a.O., S. 319ff

H

Haipeter, T., 2006: Kleine Flucht mit großer Dynamik, in: Die Mitbestimmung H. 1-2/2006, S. 54ff

Hall, P./Soskice, D. 2001: An Introduction to Varieties of Capitalism, in: P. Hall/D. Soskice (Eds.): Varieties of Capitalism, Oxford, S. 1ff

Hamann, G., 2005: Lautsprecher des Kapitals, in: Die Zeit v. 4.5. 05

Hank, R., 2006: Die Illusion des Kombilohns, in: Frankfurter Allgemeine Zeitung v. 6.1. 2006

Hanke, T., 2006: Der neue deutsche Kapitalismus, Frankfurt/New York

Harmes-Liedtke, U./Hoppe, A./Kremer. U., 2004: Perspektiven einer aktiven Strukturpolitik für Nordrhein-Westfalen und das Ruhrgebiet, in: F. Gerlach/A. Ziegler (Hg.), Neuere Herausforderungen der Strukturpolitik, Marburg, S. 300ff

Hartmann, A./Mathieu, H. (Hg.), 2002: Dienstleistungen in der Neuen Ökonomie, Berlin

Hartmann, M., 2005: Paradoxien des „neuen" Kapitalismus, in: A. Geis/D. Strecker (Hg.), Blockaden staatlicher Politik, Frankfurt/New York, S. 199ff

Hartmann, M., 2005a: Das Unbehagen in der Gesellschaft, in: Aus Politik und Zeitgeschichte (B 34-35), S. 31ff

„Hartz-Kommission", 2002: Moderne Dienstleistungen am Arbeitsmarkt, Berlin

Hassel, A., 2006: Die Modernisierung des deutschen Modells, in: Berliner Republik H. 1/2006, S. 35ff

Häußermann, H., 2005: Schrumpfen – Optionen der Politik, in: Neues Archiv für Niedersachsen, H. 2/2005, S. 63ff

Häußermann, H./Siebel, W., 1995: Dienstleistungsgesellschaften, Frankfurt

Heidenreich, M., 1997: Wirtschaftsregionen im weltweiten Innovationswettbewerb, in: Kölner Zeitschrift für Soziologie und Sozialpsychologie (Jhg. 49), H. 3/S. 500ff

Heidenreich, M., 2004: Conclusion: the Dilemmas of regional innovation systems, in: P. Cooke et al (Eds.), Regional Innovation Systems, a.a.O., S. 363ff

Heil, H.A., 2002: Das Gründungsthema an deutschen Hochschulen: Eine Positionsbestimmung, in: R.G. Heinze/F. Schulte (Hg.), Unternehmensgründungen, a.a.O., S. 67ff

Heimpold, G., 2005: Unternehmensnetzwerke in Ostdeutschland: Konzentration auf Verdichtungsräume, in: Wirtschaft im Wandel H. 4/2005, S. 118ff

Heinze, R.G., 1984: Der Arbeitsschock. Die Erwerbsgesellschaft in der Krise, Köln

Heinze, R. G., 1998: Die blockierte Gesellschaft. Sozioökonomischer Wandel und die Krise des „Modell Deutschland", Opladen/Wiesbaden

Heinze, R. G., 2002: Die Berliner Räterepublik. Viel Rat – wenig Tat?, Wiesbaden

Heinze, R.G., 2004: Sozialpolitik versus Zukunftspolitik? Zum Verhältnis von Sozialstaatskosten und Innovationsförderung, in: F.-W. Steinmeier/M. Machnig (Hg.), Made in Germany `21, Hamburg, S.563ff

Heinze, R.G. et al, 1997: Neue Wohnung auch im Alter, Darmstadt (Schader Stiftung)

Heinze, R.G. et al, 2005: Zur Zukunft des aktivierenden Staates, in: F. Behrens et al (Hg.), Ausblicke auf den aktivierenden Staat, a.a.O., S. 435ff

Heinze, R.G./Fox, K., 2004: Von regionalen Netzwerken zum regionalen Standortmanagement. Lehren aus dem interregionalen Vergleich, Bochum (InWIS-Berichte)

Heinze, R.G./Helmer-Denzel, A., 2004: Beschäftigungspfade durch den Dienstleistungsdschungel – am Beispiel der Fitnessbranche, in: Soziale Welt, H. 1, S. 7ff

Heinze, R.G./Offe, C. (Hg.), 1990: Formen der Eigenarbeit, Opladen

Heinze, R.G./Olk, T. (Hg.), 2001: Bürgerengagement in Deutschland. Bestandsaufnahme und Perspektiven, Opladen

Heinze, R. G./Schmid, J.Strünck, C., 1999: Vom Wohlfahrtsstaat zum Wettbewerbsstaat. Arbeitsmarkt- und Sozialpolitik in den 90er Jahren, Opladen

Heinze, R. G./Schulte, F. (Hg.), 2002: Unternehmensgründungen. Zwischen Inszenierung, Anspruch und Realität, Wiesbaden

Heinze, R.G./Schulte, F./Neitzel, M., 2002: Neue Gründerzeit an Hochschulen? Eine empirische angebotsseitige Analyse im Ruhrgebiet, Bochum (InWIS-Berichte)

Heinze, R.G./Streeck, W., 2000: Institutionelle Modernisierung und Öffnung des Arbeitsmarktes: Für eine neue Beschäftigungspolitik, in: J. Kocka/C. Offe (Hrsg.), Geschichte und Zukunft der Arbeit, Frankfurt/New York, S. 234ff.

Heinze, R.G./Streeck, W., 2003: Optionen für den Einstieg in den Arbeitsmarkt oder: ein Lehrstück für einen gescheiterten Politikwechsel, in: Vierteljahreshefte zur Wirtschaftsforschung H. 1, S. 25ff.

Heinze, R.G./Voelzkow, H. (Hg.), 1997: Regionalisierung der Strukturpolitik in Nordrhein-Westfalen, Opladen

Helmer-Denzel, A., 2004: Global Play im Ruhrgebiet. Die Erstellung handelsergänzender Dienstleistungen im Einzelhandel am Beispiel eines Urban Entertainment Centers und Innenstädten. Göttingen

Heitmeyer, W. /Hg.), 2005: Deutsche Zustände. Folge 4, Frankfurt

Heitmeyer, W., 2005: Die verstörte Gesellschaft, in: Die Zeit v. 15.12. 2005, S. 24

Helms, L., 2005: Die Informalisierung des Regierungshandelns in der Bundesrepublik: ein Vergleich der Regierungen Kohl und Schröder, in: Zeitschrift für Staats- und Europawissenschaften Nr. 1/S. 70ff

Hennicke, P./Müller, M., 2005: Weltmacht Energie, Stuttgart

Herfurth, M./Kohli, M./Zimmermann, K.F. (Hg.), 2003: Arbeit in einer alternden Gesellschaft, Opladen

Hilbert, J., 2003: Dienstleistungen für mehr Lebensqualität. MS Institut Arbeit und Technik., Gelsenkirchen

Hilbert, J. et al, 2003: Gesundheitswirtschaft in OstwestfalenLippe, Bielefeld

Hilbert, J./Fretschner, R., 2004 : Gesundheitswirtschaft im Mittleren Ruhrgebiet, IAT Gelsenkirchen

Hilbert, J./Naegele, G., 2002: Dienstleistungen für mehr Lebensqualität im Alter, in: G. Bosch et al (Hg.): Die Zukunft von Dienstleistungen, Frankfurt/New York

Hilbert, J./Nordhause-Janz, J,/Rehfeld, D./Heinze, R.G., 2004: Industrial clusters and the governance of change: lessons from North Rhine-Westphalia, in: P. Cooke et al (Eds.), Regional Innovation Systems: The role of governance in a globalized world (2nd edition), London/New York, S. 234ff

Hilpert, U. (Hg.), 2003: Regionalisation of Globalised Innovation, London/New York

Himanen, P., 2005: „Auf die Menschen kommt es an!“, in: Berliner Republik H. 6/2005, S. 72ff

Hirscher, G./Korte, K.-R. (Hg.), 2003: Information und Entscheidung. Kommunikationsmanagement der politischen Führung, Wiesbaden

Hirsch-Kreinsen, H., 2005: Wirtschafts- und Industriesoziologie, Weinheim/München

Howaldt, J., 2005: Die Soziologie in Zeiten der Wissensgesellschaft, in: Soziologie, H. 4/05, S. 424ff

Hubert, E.-M., 2004: Tauschringe und Marktwirtschaft, Berlin

I

IAB Kurzbericht, 2005: Arbeitsmarktbilanz bis 2010 (Ausgabe Nr. 24 v. 8.12. 2005), Nürnberg (Bundesagentur für Arbeit)

Institut für Freizeitwirtschaft, 2003: Marktchancen im Gesundheitstourismus. Health-Care-, Anti-Aging-, Wellness-, und Beauty-Urlaub bis 2010, München

Isfan, K./Moog, P./Backes-Gellner, U., 2005: Die Rolle der Hochschullehrer für Gründungen aus deutschen Hochschulen – erste empirische Erkenntnisse, in: A.-K: Achleitner et al (Hg), Jahrbuch Entrepreneurshiop, a.a.O., S. 339ff

IZA (Institut zur Zukunft der Arbeit), 2005: Mut zur Selbständigkeit – wer wird Existenzgründer in Deutschland?, in: IZA COMPACT H. Januar 2005, S. 7ff

J

Jäckel, A. (Hg.), 2006: Telemedizinführer Deutschland, Deutsches Medizin Forum, Ober-Mörlen (7. Ausgabe)

Jakszentis, A./Hilpert, U., 2005: Regionale Entwicklungsunterschiede in Ostdeutschland im Vergleich, Frankfurt (Otto-Brenner-Stiftung)

Jann, W., 2002: Die beteiligungsorientierte Kanzlerdemokratie – ein neues Politikmodell? (Interview), in: Die Mitbestimmung H. 8, S. 10-14

Jann, W./Schmid, G. (Hg.), 2004: Eins zu eins? Eine Zwischenbilanz der Hartz-Reformen am Arbeitsmarkt, Berlin

Jonas, M., 2005: Brücken zur regionalen Clusterforschung, in: Zeitschrift für Soziologie H. 4/2005, S. 270ff

Jürgens, U./Sablowski, T., 2005: Die Vielfalt sektoraler Innovationsprozesse, in: WSI-Mitteilungen H. 3/2005, S. 121ff

Jurczyk, K., 2005: Familie – Arbeit – Entgrenzung, in: WestEnd. Neue Zeitschrift für Sozialforschung, H. 2/2005, S. 90ff

K

Kalina, T./Voss-Dahm, D., 2005: Mehr Minijobs = mehr Bewegung auf dem Arbeitsmarkt?, IAT-Report (2005-07), Gelsenkirchen

Kaufmann, F.X., 2003: Varianten des Wohlfahrtsstaats, Frankfurt

Kaufmann, F.X., 2005: Schrumpfende Gesellschaft, Frankfurt

Keim, K.-D., 2003: Das Fenster zum Raum, Opladen

Kern, H./Sabel, C.F., 1990: Gewerkschaften in offenen Arbeitsmärkten: Überlegungen zur Rolle der Gewerkschaften in der industriellen Reorganisation, in: Soziale Welt H. 2, S. 144ff

Ketels, C.H.M., 2003: The Development of the Cluster Concept – present experiences and further developments, MS (Cluster Conference Duisburg)

Kielmannsegg, P. Graf, 2002: Können Demokratien zukunftsverantwortlich handeln?, in: Schader-Stiftung (Hg.), Schaderpreis 2001, Darmstadt, S. 19ff

Kieserling, A., 2003: Die Gesellschaft der Politik? Zum Politismus der Moderne, in: S. Lessenich (Hg.), Wohlfahrtstaatliche Grundbegriffe, Frankfurt, S. 23ff

Kilper, H./Latniak, E./Rehfeld, D./Simonis, G., 1994: Das Ruhrgebiet im Umbruch, Opladen

Kilper, H./Lehner, F./Rehfeld, D./Schmidt-Bleek, F., 1996: Wegweiser in die Zukunft. Perspektiven und Konzepte für den Strukturwandel im Ruhrgebiet, Essen

Kirsch, G., 2006: Eine ziemlich gestörte Stimmung, in: Frankfurter Allgemeine Sonntagszeitung v. 5.3. 2006, S. 42

Kitschelt, H./Streeck, W. (Eds.), 2004: Germany: Beyond the Stable State, London/Portland

Klein, T., 2005: Sozialstrukturanalyse, Reinbek

Kocka, J., 2005: Vermittlungsschwierigkeiten der Sozialwissenschaften, in: Aus Politik und Zeitgeschichte (B 34-35), S. 17ff

Köcher, R., 2005: Die Sorge um den Arbeitsplatz, in: FAZ v. 21.12. 2005, S. 5

Köhler, C./Junge, K./Schröder, T./Struck, O., (Eds.), 2006: Trends in Employment Stability and Labour Market Segmentation, Universität Jena (SFB 580)

Körtke, H. et al, 2005: Neues Ostwestfälisches Postoperatives Therapiekonzept (NOPT). Eine telemedizinisch betreute Studie zur ambulanten Rehabilitation von Patienten nach kardiochirurgischen Operationen, in: Medizinische Klinik Nr. 7, S. 383ff

Korte, K.-R., 2003: Maklermacht. Der personelle Faktor im Entscheidungsprozess von Spitzenakteuren, in: G. Hirscher/K.-R. Korte (Hg.), Information und Entscheidung, a.a.O., S. 15ff

Korte, K.-R., 2005: Was entschied die Bundestagswahl 2005?, in: Aus Politik und Zeitgeschichte (B 51-52), S. 12ff

Knie, A./Simon, D./Braun-Thürmann, H./Potthast, J., 2006: Rückgekoppelte Abkopplungen. Wie wissenschaftliche Ausgründungen die Forschungspraxis verändern, in: WZB-Mitteilungen H. 111, S. 39ff

Krätke, S., 2005: Wissensintensive Wirtschaftsaktivitäten im Regionalsystem der Bundesrepublik Deutschland: Clusterpotenziale und Beitrag zur regionalen Wirtschaftsleistung, in. H.J. Kujath (Hg.), Knoten im Netz, a.a.O., S. 159ff

Krause, P., 1995: Ostdeutschland fünf Jahre nach der Einheit: Rückgang der Erwerbsbeteiligung scheint gestoppt, Einkommen gleichen sich weiter an, Armut stagniert, in: DIW-Wochenbericht H. 50, S. 863f

Kreye, A., 2006: Reiche Rentner. Golden Oldies, in: Süddeutsche Zeitung v. 20.3. 2006

Kritikos, A./Wießner, F., 2004: Existenzgründungen: Die richtigen Typen sind gefragt, IABKurzbericht Ausgabe Nr. 3 v. 30.1. 2004

Kronauer, M./Linne, G. (HG.), 2005: Flexicurity. Die Suche nach Sicherheit in der Flexibilität, Berlin

Kropp, S., 2003: Regieren als informaler Prozess, in: Aus Politik und Zeitgeschichte. Beilage zu „Das Parlament“ (B 43), S. 23ff

Kruse, A./Schmitt, E., 2005: Zur Veränderung des Altersbildes in Deutschland, in: Aus Politik und Zeitgeschichte (B 49-50/2005), S. 9ff

Kühl, S., 2003: Organisationssoziologie. Ein Ordnungs- und Verortungsversuch, in: B. Orth/T. Schwiering/J. Weiß (Hg.), Soziologische Forschung: Stand und Perspektiven, Opladen, S. 378ff

Kuhlmann, S., 2004: Innovationspolitik in systemischer Perspektive – Konzepte und internationale Beispiele, in: F.-W. Steinmeier/M. Machnig (Hg.), Made in Germany '21, a.a.O., S. 343ff

Kujath, H.J. (Hg.), 2005: Knoten im Netz. Zur neuen Rolle der Metropolregionen in der Dienstleistungswirtschaft und Wissensökonomie, Berlin

Kurbjuweit, D., 2006: Der verfluchte Reformer, in: Der Spiegel H. 11/2006, S. 76ff

L

Lagemann, B. et al, 2005: Strukturwandel ohne Ende? Aktuelle Vorschläge zur Revitalisierung des Ruhrgebiets und Bewertung, Essen (RWI)

Landeshauptstadt München, 2004: Wachstumsmarkt Medizintechnik. Eine Standortbestimmung für den Wirtschaftsraum München, München

Leber, H., 2006: Kernkompetenz Fußball, in: Frankfurter Allgemeine Zeitung v. 2.3. 2006

Leggewie, C., 2004: Spektakelpolitik, Kommissions(un)wesen und der Beruf zur Politik heute, in: S. Marschall/C. Strünck (Hg.), Grenzenlose Macht?, Baden-Baden, S. 101ff

Lehner, F./Schmidt-Bleek, F./Kilper, H. (Hg.), 1995: RegioVision - Neue Strategien für alte Industrieregionen, München/Mering

Leif, T./Speth, R. (Hg.), 2003: Die stille Macht. Lobbyismus in Deutschland, Wiesbaden

Lessenich, S., 2003: Dynamischer Immobilismus - Kontinuität und Wandel im deutschen Sozialmodell, Frankfurt/New York

Luhmann, N., 1995: Gesellschaftsstruktur und Semantik. Studien zur Wissenssoziologie der modernen Gesellschaft (Bd. 4), Frankfurt

Luhmann, N., 2000: Organisation und Entscheidung, Opladen/Wiesbaden

Luhmann, N., 2000a: Die Politik der Gesellschaft, Frankfurt

Lutz, B., 1984: Der kurze Traum immerwährender Prosperität, Frankfurt/New York

Lutz, B., 1997: Gesellschaftliche Organisation wirtschaftlicher Leistung, in: Kempfenhausener Gespräche II. Strukturwandel der Arbeitswelt, München (Bayer. HypoVereinsbank)

Lutz, B., 2005: Gespräch Peter Glotz mit Burkart Lutz, in: Frankfurter Hefte/Neue Gesellschaft (wwww.frankfurter-hefte.de)

M

Machnig, M./Bartels, H.-P. (Hg.), 2001: Der rasende Tanker. Analysen und Konzepte zur Modernisierung der sozialdemokratischen Organisation, Göttingen

Maier, M.L./Hurrelmann, A./Nullmeier, F./Pritzlaff, T./Wiesner, A., 2003: Politik als Lernprozess? Wissenszentrierte Ansätze in der Politikanalyse, Opladen

Mansel, J./Endrikat, K./Hüpping,, S., 2005: Krisenfolgen. Soziale Abstiegsängste fördern feindselige Mentalitäten, in: W. Heitmeyer (Hg.), Deutsche Zustände, a.a.O., S. 39ff

Marschall, S./Strünck, C. (Hg.), 2004: Grenzenlose Macht? Politik und Politikwissenschaft im Umbruch, Baden-Baden

Masterplan Gesundheitswirtschaft, 2006: Masterplan Gesundheitswirtschaft Mecklenburg-Vorpommern 2010 (Kuratorium Gesundheitswirtschaft Mecklenburg-Vorpommern/erarbeitet von R.G. Heinze/J. Hilbert/E. Dahlbeck/A. Helmer-Denzel/W. Potratz), Bochum/Gelsenkirchen/Schwerin

Mayntz, R./Scharpf, F.W., 2005: Politische Steuerung – heute?, MPIfG Working Paper 05/1, Köln

Mayntz, R./Streeck, W. (Hg.), 2003: Die Reformierbarkeit der Demokratie: Innovationen und Blockaden, Frankfurt/New York

McK, 2002: Wissen H. 01, Schwerpunkt "Cluster“

McK, 2003: Wissen H. 07, Schwerpunkt „Strategie“

McK, 2005: Wissen H. 15, Schwerpunkt „Innovation“

Meffert, H./Steinbrück, P. (Hg.), 2005: Trendbuch NRW. Perspektiven einer Metropolregion, Gütersloh

Menning, S., 2005: GeroStat – Statistische Daten: Demographische Alterung in den Regionen – das Beispiel Mecklenburg-Vorpommern, in: informationsdienst altersfragen H. 3/2005, 8ff

Merkel, W., 2005: Die Schere im Kopf. Was ist los mit Europas sozialen Demokratien?, in: WZB-Mitteilungen H. 109 (September 2005), S. 6ff

Merkel, W./Egle, C./Henkes, C./Ostheim, T./Petring, A., 2006: Die Reformfähigkeit der Sozialdemokratie. Herausforderungen und Bilanz der Regierungspolitik in Westeuropa, Wiesbaden

Merkl, C./Snower, D.J., 2006: Ostdeutschland in der Subventionsfalle, Pressemitteilung Institut für Weltwirtschaft Kiel (15.3. 2006)

Meulemann, H., 2004: Die Werte wandeln sich und wir uns mit ihnen (Wiss. Begleitwort zur Allianz-Studie „Lebensziele – Menschen in Deutschland"), München, S. 6ff

Meyer, T., 2005: Die Zukunft der Sozialen Demokratie, Bonn

Meyer, T., 2005a: Theorie der Sozialen Demokratie, Wiesbaden

Meyer, S./Schulze, E./Müller, P., 1997: Das intelligente Haus – selbständige Lebensführung im Alter, Frankfurt/New York

Meyer-Krahmer, F., 2004: Vorreiter-Märkte und Innovationen. Ein neuer Ansatz der Technologie- und Innovationspolitik, in: F.-W. Steinmeier/M. Machnig (Hg.), Made in Germany, a.a.O., S. 95ff

Meyer-Stamer, J./Maggi, C./Giese, M. (Hg.), 2004: Die Strukturkrise der Strukturpolitik. Tendenzen der Mesopolitik in Nordrhein-Westfalen, Wiesbaden

MGSFF des Landes NRW (Hg.), 2005: Masterplan Gesundheitswirtschaft NRW, Düsseldorf

Miegel, M., 2005: „Wir sind alt, müde und satt", Interview in: Der Spiegel Nr. 35/2005, S. 64ff

Miller, M. (Hg.), 2005: Welten des Kapitalismus, Frankfurt

Miller, M., 2005a: Einleitung, in: ders. (Hg.), Welten des Kapitalismus, a.a.O., S. 11ff

Minssen, H. (Hg.), 2000: Begrenzte Entgrenzungen: Wandlungen von Organisation und Arbeit, Berlin

Minssen, H., 2006: Arbeits- und Industriesoziologie – eine Einführung, Frankfurt/New York

Mittelstandsmonitor 2005: Jährlicher Bericht zu Konjunktur- und Strukturfragen kleiner und mittlerer Unternehmen, Frankfurt (KfW et al)

Mückenberger, U./ Menzl, M. (Hg.), 2002: Der Global Player und das Territorium, Opladen

Müller, E., 2005: Wissenschaftliche Politikberatung heute (Festvortrag „RISP“), MS Berlin (Verbraucherzentrale Bundesverband)/Duisburg

Münkler, H., 2001: Solidarität in modernen Gesellschaften, in: F. Müntefering/M. Machnig (Hg.), Sicherheit im Wandel, Berlin, S. 31ff

N

Neitzel, M./Heinze, R.G., 2002: Branchenspezifische Ansätze der Gründungs- und Innovationsförderung, in: R.G. Heinze/F. Schulte (Hg.), Unternehmensgründungen, a.a.O., S. 101ff

Newman, J., 2001: Modernising Governance. New Labour, Policy and Society, London/Thousand Oaks/New Delhi

Neumann, L., 2006: Kosmopoliten im Global Village, Frankfurt

Niejahr, E., 2004: Alt sind nur die anderen, Frankfurt

Niejahr, E., 2006: Kollegen zweiter Klasse, in: Die Zeit v. 2.3. 2006, S. 21f

Noelle, E./Petersen, T., 2005: Der Optimismus wächst. Die Bevölkerung wartet auf ein moderates Wachstum, in: FAZ v. 31.12. 2005, S. 14

Nollmann, G./Strasser, H. (Hg.), 2004: Das individualisierte Ich in der modernen Gesellschaft, Frankfurt/New York

Nolte, P., 2005: Staatsweh. Warum wir auf den alten Staat nicht verzichten wollen und ihn dennoch neu denken müssen, in: McK Wissen H. 13 (Public Sector), S. 44ff

Nullmeier, F., 2005: Paradoxien der Eigenverantwortung, in: ZeS – Report Nr. 1/2005, S. 1ff

Nullmeier, F./Saretzki, T. (Hg.), 2002: Jenseits des Regierungsalltags. Strategiefähigkeit politischer Parteien, Frankfurt/New York

O

Oberender, P./Hebborn, A./Zerth, J., 2002: Wachstumsmarkt Gesundheit, Stuttgart

Offe, C., 1994: Der Tunnel am Ende des Lichts. Erkundungen der politischen Transformation im Neuen Osten, Frankfurt/New York

Offe, C., 1995: Schock, Fehlkonstrukt oder Droge? Über drei Lesarten der Sozialstaatskrise, in: W. Fricke (Hg.), Zukunft des Sozialstaats. Jahrbuch Arbeit und Technik, a.a.O. S. 31ff

Offe, C., 2001: Wessen Wohl ist das Gemeinwohl?, in: W. Fricke (Hg.), Jahrbuch Arbeit und Technik 2001/2002 („Grenzüberschreitungen"), Bonn, S. 191ff

Offe, C., 2002: Unsicherheiten und Rückversicherungen, in: Die Mitbestimmung H. 9/2002, S. 40ff

Offe, C., 2003: Perspektivloses Zappeln. Oder: Politik mit der Agenda 2010, in: Blätter für deutsche und internationale Politik H. 7/2003, S. 807ff

Offe, C., 2005a: Kapital für alle. Grundzüge einer Reformstrategie, in: „böll-Thema" Ausgabe 1/2005, S. 30

Offe, C., 2005b: Rote Fäden und lose Enden. Anmerkungen zu einer Mega-Agenda, in: A. Geis/D. Strecker (Hg.), Blockaden staatlicher Politik, a.a.O., S. 245ff

Offe, C./Heinze, R.G., 1990: Organisierte Eigenarbeit. Das Modell Kooperationsring, Frankfurt/New York

Opielka, M., 2004: Sozialpolitik. Grundlagen und vergleichende Perspektiven, Reinbek

P

Pankoke, E., 1993: Regionalkultur? Muster und Werte regionaler Identität im Ruhrgebiet, in: Informationen zur Raumentwicklung 11/1993, 759ff

Perspektive Deutschland, 2003: Kurzbericht 2003, Berlin

Pfarr, H./Vogelheim E., 2002: Zur Chancengleichheit von Frauen und Männern im Bündnis für Arbeit, Ausbildung und Wettbewerbsfähigkeit. Bericht für die Benchmarking-Gruppe, Düsseldorf

Piore, M.J./Sabel, C.F., 1984: The Second Industrial Devide. Possibilities for Prosperity, New York

Plumpe, W., 2005: Das Ende des deutschen Kapitalismus, in: WestEnd. Neue Zeitschrift für Sozialforschung, H. 2/2005, S. 3ff

Polanyi, K., 1978: The Great Transformation. Politische und ökonomische Ursprünge von Gesellschaften und Wirtschaftssystemen, Frankfurt (Originalausgabe 1944)

Pongratz, H.J./Voss, G., 2001: Erwerbstätige als "Arbeitskraftunternehmer", in: SOWI/Sozialwissenschaftliche Informationen H. 4/2001, 42ff

Porter, M.E., 2002: "Mehr Kunst als Wissenschaft" (Interview), in: McK Wissen 01, S. 20ff

Potratz, W./Hilbert, J., 2003: Jenseits von Beitragssätzen und Risikoausgleich, in: IAT Jahrbuch 2003, Gelsenkirchen, S. 153ff

Priddat, B., 2002: Mama macht Überstunden, in: Die Zeit v. 22.8. 02 (S. 22)

Pries, L., 2005: Das Scharnier Mitbestimmung, in: Frankfurter Rundschau (Dokumentation) v. 28.7. 2005

Projektgruppe Arbeitsmarktpolitik/Offe, C. (Hg.), 1977: Opfer des Arbeitsmarktes. Zur Theorie der strukturierten Arbeitslosigkeit, Neuwied/Darmstadt

Putnam, R.D., 1995: Bowling Alone: America's Declining Social Capital, in: Journal of Democracy H. 1, S. 65ff

Putnam, R.D. (Hg.), 2001: Gesellschaft und Gemeinsinn. Gütersloh

R

Raschke, J., 2002: Politische Strategie. Überlegungen zu einem politischen und politologischen Konzept, in: Nullmeier, F./Saretzki, T. (Hg.), Jenseits des Regierungsalltags, Frankfurt/New York, S. 207ff

Rehfeld, D., 2002: Sektorale Innovation – Zur Diskussion um Schwierigkeiten und Erfolgsfaktoren bei der Entstehung neuer Branchen, IAT Gelsenkirchen (Expertise für die HBS)

Rehfeld, D., 2005: Perspektiven des Clusteransatzes, IAT-Report, Gelsenkirchen

Rehfeld, D./Baumer, D./Wompel, M., 2000: Regionalisierte Strukturpolitik als Lernprozess, IAT Gelsenkirchen

Reich, R.R., 2002: The Future of Success. Wie wir morgen arbeiten werden, München

Reichert, A./Born, A., 2004: Einkommenssituation und –verwendung älterer Menschen in Nordrhein-Westfalen, MGSFF des Landes NRW, Düsseldorf (2. Aufl.)

Reichwald, R./Baethge, M./Brakel, O./Fischer, B./Paul, G., 2004: Die neue Welt der Mikrounternehmen, Wiesbaden

Reimann, C., 2004: Für ein innovationsfähiges Deutschland, in: Friedrich-Ebert-Stiftung (Hg.), Die neu SPD, a.a.O., S. 283ff

Rhein, T./Gartner, H./Krug, G., 2005: Niedriglohnsektor – Aufstiegschancen für Geringverdiener verschlechtert. IAB-Kurzbericht Nr. v. 10.3. 2005, Nürnberg

Rieger, E./Leibfried, S., 2001: Grundlage der Globalisierung, Frankfurt

Rogoff, K., 2005: Das Jahrzehnt der Schlaftherapie, in: Financial Times Deutschland v. 16.9. 2005, S. 34 (im Internet unter www.project-syndicate.org)

S

Sabel, C.F., 1994: Learning by Monitoring: The Institutions of Economic Development, in: N.J. Smelser/R. Swedberg (Hg.), The Handbook of Economic Sociology, Princeton/New York, S. 137ff

Sabel, C.F., 1997: „Bootstrapping-Reform“ oder: Revolutionärer Reformismus und die Erneuerung von Firmen, Gewerkschaften und Wohlfahrtsstaat im regionalen Kontext, in: U. Bullmann/R.G. Heinze (Hg.), Regionale Modernisierungspolitik. Nationale und internationale Perspektiven, a.a.O., S. 15ff

Sachverständigenrat für die Konzertierte Aktion im Gesundheitswesen, 1997: Gesundheitswesen in Deutschland: Kostenfaktor und Zukunftsbranche, Band 1: Demographie, Morbidität, Wirtschaftlichkeitsreserven und Beschäftigung, Baden-Baden

Sarcinelli, U., 2003: Demokratie unter Kommunikationsstress?, in: Aus Politik und Zeitgeschichte (B 43), S. 39ff

Sauer, D., 2002: Kontinuität und Bruch. Zur Entwicklung von Arbeit, MS Universität Jena

Sauer, D., 2005: Arbeit im Übergang. Zeitdiagnosen, Hamburg

Sauer, D./Boes, A./Kratzer, N., 2005: Reorganisation des Unternehmens, in: SOFI et al (Hg.), Berichterstattung zur sozioökonomischen Entwicklung in Deutschland, a.a.O., S. 323ff

Scharfenorth, K., 2004: Mit dem Alter in die Dienstleistungsgesellschaft?, München

Scharpf, F.W., 2000: Interaktionsformen. Akteurzentrierter Institutionalismus in der Politikforschung, Opladen

Scharpf, F.W., 2004: Steuerfinanzierte Grundrente als Instrument der Beschäftigungspolitik – eine Ideenskizze, in: Friedrich-Ebert-Stiftung (Hg.), Die neue SPD, Bonn, 218ff

Scharpf, F.W., 2005: Lohnnebenkosten – Sofortanreiz für neue Arbeitsplätze, Böckler impuls 5/2005, S. 1

Scharpf, F.W., 2006: Wie weiter nach Hartz IV?, in: Berliner Republik H. 1/2006, S. 30ff

Schimank, U., 2002: Gesellschaftliche Teilsysteme und Strukturdynamiken, in: U. Volkmann/U. Schimank (Hg.), Soziologische Gegenwartsdiagnosen II, Opladen, S. 15ff

Schimank ,U., 2005: Die Entscheidungsgesellschaft. Komplexität und Rationalität der Moderne, Wiesbaden

Schimany, P., 2003: Die Alterung der Gesellschaft. Ursachen und Folgen des demographischen Umbruchs, Frankfurt

Schirrmacher, F., 2004: Das Methusalem-Komplott, München

Schmid, G., 2001: Die Zukunft der Erwerbsarbeit. Thesen und Perspektiven für Mecklenburg-Vorpommern, Wissenschaftszentrum Berlin (FS I 01-205), Berlin

Schmid, J., 2003: Wirtschafts- und Sozialpolitik: Lernen und Nicht-Lernen von den Nachbarn, in: Aus Politik und Zeitgeschichte (B 18-19), S. 32ff

Schmid, J., 2005: Politische Ökonomie des Wohlfahrtsstaates. Deutschland, Großbritannien, Schweden und die Niederlande im Vergleich, MS FernUniversität Hagen

Schmid, J., 2006: Das deutsche Rentensystem: Probleme und Reformkonzepte, MS Universität Tübingen (auch in: GWG)

Schmid, J./Zolleis, U. (Hg.), 2005: Zwischen Anarchie und Strategie. Der Erfolg von Parteiorganisationen, Wiesbaden

Schmidt, H., 2002: Unkraut jäten und ackern, in: Die Zeit v. 29.8. 2002

Schmidt, M.G., 2003: Rot-grüne Sozialpolitik (1998-2002). In: C. Egle et al (Hrsg.), a.a.O., S. 239ff

Schmidt, M.G. (Hg.), 2001: Wohlfahrtsstaatliche Politik. Institutionen, politischer Prozess und Leistungsprofil, Opladen

Schmidt, V.A., 2002: The Futures of European Capitalism, Oxford/New York

Schneider, F., 2003: Zunehmende Schattenwirtschaft in Deutschland: eine wirtschafts- und sozialpolitische Herausforderung, in: Vierteljahreshefte zur Wirtschaftsforschung H. 1, S. 148ff

Schneider, H., 2006: Arbeitsmarkt: Rezepte gegen die unheilige Allianz von Politik und Tarifkartellen gefragt, in: K.F. Zimmermann (Hg.), Deutschland – was nun?. a.a.O., S. 43ff

Schöb, R./Weimann, J., 2004: Arbeit ist machbar. Die neue Beschäftigungsformel, Dößel (2. Aufl.)

Schöb, R./Weimann, J., 2005: Das Sozialstaatsdilemma, in: FTD v. 1.4. 2005

Schönberg, F./Naegele, G. (Hg.), 2005: Alter hat Zukunft, Münster

Schroeder, W., 2003: Modell Deutschland und Bündnis für Arbeit, in: S. Jochem/N.A. Siegel (Hg.), Das Modell Deutschland im Vergleich. Konzertierung, Verhandlungsdemokratie und Reformpolitik im Wohlfahrtsstaat, Opladen, S. 107ff

Schroeder, W./Wessels, B. (Hg.), 2003: Die Gewerkschaften in Politik und Gesellschaft der Bundesrepublik Deutschland, Wiesbaden

Schulte, F., 2002: Gründungsaktivitäten und Wirtschaftskooperationen an Hochschulen im Ruhrgebiet, in: R.G. Heinze/F. Schulte (Hg.), Unternehmensgründungen, a.a.O., S. 162ff

Schultze, R.-O., 2005: Die Föderalismusreform zwischen Anspruch und Wirklichkeit, in: Aus Politik und Zeitgeschichte (H. 13-14), S. 13ff

Schupp, J., 2006: Langzeitarbeitslos – tiefe Narben im Lebenslauf, in: Frankfurter Rundschau v. 16.3. 2006

Schuppert, G.F., 2004: Ein Kompass für Reformen. Der Gewährleistungsstaat – ein Leitbild auf dem Prüfstand, in: WZB-Mitteilungen H. 104, S. 7ff

Sebaldt, M./Straßner, A., 2004: Verbände in der Bundesrepublik Deutschland, Wiesbaden

Sengenberger, W., 2005: Innovationsorientierte Wirtschaftspolitik und soziale Kohäsion – Das Beispiel Finnland, in: WSI-Mitteilungen H. 3/2005, S. 162ff

Sloterdijk, P., 2004: Sphären III. Schäume, Frankfurt

Soziologisches Forschungsinstitut (SOFI) et al, 2005: Berichterstattung zur sozioökonomischen Entwicklung in Deutschland. Arbeit und Lebensweisen, Wiesbaden

Speth, R., 2004: Die politischen Strategien der Initiative Neue Soziale Marktwirtschaft, in: Hans-Böckler-Stiftung, Fakten für eine neue Arbeitswelt

Spielkamp, A./Czarnitzki, D./Rammer, C., 2002: Ideenmotor Hochschule? Wege des Wissenstransfers und die Bedeutung von Spin-offs, in: R.G. Heinze/F. Schulte (Hg.), Unternehmensgründungen, a.a.O., S. 79ff

Stehr, N., 2004: Wissensökonomie und verwandte Entwicklungen, in: Friedrich-Ebert-Stiftung (Hg.), Die neue SPD, a.a.O., S. 185ff

Steinbrück, P., 2006: Rede des Bundesministers der Finanzen beim Neujahrsempfang der Industrie- und Handelskammer Frankfurt/M., Berlin (BMF) (auch in FR v. 11.1. 2006 unter dem Titel „Kein fetter, aber ein leistungsfähiger Staat")

Steingart, G., 2004: Deutschland – Der Abstieg eines Superstars, München

Steinmeier, F.-W., 2001: Konsens und Führung, in: F. Müntefering/M. Machnig (Hg.), Sicherheit im Wandel, Berlin, S. 263ff

Steinmeier, F.-W./Machnig, M, (Hg.), 2004: Made in Germany `21, Hamburg

Sternberg, R., 1999: Entrepreneurship in Deutschland. Das Gründungsgeschehen im internationalen Vergleich. Länderbericht Deutschland zum Global Entrepreneurship Monitor, Berlin

Sternberg, R., 2002: Benchmarking Gründungsaktivitäten und -förderung: Wo steht Deutschland im internationalen Vergleich?, in: R.G. Heinze/F. Schulte (Hg.), Unternehmensgründungen zwischen Inszenierung, Anspruch und Realität, a.a.O., S. 45ff

Sternberg, R./Bergmann, H./Tamasy, C., 2001: Global Entrepreneurship Monitor (GEM), Länderbericht Deutschland 2001, Köln

Sternberg, R./Bergmann, H., 2003: Global Entrepreneurship Monitor (GEM). Unternehmensgründungen im weltweiten Vergleich. Länderbericht Deutschland 2002, Köln

Sternberg, R./Brixy, U./Schlapfner, J.-F., 2006: Global Entrepreneurship Monitor (GEM). Unternehmensgründungen im weltweiten Vergleich. Länderbericht Deutschland 2005, Hannover/Nürnberg

Stichweh, R., 2002a: Wissensgesellschaft und Wissenschaftssystem, Universität Bielefeld (Fakultät für Soziologie/Institut für Weltgesellschaft)

Stichweh, R., 2002b: Raum und moderne Gesellschaft. Aspekte der sozialen Komtrolle des Raums, Universität Bielefeld (Fakultät für Soziologie/Institut für Weltgesellschaft)

Straßner, A., 2006: Funktionen von Verbänden in der modernen Gesellschaft, in: Aus Politik und Zeitgeschichte (H. 15-16), S. 10ff

Streeck, W., 1996: Blockierte Gesellschaft?, in: FAZ am Sonntag v. 30.06.1996, S. 4

Streeck, W., 2000: Competitive Solidarity: Rethinking the European Social Model, in: K. Hinrichs/H. Kitschelt/H. Wiesenthal (Hg.), Kontingenz und Krise. Institutionenpolitik in kapitalistischen und postsozialistischen Gesellschaften, Frankfurt/New York, S. 245ff

Streeck, W., 2003: No Longer the Century of Corporatism: Das Ende des „Bündnisses für Arbeit", MPIfG Working Paper 03/4, Köln

Streeck, W., 2004: Der amerikanische Arbeitsmarkt, in : Frankfurter Rundschau v. 12.06.2004

Streeck, W., 2004a: Globalisierung: Mythos und Wirklichkeit, MPIfG Working Paper 04/4, Köln

Streeck, W., 2005a: Nach dem Korporatismus: Neue Eliten, neue Konflikte, MPIfG Working Paper 05/4, Köln

Streeck, W., 2005b:Vom „kurzen Traum" zum „langen Alptraum", MPIfG Working Paper 05/5, Köln

Streeck, W./Hassel, A., 2004: The Crumbling Pillars of Social Partnership, in: Kitschelt, W./Streeck, W. (Eds.), Germany: Beyond the Stable State, a.a.O., S. 101ff

Streeck, W./Höpner, M. (Hg.), 2003: Alle Macht dem Markt? Fallstudien zur Abwicklung der Deutschland AG, Frankfurt

Streeck, W./Thelen, K. (Eds.), 2005: Beyond Continuity. Institutional Change in Advanced Political Economies, Oxford/New York

Streeck, W./Thelen, C., 2005: Introduction: Institutional Change in Advanced Political Economies, in: dies. (Eds.), Beyond Continuity, a.a.O., S. 1ff

Streeck, W./Trampusch, C., 2005: Economic Reform and the German Welfare State, Working Paper MPIFG, Köln

Strohmeier, K.P./Kersting, V., 1996: Sozialraum Ruhrgebiet - Stadträumliche Differenzierungen von Lebenslagen, Armut und informelle Solidarpotentiale, in: R. Bovermann/S. Goch/H.-J. Priamus (Hg.), Das Ruhrgebiet - Ein starkes Stück Nordrhein-Westfalen, Essen, S. 451ff

Strohmeier, K.P., 2002: Bevölkerungsentwicklung und Sozialraumstruktur im Ruhrgebiet, Essen (Projekt Ruhr)

Strohmeier, K.P., 2006: „Für unsere Gesellschaft sieht es düster aus", Interview in: Die Mitbestimmung H. 1-2/2006, S. 32ff

Strünck, C., 2003: Mit Sicherheit flexibel? Chancen und Risiken neuer Beschäftigungsverhältnisse, Bonn

Suntum, U.v., 2005: Masterplan Deutschland, München

T

Tils, R., 2005: Politische Strategieanalyse. Konzeptionelle Grundlagen und Anwendung in der Umwelt- und Nachhaltigkeitspolitik, Wiesbaden

Trampusch, C., 2004: Von Verbänden zu Parteien. Der Elitenwechsel in der Sozialpolitik, MPIfG Discussion Paper, Köln

U

Ullrich, C.G., 2005: Soziologie des Wohlfahrtsstaates, Frankfurt

Ulrich, B., 2006: Die Selbstverzwergung der Politik, in: Die Zeit v. 27.4. 2006, S. 3

V

Vogel, B. (Hg.), 2004: Leiharbeit. Neue sozialwissenschaftliche Befunde zu einer prekären Beschäftigungsform, Hamburg

Vogel, B., 2004: Der Nachmittag des Wohlfahrtsstaats, in: Mittelweg 36. Zeitschrift des Hamburger Instituts für Sozialforschung, H. 4/2004, S. 36ff

Voswinkel, S./Kocyba, H., 2005: Entgrenzung der Arbeit. Von der Entpersönlichung zum permanenten Selbstmanagement, in: WestEnd. Zeitschrift für Sozialforschung, H. 2/2005, S. 73ff

W

Wagner, G.G., 2004: Die Rolle der Wissenschaft in der Politikberatung muss klar erkennbar sein, in: Zeitschrift für Sozialreform H. 1-2/2004, 18ff

Wagner, G.G., 2005: Kinder machen reicht nicht, in: Financial Times Deutschland v. 20.3. 2006

Walwei, U., 2006: Kombilohn ist keine neue Idee, in: Süddeutsche Zeitung v. 6.2. 2006

Weber, H./Wegge, M., 2003: Zur Soziologie der Wirtschaft der Gesellschaft – Theorie, Forschung und Perspektiven der Wirtschaftssoziologie, in: B. Orth/T. Schwiering/J. Weiß (Hg.), Soziologische Forschung: Stand und Perspektiven, Opladen, S. 547ff

Weber, M., 1972: Wirtschaft und Gesellschaft, Tübingen (5. Auflage)

Wehler, H.U., 2005: Der deutsche Fetisch, in: Der Spiegel (H. 52) v. 24.12. 2005, S. 54f

Weingart, P., 2001: Die Stunde der Wahrheit. Zum Verhältnis der Wissenschaft zu Politik, Wirtschaft und Medien in der Wissensgesellschaft, Weilerswist

Werz, N./Nuthmann, R. (Hg.), 2004: Abwanderung und Migration in Mecklenburg und Vorpommern, Wiesbaden

Wessels, B., 2000: Die Entwicklung des deutschen Korporatismus, in: Aus Politik und Zeitgeschichte (B26-27), S. 16ff

Wewer, G., 2003: „Politikberatung und Politikgestaltung", in K. Schubert; N. C. Bandelow (Hg.), Lehrbuch der Politikfeldanalyse. München, S. 361 ff

Wiesenthal, H., 2003: Beyond Incrementalism: Sozialpolitische Basisinnovationen im Lichte der politiktheoretischen Skepsis, in: R. Mayntz/W. Streeck (Hg.), Die Reformierbarkeit der Demokratie, a.a.o., S. 31ff

Wiesenthal, H., 2005: Wirtschaftskonservatismus – das Münchhausen-Dilemma der Reformpolitik, MS Humboldt-Universität Berlin

Wiesenthal, H. /Clasen, R., 2003: Gewerkschaften in Politik und Gesellschaft: von der Gestaltungsmacht zum Traditionswächter?, in: Schroeder, W./Wessels, B. (Hg.), Die Gewerkschaften in Politik und Gesellschaft, Wiesbaden, S. 296ff

Wießner, F., 2005: Neues von der Ich-AG: Nicht jeder Abbruch ist eine Pleite, IAB Kurzbericht Nr. 2 v. 14.2. 2005, Nürnberg

Wilde, J., 2006: Hartz IV: zu wenig aus der Sozialhilfe gelernt, in: Wirtschaft im Wandel H. 2/2006, S. 50ff

Wilkesmann, U., 2004: Lernende Organisation, Wissensmanagement und Lernkulturentwicklung – schöne Worte oder mehr?, in: Zeitschrift für Berufs- und Wirtschaftspädagogik H. 3/2004, S.383ff

Wilkesmann, U./Rascher, I., 2004: Wissensmanagement. Theorie und Praxis der motivationalen und strukturellen Voraussetzungen, München/Mering

Willke, H., 1993: Abwicklung der Politik, in: S. Unseld (Hg.), Politik ohne Projekt? Nachdenken über Deutschland, Frankfurt, S. 54ff

Willke, H., 2003: Heterotopia. Studien zur Krise der Ordnung moderner Gesellschaften, Frankfurt

Windolf, P., (Hg.), 2005: Finanzmarkt-Kapitalismus. Analysen zum Wandel von Produktionsregimen, Wiesbaden (Sonderheft 25 der Kölner Zeitschrift für Soziologie und Sozialpsychologie)

Windolf, P., 2005: Was ist Finanzmarkt-Kapitalismus?, in: ders. (Hg.), Finanzmarkt-Kapitalismus, a.a.O., S. 20ff

Winkelmann, U., 2004: Wirtschaft & Friends, in: taz v. 11.12. 04

Wischmeier, T., 2005: Die 100-Millionen-Kampagne des Arbeitgeberverbandes Gesamtmetall: „Initiative Neue Soziale Marktwirtschaft“, in: Wissenschaftsnotizen H. 22/2005, S. 16f (Hg. vom Wissenschaftsforum der Sozialdemokratie)

Z

Zimmermann, K.F., 2006: Deutschland 2015: Die Zukunft gestalten!, in: ders. (Hg.), Deutschland – was nun?, a.a.O., S. 1ff

Zimmermann, K.F. (Hg.), 2006: Deutschland – was nun? Reformen für Wirtschaft und Gesellschaft, München

Zinterer, T., 2004: Politikwandel durch Politikberatung? Die kanadische Royal Commission on Aboriginal Peoples und die Unabhängige Kommission „Zuwanderung“ im Vergleich, Wiesbaden

FSC
www.fsc.org
MIX
Papier | Fördert gute Waldnutzung
FSC® C083411

Kolibri 360 GmbH
Ferdinand-Jühlke-Straße 7
99095 Erfurt, Deutschland
produktsicherheit@kolibri360.de